Implementierung der nichtfinanzorientierten Geldwäschebekämpfung in das Geldwäschegesetz

Europäische Hochschulschriften

European University Studies

Publications Universitaires Européennes

Reihe II **Rechtswissenschaft**

Series II Law

Série II Droit

Band/Volume **5936**

Markus Stief

Implementierung der nichtfinanzorientierten Geldwäschebekämpfung in das Geldwäschegesetz

Eine Analyse und Untersuchung der Effektivität

PL ACADEMIC RESEARCH

Bibliografische Information der Deutschen Nationalbibliothek
Die Deutsche Nationalbibliothek verzeichnet diese Publikation in der Deutschen Nationalbibliografie; detaillierte bibliografische Daten sind im Internet über http://dnb.d-nb.de abrufbar.

Zugl.: Hohenheim, Univ., Diss., 2017

D 100
ISSN 0531-7312
ISBN 978-3-631-72676-1 (Print)
E-ISBN 978-3-631-72704-1 (E-PDF)
E-ISBN 978-3-631-72705-8 (EPUB)
E-ISBN 978-3-631-72706-5 (MOBI)
DOI 10.3726/b11368

PL Academic Research ist ein Imprint der Peter Lang GmbH.
Peter Lang – Frankfurt am Main · Bern · Bruxelles · New York · Oxford · Warszawa · Wien

Diese Publikation wurde begutachtet.

www.peterlang.com

Meinen Eltern

Vorwort

Die Dissertation wurde im Sommer 2016 fertig gestellt und an der Universität Hohenheim vorgelegt.

Ich danke an dieser Stelle all den Personen, die mich während der Erstellung der Arbeit unterstützt und mir auf unterschiedliche Weise zur Seite gestanden haben. Ein ganz besonderer Dank gilt Frau Prof. Dr. Christina Escher-Weingart für die vielen intensiven Gespräche, Denkanstöße und ihre kontinuierliche fachliche Unterstützung. Ihr großes Interesse und Engagement bei der Betreuung haben wesentlich zum Gelingen meiner Promotion beigetragen.

Herzlich danken möchte ich Herrn Prof. Dr. Michael Schramm für die Zweitbegutachtung und seine interessanten Anmerkungen aus wirtschaftsethischer Sicht.

Ich hoffe, dass die Dissertation einen Beitrag zu einer effektiveren und von Nachhaltigkeit geprägten Bekämpfung der Geldwäsche und Terrorismusfinanzierung im Nichtfinanzbereich leisten kann.

Freiburg im Breisgau, im März 2017

Markus Stief

Inhaltsübersicht

Inhaltsverzeichnis

Abkürzungsverzeichnis

ABl. EG	Amtsblatt
AO	Abgabenordnung in der Fassung der Bekanntmachung vom 01. Oktober 2002 (BGBl. I S. 3866; 2003 I S. 61), zuletzt geändert durch Artikel 5 des Gesetzes vom 3. Dezember 2015 (BGBl. I S. 2178).
BaFin	Bundesanstalt für Finanzdienstleistungsaufsicht
BeurkG	Beurkundungsgesetz vom 28. August 1969 (BGBl. I S. 1513), zuletzt geändert durch Artikel 3 des Gesetzes vom 23. November 2015 (BGBl. I S. 2090).
BDSG	Bundesdatenschutzgesetz vom 14.01.2003 (BGBl. I S. 66) zuletzt geändert durch Gesetz vom 14.08.2009 (BGBl. I S. 2814) m.W.v. 01.09.2009 und 01.04.2010.
BGBl.	Bundesgesetzblatt
BGH	Bundesgerichtshof
BIP	Bruttoinlandsprodukt
BKA	Bundeskriminalamt
BMF	Bundesministerium der Finanzen
BNotK	Bundesnotarkammer
BNotO	Bundesnotarordnung vom 13. Februar 1937, in der im BGBl. III, Gliederungsnummer 303-1, veröffentlichten bereinigten Fassung, zuletzt geändert durch Artikel 1 des Gesetzes vom 23. November 2015 (BGBl. I S. 2090).
BSI	Bundesamt für Sicherheit in der Informationstechnik
BStBK	Bundessteuerberaterkammer
BtMG	Betäubungsmittelgesetz in der Fassung vom 28. Juli 1981 (BGBl. I S. 681, 1187) zuletzt geändert durch Artikel 1 der Verordnung vom 11. November 2015 (BGBl. I S. 1992).
BRAK	Bundesrechtsanwaltskammer
BRAO	Bundesrechtsanwaltsordnung
BVerfG	Bundesverfassungsgericht
CC	Corporate Citizenship
CSR	Corporate Social Responsibility
DepotG	Depotgesetz
DM	Deutsche Mark

DONot	Dienstordnung für Notarinnen und Notare (Bundeseinheitliche Verwaltungsverfügung der Landesjustizverwaltungen), VwV d. JuM vom 14. August 2001 (Die Justiz, Amtsblatt des Justizministeriums Baden-Württemberg, vom September 2001, Nr. 9, S. 2), zuletzt geändert durch VwV des JuM vom 5. Semptember 2013 (Die Justiz, Amtsblatt des Justizministeriums Baden-Württemberg, 2013, Nr. 10, S. 329).
DStR	Deutsches Steuerrecht (Zeitschrift)
ECU	European Currency Unit (Europäische Verrechnungseinheit)
EU	Europäische Union
EUR	Euro
Europol	Europäische Polizeibehörde
eVA	Elektronische Verdachtsanzeige
EWG	Europäische Wirtschaftsgemeinschaft
FATF	Financial Action Task Force
FBI	Federal Bureau of Investigation
FINMA	Eidgenössische Finanzmarktaufsicht
FINMAG	Bundesgesetz über die Eidgenössische Finanzmarktaufsicht (956.1, Finanzmarktaufsichtsgesetz, FINMAG) vom 22. Juni 2007 (Stand: 01.01.2016).
FIU	Financial Intelligence Unit
GBP	Britisches Pfund
GbR	Gesellschaft bürgerlichen Rechts
GewO	Gewerbeordnung in der Fassung der Bekanntmachung vom 22. Februar 1999 (BGBl. I S. 202), zuletzt geändert durch Artikel 10 des Gesetzes vom 11. März 2016 (BGBl. I S. 396).
GlüÄndStV	Erster Staatsvertrag zur Änderung des Staatsvertrages zum Glücksspielwesen in Deutschland (Erster Glücksspieländerungsstaatsvertrag – Erster GlüÄndStV) vom 15. Dezember 2011.
GWG	Gesetz über das Aufspüren von Gewinnen aus schweren Straftaten (Geldwäschegesetz) vom 13.08.2008 (BGBl. I S. 1690) zuletzt geändert durch Gesetz vom 15.07.2014 (BGBl. I S. 934) m.W.v. 19.07.2014.
GwG-Schweiz	Bundesgesetz über die Bekämpfung der Geldwäscherei und der Terrorismusfinanzierung (955.0, Geldwäschereigesetz, GwG) vom 10.10.1997 (Stand: 01.01.2016).
Gwbekges	Gesetz zur Verbesserung der Bekämpfung der Geldwäsche und und zur Bekämpfung der Finanzierung des Terrorismus (Geldwäschebekämpfungsgesetz) vom 08. August 2002, BGBl. 2002 I, S. 3105.

GwBekErgG	Gesetz zur Ergänzung der Bekämpfung der Geldwäsche und Terrorismusfinanzierung (Geldwäschebekämpfungsergänzungsgesetz, GwBekErgG) vom 13.08.2008, BGBl. 2008 I, S. 1690 ff.
GwGErgG	Gesetz zur Ergänzung des Geldwäschegesetz vom 18.02.2013 (BGBl. I S. 268).
GwPrävOptG	Gesetz zur Optimierung der Geldwäscheprävention vom 22.12.2011, BGBl. 2001 I, S. 2959–2974.
GwRL	Europäische Geldwäscherichtlinie
GZR	Gewerbezentralregister
HGB	Handelsgesetzbuch in der im Bundesgesetzblatt Teil III, Gliederungsnummer 4100–1, veröffentlichten bereinigten Fassung, zuletzt geändert durch Artikel 1 des Gesetzes vom 10. Mai 2016 (BGBl. I S. 1142).
IVD	Immobilienverband Deutschland e.V.
IWF	Internationaler Währungsfonds
KWG	Kreditwesengesetz in der Fassung der Bekanntmachung vom 09. September 1998 (BGBl. I S. 2776), zuletzt geändert durch Artikel 14 Absatz 2 des Gesetzes vom 10. Mai 2016 (BGBl. I S. 1142).
LGLüG	Landesglücksspielgesetz vom 20. November 2012, BW GBl. 2012 S. 604.
LKA	Landeskriminalamt
NJW	Neue Juristische Wochenschrift
OECD	Organisation für wirtschaftliche Entwicklung und Zusammenarbeit
OGAW-IV-UmsG	Gesetz zur Umsetzung der Richtlinie 2009/65 EG zur Koordinierung der Rechts- und Verwaltungsvorschriften betreffend bestimmte Organismen für gemeinsame Anlagen in Wertpapieren (OGAW-IV-Umsetzungsgesetz – OGAW-IV-UmsG), BGBl. 2011 I, 1165–1166.
OLG	Oberlandesgericht
OrgKG	Gesetz zur Bekämpfung des illegalen Rauschgifthandels und anderer Erscheinungsformen der organisierten Kriminalität (OrgKG) vom 15. Juli 1992, BGBl. I 1992, S. 1302.
OrgKVerbG	Gesetz zur Verbesserung der Bekämpfung der Organisierten Kriminalität vom 04.05.1998 (BGBl. I S. 845).
OWiG	Gesetz über Ordnungswidrigkeiten in der Fassung der Bekanntmachung vom 19. Februar 1987 (BGBl. I S. 602), zuletzt geändert durch Artikel 4 des Gesetzes vom 13. Mai 2015 (BGBl. I S. 706).
PAuswG	Personalausweisgesetz vom 18. Juni 2009 (BGBl. I S. 1346), zuletzt geändert durch Artikel 1 des Gesetzes vom 20. Juni 2015 (BGBl. I S. 970).

PeP	Politisch exponierte Personen
RDG	Gesetz über außergerichtliche Rechtsdienstleistungen (Rechtsdienstleistungsgesetz) vom 12. Dezember 2007 (BGBl. I S. 2840), zuletzt geändert durch Artikel 142 der Verordnung vom 31. August 2015 (BGBl. I S. 1474).
RefE	Referentenentwurf
RegE	Regierungsentwurf
SenWuH	Senat für Wirtschaft, Arbeit und Häfen Bremen
SenWTF	Senatsverwaltung für Wirtschaft, Technologie und Forschung Berlin
SigG	Gesetz über Rahmenbedingungen für elektronische Signaturen (Signaturgesetz) vom 16. Mai 2001 (BGBl. I S. 876), zuletzt geändert durch Artikel 4 Absatz 111 des Gesetzes vom 7. August 2013 (BGBl. I S. 3154).
SRO	Selbstregulierungsorganisation
StGB	Strafgesetzbuch in den Fassungen der Bekanntmachungen vom 10. März 1987 (BGBl. I S. 945, 1160) und vom 13. November 1998 (BGBl. I S. 3322), zuletzt geändert durch Artikel 5 des Gesetzes vom 10. Dezember 2015 (BGBl. I S. 2218).
StMI	Bayerisches Staatsministerium des Innern, für Bau und Verkehr
StPO	Strafprozessordnung in der Fassung der Bekanntmachung vom 7. April 1987 (BGBl. I S. 1074, 1319), zuletzt geändert durch Artikel 1 des Gesetzes vom 21. Dezember 2015 (BGBl. I S. 2525).
StVBG	Gesetz zur Bekämpfung von Steuerverkürzungen bei der Umsatzsteuer und zur Änderung anderer Steuergesetze, Steuerverkürzungsbekämpfungsgesetz-StVBG vom 19. Dezember 2001, BGBl 2001 I, S. 3922.
S.W.I.F.T.	Society for Worldwide Interbank Financial Telecommunication.
TMG	Telemediengesetz vom 26. Februar 2007 (BGBl. I S. 179), zuletzt geändert durch Artikel 4 des Gesetzes vom 17. Juli 2015 (BGBl. I S. 1324).
UN	Vereinte Nationen
VVG	Versicherungsvertragsgesetz vom 23. November 2007 (BGBl. I S. 2631), geändert zuletzt durch Artikel 15 des Gesetzes vom 19. Februar 2016 (BGBl. I S. 254).
WPK	Wirtschaftsprüferkammer

WpHG	Gesetz über den Wertpapierhandel, Wertpapierhandelsgesetz in der Fassung der Bekanntmachung vom 9. September 1998 (BGBl. I S. 2708), zuletzt geändert durch Artikel 3 des Gesetzes vom 10. Mai 2016 (BGBl. I S. 1142).
ZAG	Zahlungsdiensteaufsichtsgesetz vom 25. Juni 2009 (BGBl. I S. 1506) zuletzt geändert durch Artikel 1 des Gesetzes vom 01. März 2011 (BGBl. I S. 288).

Abbildungsverzeichnis

A. Einleitung

I. Problemaufriss: Der geldwäscherechtliche Nichtfinanzsektor

Die Bekämpfung der Geldwäsche und der Terrorismusfinanzierung im sogenannten Nichtfinanzsektor erlangt in der Europäischen Union und in Deutschland eine immer größere Bedeutung. Mit Umsetzung der dritten Europäischen Geldwäscherichtlinie[1] durch das Geldwäschebekämpfungsergänzungsgesetz (GwBekErgG) vom 13.08.2008[2] wurde nicht nur das Geldwäschegesetz (GwG) umfassend verändert, sondern es wurden auch weitreichende geldwäscherechtliche Änderungen für Unternehmen im Nichtfinanzbereich in Deutschland vorgenommen. Die Financial Action Task Force (FATF), ein zwischenstaatliches Gremium, das gemeinsame Standards zur Geldwäschebekämpfung festlegt[3], stellte allerdings bereits am 19.02.2010 in einer Länderüberprüfung fest, dass weiterhin im deutschen Rechtssystem erhebliche Defizite bei der Bekämpfung von Geldwäsche und Terrorismusfinanzierung im Nichtfinanzsektor bestehen.[4] Sie leitete ein Prüfverfahren gegen die Bundesrepublik Deutschland ein, in dessen Folge der Gesetzgeber allein im Zeitraum von 2010 bis 2011 das GwG mehr als fünfmal zum Teil umfangreich verändert hat.

Das aktuelle Geldwäschegesetz (GwG) umfasst im Nichtfinanzbereich beispielsweise „Immobilienmakler" (§ 2 Abs. 1 Nr. 10 GwG), „Spielbanken" (§ 2 Abs. 1 Nr. 11 GwG), „Wirtschaftsprüfer" (§ 2 Abs. 1 Nr. 8 GwG), „Personen, die gewerblich mit Gütern handeln" (§ 2 Abs. 1 Nr. 13 GwG) verschiedene „Rechtsbeistände" (§ 2 Abs. 1 Nr. 7–7a GwG) und „Unternehmensdienstleister" (§ 2 Abs. 1 Nr. 9 GwG) in ganz bestimmten Tätigkeitsbereichen. Alleine die Anzahl der Personen, die Grundstücke, Gebäude und Wohnungen für Dritte vermitteln und verwalten, also klassische Tätigkeiten eines Immobilienmaklers durchführen, betrug im Jahr 2013 mehr als 53.000[5] und befindet sich damit auf einem hohen Niveau. Aufgrund der Vielfalt von gewerblichen Güterhändlern dürfte diese Gruppe von Verpflichteten jedoch

1 Richtlinie 2005/60/EG des Europäischen Parlaments und des Rates vom 26. Oktober 2005 zur Verhinderung der Nutzung des Finanzsystems zum Zwecke der Geldwäsche und der Terrorismusfinanzierung v. 26.10.2005, ABl. EG Nr. L 309 v. 25.11.2005, S. 15–36.

2 Gesetz zur Ergänzung der Bekämpfung der Geldwäsche und Terrorismusfinanzierung Geldwäschebekämpfungsergänzungsgesetz (GwBekErgG) vom 13.08.2008, BGBl. I, S. 1690 ff.

3 Herzog/Achtelik, in: Herzog, GwG, Einl., Rn. 61.

4 FATF, Deutschlandbericht 2010, S. 1–386.

5 Statistisches Bundesamt, Umsatzsteuerstatistik 2013, Klassifikation der Wirtschaftszweige, Nr. 68.3, Vermittlung und Verwaltung von Grundstücken, Gebäuden und Wohnungen für Dritte.

gleich mehrere hunderttausend oder vielleicht über eine Million Unternehmen und mehr umfassen.

Letztendlich wird eine sehr breite Vielfalt des Wirtschaftslebens in verschiedensten Ausprägungen vom Geldwäschegesetz erfasst, auch wenn bestimmte Erleichterungen, beispielsweise in Form der 15.000 Euro-Bargeldgrenze (§ 3 Abs. 2 Satz 3 und 5 GwG) für gewerbliche Güterhändler bestehen. Für alle jedoch gilt, dass das Verständnis von Geldwäschevorgängen und deren Typologien, aber auch die Kenntnis von Möglichkeiten der Finanzierung von Terrorismus vorhanden sein muss. Nur durch die Erfüllung geldwäscherechtlicher Vorschriften allein wird nur selten ein Verdachtsfall (§ 11 Abs. 1 Satz 1 GwG) zu Geldwäsche oder Terrorismusfinanzierung erkennbar sein.

Für den zahlenmäßig überschaubaren Finanz- und Bankensektor, mit seinen seit Jahren integrierten kleinen bis großen Compliancebereichen, ist bereits die Umsetzung von allgemeinen und verstärkten Sorgfaltspflichten (§§ 3, 6 GwG) und die Implementierung von geldwäscherechtlichen internen Sicherungsmaßnahmen keine leicht zu erfüllende Aufgabe. Für einen Kleinunternehmer im Bereich des Güterhandels werden diese Anforderungen jedoch regelmäßig mit einem umfassenden Aufwand und ggf. auch mit der Lösung von komplizierten Rechtsaufgaben verbunden sein. Bevor dieser jedoch mit der eigentlichen Umsetzung der geldwäscherechtlichen Anforderungen beginnt, wird er sich fragen, ob er denn überhaupt zum Adressatenkreis der „Personen, die gewerblich mit Gütern handeln" (§ 2 Abs. 1 Nr. 13 GwG) gehört. So wird ein selbständiger Dachdeckermeister vorab versuchen zu klären, ob er bei Entgegennahme einer Barzahlung über 15.000 Euro auch ein Güterhändler im Sinne des § 2 Abs. 1 Nr. 13 GwG ist, da die Materialkosten eines neu erstellten Daches regelmäßig die Lohnkosten um ein Vielfaches übersteigen werden.

Ein Juwelier in einer kleinen Kreisstadt hingegen wird sich zweifelsfrei als geldwäscherechtlichen Güterhändler sehen. Er wird auch regelmäßig erkennen, wenn ein Kunde in ein bis zwei Jahren mehrmals hochpreisigen Schmuck einkauft, diese Geschäfte den Schwellenbetrag von 15.000 Euro (§ 3 Abs. 2 Satz 5 GwG) kumulativ überschreiten und er eine Identifizierung des Vertragspartners (§ 3 Abs. 1 Nr. 1 GwG) und andere Folgemaßnahmen durchführen muss. Es stellt sich aber auch die Frage, ob der Juwelier mit einem Geschäft in der belebten Fußgängerzone einer Großstadt, das zudem über eine Vielzahl von Mitarbeitern verfügt, ebenfalls eine geldwäscherechtliche Kumulation im gleichen Zeitraum erkennen wird oder ob dies nur vom Zufall abhängig ist. Letzteres dürfte für eine effektive Geldwäschebekämpfung ernüchternd sein.

Auf den ersten Blick ist eindeutig, dass die Berufsgruppe der „Immobilienmakler" (§ 2 Abs. 1 Nr. 10 GwG) vom Begriff her mit der Vermittlung von Wohnungen, Häusern oder gar Grundstücken in Verbindung gebracht wird. Ist ein Bauträger oder ein Immobilienversteigerer jedoch auch von dieser Norm und den damit verbundenen umfangreichen Verpflichtungen im GwG erfasst, da er analog zum klassischen Immobilienmakler ebenfalls mit hochpreisigen Immobilienvermittlungen zu tun hat? Eine weitere Frage in diesem Sachzusammenhang betrifft die Einordnung, welche

Tätigkeit überhaupt eine geldwäscherechtliche „Geschäftsbeziehung" (§ 3 Abs. 2 Nr. 1 GwG) begründet, die umfangreiche Maßnahmen der Identifizierung von Personen oder wirtschaftlich Berechtigten und der Aufzeichnung und Aufbewahrung von Unterlagen nach sich zieht. Sind Aufgaben eines Vermietungsgeschäftes und der Bereich von Hausverwaltungen ebenfalls unter eine geldwäscherechtliche Geschäftsbeziehung eines Immobilienmaklers zu subsumieren? Werden nur die geldwäscherechtlich relevanten hochpreisigen Transaktionen, wie die der Vermittlung einer Wohnung oder eines Gebäudes erfasst oder findet gar eine Anknüpfung an einen Maklervertrag statt? Dies hätte beispielsweise die Folge, dass auch ein Käufer nicht identifiziert werden müsste, falls der Verkäufer die Provision des Immobilienmaklers übernehmen wird. Letztendlich werden auch bei großen Berufsgruppen wie der von Rechtsanwälten, Notaren, nicht verkammerten Rechtsbeiständen (§ 2 Abs. 1 Nr. 7–7a GwG), Wirtschaftsprüfern und Steuerberatern (§ 2 Abs. 1 Nr. 8 GwG) Probleme in der praktischen Anwendbarkeit vorhanden sein. Ist beispielsweise ein Beratungsgespräch mit dem Mandanten bereits unter die Begründung einer geldwäscherechtlichen Geschäftsbeziehung zu subsumieren oder erst bei Unterzeichnung eines Beratungsvertrages und dem Abschluss einer Mandatsvereinbarung? Sind im GwG auch Vorkehrungen getroffen worden, wenn der Mandant im Vorgespräch seine Geldwäscheabsichten preisgibt, oder entfaltet das GwG hier noch gar keine Wirkung, was zur Folge hätte, dass jeder erst einmal gefahrlos abtasten könnte, inwieweit ein Steuerberater für Geldwäscheaktivitäten eingespannt werden kann?

In einem ersten Überblick wird deutlich, dass die geldwäscherechtlichen Anforderungen von allgemeinen und verstärkten Sorgfaltspflichten bis hin zur Implementierung von internen Sicherungsmaßnahmen vielleicht noch am ehesten durch Kredit- und Finanzinstitute (§ 2 Abs. 1 Nr. 1 und 2 GwG) erfüllt werden können. Sie verfügen über gleichgelagerte Geschäfts- und Kundenkreise und müssen bereits auf Grundlage von anderen rechtlichen Voraussetzungen (beispielsweise nach dem Kreditwesengesetz, KWG) umfangreiche Vorkehrungen und Sicherungen treffen.

Die bei einzelnen Berufsgruppen und Adressaten des Nichtfinanzbereiches aufgeworfenen Fragen lassen bereits einige Bedenken aufkommen, inwieweit diese Unternehmen im praktischen Alltag überhaupt in der Lage sind, die im GwG gestellten Anforderungen zu erfüllen. Zu groß ist die ökonomische Vielfalt dieses Bereiches und zu vielfältig sind Unternehmensstrukturen, als dass hier ebenfalls eine Bejahung analog zum Finanzbereich angenommen werden dürfte.

Hinzu kommen auch länderübergreifend tätige Unternehmen, die dann auch unterschiedlichen Aufsichtsbehörden (§ 16 Abs. 2 Nr. 9 GwG) in den einzelnen Bundesländern unterliegen. Nicht selten haben beispielsweise Kraftfahrzeughändler auch eine Vielzahl von Unternehmen in mehreren Bundesländern. Dies kann dazu führen, dass auch unterschiedliche Auslegungs- und Anwendungshinweise (§ 16 Abs. 5 GwG) von Landesaufsichtsbehörden für die Umsetzung der Sorgfaltspflichten und internen Sicherungsmaßnahmen im Nichtfinanzbereich erlassen wurden und beachtet werden müssen. Hier, wie bei den allgemeinen Anforderungen im GwG ist fraglich, ob die bislang erlassenen Auslegungs- und Anwendungshinweise der

Aufsichtsbehörden angesichts ihrer Vielzahl im Nichtfinanzbereich in der Praxis überhaupt zu erfüllen sind.

Letztendlich stellt sich aber bei all den Problemen der praktischen Anwend- und Umsetzbarkeit auch die Frage, inwieweit die geldwäscherechtlichen Regelungen für den Nichtfinanzbereich mit dem Sinn und Zweck einer effektiven Geldwäschebekämpfung einhergehen. Die Erfüllung der Sorgfaltspflichten und internen Sicherungsmaßnahmen des GwG sind nur dann sinnvoll und von nachhaltigem Erfolg, wenn sie eine effektive Geldwäschebekämpfung ermöglichen.

II. Methodisches Vorgehen und Ziel der Untersuchung

Das Ziel der Untersuchung ist zum einen, eine sorgfältige Analyse der Effektivität und Wirkungsweise der gesetzlichen geldwäscherechtlichen Maßnahmen im Nichtfinanzsektor durchzuführen. Effektivität bedeutet in diesem Sachzusammenhang, dass die bisherigen geldwäscherechtlichen Maßnahmen für Unternehmen des Nichtfinanzbereichs und für zuständige Aufsichtsbehörden durchführbar sind und auch der wirksamen Geldwäscheprävention als Ziel dienen.

In einem ersten Schritt werden in Kapitel B allgemeine Einordnungen der beiden Bereiche Geldwäsche (I) und Terrorismusfinanzierung (II) vorgenommen. Sie zeigen grundsätzliche Möglichkeiten der beiden Phänomenbereiche auf und sensibilisieren für die Thematik. Weiter wird in diesem Kapitel eine für die nachfolgende Untersuchung wichtige Abgrenzung und Bestimmung des geldwäscherechtlichen Finanz- und Nichtfinanzsektors vorgenommen (III).

Kapitel C ist einer grundlegenden wissenschaftlichen Analyse von Geldwäsche gewidmet. Dabei werden kriminologische, aber auch kriminalistische Erklärungsansätze einbezogen. Zudem werden Ablaufsystematiken und Modelle für Geldwäsche hinsichtlich ihrer Funktions- und Wirkungsweise untersucht und dargestellt (I). Aufgrund der vielfältigen Möglichkeiten von elektronischen Kommunikationsmitteln und modernen Technologien werden neben den klassischen auch die modernen Geldwäschetechniken analysiert (II). Im Anschluss daran findet eine Untersuchung von Terrorismusfinanzierung und dessen (moderner) Techniken statt (III).

Kapitel D setzt sich anschließend mit den internationalen und nationalen Instrumenten und Mechanismen der Bekämpfung von Geldwäsche und Terrorismusfinanzierung auseinander. Zur Einordnung der nationalen Entwicklung werden zunächst frühere internationale politische Empfehlungen und Entscheidungen chronologisch analysiert, wobei auch Empfehlungen des internationalen Gremiums zur Bekämpfung von Geldwäsche und Terrorismusfinanzierung (FATF) einbezogen werden (I). Daran anknüpfend erfolgt die Untersuchung der strafrechtlichen Entwicklung des § 261 StGB, bevor mit der Analyse der Entwicklung des Geldwäschegesetzes ein weiterer Schwerpunkt gesetzt wird (II).

In Kapitel E werden die zuvor untersuchten Maßnahmen auf ihre Effektivität und Wirkungsweise hin untersucht und die damit verbundenen möglichen praktischen Probleme dargestellt (I). In diesen Bereich werden internationale Erkenntnisse und

Untersuchungen, auch in Form von Jahresberichten, Anhaltspunktepapieren und Sonderauswertungen der Financial Action Task Force (FATF) und von Europol mit in die Auswertung aufgenommen (II). Damit wird der Blick auf europäische phänomenbezogene Untersuchungen zur Geldwäschebekämpfung im Nichtfinanzsektor gerichtet. Berücksichtigt werden neben den festgestellten Methodiken auch veröffentlichte präventive europäische Bekämpfungsansätze.

Daran anknüpfend werden im nationalen Bereich geldwäschebezogene Typologiepapiere und Indikatorenkataloge, Sonderauswertungen und Jahresberichte zu einzelnen Branchen und Berufen des Nichtfinanzbereiches der Zentralstelle für Verdachtsmeldungen beim Bundeskriminalamt und den Geldwäsche-Clearingstellen bei den Landeskriminalämtern in die Untersuchung einbezogen (III). Auf dieser Grundlage sollen dann die einzelnen Adressaten des Nichtfinanzbereiches, die entsprechenden geldwäscherechtlichen Bestimmungen und die zu erfüllenden Maßnahmen von Aufsichtsbehörden auf Effektivität und Wirkungsweise in der praktischen Anwendung eingehend betrachtet werden (IV). Dabei werden Bußgeldvorschriften und mögliche Sanktionshindernisse in die Analyse mit einbezogen. In diesem Kontext wird auch die praktische Wirkung von geldwäscherechtlichen Befugnissen und Aufgabenzuweisungen der zuständigen nationalen Aufsichtsbehörden im Nichtfinanzbereich und von deren Veröffentlichungen zu organisatorischen und strategischen Maßnahmen in den Blick genommen.

Die ökonomische Analyse der geldwäscherechtlichen Implementierungen erfolgt in Kapitel F. Zunächst werden die Modelle und Methoden zur Schätzung und Berechnung des Geldwäscheausmaßes vorgestellt (I). Im Anschluss wird untersucht, inwieweit Geldwäsche die Volkswirtschaft beeinflussen oder gar erheblich schädigen kann. Zudem wird analysiert, inwieweit geldwäscherechtliche Vorgaben des Gesetzgebers überhaupt erforderlich sind, weil sich Unternehmen, die an den Grundsätzen des Shareholder Value und der Corporate Social Responsibility orientiert sind, möglicherweise bereits aus eigenem ökonomischem Werteverständnis gegen Missbrauch vor Geldwäsche schützen werden. Hierbei wird auch geprüft, inwieweit das Schweizer System der Selbstregulierung auch in Deutschland Anwendung finden könnte (II). Der Abschnitt endet mit einer Kosten-Nutzen-Analyse, in der der ökonomische Erfüllungsaufwand für Verpflichtete dem Ertragserfolg für Strafverfolgungsbehörden gegenübergestellt wird (III). Hierzu werden Berufskammern und Verbände im Bereich des Immobilien- und Spielbankenverbandes mit einem Fragebogen angeschrieben und zu Personal- und Sachkosten, Arbeits- und Zeitaufwänden und der persönlichen Einordnung eines Kosten-Nutzen-Verhältnisses befragt.

Der letzte Bereich (Kapitel G) befasst sich mit den wissenschaftlichen Ergebnissen und Erkenntnissen der einzelnen Analysen und Untersuchungen. Hierbei werden die Auswertungen zunächst zusammengeführt, um anschließend die Fragestellung der Untersuchung zu beantworten, ob die vorhandenen geldwäscherechtlichen Bestimmungen das Kriterium der Effektivität für den Nichtfinanzbereich erfüllen können, für Unternehmen und zuständige Aufsichtsbehörden durchführbar sind und auch der wirksamen Geldwäscheprävention als Zielerreichung dienen (I).

Daran anknüpfend fließen die wissenschaftlichen Erkenntnisse in Regelungsvorschläge zu geldwäscherechtlichen Optimierungen im Nichtfinanzbereich sowie in geldwäscherechtliche, strategische Veränderungsvorschläge für die zuständigen Aufsichtsbehörden (II). Der Abschnitt endet mit einem Ausblick (III).

B. Begriffsbestimmung

I. Phänomen Geldwäsche

Das „Waschen" von inkriminierten Geldern umfasst nicht nur die Umwandlung von „schwarzem" in „weißes" Geld. Es bestehen noch weitere mögliche Varianten. So ist es etwa denkbar, dass bereits gewaschenes Geld von einem Bankkonto wieder abgehoben und zur Verwendung in kriminelle Machenschaften zurückgeführt wird. Dies kann durch unvorhergesehene Ausgaben z.B. im Bereich des Drogenanbaues erfolgen, wenn das vorhandene „Schwarzgeld" als Kapital für den Kauf von Gerätschaften nicht mehr ausreichend ist. Ein solches Szenario ist auch mit schwarz erwirtschafteten Geldern möglich, die sich bereits in einem ersten Prozess des Waschens befinden und noch nicht im originären, nicht mehr nachvollziehbaren Finanzkreislauf angekommen sind. Beispielhaft ist etwa der kurzzeitige Erwerb eines Sportwagens mittels Schwarzgeldes. Daran anschließend folgen regelmäßig noch weitere An- und Verkäufe von hochwertigen Gegenständen (z.B. Edelsteinen, Immobilien u.a.), bevor das Geld schließlich irgendwann in den Bankenbereich münden wird. Eine Spur des „schwarzen" Ursprungs des Geldes ist dann nicht mehr oder nur noch ganz schwer nachvollziehbar.[6] Diese Verschleierungskäufe zum Weißwaschen können jedoch auch abgebrochen werden. Das Schwarzgeld bzw. der Verkauf des erworbenen Sportwagens fließt nach ersten „Waschvorgängen" dann wieder zurück in kriminelle Aktivitäten.

Keinerlei Geldwäsche ist es hingegen, wenn erwirtschaftete Schwarzgelder unmittelbar wieder für Straftaten verwendet werden. Ein Beispiel ist etwa der Verkauf von Drogen an einen ersten Zwischenhändler. Das daraus erwirtschaftete Schwarzgeld wird anschließend für den Kauf von Düngemitteln im Drogenanbau verwendet.

Unabhängig davon, in welchem Stadium sich der Waschvorgang gerade befindet, er wird immer geprägt sein von der Intention des Geldwäschers, die Verstetigung des rein gewaschenen Geldes voranzubringen. Der betriebswirtschaftliche Gedanke ist prägend für das Instrumentarium der Geldwäsche.[7] Kleinere Verluste wird der Geldwäscher bei seinem Waschvorgang in die Gesamtkalkulation mit einbeziehen.

II. Phänomen Terrorismusfinanzierung

Der Phänomenbereich der Terrorismusfinanzierung lässt sich ebenfalls in mehrere denkbare Szenarien einteilen. Für die Vorbereitung oder Ausübung einer extremistischen oder terroristischen Straftat können die verwendeten finanziellen Aufwendungen unmittelbar aus einer Straftat selbst stammen.[8] Beispielhaft ist hier die

6 Bernasconi, Finanzunterwelt, S. 30.
7 Müller, Geldwäscherei, S. 190.
8 Vgl. Wildfang, Terrorismus, S. 65.

Verwendung von Schwarzgeldern zum Kauf von Sprengstoff für einen terroristischen Anschlag.

Wahrscheinlicher dürfte es aber sein, dass die dazu verwendeten Gelder aus legalen Quellen stammen. Das Entdeckungsrisiko ist dann geringer, da Sicherheitsbehörden weniger oder gar keinen Anlass haben, überhaupt auf eine Spur von Schwarzgeldern zu geraten. Als Beispiel ist etwa das Einsammeln von Spendengeldern für humanitäre Zwecke im Ausland zu nennen. Anschließend werden Teile der Spenden oder die ganze Summe für eine terroristische Tat zweckentfremdet.[9]

Bei einem größeren terroristischen Anschlag besteht auch die Möglichkeit, dass weiße oder schwarze Teile von Geldern für die primäre Tat eingesetzt werden, jedoch kurz vor der Tat noch sekundäre weiße Gelder z.B. für fallende oder steigende Aktienkurse verwendet werden. Beispielhaft ist etwa ein terroristischer Anschlag auf ein börsennotiertes Unternehmen, z.B. eine Ölraffinerie oder Chemieunternehmen, zu erwähnen. Die Aktienkurse der Unternehmen werden nach einem Anschlag regelmäßig fallen.

Der Verstetigungsgedanke von finanziellen Mitteln wird im Gegensatz zur Geldwäsche bei der Finanzierung von Terrorismus aber regelmäßig nur gering oder gar nicht ausgeprägt sein. Dies wird dadurch unterstützt, dass terroristische Anschläge ohne größere finanzielle Mittel durchgeführt werden können. Der Anschlag auf den Nahverkehrsbereich in London am 07.07.2005 erforderte lediglich einen Betrag 8.000 GBP.[10] Ein oder zwei durchschnittliche Monatseinkommen reichen für die Planung und Durchführung von Anschlägen meist schon aus.[11]

III. Finanzsektor/ Nichtfinanzsektor

Der Bereich des geldwäscherechtlichen Finanzsektors wird vom Namen her primär mit Banken und Kreditanstalten assoziiert. Regelmäßig werden in diesen Unternehmen Konten von Kunden eingerichtet und verwaltet, mit denen u.a. Gelder empfangen oder transferiert werden können. Diese beiden Unternehmenszweige jedoch abschließend als Finanzsektor zu bezeichnen, vermag nicht gänzlich zu überzeugen. Damit wären Versicherungsunternehmen, Finanzdienstleistungsinstitute und Finanzunternehmen außen vor, obwohl sie ähnlich gelagerte Finanz- und Geschäftsbereiche vorhalten und gleichartige Produkte und den dazugehörigen Service anbieten.

Ein greifbarer Ansatz ist es hingegen, Unternehmensbereiche dem Finanzsektor zuzuordnen, bei denen die „IT" des Geldes, das heißt Geld in Form von Bankkonten oder Kapitalanlagen (z.B. bei einer kapitalbildenden Versicherung), unmittelbar verwaltet wird. Damit können alle bislang genannten Unternehmensbereiche – also auch Versicherungsunternehmen, Versicherungsvermittler, Finanzdienstleis-

9 Vgl. Hirschmann, Terrorismus, S. 84.
10 FATF, Terrorist Financing 2008, S. 7.
11 Freiherr von Fritsch, in: Mertes/Robbers: Internationaler Terrorismus, S. 16.

tungsinstitute und Finanzunternehmen – dem Finanzsektor zugeordnet werden (Verpflichtete i.S.d. § 2 Abs. 1 Nr. 1–6 GwG). Die verbliebenen Berufe und Unternehmensbereiche (Verpflichtete i.S.d. § 2 Abs. 1 Nr. 7–13 GwG) sind demnach dem Nichtfinanzsektor zuzuordnen.

Ein weiterer Ansatz ergibt sich aus den Jahresberichten des Bundeskriminalamtes (BKA). Die Behörde nimmt seit der Veröffentlichung des Jahresberichtes zu Geldwäsche und Terrorismusfinanzierung im Jahr 2012 eine Dreiteilung von Verdachtsmeldungen bei Hinweisgebern vor. In der ersten Gruppe befinden sich Kreditinstitute, in der zweiten Gruppe der sonstige Finanzsektor und anschließend wird der Nichtfinanzsektor aufgeführt:[12]

- Unter Kreditinstituten subsumiert das BKA Kreditbanken, Sparkassen und Landesbanken, Kreditgenossenschaften und genossenschaftliche Zentralstellen sowie die Deutsche Bundesbank und deren Hauptverwaltungen.
- Der sonstige Finanzsektor umfasst die Unternehmensbereiche der Versicherungsunternehmen, Finanzdienstleistungsinstitute, Finanzunternehmen und Behörden (im Sinne von § 14 Abs. 1, § 16 GwG).
- Der Nichtfinanzsektor umfasst Rechtsanwälte, Rechtsbeistände, Patentanwälte, Notare, Inkassounternehmen, Vermögensverwalter, Wirtschaftsprüfer, vereidigte Buchprüfer, Steuerberater, Steuerbevollmächtigte, Treuhänder, Dienstleister für Gesellschaften, Immobilienmakler, Spielbanken, Veranstalter und Vermittler von Glücksspielen im Internet und Personen, die gewerblich mit Gütern handeln (Verpflichtete gem. § 2 Abs. 1 Nr. 7–13).[13]

Auch wenn das BKA nicht näher auf die Hintergründe der Einteilung in ihren Jahresberichten eingeht, so korrespondieren diese Unterscheidungen mit der zuvor genannten Annahme, dass unter der „IT"-Verwaltung des Geldes auch Versicherungsunternehmen, Versicherungsvermittler und Finanzdienstleister dem Finanzsektor zuzuordnen sind.

Zudem empfiehlt die Financial Action Task Force (FATF) auch „nichtfinanzielle Unternehmen und Berufe" in die nationale Geldwäschebekämpfung mit einzubeziehen. Namentlich werden hierzu die Bereiche Immobilienmakler, Casinos, Edelmetall- und Edelsteinhändler, rechtsberatende Berufe, Notare, Buchprüfer und Treuhänder genannt.[14]

Auf Grundlage dessen werden in der nachfolgenden Untersuchung:

- Kreditinstitute, Finanzdienstleistungsinstitute, Finanzunternehmen, Versicherungsunternehmen, Versicherungsvermittler und Kapitalverwaltungsgesellschaften (§ 2 Abs. 1 Nr. 1–6 GwG)

---

12 BKA, FIU Jahresbericht 2013, S. 12–13; BKA, FIU Jahresbericht 2012, S. 13.

13 BKA, FIU Jahresbericht 2013, S. 12–13.

14 FATF, Fourty Recommendations 2003, S. 12. Die FATF ist die maßgeblich standardsetzende Institution im Phänomenbereich der internationalen Bekämpfung von Geldwäsche und Terrorismusfinanzierung.

dem Finanzsektor und

- Rechtsberatende Berufe (§ 2 Abs. 1 Nr. 7–7a GwG),
- Wirtschaftsprüfer, Buchprüfer und Steuerberater (§ 2 Abs. 1 Nr. 8 GwG),
- Dienstleister für Gesellschaften und Treuhänder (§ 2 Abs. 1 Nr. 9 GwG),
- Immobilienmakler (§ 2 Abs. 1 Nr. 10 GwG),
- Spielbanken (§ 2 Abs. 1 Nr. 11 GwG),
- Veranstalter und Vermittler von Glücksspielen im Internet (§ 2 Abs. 1 Nr. 12 GwG) und
- Personen, die gewerblich mit Gütern handeln (§ 2 Abs. 1 Nr. 13 GwG),

dem Nichtfinanzsektor zugeordnet.

C. Definitionen, Phasen und Techniken der Geldwäsche und Terrorismusfinanzierung

Nach vorheriger allgemeiner Beleuchtung der beiden Phänomene Geldwäsche und Terrorismusfinanzierung und der Abgrenzung und Bestimmung des geldwäscherechtlichen Nichtfinanzsektors erfolgt in diesem Kapitel die Untersuchung der Definitionen, Phasen und Techniken von Geldwäsche und Terrorismusfinanzierung.

I. Definition, Begriff und kriminalistische Ablaufsystematik der Geldwäsche

Der Begriff der Geldwäsche wird vornehmlich mit einem „Verschieben"[15] von illegal erwirtschafteten Geldern in den allgemeinen Finanzkreislauf oder temporär in andere Vermögenswerte in Verbindung gebracht. Prinzipiell umfasst diese Art des „Verschiebens" jede Form von Geldern und Vermögensgegenständen (vgl. Art. 1 Abs. 2 Buchst. a 3. GwRL)[16]. Unter diesen Vermögensgegenständen sind regelmäßig hochwertige Güter zu subsumieren, die im Wert möglichst wenig sinken oder in Zeiten von niedrigen Leitzinsphasen eine Wertsteigerung zulassen. Zu hochwertigen Gütern im Sinne von § 9 Abs. 4 Satz 5 Geldwäschegesetz (GwG) zählen Edelmetalle, wie Gold, Silber und Platin, Edelsteine, Schmuck und Uhren, Kunstgegenstände und Antiquitäten, Kraftfahrzeuge, Schiffe und Motorboote sowie Luftfahrzeuge. Das Ziel ist hierbei immer, das inkriminierte Geld oder die Vermögensgegenstände nach einmaligem oder mehrmaligem Verschieben als legal erscheinen zulassen.

Im Vergleich dazu unterscheidet sich die kriminologische Betrachtung des Geldwäschebegriffes jedoch erheblich. Unter Geldwäsche im kriminologischen Sinn werden sämtliche rechtlichen oder tatsächlichen Handlungen verstanden, die dazu geeignet sind, die illegale Herkunft von Gewinnen aus Straftaten zu verschleiern, um sie als scheinbar legales Vermögen in den normalen Finanz- und Wirtschaftskreislauf einzuführen.[17] Tatplanung und Vorbereitungshandlungen, aber auch Täterverhalten vor, während und nach dem Verschiebevorgang des inkriminierten Geldes sind darunter zu subsumieren.[18] Zu vorbereitenden Handlungen zählen

---

15 Vogt, in: Herzog/Mülhausen, Geldwäschebekämpfung und Gewinnabschöpfung, § 1 Rn. 1.

16 Richtlinie 2005/60/EG des Europäischen Parlaments und des Rates vom 26. Oktober 2005 zur Verhinderung der Nutzung des Finanzsystems zum Zwecke der Geldwäsche und der Terrorismusfinanzierung v. 26.10.2005, ABl. EG Nr. L 309 v. 25.11.2005, S. 15.

17 Fischbeck, in: Schimansky/Bunte/Lwowski, Bankrechts-Handbuch, § 42 Rn. 1; Vogt, in: Herzog/Mülhausen, Geldwäschebekämpfung und Gewinnabschöpfung, § 1 Rn. 1; vgl. auch Görg, Geldwäschebezogene Terrorismusbekämpfung, S. 4.

18 Müller, Geldwäscherei, S. 34.

beispielsweise bereits die Beobachtung von geldwäschegeeigneten Märkten oder aber eine Gewerbeanmeldung zur teilweisen oder ausschließlichen Nutzung für Geldwäsche über eine Scheinfirma. Der kriminologische Ansatz geht daher weit über das reine Verschieben von inkriminierten Geldern hinaus. Dadurch sollen Strafverfolgungsbehörden in die Lage versetzt werden, die ganze Komplexität der Geldwäsche besser erkennbar und effektiver verfolgbar zu machen.[19]

Das Profitstreben wird für viele Kriminalitätsformen und besonders für den Bereich der organisierten Kriminalität als wichtiger Faktor angesehen.[20] Einen Bezug zur Organisierten Kriminalität gab es bereits bei der historischen Entstehung des Begriffes Geldwäsche. In den 1920er Jahren wurden kriminelle Erlöse in den Kauf und Betrieb von Waschsalons (Laundromats) investiert, um dadurch die Gelder in den normalen legalen Finanz- und Wirtschaftskreislauf zu bekommen. Ähnlich wie bei Automatenspielsalons waren auch die in einer Vielzahl vorhandenen Waschsalons zu größeren Bargeldumsätzen ohne Quittungen, Waren oder nachhaltige Leistungen und damit bestens zur Verschleierung geeignet.[21]

Einer der führenden Gangsterbosse, Al Capone, hatte dieses Modell geprägt. Dennoch wurde er damals wegen Steuerhinterziehung, verbunden mit Betrug verurteilt. Dies geschah allerdings nur, da er die hohen Einnahmen der Waschsalons nicht glaubhaft nachweisen konnte und seinen steuerrechtlichen Verpflichtungen nicht nachkam.[22] Das Weißwaschen von inkriminierten Geldern war dadurch misslungen. Das Bezahlen seiner Steuerverpflichtungen, aber auch das glaubhafte Herstellen von gewinnangepassten Geschäftskosten (z.B. Strom- und Waschmittelverbrauch im Einklang mit eingeschleusten inkriminierten Geldern) hätte eine damalige Nachverfolgbarkeit der Geldwäsche für Behörden vermutlich erschwert.

In der Folge führte dies dazu, dass das Modell der Geldwäsche von anderen Personen auf Spielcasinos übertragen wurde mit dem Unterschied, dass die erzielten Gewinne nun ordnungsgemäß versteuert wurden[23]. Zudem dürften die Betriebs- und Geschäftskosten im Einklang mit anderen vollkommen legal betriebenen Spielcasinos gestanden haben. Die stetige Optimierung des geldwäscherelevanten Geschäftsablaufes mit dem Ziel der Nichtentdeckung erlebte einen ersten signifikanten Schritt. In den vergangenen Jahrzehnten haben sich dadurch im Geldwäscheablauf typische Systematiken herausgebildet, die nachfolgend untersucht werden.

Der Ablauf der Geldwäsche erstreckt sich von der kriminellen Erwirtschaftung des Geldes über die eigentliche Geldwäschehandlung hin bis zur scheinbaren Legalisierung des Bargeldes oder anderer Vermögenswerte. Die Auswertung aufgeklärter Geldwäschefälle hat gezeigt, dass sich bestimmte Handlungen und Prozessabläufe

---

19 Vgl. Müller, Geldwäscherei, S. 32; vgl. Peters, Die Absahner, S. 40–42.
20 Herzog/Achtelik, in: Herzog, GWG, Einl., Rn. 3.
21 Herzog/Achtelik, in: Herzog, GwG, Einl., Rn. 2; Görg, Geldwäschebezogene Terrorismusbekämpfung, S. 5.
22 Görg, Geldwäschebezogene Terrorismusbekämpfung, S. 5.
23 Görg, Geldwäschebezogene Terrorismusbekämpfung, S. 5.

wiederholen und verallgemeinert werden können.[24] Anhand dieser Feststellungen wurden verschiedene abstrakte Modelle entwickelt, die die einzelnen, zum Teil komplexen Stufen der Geldwäsche in der Gesamtschau am ehesten nachvollziehbar machen.[25] Sie beschreiben die systematische Einordnung der Geldwäschetechniken und bringen Geldwäscheabläufe in ein besseres Verständnis.[26] Den Phasenmodellen ist das international bekannteste Drei-Phasen-Modell der US-Zollbehörden[27] und das zweigliedrige Phasenmodell nach Bernasconi[28] zuzuordnen. Dem gegenüber stehen das zyklische Modell des Federal Reserve Systems der USA.[29] Die Modelle haben noch eine weitere wichtige Funktion in der Bekämpfung von Geldwäsche. Sie ermöglichen effizientere und gezielte Schritte, um taktisch sinnvolle Varianten zur Geldwäschebekämpfung umzusetzen. Sämtliche Modelle haben gemein, dass Sie die Ausgangsbasis und das Endergebnis als gemeinsame Merkmale umfassen.[30] Eine Unterscheidung ist jedoch dennoch möglich, da die sogenannten Phasenmodelle einen zeitlich linearen Ablauf beschreiben, hingegen das Kreislaufmodell einen zyklischen Prozess darstellt.[31]

1. Drei-Phasen-Modell

Das sogenannte Drei-Phasen-Modell der US-Zollbehörden ist das international bedeutsamste und wurde ursprünglich zur Bekämpfung des Drogenhandels entwickelt. Das Phasenmodell ist jedoch nicht allein auf den Drogensektor anwendbar. Die wesentlichen Schritte sind auf alle Vortaten zur Geldwäsche und deren nachfolgende Geldwäschehandlungen übertragbar.[32] Die drei Phasen gliedern sich in der Übersicht wie folgt:[33]

24 Hölscher/Gesmann-Nuissl/Hornbach, Systeme zur Geldwäschebekämpfung, S. 30.

25 Herzog/Achtelik, in: Herzog, GwG, Einl., Rn. 5; Hölscher/Gesmann-Nuissl/Hornbach, Systeme zur Geldwäschebekämpfung, S. 30.

26 Hölscher/Gesmann-Nuissl/Hornbach, Systeme zur Geldwäschebekämpfung, S. 30.

27 Herzog/Achtelik, in: Herzog, GwG, Einl., Rn. 6 mit weiteren Verweisen.

28 Bernasconi, Finanzunterwelt, S. 30–31; Müller, Geldwäscherei, S. 99–100; Altenkirch, Techniken der Geldwäsche, S. 27.

29 Ackermann, Geldwäscherei USA und Schweiz, S. 9–10; Altenkirch, Techniken der Geldwäsche, S. 33.

30 Hölscher/Gesmann-Nuissl/Hornbach, Systeme zur Geldwäschebekämpfung, S. 30.

31 Hölscher/Gesmann-Nuissl/Hornbach, Systeme zur Geldwäschebekämpfung, S. 30–31.

32 Vgl. Altenkirch, Techniken der Geldwäsche, S. 29; Görg, Terrorismusbezogene Geldwäschebekämpfung, S. 5 unter b; Vogt, in: Herzog/Mülhausen, Geldwäschebekämpfung und Gewinnabschöpfung, § 2 Rn. 1.

33 Selbst erstellte Grafik in Anlehnung an: Altenkich, Techniken der Geldwäsche, S. 29; Görg, Terrorismusbezogene Geldwäschebekämpfung, S. 5 unter b; Vogt, in: Herzog/Mülhausen, Geldwäschebekämpfung und Gewinnabschöpfung, § 2 Rn. 1–3; Hoyer/Klos,Geldwäscheregelungen, S. 9.

Abbildung 1: Übersicht Drei-Phasen-Modell.

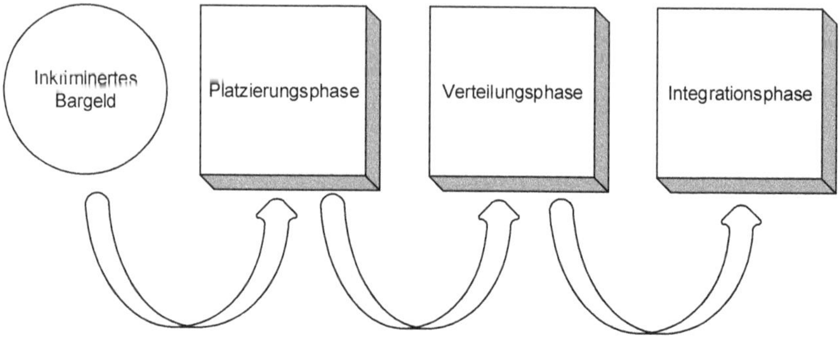

a) Phase 1 „Platzierungsphase"

In der Platzierungsphase wird versucht, das aus einer Straftat erwirtschaftete Bargeld, welches z.B. aus dem Drogenhandel oder einer Betrugshandlung herrührt, in den legalen Finanz- und Wirtschaftskreislauf einzubringen, um es in scheinbar legales Buchgeld umwandeln zu können.[34] Aufgrund der vielfältigen einfachen Verbringungsmöglichkeiten von Bargeld wird dies regelmäßig nicht am Ort der Erwirtschaftung selbst stattfinden. Nicht selten werden dafür mehrmals hintereinander Kuriere eingesetzt, um bereits zu Beginn zu vermeiden, dass die ursprüngliche Herkunft des Bargeldes und die damit verbundene Straftat nachvollzogen werden kann.[35] Seitens staatlicher Behörden wird bereits versucht, in dieser Phase die Geldwäsche zu entdecken oder mittels geldwäscherechtlicher Vorschriften das Einbringen inkriminierter Gelder zu verhindern.

In dieser Phase sind dem sich stetig anpassenden Ideenreichtum eines Geldwäschers keine Grenzen gesetzt. Beispielhaft zu erwähnen ist das sogenannte „Smurfing", die gestückelte Einzahlung von Bargeldbeträgen zur Umgehung der gesetzlichen Identifizierungspflicht ab 15.000 EUR gemäß § 3 Abs. 2 S. 5 GwG oder die Gründung von Scheinfirmen und die damit verbundene Vermischung mit legalen Geschäften. Sind diese Scheinfirmen mehrmals und weltweit tätig, wird eine Nachvollziehbarkeit seitens der Aufsichts- und Sicherheitsbehörden schwierig.

b) Phase 2 „Verschleierungsphase"

Ist die erste Platzierung von Geldern in den Finanzkreislauf erfolgreich gelungen, gilt es in der zweiten Phase, die Rückverfolgung und die illegale Herkunft der

34 Vgl. Quedenfeld, in: Quedenfeld, Handbuch Geldwäschebekämpfung, S. 23 Rn. 2; Suendorf, Geldwäsche, S. 162; Altenkirch, Techniken der Geldwäsche, S. 29; Fischbeck, in: Schimansky/Bunte/Lwowski, Bankrechts-Handbuch, § 42 Rn. 3.

35 Fischbeck, in: Schimansky/Bunte/Lwowski, Bankrechts-Handbuch, § 42 Rn. 3.

Vermögensgegenstände zu verhindern.[36] Die Vielfalt von Möglichkeiten ist auch in dieser Phase immens. Regelmäßig wird beispielsweise versucht, durch mehrere Transaktionen hintereinander und über Mittelsmänner und Scheinfirmen die ursprüngliche Quelle zu verschleiern.[37] Das tägliche Transaktionsvolumen allein bei der elektronischen Überweisung mittels der Society for Worldwide Interbank Financial Telecommunication (S.W.I.F.T.) beträgt 4,8 Billionen EUR täglich. Bei dem von Kreditinstituten unterhaltenen Telekommunikationsnetz sind zudem 7.800 Finanzdienstleister in mehr als 200 Ländern angeschlossen.[38]

Die Zahlen machen bereits deutlich, wie schwierig es für Finanz- und Kreditinstitute sowie Behörden ist, in dieser Phase Geldwäschehandlungen aufzudecken. Nicht selten wird bei der wochenlangen Aneinanderreihung von Transaktionen (Schichtung) auch der An- und Verkauf von hochwertigen Gütern oder Immobilien vollzogen. Die jeweilige Bezahlung aus dem Finanzkreislauf heraus und die damit verbundene Legitimation von (renommierten) Kreditinstituten trägt zur weiteren Legitimation des illegal erwirtschafteten Geldes bei. Die Möglichkeiten der Umwandlung, Schichtung oder des weltweiten Verschiebens, auch mittels Transaktionen im Internet, wurde bereits von der FATF im Jahr 2003 in einer Typologie wiedergegeben.[39]

c) Phase 3 „Integrationsphase“

Die dritte Phase ist davon geprägt, dass das Kapital nach erfolgreicher Verschleierung seiner kriminellen Herkunft wieder in die unmittelbare Verfügungsgewalt des Organisators gelangt.[40] In dieser Phase ist eine Nachvollziehbarkeit der Herkunft der kriminellen Gelder nicht oder nur noch sehr schwer möglich. Das Geld kann nun auf Dauer in eine Immobilie, in Aktien, Wertpapiere, Gold oder in kapitalbildende Lebensversicherungen investiert werden. Denkbar sind alle Formen der Anlage oder des Erwerbes von Vermögensgegenständen. Eine Umschichtung zur Verschleierung ist in dieser Phase nicht mehr erforderlich, das inkriminierte Geld ist zu diesem Zeitpunkt vollkommen weißgewaschen.

---

36 Hölscher/Gesmann-Nuissl/Hornbach, Systeme zur Geldwäschebekämpfung, S. 33; Altenkirch, Techniken der Geldwäsche, S. 30; Quedenfeld, in: Quedenfeld, Handbuch Geldwäschebekämpfung, S. 23 Rn. 3; Görg, Terrorismusbezogene Geldwäschebekämpfung, S. 7; ausführlich hierzu auch Siska, Geldwäschebekämpfung, S. 46–48.

37 Siska, Geldwäschebekämpfung, S. 46.

38 Görg, Terrorismusbezogene Geldwäschebekämpfung, S. 7.

39 FATF, Bericht über Geldwäsche-Typologien 2002–2003, S. 22 Nr. 30; Vogt, in: Herzog/Mülhausen, Geldwäschebekämpfung und Gewinnabschöpfung, § 1 Rn. 8.

40 Altenkirch, Techniken der Geldwäsche, S. 30; Fischbeck, in: Schimansky/Bunte/Lwowski, Bankrechts-Handbuch, § 42 Rn. 7; FATF, Bericht über Geldwäsche-Typologien 2002–2003, S. 22 Nr. 30.

2. Zwei-Phasen-Modell

Das zweigliedrige Phasenmodell nach Bernasconi[41] beginnt ähnlich wie das Drei-Phasen-System und beschreibt die erste Phase mit dem Verbergen von inkriminierten Geldern. Hierzu gehört beispielsweise die Stückelung von Geldern und deren Einzahlung auf ein Bankkonto oder aber der Tausch in andere Währungseinheiten bei vorangegangenen Straftaten im Ausland.[42] In der zweiten Phase findet bereits die endgültige Verwischung der bereits vorgewaschenen Gelder und das vollständige weiß waschen statt, eine Zwischenstufe ist in diesem Modell nicht mehr vorgesehen.[43] Eine Vielzahl verschiedener Transaktionen oder Geschäftsvorfälle wird in dieser Phase vorausgesetzt. Das Zwei-Phasen-Modell unterscheidet zudem zwei verschiedene Gruppen: zum einen die Länder, in denen die Vortat verübt wurde, und zum anderen die Länder, in denen die Geldwäsche stattfand. Vorausgesetzt wird, dass inkriminierte Gelder zur Geldwäsche in andere Länder transferiert werden und anschließend wieder zurückfließen.[44]

Das Drei- und das Zwei-Phasen Modell sind daher in der Gesamtschau sehr ähnlich gelagerte Modelle, die sich jedoch in kleinen Details voneinander abgrenzen. Der Ansatz zu einer Länderdifferenzierung beim Zwei-Phasen-Modell vermag jedoch nicht mehr zu überzeugen. Die weiter ansteigende weltweite Vernetzung und Globalisierung, gerade auch in der EU, lässt eine solche Abgrenzung nicht mehr zu. Inkriminierte Gelder werden nicht mehr ausschließlich in Finanzzentren und sogenannten Steueroasen gewaschen.[45] Das Drei-Stufen-Modell ist hingegen zeitlich und örtlich unabhängig und ermöglicht eine weltweite Anwendbarkeit.

3. Kreislaufmodell

Das Kreislaufmodell basiert auf einer Entwicklung des Federal Reserve Systems in den USA und enthält das Drei-Phasen-Modell in einem kreisförmigen flexiblen Zyklus.[46] Es ist daher möglich, dass einzelne Phasen übersprungen werden können. Die strikte Abfolge des Drei-Phasen-Models findet hier nicht statt. Durch die Flexibilität dieses Modells ist es möglich, dass bereits platziertes Kapital unmittelbar in den Finanzkreislauf gelangt, ohne die Verschleierungsphase zu durchlaufen. Umgekehrt besteht aber auch die Möglichkeit, dass in den Wirtschaftskreislauf eingebrachte

---

41 Bernasconi, Finanzunterwelt, S. 30–31; Müller, Geldwäscherei S. 99–100; Altenkirch, Techniken der Geldwäsche, S. 27.

42 Altenkirch, Techniken der Geldwäsche, S. 27–28; Bernasconi, Finanzunterwelt, S. 30.

43 Bernasconi, Finanzunterwelt, S. 30.

44 Bernasconi, Schweizerische Erfahrungen, S. 168; Altenkirch, Techniken der Geldwäsche, S. 28; Müller, Geldwäscherei, S. 100.

45 Bernasconi, Schweizerische Erfahrungen, S. 168.

46 Hölscher/Gesmann-Nuissl/Hornbach, Systeme zur Geldwäschebekämpfung, S. 34; Altenkirch, Techniken der Geldwäsche, S. 33; Ackermann, Geldwäscherei USA und Schweiz, S. 10.

Gewinne direkt wieder in kriminelle Aktivitäten investiert werden.[47] Die Flexibilität hat jedoch auch den Nachteil, dass die Vielfalt von Möglichkeiten eine gewisse Übersicht vermissen lässt.[48] Zudem wird das Entdeckungsrisiko eines Geldwäschevorganges um ein Wesentliches höher sein, wenn die signifikante Verschleierungsphase übersprungen wird. Nachfolgend verdeutlicht die schematische Übersicht das Zyklusmodell und dessen mögliche Varianten, die der besseren Übersicht wegen außerhalb des Kreises aufgeführt sind:[49]

Abbildung 2: Das Zyklusmodell.

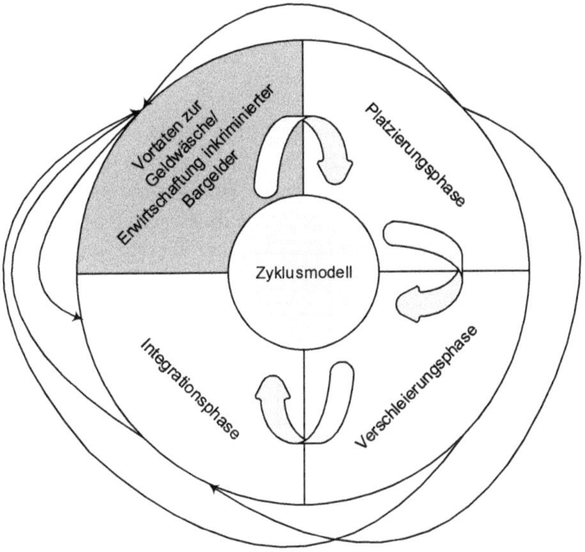

II. Techniken der Geldwäsche

Die genaue Anzahl der nationalen und internationalen Geldwäschetechniken ist schwer einschätzbar, auch was deren einzelne Untervarianten anbelangt. Die meisten wurden erst durch strafrechtliche Ermittlungsverfahren von Sicherheitsbehörden bekannt und im Detail nachvollziehbar. Beispielhaft erwähnenswert sind erfolgte Vielfachschaltungen von Buchgeldern nach vorheriger Einzahlung

47 Altenkirch, Techniken der Geldwäsche, S. 33.
48 Hölscher/Gesmann-Nuissl/Hornbach, Systeme zur Geldwäschebekämpfung, S. 36; Altenkirch, Techniken der Geldwäschebekämpfung, S. 33.
49 Selbst erstellte Grafik in Anlehnung an: Hölscher/Gesmann-Nuissl/Hornbach, Systeme zur Geldwäschebekämpfung, S. 35; Altenkirch, Techniken der Geldwäsche, S. 34; Ackermann, Geldwäscherei USA und Schweiz, S. 9–10.

von Bargeldern bei mehreren nationalen und internationalen Finanzinstituten und unterhalb von rechtlichen Identifizierungsgrenzen.

Zahlreiche geldwäscherechtliche Änderungen im Strafgesetzbuch und die Aufnahme von weiteren Berufsgruppen in das Geldwäschegesetz sind nötig, da immer wieder auf neue, in der Praxis erfolgreich durchgeführte Geldwäschetechniken Bezug genommen werden muss. Auch zukünftig wird der Gesetzgeber einzelne geldwäschegefährdete Berufsgruppen erst dann in das Geldwäschegesetz aufnehmen, wenn bereits praktizierte neue Geldwäschetechniken bekannt geworden sind. Ziel muss es sein, dass unbekannte Techniken der Geldwäsche, auch die mit einer ausgefeilten Komplexität, bereits frühzeitig entdeckt werden.[50] Idealerweise formuliert der Gesetzgeber das GwG so, dass alles in der Zukunft denkbare erfasst wird.

1. Klassische Geldwäschetechniken

Zu den klassischen Geldwäschetechniken zählen solche, die in der Vergangenheit bereits öfter oder über Jahre angewandt wurden und sich den gesetzlichen Änderungen entsprechend angepasst haben. Hierzu zählt das bereits erwähnte Smurfing, die einfache Täuschung von Bankmitarbeitern im Geschäftsverkehr oder aber die Schaltung von vielfachen Transaktionen hintereinander oder parallel.[51] Nachfolgend werden die Geldwäschetechniken untersucht, wobei sich der besseren Nachvollziehbarkeit wegen die Darstellung am Drei-Phasen-Modell orientiert.

a) Platzierungstechnik

Eine der häufigsten Formen der Platzierungstechnik ist das Einschalten von Strohmännern[52] oder Scheinfirmen[53]. Signifikant ist hierbei, dass der Inhaber des Kapitals immer im Hintergrund agiert und seine Bargelder gezielt von ausgewählten und gesteuerten Personen oder Firmen in den Finanz- oder weiteren Wirtschaftskreislauf einspeisen lässt.

Smurfing ist hierbei eine Platzierungstechnik, die sich zwar regelmäßig auf das reine Stückeln von Bargeld beschränkt, jedoch auch über den Zwischenweg von Wechseln, Schecks oder Schuldverschreibungen und deren späterer Einzahlung auf Konten möglich ist und durchführen lässt.[54] Der Kauf von Vermögensgegenständen

---

50 Vgl. Altenkirch, Techniken der Geldwäsche, S. 43.

51 BKA, FIU Jahresbericht 2010, S. 15. Das BKA wertet die Stückelung von Beträgen (Smurfing) auch anhand der Verdachtsgründe von Meldeverpflichteten bei der Erstattung einer Verdachtsmeldung aus; Altenkirch, Techniken der Geldwäsche, S. 52; Hölscher/Gesmann-Nuissl/Hornbach, Systeme zur Geldwäschebekämpfung, S. 36–37.

52 Ackermann, Geldwäscherei USA und Schweiz, S. 23–24; Altenkirch, Techniken der Geldwäsche, S. 52.

53 BKA, FIU Jahresbericht 2010, S. 15.

54 Hölscher/Gesmann-Nuissl/Hornbach, Systeme zur Geldwäschebekämpfung, S. 37.

materieller Art hat in der Platzierungsphase in den letzten Jahren aufgrund der Unbeständigkeit der Finanzmärkte und der restriktiven computergestützten Aufsichtsmethoden immer mehr an Bedeutung gewonnen. Sie sind bestens geeignet, vor einem eigentlichen Finanztransfer auf ein Bankkonto zwischengeschaltet zu werden. Beispielhaft zu erwähnen sind der Kauf eines Sportwagens in bar oder eines Kunstgegenstandes in Deutschland und dessen anschließender zeitlich verzögerter Weiterverkauf in ein benachbartes europäisches Ausland. Das Bargeld wird anschließend mit der Vorlage eines Kaufvertrages bei der inländischen Bank legitimiert.

b) Verschleierungstechnik

Bei der Verschleierungstechnik kommt es darauf an, die „paper trail" von Geldern, die schon im Finanz- oder Vermögenskreislauf integriert sind, zu verwischen. Der Bereich des Verschleierns ist für den Geldwäscher nicht mehr ganz so gefährlich, wie im Bereich des Platzierens.[55] Altenkirch beschreibt als Verwischungstechnik zum einen das Abheben des Geldes, um es anschließend bei einer anderen Bank wieder einzubezahlen. Zum anderen verweist er auf die Mehrfachschaltung von Buchgeldtransaktionen.[56] Betrachtet man diese beiden Techniken aber auch im praktischen Kontext, wird erst das eigentliche Ausmaß der Verschleierungsmöglichkeiten deutlich. Die sogenannte Schichtung[57] – eine Vielzahl von nationalen, europäischen oder internationalen hintereinandergeschalteten Transaktionen – hat sich hierbei als bekannte und bewährte Verwischungstechnik herausgestellt.[58] Als Verschleierungstechnik dient auch die Zwischenschaltung des Kaufes und Verkaufes von Aktien, Versicherungspolicen, Auslandsanleihen oder anderer Finanzprodukte.[59] Analog dient auch die Fortführung des An- und Verkaufes von gehobenen Wertgegenständen dazu, die Komplexität der Verschleierung zu intensivieren.

c) Integrationstechnik

Zum Zeitpunkt der Integration haben die Vermögenswerte die beiden Stadien der Platzierung und Verschleierung weit hinter sich gelassen. Die dauerhafte Integration von „Geld ohne Herkunft"[60] in den Finanz- und Wirtschaftskreislauf ist das originäre Ziel einer nachhaltigen Integration. Die Techniken der Integration sind hinsichtlich des Gefahrenpotenzials eines behördlichen Entdeckungsrisikos

---

55 Altenkirch, Techniken der Geldwäsche, S. 60.

56 Altenkirch, Techniken der Geldwäsche, S. 60; ähnlich auch Hölscher-Gesmann-Nuissl, Systeme zur Geldwäschebekämpfung, S. 38.

57 Siska, Geldwäschebekämpfung, S. 46.

58 Hölscher/Gesmann-Nuissl/Hornbach, Systeme zur Geldwäschebekämpfung, S. 38; Siska, Geldwäschebekämpfung, S. 46; Altenkirch, Techniken der Geldwäsche, S. 60.

59 Vgl. Siska, Geldwäschebekämpfung, S. 46.

60 Altenkirch, Techniken der Geldwäsche, S. 63.

als gering einzustufen Bei unterschiedlichen Tätern sind dabei unterschiedliche Vorgehensweisen erkennbar.

Eine Täterorganisation, die auf eine gewisse Dauer angelegt ist und bereits mehrmals und organisiert geldwäscherelevante Vortaten begangen hat, hat regelmäßig eine andere Technik zur Integration zur Verfügung als ein Ersttäter.[61] Kriminologisch wird hierbei unterstellt, dass die organisierten Täter meist einem kriminellen Milieu entstammen und ihre geschäftlichen Fähigkeiten eher begrenzt sind. Sie wollen das mehrere Prozesse durchlaufende illegale Vermögen möglichst greifbar anlegen.[62] Beim allein handelnden Ersttäter, bei dem meist eine höhere Bildungsebene vorausgesetzt wird, ist eine größere Investitionsbereitschaft in komplexere Anlageformen eher als wahrscheinlich zu erachten.[63]

Eine der meistverwendeten Integrationstechniken ist die Direktinvestition in Finanzprodukte oder andere Sachwerte.[64] Der Kauf von Aktien, Fondspapieren, Immobilien, Grundstücken und anderen hochwertigen Gütern dient zur Alterssicherung und Vermögenserhaltung.[65] Ausgehend davon, dass die strafprozessualen Maßnahmen im Bereich der Vermögensabschöpfung bei Straftaten immer weiter angepasst werden, sind Direktinvestitionen mit unmittelbarem Zugriff am meisten verbreitet. In dieser Phase ist aber auch damit zu rechnen, dass Investitionen gewählt werden, die nicht direkt an Personen geknüpft sind. Danach werden personalisierte Inhaberpapiere oder offene Firmenbeteiligungen vermieden.[66]

Eine weitere interessante Technik der Integration ist die Beteiligung an einer Gesellschaft.[67] Diese kann offen oder durch einen Mittelsmann als stiller Gesellschafter erfolgen. Die weitere Vernetzung mit anderen Gesellschaftern und die Verbindung zur legalen Geschäftstätigkeit des Unternehmens sind für eine Integration von Vorteil.

2. Moderne Geldwäschetechniken

Durch den Ausbau moderner Kommunikationsmittel sind die damit einhergehenden neuen Möglichkeiten elektronisch basierter Geldwäschetechniken international kontinuierlich erweitert worden. Die enge Verknüpfung moderner Technologie mit dem Internet spielt dabei eine bedeutsame Rolle.[68] So bestehen beispielsweise

---

61 Suendorf, Geldwäsche, S. 199; Altenkirch, Techniken der Geldwäsche, S. 64.

62 Suendorf, Geldwäsche, S. 199; Altenkirch, Techniken der Geldwäsche, S. 64.

63 Vgl. Hölscher/Gesmann-Nuissl/Hornbach, Systeme zur Geldwäschebekämpfung, S. 39; Suendorf, Geldwäsche, S. 199.

64 Altenkirch, Techniken der Geldwäsche, S. 65.

65 Suendorf, Geldwäsche, S. 199.

66 Hölscher/Gesmann-Nuissl/Hornbach, Systeme zur Geldwäschebekämpfung, S. 39.

67 Siska, Geldwäschebekämpfung, S. 48; Altenkirch, Techniken der Geldwäsche, S. 65; Hölscher/Gesmann-Nuissl/Hornbach, Systeme zur Geldwäschebekämpfung, S. 41; ausführlich hierzu Suendorf, Geldwäsche, S. 205–208.

68 Hölscher/Gesmann-Nuissl/Hornbach, Systeme zur Geldwäschebekämpfung, S. 41.

vielfältige Geldwäscherisiken beim Internet-Glücksspiel, dem sogenannten E-Gaming. Zum einen kann der Geldwäscher selbst ein Unternehmen gründen und als Veranstalter von Glücksspiel im Internet auftreten.[69] Er kann dadurch inkriminierte Gelder mittels fingierter Spieleridentifizierungen selbst in den Spielbetrieb einbringen. Anschließend werden die Gelder als Gewinn deklariert und an ein Konto einer eigenen Gesellschaft oder an einen Strohmann ausbezahlt. Zum anderen besteht aber auch die Möglichkeit, dass Spiele (z.B. beim Online-Poker) nur unter Strohmännern stattfinden oder inkriminierte Gelder von Finanzdienstleistern in das Spiel einfließen, deren Standards zur Identifizierung eines Kunden und der Herkunft von Geldern mit den hiesigen Standards von Banken und Finanzdienstleistungsinstituten nicht vergleichbar sind.[70]

Die notwendigen nationalen und internationalen rechtlichen Instrumentarien zur Geldwäscheverhütung können solch schnellen elektronischen Entwicklungen nur bedingt standhalten. Ein Beleg hierfür ist die Entwicklung beim legalen Glücksspiel. Nach der gesetzlichen Öffnung für das zuvor verbotene Glücksspiel im Internet (sogenanntes Online-Glücksspiel) im Land Schleswig-Holstein[71] wurde erst anderthalb Jahre später das präventiv ausgerichtete Geldwäschegesetz des Bundes geändert und der Bereich der Verpflichteten um Veranstalter und Vermittler von Glücksspielen im Internet ergänzt.[72] In diesem Zusammenhang wurden auch Vorschriften zur Schaffung von internen Sicherungsmaßnahmen bei Online-Glücksspielen (§ 9a GwG), zur Spieleridentifizierung (§ 9b GwG) und zur Transparenz von Spielerkonten und Zahlungsströme (§ 9c GwG) in das Geldwäschegesetz aufgenommen. Für klassische Spielbanken wurden ähnlich gelagerte Pflichten zur Identifizierung und zu internen Sicherungsmaßnahmen bereits im Jahr 1992 in die Gesetzgebung implementiert.[73]

Angesichts der jährlichen Einnahmen in Höhe von 6 Milliarden EUR für Anbieter des legalen Online-Glückspiels in der Europäischen Union[74] war dies eine unabdingbare Maßnahme zur Schließung einer anderthalb Jahre andauernden geldwäscherechtlichen Gesetzeslücke.[75]

Moderne elektronische Techniken der Geldwäsche sind in drei verschiedenen Bereichen erkennbar:

69 Levi, Money Laundering Risks and E-Gaming 2009, S. 4.
70 Levi, Money Laundering Risks and E-Gaming 2009, S. 4.
71 §§ 18–20 des Gesetzes zur Neuordnung des Glückspiels (Glücksspielgesetz) vom 20.10.2011, GVOBl. Schleswig-Holstein, 280.
72 Einfügung des § 2 Abs. 1 Nr. 12 GwG durch das Gesetz zur Ergänzung des Geldwäschegesetzes (GwGErgG) vom 18.02.2013, BGBl I, 268.
73 RegE GewAufspG, BT-Drucks. 12/2704, S. 7, 13.
74 Europäische Kommission, Grünbuch „Online Gewinnspiele im Internet", 2011, S. 3.
75 Ausführlich hierzu auch RegE GwGErG, BT-Drucks. 17/10745, S. 2.

a) *Software basiertes E-Geld*

Das sogenannte E-Money, auch E-Geld genannt, ist eine digitale Währung. Sie besteht aus sogenannten elektronischen Symbolen, die von einem Algorithmus erzeugt werden und an eine existente Währungseinheit. angelehnt sind.[76] Dies ist im Grunde genommen normales Geld, da es zuvor mit einer festen Währung bei einem privat oder öffentlich organisierten Emittenten gekauft werden muss.[77] Zum Schutz des E-Geldes erfolgt auf dem Computer eine kryptografische Verschlüsselung.[78] Im Anschluss kann die virtuelle Währung weltweit elektronisch eingesetzt werden.

Dies ist für den Geldwäscher die geringste Gefahr, da er dieses Geld weltweit schnell transportieren und einsetzen kann. Im Zweifelsfall kann er die Gefahr beim Emittenten auch minimieren, indem er dort einen Strohmann einsetzt. In einer weiteren Stufe kann der Geldwäscher selbst einen Emittenten für E-Geld-Geschäfte gründen oder besser ein bestehendes Unternehmen erwerben.[79] Letzteres ist als moderne Technik am unscheinbarsten einzustufen, da das Unternehmen bereits unauffällig einige Zeit am Markt teilnimmt und entsprechend als zuverlässig einzustufen ist.

Ist der Geldwäscher in die Funktion eines Emittenten gelangt, können nahezu grenzenlos Bargelder in E-Geld umgetauscht und unmittelbar am Finanzmarkt mit Rendite angelegt werden.[80] Der normale Kunde unterstützt diese Geschäfte indirekt in der Form, indem er durch seine Käufe und Transaktionen die Legende eines normalen Emittenten festigt, was die Geschäfte in ihrer Gesamtheit legal erscheinen lässt. Die FATF hat in diesem Zusammenhang auch Leitlinien zur Registrierung und zum Umgang mit Emittenten veröffentlicht.[81] Sie sieht in E-Geld prinzipiell eine erhebliche Gefahr zur Geldwäsche.[82]

b) *Kartenbasiertes E-Geld*

Neben dem softwaregestützten E-Geld gibt es noch das kartengebundene elektronische Zahlungssystem, das im Rahmen einer reinen Guthabenkarte oder aber einer klassischen Kreditkarte arbeitet.[83] Die Guthabenkarte, auch Prepaid-Karte bezeichnet, erlebte in den vergangenen Jahren einen großen Zuspruch. Der Spitzenreiter,

---

76 Siska, Geldwäschebekämpfung, S. 74; Hölscher/Gesmann-Nuissl/Hornbach, Systeme zur Geldwäschebekämpfung, S. 45.

77 FATF, Money Laundering Using New Payment Methods, S. 16 Nr. 42; Siska, Geldwäschebekämpfung, S. 74.

78 Siska, Geldwäschebekämpfung, S. 74–75.

79 Rederer, Krim 2010, S. 261 (263); Altenkirch, Techniken der Geldwäsche, S. 77–78.

80 Altenkirch, Techniken der Geldwäsche, S. 77.

81 FATF, Prepaid Cards, Mobile Payments, Internet-Based Services, S. 36.

82 FATF, Money Laundering & Terrorist Financing Vulnerabilities, S. 36; Suendorf, Geldwäsche, S. 399.

83 Rederer, Krim 2010, S. 261 (261); Altenkirch, Techniken der Geldwäsche, S. 74; Hölscher/Gesmann-Nuissl/Hornbach, Systeme zur Geldwäschebekämpfung, S. 51.

mit prognostizierten 53 Prozent Marktanteil im Jahr 2017 ist die U.S.A.[84] Dort wurde alleine im Jahr 2009 eine Gesamtsumme von 120,2 Milliarden USD auf Guthabenkarten festgestellt.[85] Die Guthabenkarte funktioniert regelmäßig durch Aufladung eines Betrages auf den auf der Karte sitzenden Mikrochip. Der Betrag kann bei einem Kreditinstitut oder selbständig bei einem angeschlossenen Geldautomaten oder Emittenten aufgeladen werden. Mit einem Kartenlesegerät kann der Mikrochip auch an einem Computer ausgelesen und das Geld online verwendet werden. Der Mikrochip verwahrt das Geld, und es wird eine Gegenbuchung auf einem Schattenkonto durchgeführt.[86] Im Internet gibt es mehrere internationale Kartenanbieter. Sie bieten eine Anonymität mittels Online-Registrierung, ohne einen amtlichen Ausweis zu verlangen. Zudem wird die Karte mit einem internationalen Zahlungsstandard (z.B. VISA) und mit einer reinen Kartennummer ohne Kundendaten ausgegeben. Eine schematische Übersicht in Abbildung 3 verdeutlicht den Gesamtzusammenhang der einfachen kartengebundenen Geldwäschetechnik, auch mit dem Zwischenweg des Ein- und Verkaufes von Waren:[87]

Abbildung 3: Geldwäsche mit einer aufladbaren (anonymen) Zahlungskarte.

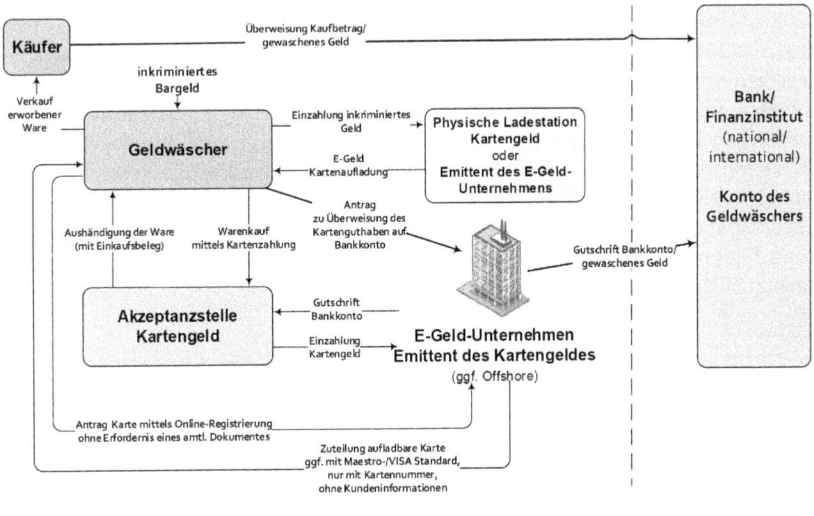

84 FATF, Money Laundering Using New Payment Methods, S. 15 Nr. 37.
85 FATF, Money Laundering Using New Payment Methods, S. 15, Nr. 35.
86 Altenkirch, Techniken der Geldwäsche, S. 74.
87 Selbst erstellte Grafik in Anlehnung an: Hölscher/Gesmann-Nuissl/Hornbach, Systeme zur Geldwäschebekämpfung, S. 52–53; Vgl. Altenkirch, Techniken der Geldwäsche, S. 74.

Die FATF unterscheidet prinzipiell zwischen Open-Loop- und Closed-Loop-Guthabenkarten.[88] Im Fall der Closed-Loop-Guthabenkarten muss der Akzeptant den Betrag zunächst beim Emittenten einlösen, und es erfolgt eine Gutschrift auf ein Bankkonto, oder er bekommt neues E-Geld auf seine eigene Guthabenkarte.[89] Das geschlossene System erlaubt nur einzelne relativ nachvollziehbare Schritte. Mehrmalige Transaktionen in kurzer Zeit sind eher schwierig. Die FATF sieht daher auch kein großes Gefahrenpotenzial bei Closed-Loop-Guthabenkarten.[90]

Open-Loop-Guthabenkarten unterscheiden sich von diesem System dahin gehend, dass der Akzeptant das E-Geld unmittelbar selbst weiter verarbeiten und dementsprechend zügig weiter verbreiten kann.[91] Dies hatte bis vor wenigen Jahren die Folge, dass eine Person an einem Tag unzählige Guthabenkarten in Bar und bei einem oder unauffälliger weise bei mehreren Emittenten (z.B. Tankstelle oder Kiosk) anonym kaufen konnte.[92] Die dazugehörigen Codenummern wurden dabei telefonisch weltweit weitergegeben, und der Geldwäscher oder eine andere noch zwischengeschaltete Person konnten die Beträge an einem anderen Ort einlösen – ein Geldtransfer ohne Identifizierung und ohne Zwischenschaltung von Kreditinstituten.

In der Folge führte dies zu einer Änderung des Geldwäschegesetzes[93] und zur Einführung des § 25i ins Kreditwesengesetz (KWG),[94] der die Sorgfalts- und Organisationspflichten beim E-Geld-Geschäft neu aufgestellt hat. Die bereits im Gesetzentwurf aufgeführte Änderung der Bagatellgrenze von 100 Euro pro Person und Kalendermonat wurde beibehalten (§ 25i Abs. 2 KWG). Sie wurde in einer vorherigen Anhörung des Finanzausschusses des Deutschen Bundestages von Vertretern der Prepaid-Wirtschaft heftig kritisiert.[95] Da derartige gesetzliche Regelungen bislang nur in Deutschland bekannt sind, bleibt abzuwarten, inwieweit die Europäische Union auch eine Schwellengrenze für E-Geld auf Guthabenkarten zukünftig empfehlen wird. Bis dorthin ist diese Variante der Guthabenkarte weiter stark gefährdet, als Geldwäschetechnik missbraucht zu werden.

---

88 FATF, Money Laundering Using New Payment Methods, S. 14 Nr. 33.

89 Altenkirch, Techniken der Geldwäsche, S. 74; FATF, Money Laundering Using New Payment Methods, S. 14 Nr. 33.

90 FATF, Money Laundering Using New Payment Methods, S. 14 Nr. 33.

91 FATF, Money Laundering Using New Payment Methods, S. 14 Nr. 33.

92 Suendorf, Geldwäsche, S. 399.

93 Gesetz zur Optimierung der Geldwäscheprävention vom 22.12.2011, BGBl I, 2959; ausführlich hierzu auch RegE GwPrävOptG, BT-Drucks. 17/6804, S. 1–15.

94 Gesetz zur Optimierung der Geldwäscheprävention vom 22.12.2011, BGBl I, 2959; vgl. Einzelheiten zur Umsetzung in BaFin, Merkblatt Sorgfalts- und Organisationspflichten beim E-Geld Geschäft/ Merkblatt zur Einführung des § 25i Kreditwesengesetz (KWG) durch das Gesetz zur Optimierung der Geldwäscheprävention (GwOptG), 20.04.2012.

95 Finanzausschuss zum Gesetz zur Optimierung der Geldwäscheprävention, Protokoll Nr. 17/65, S. 42–43.

c) Geldwäsche mittels Finanzagenten

Ein Finanzagent wird meist über das Internet oder über Printmedien gesucht. Zunächst wird hierbei ein lukrativer Nebenjob angeboten. Die Person soll ihr Bankkonto zur Verfügung stellen und zeitnah Transaktionen weiterleiten. Die Person zieht hierfür eine zuvor vereinbarte Provision ab, die meist bis zu 20 Prozent der eigentlichen Summe beträgt.[96] Regelmäßig handelt es sich hierbei um die Weiterleitung inkriminierter Gelder vom eigenen Konto oder um eine Auszahlung und Einzahlung bei einem Finanzdienstleister zum Zwecke des internationalen Geldtransfers.[97] Im Jahr 2011 wurden bundesweit 3.992 Verdachtsmeldungen zu sogenannten Finanzagenten beim Bundeskriminalamt und den Landeskriminalämtern erstattet.[98] Im Vergleich zu 265 gemeldeten Fällen im Jahr 2006[99] ist dies eine signifikante Steigerung und zeigt zugleich auf, dass das Phänomen des Finanzagenten eine beliebte Variante ist.

In den letzten Jahren hat sich diese Geldwäschetechnik jedoch stark verändert. Das sogenannte „Phishing" spielt nunmehr eine große Rolle. Das Wort setzt sich aus Passwort und Fishing zusammen und bedeutet auf Deutsch übersetzt: Passwörter angeln.[100] Durch trügerische Internetverlinkungen oder fingierte E-Mails wird das meist ahnungslose Opfer aufgefordert, seine Bankdaten zu aktualisieren. Die Phishing-Betrüger fangen hierbei die Passwörter und Original-Zugangsdaten des Bankkontos ab und verfügen unmittelbar nach Erlangung einen oder mehrere Geldbeträge an ein ihnen bekanntes Konto eines Finanzagenten weiter.[101] In Zusammenarbeit mit einem oder mehreren nacheinander geschalteten Finanzagenten wird das kriminell erlangte Geld zumeist international an Finanzdienstleister weitergeleitet.[102] Dem Finanzagenten droht bei Aufdecken seiner in der Regel mehrfach vorgenommen Weiterleitungen zumeist eine Anklage und Verurteilung wegen Geldwäsche (§ 261 Abs. 1 StGB).[103] Bestreitet der Finanzagent mit diesen Weiterleitungen seinen Lebensunterhalt, kommt auch eine Strafbarkeit wegen gewerbsmäßiger Geldwäsche (§ 261 Abs. 4, § 53 StGB) in Betracht.[104]

Vereinzelt werden Finanzagenten auch aufgefordert, hochwertige Waren zu bestellen und an einen Strohmann ins Ausland zu senden. Die Gelder werden zuvor

96 BKA, FIU Jahresbericht 2009, S. 29; Hölscher/Gesmann-Nuissl/Hornbach, Systeme zur Geldwäschebekämpfung, S. 42.
97 Hölscher/Gesmann-Nuissl/Hornbach, Systeme zur Geldwäschebekämpfung, S. 42.
98 BKA, FIU Jahresbericht 2011, S. 11.
99 BKA, FIU Jahresbericht 2006, S. 22.
100 Bundesamt für Sicherheit in der Informationstechnik (BSI), Definition „Phishing" abrufbar unter: https://www.bsi-fuer-buerger.de/BSIFB/DE/GefahrenImNetz/Phishing/phishing_node.html (zuletzt abgerufen am 30.01.2015).
101 BKA, FIU Jahresbericht 2006, S. 31.
102 BKA, FIU Jahresbericht 2006, S. 32.
103 BKA, FIU Jahresbericht 2006, S. 32.
104 BKA, FIU Jahresbericht 2006, S. 32.

durch Phishing akquiriert und dem Finanzagenten zum Kauf der Gegenstände auf sein Konto transferiert.[105] Eine weitere Variante besteht darin, dass der angeworbene Finanzagent unter einer Legende aufgefordert wird, von den überwiesenen Geldbeträgen Guthabenkarten (Vouchers) von weltweiten Unternehmen zu erwerben. Anschließend sollen die dazugehörigen PIN-Codes per E-Mail weitergeleitet werden. Der Auftraggeber, der sich regelmäßig im Ausland befindet, tauscht die PIN-Codes gegen Bargeld oder für den Kauf von hochwertiger Ware ein, die er unmittelbar nach Erhalt wieder weiterveräußert.[106]

III. Geldwäschegebundene Terrorismusfinanzierung

Der Unterschied zwischen Alltagskriminalität auf der einen Seite und der Vorbereitung und Ausübung schwerer Straftaten auf der anderen Seite wird gerade im Bereich der Finanzierung von terroristischen und extremistischen Straftaten deutlich. Eine Transaktion allein ohne weitergehende Informationen zum Kunden oder der Transaktion selbst wird nur schwer mit der Finanzierung von Terrorismus in Verbindung zu bringen sein.[107] Hierzu bedarf es regelmäßig weitergehender Erkenntnisse zum Kunden, zur Transaktion und ggf. zu weiteren beteiligten Personen. Ein weiteres Feststellungsproblem liegt darin, dass der primären Terrorismusfinanzierung – anders als im Fall der Geldwäsche – meist keine strafbare Vortat vorausgeht. Die Gelder entstammen daher regelmäßig einer legalen Herkunft und werden beispielsweise über den Umweg von Spenden an eine wohltätige Organisation erst zu einem späteren Zeitpunkt für terroristische oder extremistische Belange zweckentfremdet.[108]

1. Definition Terrorismus

Der Begriff Terrorismus stammt von dem lateinischen Wort „terror", was Schrecken und Angst bedeutet.[109] Die Erzeugung von Schrecken und Angst wiederum unterstützt eine politische, wirtschaftliche oder militärische Zielerreichung.[110] Weiteres wissenschaftliches Merkmal ist, dass zu dieser Zielerreichung die Gewaltanwendung organisiert, kontinuierlich und planmäßig verfolgt wird.[111] Eine

105 BKA, FIU Jahresbericht 2009, S. 29; Hölscher/Gesmann-Nuissl/Hornbach, Systeme zur Geldwäschebekämpfung, S. 43.

106 Vgl. Vogt, in: Herzog/Mülhausen, Geldwäschebekämpfung und Gewinnabschöpfung, § 2 Rn. 42; BKA, FIU Jahresbericht 2009, S. 29.

107 Vogt, in: Herzog/Mülhausen, Geldwäschebekämpfung und Gewinnabschöpfung, § 2 Rn. 52.

108 Vogt, in: Herzog/Mülhausen, Geldwäschebekämpfung und Gewinnabschöpfung, § 2 Rn. 52.

109 Hirschmann, Terrorismus, S. 7; Keber, Terrorismus im Völkerrecht, S. 1.

110 Pehlivan, Zusammenarbeit zwischen der EU und Türkei, S. 30.

111 Pehlivan, Zusammenarbeit zwischen der EU und Türkei, S. 30.

abschließende verbindliche Definition ist jedoch schwierig und wird zum Teil auch für nicht möglich gehalten.[112] Die wesentlichen Entwicklungen werden durch ideologische, kulturelle, personelle, politische und regionale Besonderheiten geprägt.[113]

2. Terrorismusfinanzierung

Eine Legaldefinition der Terrorismusfinanzierung befindet sich in § 1 Abs. 2 GwG. Danach ist Terrorismusfinanzierung die Bereitstellung oder Sammlung finanzieller Mittel in Kenntnis dessen, dass sie ganz oder teilweise dazu verwendet werden oder verwendet werden sollen,

- eine terroristische Vereinigung nach §§ 129a ff StGB oder eine ausländische terroristische Vereinigung nach § 129b StGB zu bilden oder
- eine andere der in Art. 1–3 des EU-Rahmenbeschlusses 2002/475/JI[114] umschriebenen Straftaten (z.B. schwerer Diebstahl oder Erpressung mit dem Ziel, eine terroristische Handlung durchzuführen) zu begehen oder
- zu einer solchen Tat anzustiften oder Beihilfe zu leisten oder
- eine schwere staatsgefährdete Gewalttat nach § 89a Abs. 1 und Abs. 2 Nr. 4 StGB zu begehen oder daran teilzunehmen.

Seit der Aufnahme dieser Definition und der dazugehörigen Mitteilungspflichten im Hinblick auf Terrorismusfinanzierung in das Geldwäschegesetz im Jahr 2002[115] (§ 11 Abs. 1 GwG) ist das Meldeverhalten der Verpflichteten hierzu relativ konstant geblieben. In den Jahren 2003 und 2010 lag die Anzahl der Verdachtsanzeigen mit Verdachtsgrund Terrorismusfinanzierung beispielsweise bei 127 und 124.[116] Im Jahr 2006 konnte hingegen die bislang geringste Anzahl von 59 Verdachtsanzeigen festgestellt werden.[117] In der Gesamtschau von allen Verdachtsanzeigen zu Geldwäsche und Terrorismusfinanzierung (2006: 10.061 und 2010: 11.042) wird deutlich, dass der Phänomenbereich Terrorismusfinanzierung hier eher eine nachrangige Rolle einnimmt.

Das Bundeskriminalamt (BKA) bewertet auch eine geringe Anzahl der Verdachtsanzeigen dennoch positiv. Jeder gewonnene Ansatz zur Bekämpfung des internationalen Terrorismus wird als wertvoll angesehen.[118] Dies auch vor dem

---

112 Zemanek, in: Hummer, Sicherheit und Terrorismus, S. 112.

113 Wildfang, Terrorismus, S. 8; Zu weiteren Elementen, die bei der Bestimmung von Terrorismus berücksichtigt werden müssen siehe schematische Übersicht im Anhang 1, S. XXVII.

114 Rahmenbeschluss (2002/475/JI) des Rates vom 13.06.2002 zur Terrorismusbekämpfung, ABl. EG Nr. L164 S. 3.

115 Hirschmann, Terrorismus, S. 83. Der Autor beschreibt hier die detaillierten rechtlichen Auswirkungen des 2. Anti-Terror-Pakets für eine Vielzahl von Sicherheitsbehörden.

116 BKA, FIU Jahresbericht 2010, S. 35.

117 BKA, FIU Jahresbericht 2010, S. 35.

118 BKA, FIU Jahresbericht 2006, S. 46.

Hintergrund, dass bereits ein einziger größerer Ereignisfall erhebliche Auswirkungen auf die innere Sicherheit und Ökonomie haben kann.[119] Denkbar ist auch, dass Informationen aus Verdachtsanzeigen nicht erst zur grundsätzlichen Entdeckung von Geldtransfers zur Terrorismusfinanzierung o.ä. führen, sondern der Inhalt ein laufendes Ermittlungsverfahren unterstützt und im Zuge einer Gerichtsverhandlung die Beweissituation verbessert.

3. Techniken der Finanzierung von Terrorismus

Im Vergleich zu klassischen und modernen Geldwäschetechniken ist der Bereich der Techniken der Terrorismusfinanzierung schwer einzuordnen und zu verdeutlichen. Das liegt vor allem daran, dass zum einen oft keine strafrechtliche Vortat und kein inkriminiertes Geld vorliegen und andererseits die Kosten für die Verübung solcher Taten immer geringer werden. Haben die terroristischen Anschläge vom 11.09.2001 in New York noch Kosten in Höhe von ca. 500.000 EUR verursacht, sind die Anschläge in Madrid im Jahr 2003 hingegen bei 20.000 Euro einzuordnen.[120] Die versuchten Anschläge mittels Kofferbomben im Sommer 2006 in Köln und Koblenz verursachten sogar nur noch Kosten von lediglich 5.000 EUR.[121] Trotzdem gibt es in der Gesamtschau vier bedeutsame Techniken, die in der Vergangenheit auch zur Finanzierung von Terrorismus oder Extremismus angewandt wurden.

a) Terrorismusfinanzierung durch alternative Überweisungssysteme

Der Bereich der alternativen Überweisungssysteme ist die wohl meistgenutzte Technik des Geldtransfers zur Terrorismusfinanzierung. Sie beruht auf der Nutzung von informellen Strukturen, und es gibt sie in unterschiedlichsten Formen und Ausprägungen.[122] Die einfachste Form ist die des „Hawala", „Hundi" oder „Underground Banking".[123] Zum Geldtransfer wird ein meist in der Familie bekannter Händler aufgesucht, der die Transfersumme des Absenders, abzüglich einer eigenen Gebühr, entgegennimmt. Durch ein internationales Kontaktnetz des Händlers wird am Transferort ein Korrespondenzhändler – meist per Telefon oder E-Mail – kontaktiert und mit ihm eine Codezahl vereinbart. Der Empfänger kann nun vom Auftraggeber verständigt werden, erhält das Codewort und kann die Transfersumme beim Korrespondenzhändler entgegennehmen.[124] Eine Papierspur gibt es nicht, und es findet keine Zwischenschaltung einer Bank- oder eines Finanzdienstleistungsinstitutes statt. Diese Verfahrensweise erfolgt regelmäßig auch in gegenläufiger Richtung. Die Einschaltung eines Bargeldkuriers wird nur dann in Erwägung gezogen, wenn

---

119 Brück/Schumacher, Wirtschaftliche Folgen des internationalen Terrorismus, S. 41.
120 Freiherr von Fritsch, in: Mertes/Robbers, Internationaler Terrorismus, S. 16.
121 Freiherr von Fritsch, in: Mertes/Robbers, Internationaler Terrorismus, S. 16.
122 FATF, Bericht über Geldwäsche-Typologien 2003–2004, S. 20–21.
123 Siska, Geldwäschebekämpfung, S. 94.
124 Siska, Geldwäschebekämpfung, S. 94.

ein Händler über einen längeren Zeitraum einen größeren Verlust erlitten und der andere hingegen einen Überhang erzielt hat und nicht mehr durch entgegengesetzte Geldtransfers ausgeglichen werden kann.[125]

In einem Vergleich mit großen offiziellen Finanzdienstleistern (z. B. Western Union), die meist Bargeldtransfers an Flughäfen oder Bahnhöfen anbieten, besteht vom Ablauf her kein Unterschied. Jedoch wird bei diesen Anbietern regelmäßig eine Identifizierung des Absenders und zumeist auch des Empfängers des Geldes vorgenommen. Zudem findet ein Monitoring seitens des Finanzdienstleisters statt, die Höchstsummen sind begrenzt, und es besteht eine Aufsicht durch Finanz- und Sicherheitsbehörden. Bei alternativen Überweisungsmethoden findet das nicht statt. Nachfolgende Abbildung verdeutlicht den Ablauf einer alternativen Bargeldüberweisung ins Ausland:[126]

Abbildung 4: Alternatives Überweisungssystem.

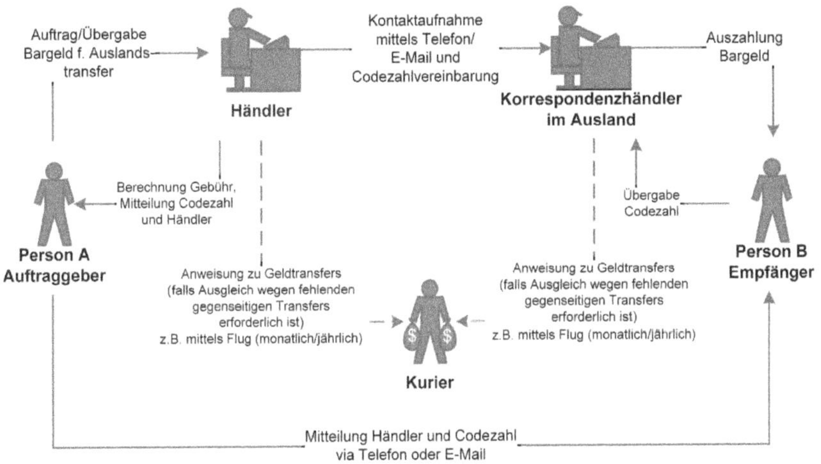

b) Terrorismusfinanzierung durch Hilfsorganisationen

Eine weitere Methode zur Terrorismusfinanzierung ist der Missbrauch oder die bewusste Gründung von Hilfsorganisationen zum Zwecke der Unterstützung terroristischer Zwecke im Ausland.[127] In asiatischen und afrikanischen Ländern ist das Spendenverhalten meist aufgrund religiöser muslimischer Traditionen höher

125 Siska, Geldwäschebekämpfung, S. 95.

126 Selbst erstellte Grafik in Anlehnung an Harnischmacher, Krim 2002, S. 655 (657); Siska, Geldwäschebekämpfung, S. 94–95.

127 Vogt, in: Herzog/Mülhausen, Geldwäschebekämpfung und Gewinnabschöpfung, § 2 Rn. 52.

ausgeprägt als in anderen Ländern.[128] Dort besteht nach den fünf Säulen des Islam die Verpflichtung zum sogenannten Zarkat, der Almosensteuer.[129] Die Schwierigkeit besteht darin, bei der Vielzahl von Hilfs- und Wohlfahrtsorganisationen zu unterscheiden, welche den angegebenen, meist humanitaren Zweck im Ausland auch tatsachlich verfolgen und welche nicht. Grundsätzlich wird in dem hohen Mobilisierungspotenzial von Spendensammlungen eine große Gefahr zur Zweckentfremdung gesehen.[130]

In einigen Fällen wird auch zweigleisig verfahren, das heißt, auf der einen Seite werden Gelder zum Bau von gemeinnützigen Schulen und Kindergärten in sozial schwachen Ländern errichtet und auf der anderen Seite werden Gelder für terroristische Zwecke abgezweigt. Das macht die Nachvollziehbarkeit des Geldflusses für Spender und Behörden noch schwieriger.[131] Seitens der Sicherheitsbehörden ist diese Technik zur Terrorismusfinanzierung auch aufgrund des Auslandsbezuges nur schwer zu unterbinden. Die kriminell agierenden Personen kommunizieren mittlerweile mit den Hilfsorganisationen im Internet und einschlägigen Internetforen,[132] eine örtlich im Inland ansässige Stelle gibt es nur noch vereinzelt. Die Gefahr des gesetzlich angeordneten Verbotes der Hilfsorganisation oder des Vereines[133] und das Risiko einer Durchsuchung, mit weiteren strafprozessualen Maßnahmen gegen verantwortliche Personen wird als zu groß erachtet.

c) *Terrorismusfinanzierung im Versicherungssektor*

Hinsichtlich des Missbrauchs von Unternehmen im Versicherungssektor gibt es zwar Erkenntnisse für den Bereich der Geldwäsche,[134] jedoch konnten erst wenige Feststellungen im Bereich der Terrorismusfinanzierung getroffen werden. Vor allem eine Technik wurde durch ein deutsches Strafverfahren bekannt, in dem drei Helfer der terroristischen Gruppierung Al-Qaida im Raum Mainz verurteilt wurden. Hier sollte durch einen fingierten tödlichen Verkehrsunfall im Ausland versucht werden, die eigens zuvor abgeschlossenen 28 Lebensversicherungsverträge bei mehreren

---

128 Vogt, in: Herzog/Mülhausen, Geldwäschebekämpfung und Gewinnabschöpfung, § 2 Rn. 52.

129 Österreichischer Verfassungsschutzbericht 2013, S. 36.

130 Österreichischer Verfassungsschutzbericht 2013, S. 36.

131 Vogt, in: Herzog/Mülhausen, Geldwäschebekämpfung und Gewinnabschöpfung, § 2 Rn. 52.

132 Österreichischer Verfassungsschutzbericht 2013, S. 36.

133 Hirschmann, Terrorismus, S. 84; Bundesinnenministerium, „Bundesinnenminister Dr. de Maiziére verbietet Hamas Spendenverein“, Pressemitteilung vom 12.07.2010; die „Internationale Humanitäre Hilfsorganisation“ (IHH) sammelte in einem großen Zeitraum Spenden in Millionenhöhe zur Unterstützung der islamischen Widerstandsbewegung Hamas.

134 FATF, Bericht über Geldwäsche-Typologien 2003–2004, S. 84; Görg, Geldwäschebezogene Terrorismusbekämpfung, S. 138–141.

Unternehmen auf das angebliche Todesopfer auszulösen und das Geld (ca. 4,3 Millionen EUR) maßgeblich für terroristische Zwecke der Al-Qaida ins Ausland weiterzuleiten.[135] Die Vorgehensweise der Täter korrespondierte auch mit den bereits im Jahr 2005 herausgegebenen Typologien der FATF für den Versicherungssektor. Zu diesem Zeitpunkt wurde bereits intensiv zur Geldwäscheanfälligkeit von Lebensversicherungen, der fehlenden Aufsicht von Versicherungsmaklern und mangelhaften Gesetzgebung in diesem Bereich hingewiesen.[136]

d) Terrorismusfinanzierung mittels elektronischer Überweisungen

Die FATF hat im Nachgang zu den Anschlägen am 11.09.2001 in den U.S.A. festgestellt, dass dort Geldtransfers mittels elektronischer Überweisungen eine bedeutsame Rolle bei der Finanzierung der Anschläge spielten.[137] Die Möglichkeiten der Überweisungen im Privatkundengeschäft sind einfach. Durch eine elektronische Überweisung wird ein Betrag an einen Empfänger im In- oder Ausland überwiesen. Ein persönlicher Kundenkontakt ist nicht erforderlich, und der Betrag kann zügig im In- oder Ausland transferiert werden. Kommt hierbei noch hinzu, dass die kontoführenden Personen eine unauffällige Kontoführung besitzen und die Beträge gesetzlich definierte Schwellengrenze nicht unbedingt überschreiten,[138] dann wird die Möglichkeit der Entdeckung einer verdächtigen Transaktion im Monitoring des Finanzinstitutes schwierig sein. Dies gilt vor allem auch unter dem Gesichtspunkt, dass die Anzahl elektronischer Überweisungen in Europa weiter ansteigend ist. Die Zahl der Überweisungen in der EU nahm z. B. im Jahr 2012 um 3,0 % auf 25,7 Milliarden zu. Die Bedeutung beleghafter Transaktionen nahm dabei weiter ab; das Verhältnis von beleghaften zu beleglosen Transaktionen belief sich auf rund 1:5.[139]

Eine weitere Möglichkeit besteht darin, die Gelder mehrfach über verschiedene Konten im In- und Ausland zu transferieren oder sogenannte Strohmänner, Briefkasten- oder Scheinfirmen oder Personen mit falschen Identitäten zwischenzuschalten.[140] Innerhalb dieser Verfahrensweisen werden für eine „saubere Legende“ auch familiäre oder verwandtschaftliche Kontakte für Geldtransaktionen benutzt.[141]

Die FATF beobachtet auch, dass vermehrt Transaktionen von Finanzinstituten durchgeführt werden, die keinen Bankstatus haben.[142] Hierzu gehören beispielsweise

135 Urteil vom 20.07.2010 – 3 StR 202/10; OLG Düsseldorf, Urteil vom 4. Februar 2010 – III-2 STs 1/09.

136 FATF, Bericht über Geldwäsche-Typologien 2003–2004, S. 114–116.

137 FATF, Bericht über Geldwäsche-Typologien 2003–2004, S. 6 Nr. 13.

138 Die durchschnittliche Höhe einer Transaktion liegt bei 25–500 US-Dollar, vgl. hierzu FATF, Bericht über Geldwäsche-Typologien 2003–2004, S. 10–11 Nr. 21.

139 Europäische Zentralbank, Pressemitteilung Zahlungsverkehrsstatistik 2012, 10.12.2013, S. 1.

140 FATF, Bericht über Geldwäsche-Typologien 2003–2004, S. 8 Nr. 20.

141 FATF, Bericht über Geldwäsche-Typologien 2003–2004, S. 9 Fall 2.

142 FATF, Bericht über Geldwäsche-Typologien 2003–2004, S. 8 Nr. 20.

Wechselstuben oder Geldboten. Sie haben im Vergleich zu konventionellen Banken meist unterschiedliche, nicht zu restriktive Regelungen zu Aufzeichnungen des Absenders und des Empfängers beim Geldtransfer. Dies nutzen Terroristen oder andere kriminelle Personen aus, da die Gefahr der Entdeckung eines kriminellen oder terroristischen Geldtransfers durch Sicherheitsbehörden wesentlich geringer ist als bei konventionellen Banken.[143]

Finanzinstitute wie auch bankenunabhängige Finanzdienstleister verfügen nach jahrelanger Tätigkeit im Marktgeschehen über gute Monitoringsysteme zur Erkennung von verdächtigen Kunden- und Transaktionen. Aufgrund der Vielzahl von elektronischen Überweisungen und der Tatsache, dass die Gelder zur Finanzierung von terroristischen Aktivitäten meist aus legalen Mitteln stammen, wird diese Technik zur Terrorismusfinanzierung dennoch nicht gänzlich verhindert werden können.[144]

---

143 FATF, Bericht über Geldwäsche-Typologien 2003–2004, S. 7–8; Görg, Geldwäschebezogene Terrorismusbekämpfung, S. 136.

144 Vgl. Roth, Gangsterwirtschaft, S. 175.

D. Internationale und nationale Instrumente und Mechanismen der Geldwäschebekämpfung

I. Internationale Regelungen und Konzepte gegen Geldwäsche

Nach fast einem Jahrhundert des Bekanntwerdens von Geldwäschevorgängen haben sich eine Vielzahl von kriminalpolitischen und gesetzlichen Maßnahmen und Konzepten zur Bekämpfung dieses Phänomens entwickelt. Wiederkehrende oder anhaltende bekannte Geldwäschetechniken und -phasen, aber auch moderne elektronische Möglichkeiten zur Geldwäsche lassen erahnen, dass die Politik sich diesem Phänomen durch entsprechende Maßnahmen entgegenstellt. In Fällen von neu auftretenden Geldwäschetechniken wird zudem eine zeitnahe politische Reaktion, verbunden mit der Verabschiedung von konkreten gesetzlichen Maßnahmen, der internationalen und europäischen Gemeinschaft erwartet. Nachfolgend werden zunächst die internationalen Schritte und Empfehlungen von Nichtregierungsorganisationen zur Geldwäschebekämpfung untersucht sowie die Implementierung der Maßnahmen gegen Terrorismusfinanzierung in den Sektor der Geldwäschebekämpfung.

1. Empfehlungen des Ministerausschusses des Europarats

Der Europarat hat aufgrund der Zunahme von Entführungen, Gewaltverbrechen und anderer schwerer Straftaten die Brisanz der damit erwirtschafteten inkriminierten Gelder und deren Verschiebung in den Finanzkreislauf erkannt.[145] Die daraufhin am 27.06.1980 abgegebenen Empfehlungen für die Mitgliedstaaten sind vielfältig und betreffen vor allem auch den Bankensektor. Neben der korrekten Identifizierung der Kunden sollen auch Maßnahmen zur Verhinderung des Missbrauchs bei Einzahlung von Bargeldern, der Stückelung von Geldbeträgen und bei der Vermietung von Bankschließfächern erfolgen.[146] Ausgeblieben sind jedoch weitere konkretere Schritte der Mitgliedstaaten oder das Ansetzen eines Zeitraumes zur Überprüfung, inwieweit die Empfehlungen national tatsächlich umgesetzt wurden.

---

145 Rat des Europaausschusses der Minister, Maßnahmen gegen inkriminierte Gelder, 27.06.1980, S. 1.

146 Rat des Europaausschusses der Minister, Maßnahmen gegen inkriminierte Gelder, 27.06.1980, S. 1–2.

2. Grundsatzerklärungen des Basler Ausschusses für Bankenbestimmungen und -überwachung für eine wirksame Bankenaufsicht

Der Baseler Ausschuss für Bankenbestimmungen und –überwachung (heute Basler Ausschuss für Bankenaufsicht) wurde 1974 von den Präsidenten der damals bedeutendsten National- und Zentralbanken der G10-Staaten gegründet und tagt seit diesem Zeitpunkt bis zu vier Mal jährlich.[147] Heute gehören diesem Ausschuss 28 Staaten an.[148] In einer ersten Grundsatzerklärung vom 12.12.1988 wurde die Bedeutung der Banken und anderer Finanzinstitute bei der Geldwäschebekämpfung sowohl in präventiver, als auch in repressiver Hinsicht hervorgehoben.[149] Die Bedeutung des öffentlichen Vertrauens in den Bankensektor und die Gefahr von finanziellen Verlusten durch Betrugshandlungen im Zusammenhang mit Geldwäsche haben den Basler Ausschuss veranlasst, ethische Grundsätze für Banken und andere Finanzinstitute herauszugeben.[150] Die ethischen Grundsätze, aus denen sich allerdings keine rechtliche Bindung herleiten lässt, umfassen im Wesentlichen die Inhalte der europäischen Ministerempfehlungen aus dem Jahr 1980,[151] auf die auch in der Einleitung nochmals explizit hingewiesen wird.[152]

Die Grundsatzerklärung geht schwerpunktmäßig auf die Bedeutung der sorgfältigen Kundenidentifizierung, der Einhaltung von Normen und der Zusammenarbeit von staatlich zuständigen Vollzugsorganen ein.[153] Im Jahr 1997 erfolgte eine Evaluierung der Grundsätze für eine wirksame Bankenaufsicht, die in den Jahren 2006 und 2012 schließlich nochmals überarbeitet wurden.[154] Zuletzt hatte der Basler Ausschuss für Bankenaufsicht im Jahr 2014 umfassende Leitlinien zu Risiken im Zusammenhang mit Geldwäsche und Terrorismusfinanzierung herausgegeben.[155] Diese

147 Herzog/Achtelik, in: Herzog, GwG, Einl., Rn. 73; Quedenfeld, in: Quedenfeld, Handbuch Geldwäschebekämpfung, S. 28, Rn. 22.

148 Quedenfeld, in: Quedenfeld, Handbuch Geldwäschebekämpfung, S. 28, Rn. 22.

149 Baseler Ausschuss für Bankenbestimmungen und -überwachung, Verhütung des Missbrauchs des Bankensystems für die Geldwäsche, S. 1 Nr. 1.

150 Baseler Ausschuss für Bankenbestimmungen und -überwachung, Verhütung des Missbrauchs des Bankensystems für die Geldwäsche, S. 1 Nr. 4+6.

151 Rat des Europaausschusses der Minister, Maßnahmen gegen inkriminierte Gelder, 27.06.1980, S. 1–2.

152 Baseler Ausschuss für Bankenbestimmungen und -überwachung, Verhütung des Missbrauchs des Bankensystems für die Geldwäsche, S. 1 Nr. 2.

153 Jascó-Potyka, Bekämpfung Geldwäscherei in Europa, S. 38 Nr. 1b; Broome, Anti-Money-Laundering, S. 30–31, Rn. 2.012; Baseler Ausschuss für Bankenbestimmungen und -überwachung, Verhütung des Missbrauchs des Bankensystems für die Geldwäsche, S. 3 Nr. 2–4.

154 Herzog/Achtelik, in: Herzog, GwG, Einl., Rn. 73.

155 Basler Ausschuss für Bankenaufsicht, Solides Management der Risiken in Zusammenhang mit Geldwäsche und Terrorismusfinanzierung, S. 1–38.

nehmen Bezug auf die aktuellen 40 Empfehlungen zur Bekämpfung von Geldwäsche der Financial Action Task Force und sollen diese sinnvoll und nachhaltig ergänzen.[156]

3. Wiener Drogenkonvention

Anlässlich einer Konferenz der UN am 20.12.1988 in Wien wurde das Übereinkommen der Vereinten Nationen gegen den unerlaubten Verkehr mit Suchtstoffen und psychotropen Stoffen (Wiener Drogenkonvention) verabschiedet.[157] Hintergrund war der stetig wachsende internationale illegale Drogenhandel und die damit verknüpfte Organisierte Kriminalität. Strafverfolgungsbehörden waren nicht mehr in Lage, die verfeinerten Geschäftsabwicklungen der Drogenhändler effektiv zu bekämpfen.[158] Das Übereinkommen baut auf den Konventionen der Vereinten Nationen über Suchtstoffe aus dem Jahr 1961[159] und über psychotrope Stoffe von 1971[160] auf. Die bisherige Zielrichtung der Drogenkontrolle und die ausschließliche Verwendung der Stoffe für medizinische Zwecke und wissenschaftliche Belange[161] wurde zwar beibehalten, jedoch kamen noch weitere hinzu.

Die Wiener Konvention umfasst nun auch die Verpflichtung zur Zusammenarbeit, die Verhinderung der Geldwäsche im Zusammenhang mit dem illegalen Drogenhandel und sieht die Gewinnabschöpfung der aus Drogenhandel unmittelbar und mittelbar erlangten Vermögenswerte mittels Einziehung und Verfall (Art. 3, 5 und 7) vor.[162] Damit wurde erstmals eine internationale legislative Maßnahme zur Geldwäschebekämpfung verabschiedet, die auch eine Definition von Geldwäsche enthielt (Art. 3 Abs. 1, Buchstabe b) und den Stellenwert der Vermögensgegenstände (Art. 3 Abs. 1, Buchstabe c) im Kontext zur drogenrelevanten Straftat beschreibt.[163]

4. Übereinkommen des Europarates in Straßburg

Nachdem der Europarat am 27.06.1980 lediglich Empfehlungen zur Bekämpfung der Geldwäsche herausgegeben hatte, wurde am 08.11.1990 ein umfassendes

---

156 Basler Ausschuss für Bankenaufsicht, Solides Management der Risiken in Zusammenhang mit Geldwäsche und Terrorismusfinanzierung, S. 1.

157 Wiedergegeben im Gesetz zu dem Übereinkommen der Vereinten Nationen vom 20. Dezember 1988 gegen den unerlaubten Verkehr mit Suchtstoffen und psychotropen Stoffen (Vertragsgesetz Suchtstoffübereinkommen 1988), BGBl. II, 1993, S. 1136.

158 Peilert, Kriminalitätsbekämpfung Vereinte Nationen, S. 252.

159 Einheits-Übereinkommen von 1961 über Suchtstoffe in der durch das Protokoll zur Änderung des Einheits-Übereinkommens von 1961 geänderten Fassung, BGBl. II 1977, S. 112.

160 Gesetz zu dem Übereinkommen vom 21.02.1971 über psychotrope Stoffe, BGBl. II 1976, S. 1477.

161 BGBl. II, 1977, S. 113; BGBl. II, 1976, S. 1478.

162 Herzog/Achtelik, in: Herzog, GwG, Einl., Rn. 59.

163 Europäisches Parlament, Sonderausschuss gegen Geldwäsche 2013, S. 6.

Übereinkommen (Straßburger Geldwäsche-Konvention)[164] für diesen Phänomenbereich beschlossen. Mit dem Gesetz zu dem Übereinkommen vom 08.11.1990 über Geldwäsche sowie Ermittlung, Beschlagnahme und Einziehung von Erträgen aus Straftaten vom 08.04.1998 wurde das Übereinkommen in der deutschen amtlichen Übersetzung übernommen.[165] In der Präambel der Konvention wird bereits deutlich, dass die nachfolgenden Kapitel weit über die bisherige Empfehlung und den Bereich der Drogendelikte hinausgehen. Die internationale Verflechtung der Schwerstkriminalität und die daraus erwachsenen inkriminierten Erträge werden immer mehr als Problem gesehen (vgl. Präambel Straßburger Geldwäsche-Konvention).

Im Straßburger Übereinkommen, das auch Staaten außerhalb der EU zur Unterzeichnung offensteht, wurde die Notwendigkeit einer gemeinsamen Strafrechtspolitik und die Einziehung der Erträge der Geldwäsche als unabdingbar für die Bekämpfung von organisierter Kriminalität und Geldwäsche angesehen (vgl. Präambel, Kapitel 1). Darüber hinaus wurde es ermöglicht, Personen strafrechtlich zur Verantwortung zu ziehen, wenn diese annehmen mussten, dass es sich bei einem Vermögensgegenstand[166] um einen inkriminierten Ertrag handelte (Art. 6 Abs. 3). Weiter wurde geregelt, dass nun auch im Ausland begangene Straftaten als Vortaten zur Geldwäsche gelten (Art. 6 Abs. 2). In der Gesamtschau ist die Straßburger Geldwäschekonvention eine (erste) Grundlage, die die Geldwäschebekämpfung in einem gesamtheitlichen Ansatz wahrnimmt. Insofern verwundert es nicht, dass auch die grenzüberschreitende Zusammenarbeit in der Präambel niedergeschrieben wurde, ein wesentlicher Baustein, um überhaupt europäische und weltweite Geldwäschevorgänge erkennen, verfolgen und ahnden zu können.

5. Gründung der Financial Action Task Force (FATF) und Verabschiedung von 40 Empfehlungen

Unmittelbar nach Verabschiedung der Wiener Drogenkonvention haben die Staats- und Regierungschefs der sieben wichtigsten Industrieländer (G7) und der Präsident der Europäischen Gemeinschaft darüber hinaus die Notwendigkeit gesehen, ein Expertengremium zu bilden, das internationale Standards zur Bekämpfung von Geldwäsche festlegt.[167] Dies war die Geburtsstunde der Financial Action Task Force

---

164 Übereinkommen über Geldwäsche sowie Ermittlung, Beschlagnahme und Einziehung von Erträgen aus Straftaten, wiedergegeben in BGBl. 1998, II, S. 519–540.

165 BGBl. 1998, Teil II, S. 519–540.

166 Der Ausdruck Vermögensgegenstand umfasst Vermögensgegenstände jeder Art, körperliche oder nichtkörperliche, bewegliche oder unbewegliche, sowie rechtserhebliche Schriftstücke oder Urkunden, die das Recht auf solche Vermögensgegenstände oder Rechte daran belegen (Art. 1, Buchst. b Straßburger Geldwäsche-Konvention).

167 FATF, Report 1990–1991, S. 4.

(FATF), deren Mitglieder zu Gründungsbeginn aus 15 Staaten stammten.[168] Mittlerweile gehören der FATF 36 Mitglieder an, davon zwei regionale Organisationen (Europäische Union und Golf-Kooperationsrat) und acht sogenannte FATF-artige regionale Institutionen,[169] die den Status von assoziierten Mitgliedern innehaben.[170]

a) Ziele und Organisation der FATF

Die FATF ist ein zwischenstaatliches Gremium, das über keine ratifizierte Satzung, Charta oder Gründungsurkunde verfügt.[171] Die Zielsetzung ist, gemeinsame Standards festzulegen, die dann von den internationalen Finanzmärkten informell-regulatorisch übernommen werden.[172] Eine unmittelbare Rechtsbindung entfalten diese jedoch nicht. Mittlerweile wurden die festzusetzenden internationalen Standards um die Bereiche von Terrorismus- und Proliferationsfinanzierung (Proliferation: Weitergabe von Atomwaffen oder Mitteln zu deren Herstellung an Länder, die selbst keine Atomwaffen entwickelt haben.) ergänzt. Der Sitz und das Sekretariat befinden sich seit Gründungsbeginn bei der OECD in Paris, obwohl kein unmittelbarer Bezug zur OECD besteht. Im Bewusstsein der freien Entfaltung von Expertenmeinungen wurde bis heute auch keine detaillierte Aufbau- und Ablauforganisation für die ca. 130 Experten aus den Mitgliedstaaten geschaffen.[173] Es existiert aber ein achtjähriges Mandat, das die Zielsetzung und den zeitlichen Rahmen enthält. Seit Entstehung der FATF im Jahr 1989 wurde das Mandat nach Ablauf von acht Jahren immer wieder verlängert. Die letzte Verlängerung erfolgte am 20.04.2012 und endet am 31.12.2020.[174] Die FATF hat sich seit ihrer Gründung zu einem führenden internationalen Gremium für Geldwäschebekämpfung etabliert und setzt seit dieser Zeit

---

168 FATF, Report 1990–1991, S. 4. Danach waren folgende Staaten Gründungsmitglieder: USA, Japan, Deutschland, Frankreich, Großbritannien, Italien, Kanada, Schweden, Niederlande, Belgien, Luxemburg, Schweiz, Österreich, Spanien und Australien.

169 Asia Pacific Group on Money Laundering (APG), Caribbean Financial Action Task Force (CFATF), Eurasian Group on combating money laundering and financing of terrorism (EAG), Eastern and Southern Africa Anti Money Laundering Group (ESAAMLG), Council of Europe Committee of Experts on the Evaluation of Anti-Money-Laundering Measures and the Financing of Terrorism (MONEYVAL), Financial Action Task Force on Money Laundering in South America (GAFISUD), Inter Governmental Action Group against Money Laundering in West Africa (GIABA), Middle East and North Africa Financial Action Task Force (MENAFATF).

170 Ständige Vertretung der Bundesrepublik Deutschland bei der OECD in Paris: Financial Action Task Force, online im WWW unter URL: http://www.paris-oecd.diplo.de/Vertretung/parisoecd/de/02/O__korruption__geldwaesche/Geldwaesche__FATF.html (Stand: 30.03.2015).

171 Herzog/Achtelik, in: Herzog, GwG, Einl., Rn. 61.

172 Herzog/Achtelik, in: Herzog, GwG, Einl., Rn. 61.

173 Haug, FATF Länderprüfung, S. 53.

174 FATF, Mandate 2012–2020, S. 8.

Maßstäbe in diesem Bereich. Die weltweite Vernetzung von Experten und der stetige Anpassungsprozess von Standards werden als zielführend und zeitgemäß in der Geldwäschebekämpfung erachtet.[175]

b) 40 Empfehlungen der FATF

Den Kernbereich der Standardsetzung bilden die ersten 40 Empfehlungen zur Geldwäschebekämpfung vom April 1990.[176] In vier Abschnitten (A–D) finden sich wesentliche Bereiche aus dem Wiener Übereinkommen wieder, und es wird auch unmittelbar Bezug dazu genommen.[177] Im Einzelnen befassen sich die Abschnitte neben den allgemeinen Empfehlungen (Abschnitt A), mit den gesetzlichen Maßnahmen (Abschnitt B), der Rolle des Finanzsektors (Abschnitt C) und der internationalen behördlichen Zusammenarbeit bei der Geldwäschebekämpfung (Abschnitt D). Aufgrund der unterschiedlichen gesetzlichen Entwicklungen in den Mitgliedstaaten der FATF wurden keine zu detaillierten Empfehlungen aufgenommen.[178]

Von besonderer Bedeutung für den Nichtfinanzsektor ist, dass im Abschnitt des Finanzwesens (Abschnitt C) unmittelbar zu Beginn darauf hingewiesen wird, dass diese Empfehlungen auch für den Nichtbankenbereich anzuwenden sind.[179] Weiter wird darauf hingewiesen, dass eine Auflistung durch eine Arbeitsgruppe erstellt werden soll, in die bargeldlastige Berufe und Nichtfinanzbereiche aufgenommen werden und bei denen analog zum Finanzsektor die Empfehlungen 9–29 (u.a. Kundenidentifizierung, Aufzeichnungs- und Verdachtsmeldepflicht, Erstellen von Leitlinien und das Einrichten einer behördlichen Aufsicht) gelten sollen.[180] Es blieb zunächst aber bei diesem einzigen Hinweis und der Offenhaltung, indem auch keine bestimmten Branchen oder Wirtschaftsgüter genannt werden.

Anknüpfungspunkt der meisten Empfehlungen ist jedoch der Bankensektor, mit folgenden Schwerpunkten

- Kundenidentifizierung (Abschnitt C, Empfehlung 12–14),
- Meldung von verdächtigen Transaktionen an staatliche Behörden (Abschnitt C, Empfehlung 16) und
- Hinweis auf die besondere Beobachtung von Transaktionen bei Staaten, die die Empfehlungen der FATF nicht beachten (Abschnitt C, Empfehlung 21).[181]

---

175 Hoyer/Klos, Geldwäscheregelungen, S. 38; Görg, Geldwäschebezogene Terrorismusbekämpfung, S. 20; Herzog/Achtelik, in: Herzog, GwG, Einl., Rn. 61.

176 FATF, 40 Empfehlungen, 1990, S. 1–6.

177 FATF, 40 Empfehlungen, 1990, S. 1, Empfehlungen 4 und 6.

178 Hoyer/Klos, Geldwäscheregelungen, S. 39.

179 FATF, 40 Empfehlungen, 1990, S. 2, Empfehlung 9.

180 FATF, 40 Empfehlungen, 1990, S. 2, Empfehlung 11.

181 FATF, 40 Empfehlungen, 1990, S. 2–3.

c) Empfehlungen der FATF von 1996 bis 2012

Die 40 FATF-Empfehlungen wurden in den Jahren 1996[182] und 2003[183] mehrmals überarbeitet und aktuellen Entwicklungen der Geldwäschebekämpfung angepasst. Eine Mandatserweiterung fand am 29./30. Oktober 2001, unmittelbar nach den terroristischen Anschlägen vom 11.09.2001 in Washington, mit der Aufnahme des Bereiches der Bekämpfung der Terrorismusfinanzierung statt.[184] Daher wurden die bestehenden 40 Empfehlungen mit acht Sonderempfehlungen[185] und am 22. Oktober 2004 mit einer neunten Empfehlung zu diesem Bereich ergänzt.[186] Seit dieser Zeit wurden die Empfehlungen „40+9 Empfehlungen“ genannt.[187]

Die letzte Veränderung der Empfehlungen erfolgte am 15. Februar 2012 im Rahmen einer vollständigen Neufassung.[188] Die FATF hat dabei die bislang ausgegliederten neun Empfehlungen in die 40 Punkte umfassende Gesamtauflistung mit integriert und zusätzlich mit Empfehlungen zum Missbrauch der Proliferationsfinanzierung ergänzt.[189] Die Aufnahme der Bekämpfung der Finanzierung von Massenvernichtungswaffen war aufgrund einer Mandatserweiterung erforderlich geworden.[190] Die zusammengeführten Bereiche der 40 jüngsten Empfehlungen von 2012, werden in einem Vergleich der Themenübersichten mit den vorherigen Empfehlungen deutlich:[191]

182 FATF, 40 Empfehlungen, 1996, S. 1–14.
183 FATF, 40 Empfehlungen, 2003, S. 1–24.
184 FATF, Annual Report 2001–2002, S. 1, Nr. 1.
185 FATF, Spezialempfehlungen, 2001, S. 1–27; FATF, Annual Report 2001–2002, S. 5–6, Nr. 22–25.
186 FATF, Annual Report 2004–2005, S. 6+8; Peilert, Kriminalitätsbekämpfung Vereinte Nationen, S. 470.
187 Haug, FATF Länderprüfung, S. 64.
188 Herzog/Achtelik, in: Herzog, GwG, Einl., Rn. 62.
189 FATF, 40 Empfehlungen, 2012, S. 1–128.
190 FATF, 40 Empfehlungen, 2012, S. 8.
191 Selbst erstellte Grafik in Anlehnung an die Empfehlungen der FATF; FATF, Spezialempfehlungen, 2001; FATF, 40 Empfehlungen, 2003; FATF, 40 Empfehlungen, 2012.

Abbildung 5: Themenbereiche der 40 FATF-Empfehlungen 2001–2012.

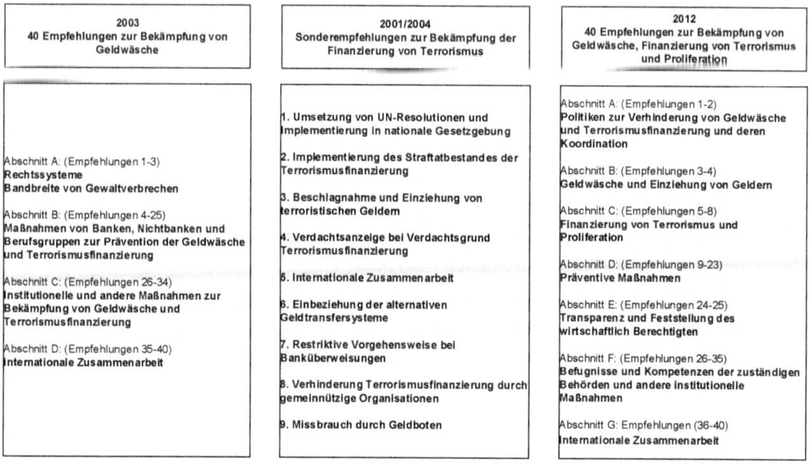

d) Überprüfung der Umsetzungen

Obgleich es dabei geblieben ist, dass die derzeit gültigen Empfehlungen immer noch „soft law" sind, erreichen sie weltweit über 180 Jurisdiktionen,[192] und mehr als 130 Länder erkennen die Empfehlungen der FATF als verbindlich an.[193] Die Anerkennung allein ist der FATF jedoch nicht ausreichend. Sie hat ein zweistufiges Verfahren zur kontinuierlichen Überprüfung entwickelt. In der ersten Phase bekommen die Länder einen jährlichen umfangreichen Bewertungsfragebogen („self-evaluation-procedure"). Dort werden sie verpflichtet, Angaben zur Umsetzung und zur eigenen Evaluation zu machen.[194] Im Rahmen der zweiten Prüfungsphase ist das gegenseitige Evaluationsverfahren mittels einer Vor-Ort-Überprüfung im Mitgliedsland vorgesehen („mutual evaluation procedure")[195].

In einem anschließenden Prüfungsbericht werden die Feststellungen der FATF zusammengefasst und dem Mitgliedstaat übergeben. Anschließend kann eine

192 Ständige Vertretung der Bundesrepublik Deutschland bei der OECD in Paris: Financial Action Task Force, Online im WWW unter URL: http://www.paris-oecd.diplo.de/Vertretung/parisoecd/de/02/O__korruption__geldwaesche/Geldwaesche__FATF.html (Stand: 18.12.2014).

193 Quedenfeld, in: Quedenfeld, Handbuch Geldwäschebekämpfung, S. 27, Rn. 17.

194 Hoyer/Klos, Geldwäscheregelungen, S. 41; Herzog/Achtelik, in: Herzog, GwG, Einl., Rn. 70.

195 Görg, Terrorismusbezogene Geldwäschebekämpfung, S. 23; Herzog/Achtelik, in: Herzog: GwG, Einl., Rn. 70; Haug, FATF Länderprüfung, S. 72; Hoyer/Klos, Geldwäscheregelungen, S. 41.

Kommentierung des überprüften Staates hierzu abgegeben werden. Im letzten Schritt findet eine Diskussion im Plenum der FATF statt, bei der dem überprüften Land Fragen eröffnet werden können.[196] Die FATF führt zudem sogenannte Querschnittsuntersuchungen bei Mitgliedstaaten zu getroffenen Maßnahmen bei der Umsetzung von einzelnen ausgewählten Empfehlungen durch.[197] In einer jährlichen Erklärung berichtet die FATF über die von ihr getroffenen Maßnahmen.

6. Erste Geldwäscherichtlinie

Im Zuge des Voranschreitens der organisierten Kriminalität und der Zunahme des Bereiches der Drogendelikte sah auch die EU in der Bekämpfung der Geldwäsche eine Schlüsselfunktion.[198] Ihrer Auffassung nach werden gerade Kredit- und Finanzinstitute missbraucht, um inkriminierte Gelder zu waschen. Dies hat zur Folge, dass der sich immer mehr entwickelnde europäische Binnenmarkt und die Kapitalmarktfreiheit durch Kriminelle ausgenutzt werden kann. Das Ansehen des internationalen Finanzsystems kann dadurch Schaden erleiden, und es kann zu einem Vertrauensverlust in der Bevölkerung kommen (Erwägungsgründe zur Richtlinie 91/308/EWG). Mit diesem Hintergrund wurde die Richtlinie des Rates vom 10. Juni 1991 zur Verhinderung der Nutzung des Finanzsystems zum Zwecke der Geldwäsche erlassen.[199] In der Literatur hat sie sich als sogenannte „Erste Geldwäscherichtlinie (GwRL)“ etabliert.[200] Sie stellt die bis zu diesem Zeitpunkt wichtigste internationale Regelungsvorgabe dar[201] und sollte den Kernbereich der organisierten Kriminalität treffen, um die Entziehung der Existenzgrundlage dieser Gruppe zu erreichen.[202]

a) Ausrichtung und Ziel

Die Zielsetzung der ersten Geldwäscherichtlinie war zweigleisig. Das erste Ziel war die Untersagung der Geldwäsche durch Aufnahme eines entsprechenden Straftatbestandes in den nationalen strafrechtlichen Gesetzgebungsrahmen.[203] Die Regelungen sollten sich hierbei jedoch nicht nur auf Geldwäscheaktivitäten aus Gewinnen von Drogendelikten beschränken, sondern auch Erlöse anderer krimineller Tätigkeiten mit einbeziehen.[204] Dies stellte eine wesentliche Erweiterung

---

196 Haug, FATF Länderprüfung, S. 73.

197 Hoyer/Klos, Geldwäscheregelungen, S. 42.

198 EG, Richtlinie des Rates vom 10.06.1991 zur Verhinderung der Nutzung des Finanzsystems zum Zwecke der Geldwäsche, ABl. EG Nr. L 166, 28.06.1991, S. 77–82 (Richtlinie 91/308/EWG), Erwägungsgründe, S. 77.

199 ABl. EG, Nr. L 166, S. 77–82.

200 Bräuning, Geldwäscheökonomie, S. 47; Görg, Terrorismusbezogene Geldwäschebekämpfung, S. 23.

201 Oswald, Bekämpfung Geldwäsche, S. 35 Nr. 4.

202 BundesratsE OrgKG, BT-Drucks. 12/989, S. 1.

203 ABl. EG Nr. L 166, Erwägungsgründe, S. 78; ABl. EG Nr. L 166, S. 79, Art. 2.

204 ABl. EG Nr. L 166, Erwägungsgründe, S. 78.

zur Wiener Konvention von 1988 dar, bei der es ausschließlich um Geldwäsche aus Drogendelikten ging. Der Bezugspunkt sollte in nationalen Regelungen daher immer solche Tätigkeiten sein, deren Erlöse prinzipiell für Geldwäschegeschäfte Verwendung finden können.[205] Dies kann eine Vielzahl von Straftaten sein, die auch regional verschieden sein können. Vor dem Hintergrund der unterschiedlichen Ausrichtung der nationalen Strafgesetzgebungen in den Mitgliedstaaten wurde in Art. 2 hierauf auch nicht detaillierter eingegangen.

Der zweite Bereich betraf die Rolle und umfangreiche Verpflichtungen der Finanz- und Kreditinstitute (Vgl. Art. 1, 3, 4 und 11).[206] Mit der ersten Geldwäscherichtlinie sollten effektivere Kontrollmöglichkeiten und eine aktive direkte Einbeziehung des Finanzsektors in der EU eingeführt werden. Nunmehr sollten verdächtige Transaktionen auch meldepflichtig sein, und es bestand die Pflicht, in bestimmten Fällen das Bankgeheimnis aufzuheben.[207] Erstmals wurde in Art. 3 Abs. 2 auch eine Transaktionshöhe von 15.000 ECU genannt, bei der die Kredit- und Finanzinstitute den Kunden zwingend identifizieren mussten. Die Einführung von Dokumentationspflichten (Art. 4), die Implementierung interner Maßnahmen in Form von Fortbildungsmaßnahmen und internen Kontroll- und Mitteilungsverfahren (Art. 11) ergänzten die Vielzahl der Maßnahmen für Banken und Finanzdienstleistungsinstitute.

b) Adressatenkreis

Im Vorfeld der Verabschiedung der Richtlinie gab es hinsichtlich der Wirkung und Erreichung der Zielsetzung unterschiedliche Ansichten bei den Mitgliedstaaten.[208] Dies erklärt zum Teil auch, dass die Regelungen zu den Normadressaten relativ offen gehalten wurden. In Art. 12 wurde zwar eine Empfehlung verfasst, die Unternehmen und Berufsgruppen mit einbeziehen sollen, deren Tätigkeiten besonders zur Geldwäsche geeignet sind. Eine konkrete Nennung, wie es für die Kredit- und Finanzinstitute (Art. 1) vorgesehen war, wurde jedoch nicht aufgenommen.[209] Nicht unmittelbar von der Richtlinie umfasst sind daher Spielkasinos, Notare, Rechtsanwälte, Steuerberater, Immobilienmakler, Wirtschaftsprüfer, und andere Berufszweige, die erfahrungsgemäß einen großen Anteil am Umgang mit Fremd- oder Treuhandgeldern besitzen.[210]

---

205 ABl. EG Nr. L 166, Erwägungsgründe, S. 78.

206 Vgl. ABl. EG Nr. L 166, Art. 1, 3, 4 und 11, S. 79–81; Herzog/Achtelik, in: Herzog, GwG, Einl., Rn. 79; Oswald, Bekämpfung Geldwäsche, S. 36.

207 Herzog/Achtelik, in: Herzog, Einl., Rn. 79; Hoyer/Klos, Geldwäscheregelungen, S. 60.

208 Hoyer/Klos, Geldwäscheregelungen, S. 60.

209 Artikel 1 erläutert detailliert den geforderten Adressatenkreis mit unmittelbarem Bezug zu den Bankkoordinierungsrichtlinien 77/780/EWG vom 17.12.1977 und RL 89/646/EWG vom 30.12.1989 und für Finanzinstitute mit den Richtlinien 79/267/EWG vom 13.03.1979 und 90/619/EWG vom 29.11.1990.

210 Hoyer/Klos, Geldwäscheregelungen, S. 64.

Die Bundesrepublik Deutschland hat die erste Geldwäscherichtlinie in Form des „Gesetzes zur Bekämpfung des illegalen Rauschgifthandels und anderer Erscheinungsformen der Organisierten Kriminalität (OrgKG)“ vom 15.07.1992 in nationales Recht umgesetzt.[211]

7. Egmont-Gruppe, 1995

Das Interesse an einer effektiven grenzüberschreitenden Geldwäschebekämpfung war groß, als sich im Jahr 1995 Vertreter von 24 Staaten und 8 internationalen Organisationen im Egmont-Arenburg Palast in Brüssel zu einem Austausch trafen.[212] Es war der Auftakt von weiteren Treffen der sich später immer mehr etablierenden Financial Intelligence Units (FIU). Sie wurden an zentralen Stellen in vielen Ländern bei obersten Polizei- oder Finanzbehörden gebildet. Deren Aufgabe besteht in der Bekämpfung der Geldwäsche und Verhinderung der Finanzierung von Terrorismus.[213] In Deutschland ist die nationale FIU beim Bundeskriminalamt angesiedelt.[214] Australien war neben den U.S.A. einer der ersten Staaten, die erkannt haben, dass eine nationale Stelle (FIU) zur zentralen Sammlung und Auswertung von geldwäscherelevanten Erkenntnissen sinnvoll und erforderlich ist.[215] Im Jahr 1991 wurde das Australian Transactions Reports and Analysis Centre (AUSTRAC) gegründet.[216] Seit dieser Zeit und im Besonderen nach den terroristischen Anschlägen am 11.09.2001 in den U.S.A. wurden immer mehr nationale FIUs gegründet.

Die Egmont-Gruppe, benannt nach dem Ort des ersten Zusammentreffens, besteht mittlerweile aus 139 Mitgliedern, die sich aus den nationalen FIUs zusammensetzen.[217] Zudem gehören ihr 35 internationale Organisationen an. Darunter befinden sich Organisationen der UN und EU und die Weltbank, die OECD, die FATF und die Wolfsberg Group.[218] Die Egmont-Gruppe hat sich die gemeinsame Förderung von Informations- und Wissensaustausch sowie Fortbildung zum Ziel gesetzt.[219] Hierzu wurden auch Grundsätze für den Informationsaustausch der

---

211 Gesetz zur Bekämpfung des illegalen Rauschgifthandels und anderer Erscheinungsformen der organisierten Kriminalität (OrgKG), 15.07.1992, wiedergegeben in BGBl. I 1992, S. 1302.

212 Quedenfeld, in: Quedenfeld, Handbuch Geldwäschebekämpfung, S. 29, Rn. 26; Pieth, in: Herzog/Mülhausen, Geldwäschebekämpfung und Gewinnabschöpfung, § 4 Rn. 20.

213 Quedenfeld, in: Quedenfeld, Handbuch Geldwäschebekämpfung, S. 29, Rn. 27.

214 Teichmann/Achsnich, in: Herzog/Mülhausen, Geldwäschebekämpfung und Gewinnabschöpfung, § 32 Rn. 3.

215 Broome, Anti-Money-Laundering, S. 96, Rn. 2.077.

216 Broome, Anti-Money-Laundering, S. 96, Rn. 2.077.

217 Egmont Group, Annual Report 2012–2013, S. 4.

218 Quedenfeld, in: Quedenfeld, Handbuch Geldwäschebekämpfung, S. 30, Rn. 27.

219 Egmont Group, Charter 2013, S. 6.

FIUs[220] und operative Leitlinien der Zusammenarbeit[221] vereinbart. Aufgrund der Tatsache, dass der Informationsaustausch zur Bekämpfung von Geldwäsche und Terrorismusfinanzierung auch sensible Details umfasst, wurde eine eigene, besonders mit Kennwort gesicherte, elektronische Plattform für den Austausch geschaffen.[222] Die Egmont Gruppe richtet jährlich zwei größere Tagungen aus, zu denen sich alle Gremien und Arbeitsgruppen von ihr treffen.[223]

8. Wolfsberg Gruppe, 2000

Eine andere Gruppierung ist die Vereinigung von elf globalen privaten Finanzinstituten,[224] die sogenannte Wolfsberg-Gruppe, die im Jahr 2000 in Wolfsberg in der Schweiz gegründet wurde. Sie entwickelt seit dieser Zeit Standards und Programme für den Finanzsektor mit dem Ziel der Bekämpfung der Geldwäsche und Terrorismusfinanzierung. Weiter veröffentlicht sie Richtlinien zur Kundenidentifizierung, dem sogenannten Know-your-costumer-Prinzip.[225] Sie orientiert sich hierbei an den Empfehlungen und Veröffentlichungen der FATF, der sie auch als Gesprächspartner zur Verfügung steht.[226] Seit ihrer Gründung hat die Vereinigung eine Vielzahl von verschiedenen Veröffentlichungen, auch in Form von Richtlinien zur Umsetzung von Maßnahmen gegen Geldwäsche, die meist aus den FATF-Empfehlungen heraus entstanden sind, für den Finanzsektor ausgegeben.[227] Darüber hinaus findet einmal im Jahr, das Wolfsberg-Forum zum Meinungsaustausch statt, bei denen zahlreiche andere Finanzinstitute mit vertreten sind.[228] Im Vergleich zu anderen staatlichen und nichtstaatlichen Organisationen besteht die Besonderheit, dass nicht nur Publikationen zur Bekämpfung von Geldwäsche und

220 Egmont Group, Principles for Information Exchange and Operational Guidance, 2013, S. 1–6.

221 Egmont Group, Operational Guidance for FIU Activities and the Exchange of Information, 2013, S. 1–17.

222 Peilert, Kriminalitätsbekämpfung Vereinte Nationen, S. 474.

223 BKA, FIU Jahresbericht 2013, S. 40.

224 ABN Amro, Deutsche Bank, Banco Santander Central Hispano, Goldman Sachs, Bank of Tokyo Mitsubishi, HSBC, Barclays Bank, J.P. Morgan Chase, Citigroup, Société Générale, Credit Suisse Group und UBS; Quedenfeld, in: Quedenfeld, Handbuch Geldwäschebekämpfung, S. 29, Rn. 24.

225 Achtelik, PeP, S. 40; Wolfsberg Group/UBS, Aufgaben, online im WWW unter: https://www.ubs.com/global/de/about_ubs/corporate_responsibility/commitment_strategy/external/wolfsberg.html (Stand: 30.12.2014).

226 Pieth, in: Herzog/Mülhausen, Geldwäschebekämpfung und Gewinnabschöpfung, § 6 Rn. 7.

227 Beispielhaft für viele: Wolfsberg, Anti-Money-Laundering Principles for Correspondent Banking 2014; Wolfsberg, Statement on the Suppression of the Financing of Terrorism 2002; Wolfsberg, Trade Finance Principles 2011.

228 Quedenfeld, in: Quedenfeld, Handbuch Geldwäschebekämpfung, S. 29, Rn. 25.

Terrorismusfinanzierung, sondern auch Leitlinien zur Korruptionsbekämpfung im Bereich des Finanzsektors herausgegeben werden.[229]

9. Palermo Konvention, Dezember 2000

Am 15.12.2000 wurde in Palermo das UN-Abkommen zur Bekämpfung der grenzüberschreitenden Organisierten Kriminalität unterzeichnet.[230] Geprägt war es durch eine weitere Vereinheitlichung der nationalen Strafrechtvorschriften zur Bekämpfung der Organisierten Kriminalität und Korruption. Die strafrechtlichen Normen der Beteiligung in einer kriminellen Vereinigung (Art. 5) der Geldwäsche (Art. 6) und der Korruption (Art. 8) sollten von den unterzeichnenden Staaten in nationales Recht umgesetzt werden. Die teilnehmenden Staaten erkannten die Rolle der sogenannten Sekundärdelikte und die herausragende Bedeutung von deren Verfolgung bei der Bekämpfung der Organisierten Kriminalität erstmalig in dieser Form und Tiefe an.[231]

Die Konvention enthielt jedoch noch einen weiteren wichtigen Schritt zur Implementierung von Maßnahmen zur Geldwäschebekämpfung. Die Bedeutung des Banken- und Finanzsektors in diesem Kriminalitätsbereich wurde hervorgehoben. Neben der Bildung von entsprechenden Aufsichts- und Regulierungsorganen (Art. 7 Abs. 1 Buchst. a) für Banken und Finanzinstitute sollen die Finanzinstitute drei Kernbereiche in ihrer Arbeit besonders berücksichtigen. Analog zu Art. 3 und 4 der ersten GwRL wird auch hier die Bedeutung der Kundenidentifizierung und der Dokumentationspflicht hervorgehoben. Weiter werden auch Meldepflichten für verdächtige Transaktionen in der Konvention vereinbart, auch hier ein nahezu vergleichbarer Schritt zu Art. 3 Abs. 6 der ersten GwRL.

Im Vergleich zur Wiener Drogenkonvention von 1988 ist die detaillierte Nennung der Maßnahmenseite für Behörden und den Banken- und Finanzsektor als weitgehend anzusehen. Gegenüber den zuvor veröffentlichten 40 Empfehlungen der FATF und der Verabschiedung der ersten GwRL ist die Konvention hingegen erheblich allgemeiner. Kritisch kann hierzu angeführt werden, dass die FATF die allgemeinen Vorgaben in der Folge detaillierter ausarbeiten musste.[232]

---

229 Wolfsberg, Anti-Corruption Guidance 2011, S. 1–20.

230 Ratifiziert durch die Bundesrepublik Deutschland am 01.09.2005, mit dem Gesetz zu dem Übereinkommen der Vereinten Nationen vom 15. November 2000 gegen die grenzüberschreitende organisierte Kriminalität sowie den Zusatzprotokollen gegen den Menschenhandel und gegen die Schleusung von Migranten, wiedergegeben in BGBl. 2005, II Nr. 21, S. 954.

231 Kilching, in: Gehl, Terrorismus, S. 88; Görg, Geldwäschebezogene Terrorismusbekämpfung, S. 28.

232 Vgl. Jascó-Potyka, Bekämpfung Geldwäscherei in Europa,S. 40; Ertl, Kampf gegen Geldwäscherei, S. 9.

10. Zweite Geldwäscherichtlinie

Die erste Geldwäscherichtlinie wurde 2001 durch die zweite Geldwäscherichtlinie geändert.[233] Vorangegangen war eine Erklärung der EU vom 03.05.2000 zur strategischen Bekämpfung der Organisierten Kriminalität zu Beginn des neuen Jahrtausends.[234] Dort wurden die bisherigen geldwäschebezogenen Maßnahmen und explizit der Aktionsplan vom 16./17.06.1997 von Amsterdam sowie die vereinbarten Leitlinien zur Geldwäschebekämpfung von Tampere vom 15./16.10.1999 begrüßt.[235] Jedoch wurde betont, dass die Geldwäsche trotz der bislang erfolgten Maßnahmen weiter das Herzstück der organisierten Kriminalität und die vorgeschlagene Änderung der bestehenden Geldwäscherichtlinie von der Kommission rasch umzusetzen sei.[236]

a) Ausrichtung

In der zweiten Geldwäscherichtlinie wird deren Umsetzung als eines der wichtigsten Rechtsinstrumente für die Geldwäschebekämpfung und den Schutz des Finanzsektors und anderer gefährdeter Tätigkeiten genannt.[237] Sie ist eine essentielle Vorbedingung für die Liberalisierung des europäischen Finanzmarktes.[238] Eine Besonderheit hinsichtlich ihrer Anwendbarkeit besteht für den Bereich der Bekämpfung von Terrorismusfinanzierung. Aufgrund der ersten Erkenntnisse zur Vorbereitung der terroristischen Anschläge vom 11.09.2001 in den U.S.A. sah die EU auch dringenden Handlungsbedarf für den europäischen Raum. Zunächst erklärte die Europäische Kommission den politischen Willen, den Anwendungsbereich der zweiten Geldwäscherichtlinie auch auf den Bereich der Bekämpfung der Terrorismusfinanzierung auszudehnen.[239] Formal vollzogen wurde dies aber erst durch eine Erklärung des Europäischen Rates am 13.12.2001.[240] Danach sind sämtliche

---

233 Richtlinie des Europäischen Parlaments und des Rates vom 04.12.2001 zur Änderung der Richtlinie 91/308/EWG des Rates zur Verhinderung der Nutzung des Finanzsystems zum Zwecke der Geldwäsche, ABl. EG, L 344, 28.12.2001, S. 76–81 (Richtlinie 2001/97/EG).

234 EG, Prävention und Bekämpfung der Organisierten Kriminalität, Eine Strategie der europäischen Union für den Beginn des neuen Jahrtausends (200/C 124/01) ABl. EG Nr. C 124, 03.05.2000.

235 ABl. EG Nr. C 124, v. 03.05.2000, S. 1–2, 18–19.

236 ABl. EG Nr. C 124, v. 03.05.2000, S. 18.

237 ABl. EG Nr. L 344, v. 28.12.2001, Erwägungsgrund Nr. 1, S. 76.

238 Hetzer, Krim 1999, 788.

239 Europäische Kommission, Geldwäsche: Kommission begrüßt Annahme einer neuen Richtlinie durch den Rat, Pressemitteilung (19.11.2001), IP/01/1608, Brüssel, 2001.

240 BKA, FIU Jahresbericht 2002, S. 35; Europäischer Rat, 14237/01, ADD 1, 13.12.2001, S. 1–4.

Straftaten mit Bezug zur Finanzierung des Terrorismus auch schwere Straftaten im Sinne der zweiten Geldwäscherichtlinie.[241]

b) Inhalt und Ziel

Eine wesentliche Grundlage der zweiten Geldwäscherichtlinie sind die 40 überabeiteten Empfehlungen der FATF aus dem Jahr 1996. Im Zuge dessen wurde in der zweiten GwRL auch Abstand von der Anbindung des Geldwäschebegriffes an den Bereich der Drogendelikte genommen. In der neuen Geldwäscherichtlinie haben die Richtliniengeber eine Öffnung auch für andere schwere Straftaten vorgesehen (Erwägungsgrund 7 und Art. 1 Nr. 1 Buchst. E 2. GwRL). Als schwere Straftaten ordnet die Richtlinie Handlungen von kriminellen Vereinigungen, Betrug, und Bestechung und Straftaten mit beträchtlichen Erträgen ein (Art. 1 Buchst. E 2. GwRL). Darüber hinaus steht es jedem Staat frei, weitere Straftaten als kriminelle Handlungen zu benennen (Art. 1 Buchst. E 2. GwRL). Dieses spreite Spektrum an möglichen Vortaten zur Geldwäsche wurde als eine Erleichterung zur zukünftigen besseren Zusammenarbeit zwischen den staatlichen Stellen gesehen (Erwägungsgrund 8 2. GwRL). So konnten in der Vergangenheit Rechtshilfeersuchen zwischen zwei Mitgliedstaaten zum Teil nicht beantwortet worden, da in einem Staat keine Strafbarkeit und daher zumeist keine Rechtsgrundlage zur Bearbeitung und Beantwortung vorhanden war. Diesen Zustand wollte der Richtliniengeber beseitigen.

In der ersten Geldwäscherichtlinie wurde zwar der Nichtfinanzsektor als Adressat nicht explizit genannt und einbezogen, jedoch gab es eine Empfehlung dazu. Es sollten solche Unternehmen und Berufsgruppen mit eingebunden werden, die auch besonders zur Geldwäsche geeignet sind (Art. 12 1. GwRL). Diese offene Haltung zum Nichtfinanzsektor wurde mit der zweiten Geldwäscherichtlinie aufgegeben. Nunmehr sollen bestimmte Berufsgruppen mit in die nationalen geldwäscherechtlichen Verpflichtungen einbezogen werden, wie anhand der folgenden Grafik deutlich wird:[242]

241 Europäischer Rat, 14237/01, ADD 1, 13.12.2001, S. 3.
242 Selbst erstellte Grafik in Anlehnung an: 1. und 2. GwRL.

Abbildung 6: Übersicht der Adressaten der ersten und zweiten Geldwäscherichtlinie.

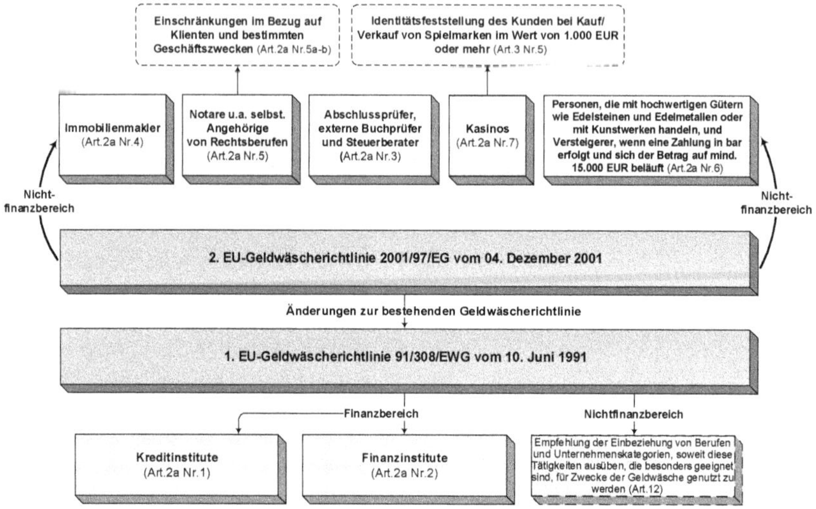

Die Aufnahme der Notare und selbständigen Angehörigen von Rechtsberufen war nicht unumstritten. Sie wurde seitens der Kommission als besonders heikel angesehen, da diese Berufe in den Mitgliedstaaten regelmäßig einem besonderen Datenschutz und einer Schweigepflicht unterliegen.[243] Wie in der grafischen Übersicht dargestellt, wurde daher bei diesen Berufsbereichen die Aufnahme als Verpflichtete mit Einschränkungen versehen. Die Mitgliedstaaten waren gehalten, die Richtlinie bis zum 15.06.2003 in nationales Recht umzusetzen.[244] Die Bundesrepublik Deutschland hat dies mit der Verabschiedung des Geldwäschebekämpfungsgesetzes getan.[245]

11. Dritte Geldwäscherichtlinie

Für die Verabschiedung einer neuen Geldwäscherichtlinie hatte sich die Europäische Kommission im Vergleich zur vorherigen Evaluierung keinen großen zeitlichen Spielraum gelassen. Am 30.06.2004 wurde bereits ein Entwurf für eine gänzlich neue Geldwäscherichtlinie vorgelegt. Begründet wurde dies mit zwei wesentlichen Punkten. Zum einen hatte die FATF zuvor neue Empfehlungen und Ansätze für die Bekämpfung von Geldwäsche und Terrorismusfinanzierung herausgegeben, und zum anderen gab es immer noch keine Rechtsklarheit in der bestehenden

---

243 Hetzer, Krim 1999, 788 (789).

244 ABl. EG Nr. L 344, 28.12.2001, S. 81.

245 Gesetz zur Verbesserung der Bekämpfung der Geldwäsche und der Bekämpfung der Finanzierung des Terrorismus (Geldwäschebekämpfungsgesetz), 08.08.2002, BGBl. I 2002, S. 3105.

Geldwäscherichtlinie zur Handhabung der Bekämpfung der Terrorismusfinanzierung.[246] Der ursprüngliche Entwurf zu dieser Richtlinie war umstritten, was alleine schon die Anzahl von 400 Änderungsanträgen von EU-Parlamentsabgeordneten verdeutlicht.[247] In der Folge wurden zwar nicht alle Änderungsanträge übernommen, trotzdem hat sich der ursprüngliche Entwurf in der Folge doch nicht unerheblich verändert.[248] Der Europäische Rat und das Europäische Parlament einigten sich schließlich dennoch auf eine neue dritte Geldwäscherichtlinie, die am 20.09.2005 verabschiedet wurde.[249]

a) Zielsetzung

Die dritte Geldwäscherichtlinie hatte eine Vielzahl von Intentionen. So wurden die Stabilität und das Vertrauen in ein funktionierendes Finanzsystem, ohne einen Missbrauch durch Geldwäsche oder Terrorismusfinanzierung, in einem noch im Ausbau befindlichen europäischen Binnenmarkt als wichtig erachtet.[250] Darüber hinaus hat die EU erkannt, dass die FATF zu einem international anerkannten Gremium zur Bekämpfung von Geldwäsche und Terrorismusfinanzierung geworden ist und deren stetig aktualisierte Empfehlungen internationale Standards in diesem Bereich sind. Aufgrund der letzten Überarbeitung der 40 Empfehlungen der FATF zur Geldwäschebekämpfung im Jahr 2003[251] bestand das Ziel, diese Standards auch in die neue Geldwäscherichtlinie einzuarbeiten.[252] Daran anknüpfend galt es, auch die acht Sonderempfehlungen der FATF zur Bekämpfung der Terrorismusfinanzierung vom Oktober 2001[253] bei der Erstellung der Richtlinie zu berücksichtigen.[254]

b) Geldwäschebegriff/Definition Terrorismusfinanzierung

Eine wesentliche Erweiterung sieht der Richtliniengeber bei der Formulierung des Geldwäschebegriffes vor. Er soll sich nicht mehr an Vortaten im Bereich der Drogendelikte orientieren, sondern in Einklang gebracht werden mit der Definition des

246 Vorschlag der Kommission für eine Richtlinie zur Verhinderung von Geldwäsche und Terrorismusfinanzierung, KOM (2004) 448, S. 2–3.
247 Teichmann/Achsnich, in: Herzog/Mülhausen, Geldwäschebekämpfung und Gewinnabschöpfung, § 29, Rn. 11.
248 Herzog/Achtelik, in: Herzog, GwG, Einl., Rn. 82.
249 Richtlinie 2005/60/EG des Europäischen Parlaments und des Rates vom 26. Oktober 2005 zur Verhinderung der Nutzung des Finanzsystems zum Zwecke der Geldwäsche und der Terrorismusfinanzierung v. 26.10.2005, ABl. EG Nr. L 309 v. 25.11.2005, S. 15–36.
250 ABl. EG Nr. L 309 v. 25.11.2005, Erwägungsgrund 2, S. 15.
251 FATF, 40 Empfehlungen, 2003.
252 ABl. EG Nr. L 309 v. 25.11.2005, Erwägungsgrund 5, S. 15.
253 Haug, FATF Länderprüfung, S. 64; FATF, Spezialempfehlungen, 2001, S. 1–27.
254 Teichmann/Achsnich, in: Herzog/Mülhausen, Geldwäschebekämpfung und Gewinnabschöpfung, § 29, Rn. 12.

Begriffs der schweren Straftaten aus dem europäischen Rahmenbeschluss von 2001. Danach sind alle Straftaten zu erfassen, die mit einer Freiheitsstrafe von mehr als einem Jahr bedroht oder mit einer Mindestfreiheitsstrafe von sechs Monaten belegt sind.[255] Dadurch ist eine Vielzahl von zuvor nicht erfassten Straftaten nunmehr im strafrechtlichen Bereich der Geldwäschebekämpfung zu berücksichtigen.

Durch die Aufnahme der Bekämpfung der Terrorismusfinanzierung war auch eine Definition für diesen Bereich erforderlich geworden. In Art. 1 Abs. 4 wurde hierzu ein Bezug zu den terroristischen Straftaten aus Art. 1–4 Rahmenbeschluss 2002/475/JI hergestellt.[256]

c) *Erweiterung des Adressatenkreises*

Die verstärkte Einbindung des Nichtfinanzsektors ist kennzeichnend für die Adressatenregelung der dritten Geldwäscherichtlinie. Wurden bereits in der zweiten Geldwäscherichtlinie mehrere geldwäscherelevante Berufsgruppen erfasst,[257] wurden jetzt zusätzlich Dienstleister für Trusts und Gesellschaften[258] sowie Versicherungsvermittler mit bestimmten Geschäftszwecken[259] aufgenommen. Eine weitere Öffnung gab es auch für den Bereich des Güterhändlers. Erfasst sind nunmehr alle natürlichen und juristischen Personen, die mit Gütern handeln, soweit Zahlungen in bar in Höhe von 15.000 EUR oder mehr erfolgen, unabhängig der Kumulation eines geschäftlichen Vorganges.[260] Die erfasste Vielzahl von gewerblichen Güterhändlern erreichte mit dieser Neuausrichtung einen neuen Höchststand. Der Richtliniengeber geht jedoch für den kompletten Adressatenbereich noch weiter und lässt den Mitgliedstaaten offen, weitere Berufs- und Unternehmensbereiche mit aufzunehmen wenn diese besonders geeignet sind, für Zwecke der Geldwäsche und Terrorismusfinanzierung missbraucht zu werden.[261]

---

255 Rat der Europäischen Union, Rahmenbeschluss über Geldwäsche sowie Ermittlung, Einfrieren, Beschlagnahme und Einziehung von Tatwerkzeugen und Erträgen aus Straftaten, 2001, Art. 1b, S. 1.

256 Terrorismusfinanzierung ist die Bereitstellung oder Sammlung finanzieller Mittel, gleichviel auf welche Weise, unmittelbar oder mittelbar, mit der Absicht oder in Kenntnis dessen, dass sie ganz oder teilweise dazu verwendet werden, eine der Straftaten im Sinne der Art. 1 bis 4 des Rahmenbeschlusses 2002/475/JI des Rates vom 13. Juni 2002 zur Terrorismusbekämpfung zu begehen, EU, 3. Geldwäscherichtlinie 2005, Art. 1, S. 20.

257 ABl. EG Nr. L 344, 28.12.2001, Art. 2a, Nr. 2 -Nr. 7, S. 79; s. Kapitel D, Ziffer I, Nr. 10 Buchstabe b.

258 ABl. EG Nr. L 309, 25.11.2005, Art. 2, Abs. 1, Nr. 3c, S. 21.

259 ABl. EG Nr. L 309, 25.11.2005, Art. 2, Abs. 1, Nr. 2 i.V.m. Art. 3 Nr. 2e, S. 20–21.

260 ABl. EG Nr. L 309, 25.11.2005, Art. 2, Abs. 1, Nr. 3e, S. 21.

261 ABl. EG Nr. L 309, 25.11.2005, Art. 4, S. 22.

d) Erweiterung des Pflichtenkataloges

Eine wesentliche Verschärfung sieht der Richtliniengeber bei den Pflichten für die Adressaten der dritten Geldwäscherichtlinie vor.[262] Die Ausübung der Kundensorgfaltspflichten sollen zukünftig weitestgehend risikoorientiert („customer due diligence measures")[263] angewandt werden.

aa) Allgemeine Bestimmungen

In den Bereich der allgemeinen Bestimmungen wurden daher weitere Maßnahmen zur Kundenidentifizierung eingearbeitet. Neben der Kundenidentifizierung anhand von Dokumenten wurde die Identitätsfeststellung des wirtschaftlichen Eigentümers[264] sowie die Möglichkeit zusätzlicher risikoorientierter Maßnahmen zur Überprüfung der Identität aufgenommen. Die Einholung von Informationen über Art und Zweck der Geschäftsbeziehung[265] und die kontinuierliche Überwachung der Geschäftsbeziehung[266] ergänzen den Bereich der Maßnahmen gegenüber dem Kunden.

bb) Vereinfachte Sorgfaltspflichten

Der neu eingefügte Bereich der vereinfachten Sorgfaltspflichten gegenüber dem Kunden erlaubt es, von den allgemeinen Bestimmungen aus dem ersten Abschnitt abzuweichen, wenn es sich bei dem Kunden um ein gleichwertiges Kredit- oder Finanzinstitut oder ein in einem Drittland ansässiges Kredit- oder Finanzinstitut handelt, das dort den gleichen Anforderungen der Geldwäscherichtlinie, auch im Hinblick auf die Aufsicht, unterliegt.[267] Diese Vereinfachungen gelten auch für börsennotierte Gesellschaften, deren Wertpapiere zum Handel auf einem geregelten Markt zugelassen sind, und für gleichwertige börsennotierte Gesellschaften aus Drittländern.[268]

Von diesen Vereinfachungen sind weiter wirtschaftliche Eigentümer von Sammelkonten erfasst, die von Notaren und anderen selbständigen Rechtsberufen aus den Mitgliedstaaten und anderen Drittländern mit gleichen geldwäscherechtlichen

---

262 Siller, Krim 2010, 526; Herzog/Achtelik, in: Herzog, GwG, Einl., Rn. 84.

263 Teichmann/Achsnich, in: Herzog/Mülhausen, Geldwäschebekämpfung und Gewinnabschöpfung, § 29, S. 246; Herzog/Achtelik, in: Herzog, GwG, Einl., Rn. 86.

264 Wirtschaftlicher Eigentümer, ist/sind die natürliche(n) Person(en) in deren Eigentum oder unter deren Kontrolle der Kunde letztendlich steht und/oder die natürliche Person, in deren Auftrag eine Transaktion oder Tätigkeit ausgeführt wird. Der Begriff des wirtschaftlichen Eigentümers bei Gesellschaften ist erfüllt wenn dieser direkt oder indirekt 25 Prozent und eine Aktie besitzt oder die natürliche Person auf andere Weise die Kontrolle über die Geschäftsleitung ausübt. Bei Stiftungen oder Trusts, EU, ABl. EG Nr. L 309, 25.11.2005, Art. 3 Nr. 6, S. 22.

265 ABl. EG Nr. L 309, 25.11.2005, Art. 8 Abs. 1, Nr. c, S. 23.

266 ABl. EG Nr. L 309, 25.11.2005, Art. 8, Abs. 1 Nr. d, S. 22.

267 ABl. EG Nr. L 309, 25.11.2005, Art. 11, Abs. 1, S. 24.

268 ABl. EG Nr. L 309, 25.11.2005, Art. 11, Abs. 2a, S. 24.

Standards gehalten werden. Die Dokumente zur Identifizierung des wirtschaftlichen Eigentümers des Sammelkontos müssen jedoch jederzeit auf Anfrage von den kontoführenden Kredit- und Finanzinstituten eingesehen werden können.[269] Zuletzt können auch inländische Behörden von den allgemeinen Sorgfaltspflichten durch Kredit- und Finanzinstitute ausgenommen werden.[270] Zur Feststellung der Anwendbarkeit der Vereinfachung besteht jedoch zunächst eine Informationssammelpflicht der Bank- und Finanzinstitute zur Prüfung, ob die erwähnten Notare, selbständigen Rechtsberufe und Behörden die genannten Voraussetzungen dafür erfüllen.[271]

cc) Verstärkte Sorgfaltspflichten

Neben den Erleichterungen wurden auch verstärkte Anforderungen an die Sorgfaltspflichten gegenüber Kunden in die neue Geldwäscherichtlinie integriert. Dies gilt für Fälle, bei denen ihrem Wesen nach ein erhöhtes Risiko der Geldwäsche und Terrorismusfinanzierung bestehen kann.[272] Einer dieser Fälle besteht bei der physischen Abwesenheit des Kunden. Die Gewährleistung einer sicheren Identifizierung soll durch spezifische und angemessene Maßnahmen erfolgen.[273] Beispielhaft werden zusätzliche Dokumente, Daten, Informationen des Kunden, Überprüfungen oder Bestätigungen der vorgelegten Dokumente, Verlangen beweiskräftiger Bestätigungen durch ein Kredit- oder Finanzinstitut oder eine Gewährleistung, dass die erste Transaktion von einem kundeneigenen Kreditinstitut erfolgt ist, genannt.[274]

Ein weiterer problematischer Fall wird in den grenzüberschreitenden Korrespondenzbanken oder Bankmantelgesellschaften gesehen.[275] Sie können zum einen missbraucht werden, da sie möglicherweise im Ausland keiner Aufsicht unterliegen oder als Bankmantelgesellschaft als sogenannte Briefkastenfirma ohne physische Präsenz agieren.[276] In der Folge sind auch hier ausreichende Informationen vor einer Korrespondenzbankbeziehung einzuholen und eine umfassende Bewertung vorzunehmen.[277] Eine Zusammenarbeit mit einer Korrespondenzbank, die eine Bankmantelgesellschaft („shell-bank“) betreibt, wird zukünftig untersagt.[278]

Mit dem Schritt, die geschäftlichen Beziehungen von politisch exponierten Personen (PeP)[279] in den Bereich der verstärkten Sorgfaltspflichten einzuarbeiten, kam der Richtliniengeber einer Empfehlung der FATF aus dem Jahr 2003 nach.[280] Politisch

---

269 ABl. EG Nr. L 309, 25.11.2005, Art. 11, Abs. 2b,S. 24.
270 ABl. EG Nr. L 309, 25.11.2005, Art. 11, Abs. 2c, S. 24.
271 ABl. EG Nr. L 309, 25.11.2005, Art. 11, Abs. 3,S. 24.
272 ABl. EG Nr. L 309, 25.11.2005, Art. 13, Abs. 1, S. 25.
273 ABl. EG Nr. L 309, 25.11.2005, Art. 13, Abs. 2a, S. 25.
274 ABl. EG Nr. L 309, 25.11.2005, Art. 13, Abs. 2a–c, S. 25.
275 ABl. EG Nr. L 309, 25.11.2005, Art. 13, Abs. 3+5, S. 25–26.
276 Herzog/Achtelik, in: Herzog, GwG, Einl., Rn. 86.
277 ABl. EG Nr. L 309, 25.11.2005, Art. 13, Abs. 3a-e, S. 25.
278 ABl. EG Nr. L 309, 25.11.2005, Art. 13, Abs. 5, S. 26.
279 ABl. EG Nr. L 309, 25.11.2005, Art. 3, Nr. 8, S. 22.
280 FATF, 40 Empfehlungen 2003, S. 3.

exponierte Personen, sind diejenigen natürlichen Personen, die wichtige öffentliche Ämter ausüben oder ausgeübt haben, und deren unmittelbare Familienmitglieder oder ihnen bekanntermaßen nahe stehenden Personen.[281] Die Aufnahme erfolgte auch, da dieser Personenkreis häufig mit Korruption in Verbindung gebracht wird und versucht, die Gelder oder Vermögenswerte in den legalen Finanzkreislauf zu integrieren.[282] Diese Argumentation vertritt auch das Basler Bankenkomitee anlässlich einer Empfehlung zur Geldwäschebekämpfung aus dem Jahr 2000.[283]

Aufgrund der Tatsache, dass die Definition von PePs als Personen, die wichtige öffentliche Ämter bekleiden, relativ unbestimmt und abstrakt in die Geldwäscherichtlinie aufgenommen worden war, wurde ein Jahr später die Durchführungsrichtlinie 2006/70/EG[284] erlassen. In ihrem Art. 2 wird der erfasste Personenkreis und die gleichgestellten Familienmitglieder und nahestehenden Personen nun näher definiert. Darunter fallen Staatschefs, Regierungschefs, Minister, stellvertretende Minister und Staatssekretäre; Parlamentsmitglieder; Mitglieder von obersten Gerichten, Verfassungsgerichten oder sonstigen hochrangigen Institutionen der Justiz, gegen deren Entscheidungen, kein Rechtsmittel eingelegt werden kann; Mitglieder der Rechnungshöfe oder der Vorstände von Zentralbanken; Botschafter, Geschäftsträger und hochrangige Offiziere der Streitkräfte; Mitglieder der Verwaltungs-, Leitungs- oder Aufsichtsorgane staatlicher Unternehmen.[285] Es gelten verstärkte risikobasierte Sorgfaltspflichten bei der Feststellung, ob es sich um eine PeP handelt oder nicht. Weiter muss die Zustimmung der Führungsebene vor einer Geschäftsbegründung eingeholt werden. Sollte eine Geschäftsbeziehung mit PePs eingegangen werden, sind angemessene Maßnahmen zur Herkunft des Vermögens und der Herkunft der Gelder zu betreiben. Die Geschäftsbeziehung ist fortlaufend und verstärkt zu überwachen.[286]

Letztendlich sind alle Produkte und Transaktionen, in denen eine Gefahr der Geldwäsche oder Terrorismusfinanzierung besteht, von der neuen Geldwäscherichtlinie erfasst worden, verbunden mit der Möglichkeit, falls erforderlich, weitere entsprechende Maßnahmen zu ergreifen.[287]

dd) Auslagerung von Sorgfaltspflichten

In der dritten Geldwäscherichtlinie wurde Verpflichteten die Möglichkeit eingeräumt, ihren Sorgfaltspflichten durch Dritte zu genügen. Die endgültige Verantwortung obliegt jedoch weiterhin dem Verpflichteten selbst.[288] Auch Regelungen für Institute

281 ABl. EG Nr. L 309, 25.11.2005, Art. 3, Nr. 8, S. 22.
282 Achtelik, PeP, S. 12; Herzog/Achtelik, in: Herzog, GwG, Einl., Rn. 87.
283 Siska, Geldwäschebekämpfung, S. 144; Achtelik, PeP, S. 31.
284 ABl. EG Nr. L 214, 04.08.2006, S. 29–34.
285 ABl. EU Nr. L 214, 04.08.2006, S. 29–34.
286 ABl. EU Nr. L 309, 25.11.2005, Art. 13, Abs. 4a–d, S. 25.
287 ABl. EU Nr. L 309, 25.11.2005, Art. 13, Abs. 6, S. 26.
288 ABl. EU Nr. L 309, 25.11.2005, Art. 14, S. 26.

und Personen mit Sitz in einem Drittland wurden eingearbeitet. Grundsätzlich müssen dazu die gleichwertigen Anforderungen wie bei der dritten Geldwäscherichtlinie vorhanden sein.[289]

ee) Sanktionen

Der Rahmen für Sanktionen wurde nicht durch eine Nennung von oder in Form einer Höhe von Bußgeldern verdeutlicht. Vielmehr wurde darauf geachtet, dass der Adressatenkreis sowohl die natürlichen als auch die juristischen Personen umfasst.[290] Sie sollen mit wirksamen, verhältnismäßigen und abschreckenden Maßnahmen belegt werden, falls sie gegen die in nationalem Recht erlassenen Vorschriften verstoßen.[291] Die Mitgliedstaaten haben das Recht, auch strafrechtliche Sanktionen zu verhängen.[292]

ff) Aufsichtsbezogene Maßnahmen

In der dritten Geldwäscherichtlinie werden die Mitgliedstaaten angehalten, eine zentrale Meldestelle für Verdachtsfälle einzurichten. Sie soll offengelegte Informationen zu potenzieller Geldwäsche und Terrorismusfinanzierung entgegennehmen, analysieren und anschließend an die zuständigen Behörden weitergeben.[293] In Deutschland wurde bereits ein halbes Jahr nach Verabschiedung der zweiten Geldwäscherichtlinie im August 2002 eine nationale Meldestelle (Financial Intelligence Unit – FIU) beim Bundeskriminalamt eingerichtet.[294]

gg) Melde- und Schutzpflichten

Für den Finanzsektor wurde die Einrichtung von Systemen vorgeschrieben, die es ihnen ermöglichen, auf Anfragen der zentralen Meldestelle oder anderer Behörden zügig Auskunft über die Geschäftsbeziehungen zu natürlichen oder juristischen Personen im Zeitraum von fünf Jahren zu geben.[295]

Die Mitgliedstaaten sind angehalten, Maßnahmen zum Schutz der meldenden Personen – sowohl unternehmens- oder institutsintern als auch extern gegenüber der zentralen Meldestelle – vor Anfeindungen und Bedrohungen zu ergreifen.[296] Weiter sollen die Mitgliedstaaten sicherstellen, dass der Kreis der geldwäscherechtlich Verpflichteten auch Zugang zu Informationen und Methoden der Geldwäsche

---

289 Siska, Geldwäschebekämpfung, S. 145; ABl. EU Nr. L 309, 25.11.2005, Art. 15–16, S. 26.

290 ABl. EU Nr. L 309, 25.11.2005, Art. 39 Abs. 1–4, S. 30–31.

291 ABl. EU Nr. L 309, 25.11.2005, Art. 39, Abs. 1–2, S. 30.

292 ABl. EU Nr. L 309, 25.11.2005, Art. 39, Abs. 2, S. 30.

293 ABl. EU Nr. L 309, 25.11.2005, Art. 21, Abs. 1+2, S. 27.

294 BKA, FIU Jahresbericht 2003, S. 5.

295 ABl. EU Nr. L 309, 25.11.2005, Art. 32, S. 29.

296 ABl. EU Nr. L 309, 25.11.2005, Art. 27, S. 28.

und Terrorismusfinanzierung bekommt.[297] Die dritte Geldwäscherichtlinie sieht ebenfalls vor, dass die Verpflichteten eine Rückmeldung über die Wirksamkeit von Verdachtsmeldungen erhalten, jedoch mit der Einschränkung der Praktikabilität.[298]

e) *Komitologierichtlinie*

Die dritte Geldwäscherichtlinie ermächtigt in Art. 40 die Kommission, ohne den Rat und das Europäische Parlament eine Durchführungsrichtlinie zu erlassen, die einzelne technische Aspekte zur Bekämpfung von Geldwäsche und Terrorismusfinanzierung regelt.[299] Die Bereiche wurden hierbei genau definiert und umfassten maßgeblich die Kriterien für geringes oder verstärktes Risiko von Geldwäsche oder Terrorismusfinanzierung. Die Kommission wird dabei von einem Ausschuss zur Verhinderung von Geldwäsche und Terrorismusfinanzierung unterstützt, der auch eine Geschäftsordnung erstellen muss.[300] Dieses Verfahren wird gerade wegen der fehlenden Beteiligung der demokratischen Instanzen kritisch gesehen,[301] insbesondere auch wegen der mangelnden Übersichtlichkeit durch Querverweise von der dritten Richtlinie zur Durchführungsrichtlinie und umgekehrt.[302]

Mit der Verabschiedung der Durchführungsrichtlinie 2006/70/EG vom 01.08.2006[303] hat die Kommission davon Gebrauch gemacht. Verändert wurden die bereits erwähnten Begriffsbestimmungen zu politisch exponierten Personen (PePs), die technischen Kriterien für vereinfachte Sorgfaltspflichten gegenüber bestimmten Kunden sowie eine Beurteilung der Frage, ob bestimmte juristische oder natürliche Personen, die nur gelegentlich oder in einem sehr geringen Umfang Finanzgeschäfte tätigen, von der Anwendung der Richtlinie befreien werden können.[304]

Zur schematischen Übersicht der maßgeblichen Veränderungen von der ersten bis zur dritten Geldwäscherichtlinie siehe Übersicht 2 im Anhang.

12. Geldtransferverordnung, 2006

Die Verabschiedung einer Geldtransferverordnung[305] geht weitgehend auf die Sonderempfehlung Nr. 7 der FATF zum elektronischen Zahlungsverkehr zurück. Sie betrifft ausschließlich den Finanzsektor und soll gewährleisten, dass im Zahlungsverkehr ein einheitlicher Standard angewandt wird. Es soll sichergestellt sein, dass bei jeder

---

297 ABl. EU Nr. L 309, 25.11.2005, Art. 35, Abs. 2, S. 30.
298 ABl. EU Nr. L 309, 25.11.2005, Art. 35, Abs. 3, S. 30.
299 ABl. EU Nr. L 309, 25.11.2005, Art. 40, Abs. 1a–d, S. 31.
300 ABl. EU Nr. L 309, 25.11.2005, Art. 41, Abs. 1+3, S. 31.
301 Ausführlich hierzu Siska, Geldwäschebekämpfung, S. 147.
302 Siska, Geldwäschebekämpfung, S. 147.
303 ABl. EU Nr. L 214, 04.08.2006, S. 29–34.
304 ABl. EU Nr. L 214, 04.08.2006, Art. 1, Nr. 1–3, S. 31.
305 Verordnung EG Nr. 1781/2006, über die Übermittlung von Angaben zum Auftraggeber bei Geldtransfers vom 15.11.2006, ABl. EU Nr. L 345, 08.12.2006, S. 1–9.

Etappe einer Transaktion Angaben zum Auftraggeber gemacht werden können. Dadurch ist sichergestellt, dass präventive und repressive Untersuchungen zur Bekämpfung von Geldwäsche und Terrorismusfinanzierung jederzeit möglich sind.[306]

Die Geldtransferverordnung umfasst dabei Bereiche von der vollständigen Erfassung von Datensätzen des Auftraggebers über Regelungen zum Geldtransfer innerhalb und außerhalb der EU bis hin zu umfangreichen Pflichten bei zwischengeschalteten und begünstigten Zahlungsverkehrsdienstleistern.[307] Weiter besteht die Verpflichtung, mit den Behörden zusammenzuarbeiten[308] und analog der dritten Geldwäscherichtlinie entsprechende Sanktionen im Falle der Nichtbeachtung in die nationalen Gesetze zu implementieren.[309]

13. Überarbeitung der Geldtransferverordnung

Neben dem Vorschlag für die Verabschiedung einer neuen Geldwäscherichtlinie wurde am 05.02.2013 auch ein Vorschlag zur Änderung der bestehenden Geldtransferverordnung vorgelegt.[310] Die Überarbeitung soll wie die bestehende Geldtransferverordnung im Einklang mit der Sonderempfehlung VII der FATF zum elektronischen Zahlungsverkehr stehen.[311]

a) Ziele einer evaluierten Geldtransferverordnung

Die Änderung der Geldtransferverordnung hat zwei wesentliche Ziele. Zum einen soll die Rückverfolgbarkeit von Zahlungen zukünftig weiter transparenter und effizienter gestaltet werden. Zum anderen soll eine volle Übereinstimmung des EU Rahmens mit den internationalen Standards erreicht werden.[312]

b) Inhaltliche Anforderungen

Zur Verbesserung der Rückverfolgbarkeit von Zahlungen für Behörden zur Bekämpfung von Geldwäsche in Drittländern sollen bei Geldtransfers aus der EU in Drittländern die Übermittlung der vollständigen Datensätze zum Auftraggeber

---

306 ABl. EU Nr. L 345, 08.12.2006, Erwägungsgrund 6, S. 2.
307 ABl. EU Nr. L 345, 08.12.2006, S. 5–7.
308 ABl. EU Nr. L 345, 08.12.2006, Art. 14, S. 7.
309 ABl. EU Nr. L 345, 08.12.2006, Art. 15, S. 7.
310 Europäische Kommission, Vorschlag für eine Verordnung des europäischen Parlaments und des Rates über die Übermittlung von Angaben bei Geldtransfers vom 05.02.2013, COM (2013) 44, S. 1–27.
311 Europäische Kommission, Vorschlag für eine Verordnung des europäischen Parlaments und des Rates über die Übermittlung von Angaben bei Geldtransfers vom 05.02.2013, COM (2013) 44, S. 2.
312 Europäische Kommission, Vorschlag für eine Verordnung des europäischen Parlaments und des Rates über die Übermittlung von Angaben bei Geldtransfers vom 05.02.2013, COM (2013) 44, S. 2.

und Begünstigten vorgeschrieben werden.[313] In diesem Zusammenhang werden Zahlungsdienstleister von Begünstigten zukünftig grundsätzlich die Identität dieser Person feststellen müssen, wenn diese Beträge über 1.000 EUR aus Drittländern erhalten. Der Anwendungsbereich wird sich künftig erweitern. Demnach sollen Kredit- und Debitkarten, Mobiltelefone oder andere digitale IT-Geräte, mit denen Transaktionen von Person zu Person übertragen werden können, grundsätzlich mit in den Pflichtenkreis der Geldtransferverordnung aufgenommen werden.[314] Die Aufbewahrungspflichten der Zahlungsdienstleister werden hinsichtlich der Einhaltung des Datenschutzes an die Standards der FATF und an die noch zu bestimmenden europäischen Datenschutzrichtlinien angepasst.[315]

Letztendlich wird im Zuge der geplanten restriktiven Veränderungen auch der Bereich der Sanktionen einer Verschärfung unterzogen. Die künftige öffentliche Bekanntgabe von Verstößen[316] wird angelehnt an eine im Wettbewerbs- und Kartellrecht seit Jahren geübte Praxis.[317] Die Anwendung der Sanktionen soll hierbei delikts- und gewinnorientiert erfolgen.[318] Das bedeutet, dass beispielsweise die Schwere und Dauer des Verstoßes, aber auch die erzielten Gewinne berücksichtigt werden müssen.[319] Zudem soll bei der Bemessung der Sanktion die Mitwirkungsbereitschaft der verantwortlichen Person beachtet werden.[320] Analog zum Vorschlag der neuen

313 Europäische Kommission, Vorschlag für eine Verordnung des europäischen Parlaments und des Rates über die Übermittlung von Angaben bei Geldtransfers vom 05.02.2013, COM (2013) 44, Erwägungsgrund Nr. 12, S. 10.

314 Europäische Kommission, Vorschlag für eine Verordnung des europäischen Parlaments und des Rates über die Übermittlung von Angaben bei Geldtransfers vom 05.02.2013, COM (2013) 44, Erwägungsgrund 9, S. 9, Art. 3, S. 13.

315 Europäische Kommission, Vorschlag für eine Verordnung des europäischen Parlaments und des Rates über die Übermittlung von Angaben bei Geldtransfers vom 05.02.2013, COM (2013) 44, Einzelerläuterungen zum Vorschlag, S. 6.

316 Europäische Kommission, Vorschlag für eine Verordnung des europäischen Parlaments und des Rates über die Übermittlung von Angaben bei Geldtransfers vom 05.02.2013, COM (2013) 44, Art. 19, S. 22, Art. 17, S. 21.

317 Vgl. § 37 Abs. 1 Kartellgesetz, Rechtsgrundlage für Veröffentlichungen zu rechtskräftigen Entscheidungen über die Abstellung einer Zuwiderhandlung, die Feststellung einer Zuwiderhandlung, die Verhängung einer Geldbuße oder über Anträge durch Aufnahme in die Ediktsdatei.

318 Europäische Kommission, Vorschlag für eine Verordnung des europäischen Parlaments und des Rates über die Übermittlung von Angaben bei Geldtransfers vom 05.02.2013, COM (2013) 44, Art. 20a-e, S. 23.

319 Europäische Kommission, Vorschlag für eine Verordnung des europäischen Parlaments und des Rates über die Übermittlung von Angaben bei Geldtransfers vom 05.02.2013, COM (2013) 44, Art. 20a und d, S. 23.

320 Europäische Kommission, Vorschlag für eine Verordnung des europäischen Parlaments und des Rates über die Übermittlung von Angaben bei Geldtransfers vom 05.02.2013, COM (2013) 44, Art. 20f, S. 23.

Geldwäscherichtlinie sollen zuständige Behörden eng zusammenarbeiten und eine Koordination der Maßnahmen in grenzübergreifenden Fällen sicherstellen.[321]

14. Vierte Geldwäscherichtlinie

Die FATF veröffentlichte im Februar 2012 ihre zuvor überarbeiteten 40 Empfehlungen zur Bekämpfung der Geldwäsche und Terrorismusfinanzierung.[322] In diese neuen Empfehlungen wurden auch die Sonderempfehlungen zur Bekämpfung der Terrorismusfinanzierung und zum Phänomenbereich der Proliferation integriert. Dies veranlasste die Europäische Kommission zu einer Prüfung der bestehenden dritten Geldwäscherichtlinie. Dabei wurde ein grundsätzlicher Überarbeitungsbedarf festgestellt. Am 15.02.2013 veröffentlichte die Europäische Kommission daraufhin ihren Vorschlag für eine neue vierte Geldwäscherichtlinie[323]. Am 20.05.2015 trat die neue Geldwäscherichtlinie[324] in Kraft, nachdem im Gesetzgebungsverfahren einige Veränderungen vorgenommen wurden.

a) Ziele der Vierten Geldwäscherichtlinie

Die vierte Geldwäscherichtlinie umfasst folgende Ziele:

- Zum einen soll die Gesellschaft vor Geldwäschekriminalität und Terrorismus geschützt werden (Erwägungsgrund 2, 4. GwRL).
- Dazu ist es auch erforderlich, dass die Integrität des Finanzsystems der EU geschützt wird, Unternehmen und der Finanzsektor effektive Rahmenbedingungen vorfinden und keine unverhältnismäßigen Kosten für sie durch Einhaltung der Vorschriften entstehen (Erwägungsgrund 2, 4. GwRL). Das Finanzsystem soll durch Prävention, Aufdeckung und Untersuchung von Geldwäsche und Terrorismusfinanzierung geschützt werden (Erwägungsgrund 64, 4. GwRL).

---

321 Europäische Kommission, Vorschlag für eine Verordnung des europäischen Parlaments und des Rates über die Übermittlung von Angaben bei Geldtransfers vom 05.02.2013, COM (2013) 44, Art. 17 Nr. 4, S. 21.

322 FATF, 40 Empfehlungen, 2012.

323 Vorschlag der Europäischen Kommission für eine Richtlinie des Europäischen Parlaments und des Rates zur Verhinderung der Nutzung des Finanzsystems zum Zwecke der Geldwäsche und der Terrorismusfinanzierung vom 05.02.2013, COM (2013), 2013/0025 COD, S. 1–67.

324 Richtlinie (EU) 2015/849 des Europäischen Parlaments und des Rates vom 20.05.2015 zur Verhinderung der Nutzung des Finanzsystems zum Zwecke der Geldwäsche und der Terrorismusfinanzierung, zur Änderung der Verordnung (EU) Nr. 648/2012 des Europäischen Parlaments und des Rates und zur Aufhebung der Richtlinie 2005/60/EG des Europäischen Parlaments und des Rates und der Richtlinie 2006/70/EG der Kommission, ABl. EU Nr. L 141, 05.06.2015, S. 73–117.

- Ein weiteres Ziel ist es, dass die Freiheit des Kapitalverkehrs und die Finanzdienstleistungsfreiheit vor kriminellen Aktivitäten geschützt werden. Hierzu ist eine europäisch abgestimmte Koordinierung erforderlich (Erwägungsgrund 2, 4. GwRL).
- Den Empfehlungen der FATF vom Februar 2012 soll weiter Rechnung getragen und Rechtsakte der EU an diese angepasst werden (Erwägungsgrund 4, 4. GwRL).

b) Geldwäschebegriff/Definition Terrorismusfinanzierung

Nach Überarbeitung des Geldwäschebegriffes und der Aufnahme der Definition der Terrorismusfinanzierung in die dritte Geldwäscherichtlinie erfolgte in der 4. GwRL keine signifikante Änderung. Zu Beginn der neuen Richtlinie wurde jedoch in Art. 1 Abs. 1 der präventive Charakter, der Verhinderung der Nutzung des Finanzsystems zum Zwecke der Geldwäsche und Terrorismusfinanzierung aufgenommen.

c) Adressatenkreis

Der Adressatenkreis wurde im Vergleich zur dritten Richtlinie weitestgehend beibehalten. Lediglich der Begriff „Kasinos“ wurde durch „Anbieter von Glücksspieldiensten“ (Art. 2 Abs. 1 Buchst. f) ersetzt. Dies dient der Klarstellung, dass alle möglichen Glücksspieldienstleistungen von der Richtlinie erfasst werden und korrespondiert mit der Begriffsbestimmung von „Glücksspieldiensten“ in Art. 3 Nr. 14, die über physische Orte weit hinausgeht und beispielsweise auch Wetten mit geldwertem Einsatz umfasst.

Für Güterhändler hat die Europäische Kommission zunächst vorgeschlagen den sogenannten Schwellenwert von 15.000 EUR auf 7.500 EUR abzusenken.[325] Letztendlich wurde in die neue Richtlinie eine Absenkung auf 10.000 EUR aufgenommen (Art. 2 Abs. 1 Buchst. e). Mit großer Wahrscheinlichkeit wird diese Absenkung in einigen Unternehmen zu mehr geldwäscherechtlichen Verpflichtungen führen, was eine quantitative Erweiterung des Adressatenkreises zur Folge haben wird.

Der Adressatenkreis der Immobilienmakler (Art. 2 Abs. 1 Buchst. d) blieb von der Begrifflichkeit unverändert. Der Richtliniengeber betont jedoch, dass darunter auch Vermietungsmakler fallen können (Erwägungsgrund 8, 4. GwRL).

Im Sinne des risikobasierten Ansatzes hat die EU in Art. 2 Abs. 7 die Mitgliedsstaaten angehalten auf alle Finanztätigkeiten ein besonderes Augenmerk zu halten, die besonders für Zwecke der Geldwäsche oder Terrorismusfinanzierung geeignet sind. Vor diesem Hintergrund ist es möglich, dass der Geltungsbereich der Richtlinie auch auf Berufe und Unternehmensbereiche ausgedehnt werden kann, die

325 Vorschlag der Europäischen Kommission für eine Richtlinie des Europäischen Parlaments und des Rates zur Verhinderung der Nutzung des Finanzsystems zum Zwecke der Geldwäsche und der Terrorismusfinanzierung vom 05.02.2013, COM (2013), 2013/0025 COD, S. 3.

keine benannten Adressaten und Verpflichteten im Sinne des Art. 2 Abs. 1 sind, jedoch für Zwecke der Geldwäsche oder Terrorismusfinanzierung missbraucht werden können.

d) *Supranationale Bewertung*

Die Europäische Kommission wird zukünftig eine Bewertung der Risiken der Geldwäsche und der Terrorismusfinanzierung in der EU vornehmen. Hierzu erstellt sie alle zwei Jahre einen Bericht, in dem die ermittelten Risiken analysiert und bewertet werden (Art. 6 Abs. 1). Der Bericht, der bei Bedarf auch unterhalb des zweijährigen Zeitraums herausgegeben werden kann, muss die gefährdeten Bereiche des Binnenmarktes, die mit den einzelnen relevanten Sektoren verbundenen Risiken und die gängigsten Geldwäschemethoden enthalten (Art. 6 Abs. 1+2 Buchst. a-c). Die darin enthaltenen Empfehlungen sollen durch die Mitgliedsstaaten umgesetzt werden (Art. 6 Abs. 4). Adressat des Berichtes sind die Mitgliedsstaaten und deren Verpflichteten (Art. 6 Abs. 3). Die Ergebnisse des Berichtes sollen den Verpflichteten zudem zeitnah zur Verfügung gestellt werden. Sie sollen in die Lage versetzt werden ihre eigenen Risiken zu ermitteln, zu verstehen und steuern zu können (Erwägungsgrund 24, 4. GwRL). Die Einbindung der europäischen Aufsichtsbehörden erfolgt durch eine gemeinsame zweijährige Stellungnahme zu Risiken der Geldwäsche und Terrorismusfinanzierung (Art. 6 Abs. 5).

e) *Risikobewertung der Verpflichteten*

Verpflichtete sollen zukünftig eigene Risikobewertungen unter Berücksichtigung von Risikofaktoren wie der von Kunden, Ländern, geografischen Gebieten, Produkten, Dienstleistungen, Transaktionen oder Vertriebskanäle, vornehmen (Art. 8 Abs. 1+2). Die aufzuzeichnenden Risikobewertungen sollen sich in angemessenem Verhältnis zu Art und Größe des Betriebes richten und den Aufsichtsbehörden zur Verfügung gestellt werden (Art. 8 Abs. 1+2).

f) *Sorgfaltspflichten gegenüber Kunden*

Neben der Beibehaltung einer Vielzahl von Sorgfaltspflichten aus der dritten Geldwäscherichtlinie wurden trotzdem einige bedeutsame Veränderungen vorgenommen.

Maßgeblich für Güterhändler ist die Absenkung des Schwellenbetrages von 15.000 EUR auf 10.000 EUR im Bereich der Auslösetatbestände (Art. 11 Buchst. c). Für den Finanzsektor wurden zusätzliche Bestimmungen zum E-Geld aufgenommen, die u.a. enthalten, dass elektronisch gespeicherte E-Geld Beträge die Summe von 250 EUR nicht überschreiten sollen (Art. 12 Abs. 1 Buchst. b).

Im Zuge der risikobasierten Ausrichtung der vierten Geldwäscherichtlinie sollen die Verpflichteten die Sorgfaltspflichten zukünftig nicht nur auf alle neue Kunden erstrecken, sondern auch bestehende Kunden nach geeigneter Zeit im Wege eines risikobasierten Ansatzes wieder mit einbeziehen (Art. 14 Abs. 5).

Für den Bereich der Feststellung des wirtschaftlichen Eigentümers von eingetragenen Gesellschaften oder sonstigen juristischen Personen besteht die erstmalige Verpflichtung zentrale Register in den Mitgliedsstaaten einzurichten (Art. 30 Abs. 1–10). Diese sollen neben präzisen aktuellen Angaben zu den wirtschaftlichen Eigentümern von Unternehmen, Trusts oder anderen Rechtspersonen auch Angaben zum wirtschaftlichen Interesse des Unternehmens enthalten (Art. 30 Abs. 1, 3- 4; Art. 31 Abs. 4). Die zentralen Register sollen zuständigen Aufsichtsbehörden, zentralen Meldestellen, Verpflichtete im Rahmen der Erfüllung der Sorgfaltspflichten gegenüber Kunden und allen Personen oder Organisationen, die ein berechtigtes Interesse nachweisen können ohne Einschränkungen zugänglich gemacht werden (Art. 30 Abs. 5). Für Trusts besteht die Einschränkung, dass nur Aufsichtsbehörden und zentrale Meldestellen auf diese Daten zugreifen dürfen. Auf Nachfrage und bei berechtigtem Interesse erhalten Verpflichtete aber auch Informationen von den zugriffsberechtigen Stellen (Art. 31 Abs. 4).

Die Europäische Kommission ist angehalten bis zum 26.06.2019 einen Bericht zu erstellen, der Bedingungen und technische Spezifikationen für eine sichere und effiziente Vernetzung der nationalen Register, auch auf einer elektronischen europäischen Plattform enthält (Art. 30 Abs. 10).

g) Melde- und Aufsichtspflichten

Der inhaltliche Umfang der bisherigen Meldeverpflichtungen von Verpflichteten in der dritten Geldwäscherichtlinie wurde in der neuen Richtlinie weitestgehend beibehalten. Das schließt auch die dazugehörigen Aufgaben der zentralen Meldestelle ein. Im Rahmen der supranationalen Risikobewertung stellen Mitgliedsstaaten jedoch sicher, dass hierzu Statistiken erstellt werden, die eine Vielzahl von Daten erfassen (Art. 44 Abs. 1–2). Darunter zählen beispielsweise Daten zu Größe und Bedeutung von Sektoren, Anzahl von Unternehmen, Analyse von Verdachtsmeldungen oder das Erfassen von Daten zur grenzüberschreitenden Informationsersuchen der zuständigen Behörden (Art. 44 Abs. 2 Buchst. a–d).

h) Informationsaustausch zwischen beteiligten Stellen

Der Verbesserung des Informationsaustausches zwischen beteiligten Stellen und Behörden kommt eine besondere Bedeutung zu (Erwägungsgrund 56, 4. GwRL). In einem eigenen Abschnitt (Art. 49 bis 57) wurden Regeln der Zusammenarbeit:

- in den Mitgliedsstaaten zwischen zentralen Meldestellen und Aufsichtsbehörden (Art. 49),
- mit den Europäischen Aufsichtsbehörden (Art. 50)
- und zwischen den zentralen Meldestellen und der Europäischen Kommission (Art. 51) vereinbart.

i) Sanktionen

Der Bereich der Sanktionen war in der dritten Geldwäscherichtlinie eher allgemein gefasst und forderte die Mitgliedsstaaten auf, alle Verpflichtete einzubeziehen, bei Verstößen geeignete Maßnahmen zu ergreifen und diese entsprechend zu ahnden. Zudem sollten die Sanktionen abschreckend, aber auch verhältnismäßig sein (Art. 39 Abs. 1–2, 3. GwRL)[326]. Bereits in den Empfehlungen zur vierten Geldwäscherichtlinie wurde deutlich, dass ein eigener Abschnitt (Art. 55–58)[327] dem Bereich der Sanktionen einen höheren Stellenwert zukommen lässt.

Die bisherigen Leitlinien, dass Sanktionen wirksam, verhältnismäßig und abschreckend sein müssen und die Mitgliedsstaaten frei in der Entscheidung sind auch strafrechtliche Sanktionen zu verhängen wurde beibehalten (Art. 58 Abs. 1+2). Neu in der Richtlinie enthalten ist eine Auflistung der zumindest in Sanktionen einzubeziehenden Verpflichtungen, wenn es sich um schwerwiegende, wiederholte oder systematische Verstöße handelt bei (Art. 59 Abs. 1 Buchst. a–d):

- der Erfüllung der Sorgfaltspflichten gegenüber dem Kunden (Art. 10 bis 24),
- bei Verdachtsmeldungen (Art. 33 bis 35),
- im Rahmen der Aufbewahrungspflichten (Art. 40) oder
- bei internen Kontrollen (Art. 45–46).

Hintergrund der Mindestanforderungen ist neben der Bedeutung der Bekämpfung der Geldwäsche und Terrorismusfinanzierung die bisher sehr unterschiedliche Verfahrensweise zu Sanktionen in den Mitgliedsstaaten. Mit der Beschreibung eines Mindestmaßes bei schwerwiegenden Verstößen wird zudem die Einheitlichkeit der Gegenmaßnahmen in der EU hervorgehoben (Erwägungsgrund 59, 4. GwRL). Die Sanktionen und Maßnahmen sollen breit gefächert sein, um den Unterschieden zwischen den Verpflichteten des Finanz- und Nichtfinanzbereich, auch was deren Größe, Merkmale und Art der Geschäftstätigkeit anbelangt, gerecht zu werden (Erwägungsgrund 59, 4.GwRL).

Die Verhängung von verwaltungsrechtlichen Sanktionen i.S.d. Art. 59 Abs. 1 muss darüber hinaus folgende Maßnahmen umfassen (Art. 59 Abs. 2 Buchst. a–e):

- die öffentliche Bekanntgabe der natürlichen oder juristischen Person und der Art des Verstoßes;
- bei Verpflichteten, die einer Zulassung unterliegen, Entzug oder Aussetzung der Zulassung;
- vorübergehendes Verbot für jede für den Verstoß verantwortlich gemachte Person mit Leitungsaufgaben;

326 ABl. EG Nr. L 309, 25.11.2005, S. 30–31.

327 Vorschlag der Europäischen Kommission für eine Richtlinie des Europäischen Parlaments und des Rates zur Verhinderung der Nutzung des Finanzsystems zum Zwecke der Geldwäsche und der Terrorismusfinanzierung vom 05.02.2013, COM(2013), 2013/0025 COD, S. 55–58.

- maximale Geldbußen in mindestens zweifacher Höhe, der infolge des Verstoßes erzielten Gewinne, soweit sich diese beziffern lassen oder von mindestens 1.000 000 EUR.

Bei Kredit- und Finanzinstituten gelten gesonderte Anforderungen für Sanktionen, die sich bei maximalen Geldbußen von mindestens 5.000 000 EUR oder bei 10 Prozent des jährlichen Gesamtumsatzes bewegen (Art. 59 Abs. 3). Unabhängig der genannten Bußgeldhöhen besteht aber auch die Möglichkeit, dass die Mitgliedsstaaten über diese Summe hinaus Geldbußen verhängen können (Art. 59 Abs. 4).

Nach unanfechtbaren verwaltungsrechtlichen Entscheidungen, mit denen eine Sanktion oder Maßnahme nach der vierten Geldwäscherichtlinie verhängt und die Person darüber unterrichtet wurde, hat die zuständige Behörde unverzüglich die Entscheidung zu Art und Wesen des Verstoßes auf ihrer offiziellen Website zu veröffentlichen (Art. 60 Abs. 1). Im Rahmen der Feststellung einer Unverhältnismäßigkeit der Veröffentlichung von personenbezogenen Daten oder falls die Veröffentlichung die Stabilität von Finanzmärkten oder laufende Ermittlungen gefährdet sind besondere Regeln bei einer Veröffentlichung (Art. 60 Abs. 1 Buchst. a–c) zu beachten. Im Einklang mit nationalen Regelungen haben Behörden auch Entscheidungen auf ihrer Website zu veröffentlichen, bei denen Rechtsmittel eingelegt wurden. Ältere Entscheidungen müssen in diesem Zuge ebenfalls bekannt gemacht werden (Art. 60 Abs. 2). Die Dauer der elektronischen Einstellung beträgt nach Veröffentlichung fünf Jahre. Enthält die Veröffentlichung personenbezogene Daten richtet sich die Einstellung nach den Datenschutzbestimmungen in den einzelnen Mitgliedsstaaten (Art. 60 Abs. 3).

Die neuen Regelungen umfassen eine Auflistung, welche maßgeblichen Umstände bei Art und Ausmaß der verwaltungsrechtlichen Sanktionen gegebenenfalls zu berücksichtigen sind. Darunter fallen die (Art. 60 Abs. 4 Buchst. a–g):

- Schwere und Dauer des Verstoßes,
- der Verschuldungsgrad, bei verantwortlichen natürlichen oder juristischen Personen,
- die Finanzkraft der verantwortlich gemachten natürlichen oder juristischen Personen,
- die von der verantwortlich gemachten natürlichen oder juristischen Person erzielten Gewinne,
- die Verluste die Dritten durch den Verstoß entstanden sind,
- die Bereitwilligkeit der verantwortlich gemachten natürlichen oder juristischen Person, mit der zuständigen Behörde zusammenzuarbeiten und
- frühere Verstöße der verantwortlichen natürlichen oder juristischen Personen.

Die Festlegung auf ein Mindestmaß an verwaltungsrechtlichen Sanktionen ist im Vergleich zur bisherigen dritten Geldwäscherichtlinie weitreichend. Zu berücksichtigen ist jedoch, dass bereits Luxemburg, Österreich und Italien strafrechtliche

Folgen in ihren nationalen Geldwäschegesetzen implementiert haben.[328] Das italienische Geldwäschegesetz (Decreto legislativo 231) sieht beispielsweise vor, dass der Verantwortliche eines Bankinstitutes mit einer Freiheitsstrafe von sechs Monaten bis zu drei Jahren und einer Geldstrafe von 5.000 EUR bis 50.000 EUR belegt werden kann, wenn er keine oder falsche Angaben über den Zweck und die angestrebte Art der laufenden Geschäftsbeziehung gemacht hat (Art. 55 Abs. 3 DL 231/2007).[329] Angesichts der Vielfalt von bereits bestehenden Sanktionsmaßnahmen in den Mitgliedsstaaten, ist die Intention eines gleichlautenden Mindestmaßes im europäischen Sanktionsbereich nachvollziehbar (Erwägungsgrund 59, 4. GwRL).

Die Bundesrepublik Deutschland hat die vierte Geldwäscherichtlinie in Form von Rechts- und Verwaltungsvorschriften bis zum 26.06.2017 umzusetzen (Art. 67 Abs. 1).

II. Nationale Regelungen der Geldwäschebekämpfung

Die Wiener Drogenkonvention 1988 und die ersten Empfehlungen der FATF aus dem Jahr 1990 mit der sich anschließenden Verabschiedung einer ersten europäischen Geldwäscherichtlinie im Jahr 1991 waren prägend für die sich dann folgenden Regelungen in den europäischen Mitgliedstaaten. Zuvor hatte die USA im Jahr 1986 mit der Verabschiedung des Money Laundering Control Act eine Vorreiterrolle bei der Implementierung von geldwäscherechtlichen Maßnahmen in die nationale Gesetzgebung eingenommen.[330] In Deutschland erfolgte der normative Bekämpfungsansatz in zwei voneinander getrennten Gesetzen. Sie sind zum einen strafrechtlich (Strafgesetzbuch) und zum anderen präventiv (Geldwäschegesetz) ausgerichtet. Nachfolgend werden diese beiden nationalen Gesetzesentwicklungen untersucht.

1. Entwicklung der strafrechtlichen Instrumentarien zur Geldwäschebekämpfung (§ 261 StGB)

Die Bekämpfung der ansteigenden organisierten Kriminalität und die Verhinderung des Inverkehrbringens der inkriminierten Gelder veranlasste die damalige Bundesregierung, ihre bisherige strafrechtliche Ausrichtung zu überarbeiten.[331] Voraus gingen intensive Beratungen und umfangreiche Gesetzentwürfe.[332] Durch

---

328 Hölscher/Gesmann-Nuissl/Hornbach, Systeme zur Geldwäschebekämpfung, S. 120, 177, 147–148.

329 Hölscher/Gesmann-Nuissl/Hornbach, Systeme zur Geldwäschebekämpfung, S. 147–148.

330 Herzog/Achtelik, in: Herzog, GwG, Einl., Rn. 94.

331 Teichmann/Achsnich, in: Herzog/Mülhausen, Geldwäschebekämpfung und Gewinnabschöpfung, § 29, Rn. 28; BundesratsE OrgKG, BT-Drucks. 12/989, S. 1.

332 Bräuning, Geldwäscheökonomie, S. 50; Görg, Geldwäschebezogene Terrorismusbekämpfung, S. 35.

Verabschiedung des Gesetzes zur Bekämpfung des illegalen Rauschgifthandels und anderer Erscheinungsformen der Organisierten Kriminalität (OrgKG)[333] wurde der Straftatbestand der Geldwäsche in Form des § 261 in das StGB eingeführt.[334] Mit Wirkung vom 22.09.1992 trat das OrgKG in Kraft. Damit war ein erster Schritt der strafrechtlichen Ahndung eines Geldwäscheverstoßes getan.[335]

a) Zielrichtung des OrgKG, 1992

Die Einführung eines Straftatbestandes der Geldwäsche war Teil eines zwölf Punkte umfassenden Zielvorhabens zur Bekämpfung der Organisierten Kriminalität. Es umfasste auch Erweiterungen im Bereich des Zeugenschutzes und eine restriktivere Vorgehensweise gegenüber der Herstellung und Überwachung des Transportes von illegalen Betäubungsmitteln.[336] Zusätzlich brachte das Gesetz eine Reihe von Novellierungen bei der Nutzung von Ermittlungsmöglichkeiten für Strafverfolgungsbehörden mit sich. So wurde der Einsatz von verdeckten Ermittlern, die Nutzung von akustischen und optischen Überwachungsgeräten und die Regelungen zur Rasterfahndung und polizeilichen Beobachtung ebenfalls überarbeitet.[337]

Erfasst wurden auch verbesserte Möglichkeiten der Gewinnabschöpfung durch Implementierung des § 43a StGB[338] und die Einfügung des erweiterten Verfalls in § 73d StGB.[339] Dies geschah vor allen Dingen mit der Erkenntnis, dass ein erwirtschafteter Gewinn durch eine erfolgreiche Geldwäsche nicht immer im legalen Finanzkreislauf verbleibt, sondern wieder als Investitionskapital für die Begehung weiterer Straftaten eingesetzt wird.[340] Auch werden durch das gewaschene Geld meist hochwertige Gegenstände erworben oder das Geld wird zinsertragsbringend auf Konten hinterlegt. Die zweiseitige Gewinnverwendung bezeichnete man als die Triebfeder der Organisierten Kriminalität, die es laut Gesetzgeber zu unterbinden galt.[341] Die Politik erhoffte sich durch das OrgKG, gezielt den Lebensnerv der Organisierten Kriminalität zu treffen, um zukünftige phänomenspezifische Straftaten in diesem Bereich zu verhindern.[342]

---

333 Gesetz zur Bekämpfung des illegalen Rauschgifthandels und anderer Erscheinungsformen der organisierten Kriminalität (OrgKG), BGBl. I 1992, S. 1302.

334 BGBl. 1992 I, S. 1304.

335 BGBl. 1992 I, S. 1312, Art. 12.

336 BundesratsE OrgKG, BT-Drucks. 12/989, S. 2, Nr. 10–12.

337 Vgl. BundesratsE OrgKG, BT-Drucks. 12/989, S. 2, Nr. 6–8.

338 BGBl. 1992 I, S. 1302.

339 BGBl. 1992 I, S. 1303.

340 Hoyer/Klos, Geldwäscheregelungen, S. 177.

341 Bräuning, Geldwäscheökonomie, S. 51.

342 Suendorf, Geldwäsche, S. 249; Bräuning, Geldwäscheökonomie, S. 51; BundesratsE OrgKG, BT-Drucks. 12/989, S. 26.

aa) Implementierung der Strafbarkeit der Geldwäsche im OrgKG

Die Einführung eines Straftatbestandes der Geldwäsche hatte Deutschland bereits im Jahr 1988 durch die Unterzeichnung der Wiener Drogenkonvention[343] und des Straßburger Übereinkommen aus dem Jahr 1990[344] verbindlich zugesagt. Mit der Einführung des Straftatbestandes in Form des § 261 StGB durch Art. 1 Nr. 19 OrgKG[345] kam der Gesetzgeber diesen Verpflichtungen nach. Er hatte hierbei auch in Betracht gezogen, den Straftatbestand der Geldwäsche in vorhandene Deliktsbereiche zu integrieren.[346] Die mögliche Integration der komplexen Geldwäschevorgänge z.B. in den Straftatbestand der Hehlerei (§ 259 StGB) war jedoch schwer gestaltbar. Zudem richtet sich Hehlerei an konkreten körperlichen Gegenständen aus, Geldwerte oder Guthaben in Banken kommen dabei nicht in Frage.[347] Auch die Prüfung der Implementierung in § 258 StGB (Strafvereitelung) und § 257 StGB (Begünstigung) musste negativ beschieden werden. Der Tatbestand des § 258 StGB ist auf Personenbegünstigung angelegt, und bei § 257 StGB muss der Vorteil unmittelbar aus der Vortat erlangt werden, was bei typischen Geldwäschevorgängen regelmäßig nicht der Fall ist.[348]

bb) Inhaltliche Ausgestaltung des § 261 StGB durch das OrgKG

§ 261 Abs. 1 StGB stellt die Handlungen unter Strafe, die den Zugriff der Strafverfolgungsbehörden auf Gegenstände aus ausgewählten Straftaten verhindern oder erschweren. Zu den Tathandlungen zählen das Verbergen von Gegenständen aus bestimmten Vortaten oder das Verschleiern der Herkunft, auch das Vereiteln oder Gefährden der Ermittlung der Herkunft, der Auffindung, des Verfalls, der Einziehung (§§ 73 ff. StGB) oder der Sicherstellung (§§ 111b ff. StPO) der inkriminierten Gegenstände. Bezüglich des Vereitelns ist der Tatbestand als Erfolgsdelikt, bezüglich des Gefährdens als konkretes Gefährdungsdelikt ausgestaltet.[349] Bereits in § 261 Abs. 1 Satz 1 StGB wurde festgelegt, dass sich diese Handlungen auf einen Vermögensgegenstand beziehen müssen, der aus einer bestimmten rechtswidrigen Tat eines anderen herrührt.[350] § 261 StGB ist somit ein klassisches Anschlussdelikt.[351]

In Absatz 1 Satz 2 hat der Gesetzgeber die geldwäscherelevanten Vortaten auf Verbrechen, Verstöße gegen das Betäubungsmittelgesetz und die Bildung krimineller

343 BGBl. 1993 II, S. 1141, Art. 3.
344 BGBl. 1998 II, S. 522, Art. 6.
345 BGBl. 1992, S. 1304, Art. 1, Nr. 19.
346 Vgl. BundesratsE OrgKG, BT-Drucks. 12/989, S. 26.
347 BundesratsE OrgKG, BT-Drucks. 12/989, S. 26.
348 BundesratsE OrgKG, BT-Drucks. 12/989, S. 26.
349 BundesratsE OrgKG, BT-Drucks. 12/989, S. 27.
350 BundesratsE OrgKG, BT-Drucks. 12/989, S. 27.
351 Herzog/Achtelik, in: Herzog, GwG, Einl., Rn. 96.

Vereinigungen beschränkt.[352] Dadurch wurde die Zielrichtung, der Bekämpfung der Organisierten Kriminalität und des Drogenhandels nochmals verdeutlicht.

§ 261 Abs. 2 StGB nimmt Bezug zu den Vortaten in Absatz 1 und umfasst das bloße Verschaffen, Verwahren oder Verwenden der geldwäschetauglichen Gegenstände. Er hat die Funktion eines Auffangtatbestandes, wenn ein Vereitelungs- oder Gefährdungsvorsatz aus Absatz 1 nicht nachweisbar ist oder ein Verbergen oder Verschleiern nicht vorliegt. § 261 Abs. 2 StGB betrifft daher eine Nahtstelle zwischen illegalem und legalem Wirtschaftskreislauf.[353] Es soll ausgeschlossen sein, dass der inkriminierte Gegenstand in irgendeiner Form am legalen Wirtschaftskreislauf teilnehmen kann.[354]

cc) Bestimmung des geschützten Rechtsgutes

Ein wichtiger und gleichzeitig umstrittener Bereich ist die Bestimmung des zu schützenden Rechtsgutes.[355] Der Gesetzgeber führt aus, dass das zu schützende Rechtsgut – analog zur Begünstigung (§ 257 StGB) – sowohl das bei der Vortat verletzte als auch die behördliche Rechtspflege ist.[356] Die Ansicht des Gesetzgebers ist nicht ganz unumstritten und wird teils als zu vage bezeichnet.[357] Die Inhalte der Minderheitsmeinungen differieren stark. So besteht die Auffassung, dass § 261 StGB nur den Wirtschafts- und Finanzkreislauf zum Schutzgut erheben kann, da dieser durch Wiedereinschleusung von Verbrechensgewinnen gefährdet ist und korrumpierend für Finanzinstitute sein wird[358] Eine andere Meinung führt an, dass im Wesentlichen der staatliche Anspruch auf Einziehung oder Verfall als zu schützendes Rechtsgut angesehen werden kann.[359] Andere wiederum sehen ausschließlich die Strafrechtspflege für den Vereitelungs- und Gefährdungstatbestand als geschütztes Rechtsgut an.[360]

In der Gesamtschau können diese Meinungen nicht überzeugen. Zum Teil erfassen Sie nicht vollständig den Straftatbestand des § 261 StGB oder sehen rein ökonomische Aspekte, ohne die Begründung des Gesetzgebers zu berücksichtigen. Die mehrheitliche Meinung verweist aber gerade auf die Entwurfsbegründung und den Willen des Gesetzgebers und sieht keinen Raum für engere Auslegungen.[361]

---

352 BundesratsE OrgKG, BT-Drucks. 12/989, S. 27.
353 BundesratsE OrgKG, BT-Drucks. 12/989, S. 27.
354 Görg, Geldwäschebezogene Terrorismusbekämpfung, S. 37–38, Herzog/Achtelik, in: Herzog, GwG, Einl., Rn. 97.
355 Vgl. Yuch-Chung, Bekämpfung Geldwäsche, S. 102; Oswald, Bekämpfung Geldwäsche, S. 46; Görg, Geldwäschebezogene Terrorismusbekämpfung, S. 38–39.
356 BundesratsE OrgKG, BT-Drucks. 12/989, S. 27.
357 Görg, Geldwäschebezogene Terrorismusbekämpfung, S. 39.
358 Lampe, JZ 1994, 126.
359 Arzt, JZ 1993, 913–917.
360 Barton, StV 1993, 156 (160–163).
361 Neuheuser, in: Joecks/Miebach, Münchener Kommentar zum StGB, § 261, Rn. 9.

dd) Ausdehnung des Straftatbestandes durch Einbeziehung der Leichtfertigkeit

Zur Vermeidung von Beweisschwierigkeiten hat der Gesetzgeber in § 261 Abs. 5 StGB den Straftatbestand auf den Bereich der Leichtfertigkeit ausgedehnt.[362] Danach wird auch derjenige bestraft, der leichtfertig nicht erkennt, dass der Gegenstand aus einer in Absatz 1 genannten rechtswidrigen Tat eines anderen herrührt (Art. 1 Nr. 19 OrgKG). Der Gesetzgeber sieht in der Leichtfertigkeit eine weitgehende Übereinstimmung mit der groben Fahrlässigkeit des Zivilrechtes,[363] jedoch mit der Einschränkung, dass für die Vorhersehbarkeit des Taterfolges bei der Leichtfertigkeit subjektive Kriterien wie persönliche Kenntnisse und Fähigkeiten des Täters maßgebend sein müssen.

Zur Leichtfertigkeit beruft sich der Gesetzgeber auf höchstrichterliche Rechtsprechung.[364] Danach handelt derjenige leichtfertig, wer die sich ihm aufdrängende Möglichkeit der Tatbestandsverwirklichung aus besonderem Leichtsinn oder aus besonderer Gleichgültigkeit außer Acht lässt.[365] Auffällig ist, dass der Gesetzgeber mit der Einführung der Leichtfertigkeit über die Forderungen der ersten Geldwäscherichtlinie, die Wiener Konvention und die damaligen Empfehlungen der FATF hinausgeht. Die Aufnahme der Leichtfertigkeit verstößt auch nicht gegen den Bestimmtheitsgrundsatz oder gegen das Schuldprinzip.[366] In der Praxis kann sich die Leichtfertigkeit aus einem ungewöhnlich hohen Geldbetrag, aus dem Kontext des Vermögensgegenstandes mit dem Vermögensinhaber oder aus anderen ungewöhnlichen Formen einer Transaktion ergeben.[367]

ee) Straffreiheit, Rechtsfolgen und Versuch

Als Gegengewicht zu dem weiten Straftatbestand mit der einbezogenen Leichtfertigkeit wurde in § 261 Abs. 6 StGB eine Straffreiheit verankert, wenn ein Dritter das Geldwäscheobjekt zuvor erlangt hat, ohne hierdurch eine Straftat zu begehen.[368] Hintergrund dieser Straffreiheit ist, dass das Wirtschaftsleben nicht gänzlich zum Erliegen kommen sollte.[369]

Neben den Strafandrohungen in § 261 Abs. 1 und 5 StGB wurde ein höherer Strafrahmen für besonders schwere Fälle in § 261 Abs. 4 StGB festgelegt. In den anschließenden Regelbeispielen wird die fortgesetzte gewerbs- und bandenmäßige Begehung genannt. Eine für den Täter signifikante Auswirkung ist die Möglichkeit der Einziehung der Gegenstände, die sich auf die Straftat beziehen (§ 261 Abs. 7 Satz 1 StGB). Der Verfall gem. § 74a StGB ist entsprechend anzuwenden. Dadurch

---

362 BundesratsE OrgKG, BT-Drucks. 12/989, S. 27–28.
363 Neuheuser, in: Joecks/Miebach, Münchner Kommentar zum StGB, § 261, Rn. 88.
364 BGH, Urteil vom 09.11.1984 – 2 StR 257/84.
365 BundesratsE OrgKG, BT-Drucks. 12/989, S. 28.
366 BGH, Urteil vom 17.07.1997 – 1 StR 791/96; NJW 1997, 3323–3326.
367 Neuheuser, in: Joecks/Miebach, Münchner Kommentar zum StGB, § 261, Rn. 88.
368 BGBl. 1992, S. 1304, Art. 1, Nr. 19.
369 Herzog/Achtelik, in: Herzog, GwG, Einl., Rn. 97.

besteht die Möglichkeit, unter gewissen Voraussetzungen auch Gegenstände, die einem Tatunbeteiligten gehören oder zustehen, einzuziehen.[370] Bei banden- oder gewerbsmäßiger Geldwäsche regelt Absatz 7 zudem die Anwendbarkeit des erweiterten Verfalls (§73d StGB).

Der Gesetzgeber hat den Versuch unter Strafe gestellt (§ 261 Abs. 3 StGB).

ff) Strafausschließung (§ 261 Abs. 9, Nr. 1 und 2 StGB)

Als Anreiz für eine Anzeige von strafbaren Geldwäschevorgängen ist eine Besonderheit vorgesehen. § 261 Abs. 9 Nr. 1, 2 StGB sehen eine persönliche Strafaufhebung unter zwei Bedingungen vor. Zum einen muss eine freiwillige Anzeige bei einer zuständigen Behörde erfolgen (§ 261 Abs. 9 Nr. 1 StGB), und die Tat darf zu diesem Zeitpunkt noch nicht entdeckt worden sein. Zum anderen muss durch diese Anzeige die Sicherstellung des Vermögensgegenstandes bewirkt werden (§ 261 Abs. 9 Nr. 2 StGB). Erklärtes Ziel des Gesetzgebers ist, dass die Anzeige nicht nur die Möglichkeit der Verhinderung der (weiteren) Geldwäsche eröffnet, sondern auch zu einer Aufklärung der dazugehörigen Vortat und zur Sicherstellung der inkriminierten Vermögenswerte führen kann.[371]

Problematisch wird der Tatbestand im Bereich des Finanzsektors gesehen. Theoretisch könnte jeder, der einen kausalen Beitrag zur Tatbestandsverwirklichung geleistet hat, in die Täter- oder Gehilfeneigenschaft kommen, somit auch ein Bankmitarbeiter im Rahmen seiner Geschäftstätigkeit.[372] So könnte die interne Weitergabe eines Tatverdachtes an einen Geldwäschebeauftragten zur Folge haben, dass die Strafbefreiung erst mit der Weitergabe der Anzeige an eine zuständige Behörde wirksam wird. Problematisch wäre auch, wenn der Geldwäschebeauftragte die Meldung seines Mitarbeiters prüft und fälschlicherweise zum Ergebnis gelangt, die Transaktion wäre in Ordnung.[373] Nach § 8 StGB ist jedoch nicht der Zeitpunkt der Weiterleitung eines Verdachtes an einen Mitarbeiter maßgeblich. Entscheidend ist der Zeitpunkt der eigentlichen Tathandlung, nur diese ist für die Beurteilung der vorsätzlichen oder fahrlässigen Geldwäsche maßgebend.[374] Außerdem ist bei einer Weitergabe des Verdachtes an den Geldwäschebeauftragten der Vorwurf einer Leichtfertigkeit i.S.d. § 261 Abs. 5 StGB auszuschließen. Der Mitarbeiter muss in diesen Fällen einem Geldwäschebeauftragten und seinen Befugnissen vertrauen können.[375]

---

370 BundesratsE OrgKG, BT-Drucks. 12/989, S. 28; Herzog/Achtelik, in: Herzog, GwG, Einl., Rn. 100.

371 BundesratsE OrgKG, BT-Drucks. 12/989, S. 28.

372 Dittrich/Trinkaus, DStR 1998, 342; Suendorf, Geldwäsche, S. 268.

373 Suendorf, Geldwäsche, S. 268.

374 Suendorf, Geldwäsche, S. 269.

375 Dittrich/Trinkaus, DStR 1998, 342 (343), Suendorf, Geldwäsche, S. 269.

gg) Strafmilderung (§ 261 Abs. 10 StGB)

§ 261 Abs. 10 StGB gibt dem Gericht die Möglichkeit, unter bestimmten Kriterien die Strafe zu mildern oder ganz von Bestrafung abzusehen.[376] Hierzu muss sich der Täter jedoch freiwillig offenbart haben, und dieses Wissen muss dazu beigetragen haben, dass die Tat über seinen eigenen Tatbeitrag hinaus oder eine in § 261 Abs. 1 StGB genannte rechtswidrige Tat eines anderen aufgedeckt werden konnte. Zudem ist verlangt, dass die Geldwäsche noch nicht entdeckt ist und dem Täter dies bewusst war.[377] Dies soll eine missbräuchliche Ausnutzung eines an die Strafanzeige anknüpfenden Strafaufhebungsgrundes verhindern.[378] Auch die Sicherstellung eines Vermögensgegenstandes wird nicht verlangt.[379] Die Vorschrift wurde der damaligen „kleinen Kronzeugenregelung" des § 31 Nr. 1 BtMG nachgebildet.[380]

b) Strafrechtliche Evaluierungen und Erweiterungen des § 261 StGB

§ 261 StGB wurde seit seiner Einführung im Jahr 1992 mehrmals verändert. Zum einen liegt dies an den temporär absehbar gewesenen Änderungen der einzelnen Normen im Straftatenkatalog des Absatzes 1, zum anderen aber auch an der politischen Erweiterung der Vortatenliste zur Geldwäsche. Die Zunahme dieser Bezugstatbestände zu § 261 StGB bedingten auch wiederum eine erhöhte Änderungs- und Anpassungsdichte in Absatz 1, die bis heute anhält.[381] Bereits in den ersten Jahren danach war zudem feststellbar, dass die Dynamik der Organisierten Kriminalität und die Motivation der stetigen Gewinnvermehrungen anhielten.[382]

aa) Maßnahmen im Rahmen des Verbrechensbekämpfungsgesetzes, 1994

Der Gesetzgeber hat im Rahmen eines größeren Gesetzespaketes zur Bekämpfung der Organisierten Kriminalität[383] auch erste größere Änderungen des § 261 StGB beschlossen. In der Praxis hatte sich der bis zu diesem Zeitpunkt definierte Vortatenkatalog des § 261 Abs. 1 StGB als zu eng erwiesen. Unter der Voraussetzung der gewerbs- und bandenmäßigen Begehung wurden nunmehr Vergehen der Unterschlagung, insbesondere der qualifizierte Fall der Veruntreuung (§ 246 StGB), Betrug (§ 263 StGB), Subventionsbetrug (§ 264 StGB), Untreue (§ 266 StGB), Bestechlichkeit

---

376 BundesratsE OrgKG, BT-Drucks. 12/989, S. 28, Suendorf, Geldwäsche, S. 269.
377 BundesratsE OrgKG, BT-Drucks. 12/989, S. 28.
378 BundesratsE OrgKG, BT-Drucks. 12/989, S. 28.
379 Altenhain, in: Kindhäuser/Neumann/Paeffgen, StGB, § 261, Rn. 156.
380 BundesratsE OrgKG, BT-Drucks. 12/989, S. 28.
381 Yuch-Chung, Bekämpfung Geldwäsche, S. 95–96; Neuheuser, in: Joecks/Miebach, Münchener Kommentar zum StGB, § 261, Rn. 18.
382 Meyer/Hetzer, NJW 1998, 1017 (1019).
383 Gesetz zur Änderung des Strafgesetzbuches, der Strafprozessordnung und anderer Gesetze vom 28.10.1994, BGBl. 1994 I, S. 3186–3198.

(§ 332 Abs. 1, 3 StGB), Bestechung (§ 334 StGB) und Urkundenfälschung (§ 267 StGB) als Vortaten in § 261 Abs. 1 Satz 1 Nr. 1 StGB aufgenommen.[384]

Weiterhin wurde die Überschrift des § 261 StGB mit dem Zusatz „Verschleierung unrechtmäßig erworbener Gegenstände" ergänzt.[385] Der Gesetzgeber erhoffte sich dadurch eine Signalwirkung, dass nicht nur Geld Gegenstand von Geldwäsche sein kann, sondern auch jede andere Form von Vermögenswerten (bewegliche und unbewegliche Sachen, inklusive Forderungen).[386] Im dritten und letzten Schritt stellte der Gesetzgeber nochmals auf die effiziente Beschränkung des Vortatenkataloges ab, indem die bisherige Regelung beibehalten wurde, subjektive Elemente der Schuldfrage aus dem Vortatenkatalog herauszuhalten.[387]

bb) Gesetz zur Verbesserung der Bekämpfung der organisierten Kriminalität (OrgKVerbG), 1998

Die Einbringung eines gesetzlichen Maßnahmenkataloges zur Optimierung der Bekämpfung der organisierten Kriminalität der damaligen Bundesregierung[388] war nicht ganz unumstritten und geprägt von einer politischen Diskussion der im Entwurf enthaltenen akustischen Wohnraumüberwachung.[389] Für den Bereich der strafrechtlichen Geldwäschebekämpfung hatte der Gesetzgeber bisherige Schwierigkeiten bei der Anwendung des § 261 StGB eingeräumt. Er berief sich auf Anhörungen von Sachverständigen und Erhebungen bei den mit der Thematik befassten Behörden.[390]

Dies hatte zur Folge, dass der Vortatenkatalog des § 261 StGB erweitert und weitere typische Straftaten der organisierten Kriminalität einbezogen wurden. § 261 Abs. 1 Satz 2 Nr. 3 (n.F.) StGB umfasst nunmehr Vergehen nach § 373 (gewerbsmäßiger, gewaltsamer und bandenmäßiger Schmuggel) und gewerbsmäßig begangene Vergehen nach § 374 (Steuerhehlerei) AO.[391] Zusätzlich wurden in Nummer 4 (bisherige Nummer 3) die Tatbestände des

- Menschenhandels (§ 180b StGB),
- der Zuhälterei (§ 181a StGB),
- des Diebstahls (§ 242 StGB),
- der Erpressung (§ 253 StGB),

384 BGBl. 1994, I, S. 3188; FraktionsE Verbrechensbekämpfungsgesetz, BT-Drucks. 12/6853, S. 27–28.

385 BGBl. 1994, I, S. 3188.

386 FraktionsE Verbrechensbekämpfungsgesetz, BT-Drucks. 12/6853, S. 28.

387 FraktionsE Verbrechensbekämpfungsgesetz, BT-Drucks. 12/6853, S. 27.

388 FraktionsE OrgKVerbG, BT-Drucks. 13/8651, S. 1–20.

389 Bundesrat, Anrufung des Vermittlungsausschusses zum Gesetz zur Verbesserung der Bekämpfung der Organisierten Kriminalität, BT-Drucks. 13/9841.

390 FraktionsE OrgKVerbG, BT-Drucks. 13/8651, S. 9.

391 Gesetz zur Verbesserung der Bekämpfung der organisierten Kriminalität (OrgKVerbG), BGBl. 1998 I, S. 845.

- der Hehlerei (§ 259 StGB),
- des Computerbetruges (§ 263a StGB),
- der Fälschung beweiserheblicher Daten (§ 269 StGB),
- der (vorsätzlichen) umweltgefährdenden Abfallbeseitigung (§ 326 Abs. 1, 2 und 4 StGB),
- des (vorsätzlichen) unerlaubten Umgangs mit radioaktiven Stoffen und anderen gefährlichen Stoffen und Gütern (§ 328 Abs. 1, 2 und 4 StGB)
- sowie des Einschleusens von Ausländern (§ 92a AuslG) und der Verleitung zur missbräuchlichen Asylantragstellung (§ 84 AsylVerfG) erfasst.[392]

Diese Ergänzungen spiegeln nach Ansicht des Gesetzgebers die wesentlichen Erscheinungsformen (Zigarettenschmuggel, Rotlichtkriminalität, Schutzgelderpressung und illegale Abfallentsorgung) der Organisierten Kriminalität wider.[393] Mit der Aufnahme des Diebstahltatbestandes soll insbesondere der organisierte Diebstahl von hochwertigen Kraftfahrzeugen sowie der organisierte Einbruchsdiebstahl in Wohnungen erfasst werden.[394]

Obwohl die Zielsetzung einleuchtend erscheint, wurde indirekt ein Wechsel vollzogen. Mit der Aufnahme des allgemeinen Diebstahltatbestandes wurden erstmals nicht nur schwere Straftaten aufgenommen, sondern auch einfach gelagerte Deliktsbereiche.[395] Die Voraussetzungen der gewerbsmäßigen Begehung durch Mitglieder einer Bande bei Bestechlichkeit (§ 332 StGB) und bei Bestechung wurden aufgehoben.[396] Erwartet wird, dass dadurch die Korruption als „Herzstück“[397] der organisierten Kriminalität effektiver bekämpft werden kann. Zudem kommt der Gesetzgeber einer Verpflichtung nach, die Wäsche von Erträgen aus den Straftaten der Bestechlichkeit und Bestechung im Sinne des (Ersten) Protokolls zum Übereinkommen über den Schutz der finanziellen Interessen der Europäischen Gemeinschaften vom 27. September 1996 unter Strafe zu stellen.[398]

Die Aufhebung des Merkmales „eines anderen“ in § 261 Abs. 1 Satz 1 StGB a.F. hat zur Folge, dass zukünftig die Strafbarkeit auf die Fälle erweitert wird, in denen der Vortäter selbst Geld wäscht. Die bisherige Rechtslage ließ zwar zu, dass Teilnehmer an einer Vortat auch Täter einer Geldwäschehandlung sein können und auch bei Zweifeln über eine mittäterschaftliche Beteiligung an der Vortat eine Verurteilung im Zuge der sogenannten Postpendenzfeststellung möglich ist. Jedoch blieb eine

392 BGBl. 1998 I, S. 845.
393 FraktionsE OrgKVerbG, BT-Drucks. 13/8651, S. 12.
394 FraktionsE OrgKVerbG, BT-Drucks. 13/8651, S. 12.
395 Kritisch auch Yuch-Chung, Bekämpfung Geldwäsche, S. 97, der nun auch den einfachen Ladendiebstahl unter mehrmaliger Begehung und als Nutzung zur Einnahmequelle als Vortat zur Geldwäsche einstuft.
396 FraktionsE OrgKVerbG, BT-Drucks. 13/8651, S. 11.
397 Meyer/Hetzer, NJW 1998, 1017 (1021).
398 EG, Protokoll zum Übereinkommen über Schutz finanzieller Interessen, 27.09.1996, ABl. EG Nr. C 313/1; FraktionsE OrgKVerbG, BT-Drucks. 13/8651, S. 11.

Bestrafung wegen Geldwäsche regelmäßig aus, wenn nicht ausgeschlossen werden konnte, dass die Geldwäschehandlung vom Alleinvortäter begangen wurde.[399] Dies war zumeist nicht zufriedenstellend für die Fälle, in denen auch eine Bestrafung wegen der Vortat mangels ausreichender Nachweise nicht möglich war.[400]

Die Änderung der Norm war ein wesentlicher Schritt zur Schließung einer Gesetzeslücke. Bislang konnte sich der Geldwäscher geradezu auf eine regelmäßige nicht oder nur schwer nachweisbare Vortat berufen, da er wusste, dass er wegen der fehlenden Strafbarkeit der Geldwäsche im Besitz seines Geldes oder der Vermögenswerte blieb. Daran anknüpfend wurde auch § 261 Abs. 9 StGB in der Form verändert, dass in Satz 2 ein persönlicher Strafausschließungsgrund angefügt wird, demnach wegen Geldwäsche nicht bestraft wird, wer wegen Beteiligung (Täterschaft und Teilnahme) an der Vortat strafbar ist.[401] Die Aufnahme ist angelehnt an § 257 Abs. 3 Satz 1 StGB. Danach soll dem Grundsatz der Straffreiheit von Selbstbegünstigungshandlungen Rechnung getragen und eine Doppelbestrafung in den Fällen verhindert werden, in denen der Vortäter Geldwäschehandlungen vornimmt.[402]

(1) Verschärfung der Strafandrohung

Die Erhöhung der Strafandrohung in § 261 Abs. 1 Satz 1 StGB wurde durch das Einfügen einer Freiheitsstrafe von drei Monaten bis zu fünf Jahren und den Wegfall der bisherigen Geldstrafe erreicht.[403] Die vom Rechtsausschuss des Bundestages vorgeschlagene Erhöhung der Strafandrohung hatte zwei Hintergründe. Die Einbindung des § 261 StGB als Katalogtat in den neuen § 100c Abs. 1 Nr. 3 Buchst. a StPO erforderte verfassungsrechtliche Vorgaben. Ein Straftatbestand der Geldwäsche mit einer Mindeststrafandrohung einer Geldstrafe wäre keine verfassungsrechtlich geforderte „besonders schwere Straftat“ als Katalogtat für die Anwendbarkeit der akustischen Wohnraumüberwachung gewesen.[404] Weiter soll durch den Wegfall der Geldstrafe eine Einkalkulierung dieser Möglichkeit von Personen der organisierten Kriminalität vermieden werden, da diese Gruppierungen regelmäßig über hohe inkriminierte

399 FraktionsE OrgKVerbG, BT-Drucks. 13/8651, S. 10–11; BGH, Urteil vom 21. Juni 1995–2 StR 157/95; Hoyer/Klos, Geldwäscheregelungen, S. 183.

400 FraktionsE OrgKVerbG, BT-Drucks. 13/8651, S. 10–11.

401 FraktionsE OrgKVerbG, BT-Drucks. 13/8651, S. 11.

402 FraktionsE OrgKVerbG, BT-Drucks. 13/8651, S. 11; Meyer/Hetzer, NJW 1998, 1017 (1020).

403 Beschlussempfehlung Rechtsausschuss zum Gesetz zur Verbesserung der Geldwäschebekämpfung, BT-Drucks. 13/9644, S. 5; Jekewitz, in: Herzog/Mülhausen, Geldwäschebekämpfung und Gewinnabschöpfung, § 10, Rn. 13; Meyer/Hetzer, NJW 1998, 1017 (1020); Neuheuser, in: Joecks/Miebach, Münchner Kommentar zum StGB, § 261, Rn. 18.

404 Beschlussempfehlung Rechtsausschuss zum RegEOrgKVerbG, BT-Drucks. 13/9661, S. 5–6; Meyer/Hetzer, NJW 1998, S. 1017 (1020–1021); Görg, Geldwäschebezogene Terrorismusbekämpfung, S. 55.

Gelder zur Bezahlung einer solchen Geldstrafe verfügen.[405] In diesem Kontext war es nachvollziehbar, dass die Ausdehnung des Geldwäschestraftatbestandes auf fahrlässige Delikte nicht erfolgt ist.[406] Dies gilt auch vor dem Hintergrund der prognostizierten Beeinträchtigung des allgemeinen Waren- und Güterverkehrs.[407]

(2) Änderung der Auslandstaten

Mit der Änderung des § 261 Abs. 8 StGB werden nunmehr auch aus Auslandstaten herrührende Gegenstände als geldwäschetaugliche Objekte im Inland erfasst, nachdem es in der Rechtsprechung und Literatur zu abweichenden Ergebnissen gekommen war.[408]

cc) Steuerhinterziehung als Geldwäschevortat, 2001 und 2002

Eine weitere Vortat zur Geldwäsche wurde durch das Steuerverkürzungsbekämpfungsgesetz (StVBG)[409] am 19. Dezember 2001 aufgenommen. Mit der Änderung des § 370a AO wurde nun auch die banden- oder gewerbsmäßige Steuerhinterziehung als Vortat eingestuft. Durch das Strafmaß „von einem Jahr bis zu zehn Jahren" ist der neue Verbrechenstatbestand von § 261 Abs. 1 Nr. 1 StGB automatisch als Vortat erfasst worden. Diese Einstufung führte jedoch zu nicht unerheblicher Kritik, da Steuerhinterziehung kaum eine Ursprungstat ist, aus der die originären kriminellen Gewinne stammen und somit nicht in den klassischen Vortatenkatalog passt.[410] Der rechnerische Vorteil des Täters kann danach kein tauglicher Kontaminationsgegenstand im Sinne einer sauberen strafrechtlichen Gesetzgebung zur Geldwäschebekämpfung sein.[411] Parallel wurde § 261 Abs. 1 Satz 2 Nr. 3 StGB dahingehend verändert, dass Vergehen nach der AO auch in Bezug auf unrechtmäßig erlangte Steuervergütungen sowie für Vermögensbestandteile gelten, derer Abgaben hinterzogen worden sind.[412]

Ein halbes Jahr später im Jahr 2002 wurde § 370a AO durch das fünfte Gesetz zur Änderung des Steuerbeamten-Ausbildungsgesetzes und zur Änderung von Steuergesetzen[413] bereits einer Anpassung unterzogen. Diese kurzfristige gesetzliche

---

405 Vgl. Meyer/Hetzer, NJW 1998, 1017 (1021).

406 Jekewitz, in: Herzog/Mülhausen, Geldwäschebekämpfung und Gewinnabschöpfung, § 10, Rn. 15; Hoyer/Klos, Geldwäscheregelungen, S. 199.

407 Hoyer/Klos, Geldwäscheregelungen, S. 199.

408 FraktionsE OrgKVerbG, BT-Drucks. 13/8651, S. 12; Meyer/Hetzer, NJW 1998, 1017 (1020).

409 Gesetz zur Bekämpfung von Steuerverkürzungen bei der Umsatzsteuer und zur Änderung anderer Steuergesetze, Steuerverkürzungsbekämpfungsgesetz-StVBG vom19.12.2001, BGBl 2001 I, S. 3922 ff.

410 Spatscheck/Wulf, DB 2001, 2572 (2573).

411 Spatscheck/Wulf, DB 2001, 2572 (2574).

412 BGBl. 2001 I, S. 3924; Jekewitz, in: Herzog/Mülhausen, Geldwäschebekämpfung und Gewinnabschöpfung, § 10, Rn. 28.

413 BGBl. 2002 I, S. 2715–2723.

Änderung dürfte auch auf die anhaltenden kritischen Stimmen zurückzuführen sein.[414] Jetzt gilt die Freiheitsstrafe von einem Jahr bis zu zehn Jahren nur noch in Fällen von großem Ausmaß der gewerblichen oder bandenmäßigen Steuerhinterziehung, und nach § 370a Satz 2 und 3 AO besteht nun auch die Möglichkeit einer Freiheitsstrafe von drei Monaten bis zu fünf Jahren für minder schwere Fälle.[415] Analog hierzu wurde auch § 261 Abs. 1 Satz 3 StGB insoweit verändert, dass in den Fällen des § 370a AO auch die durch Steuerhinterziehung ersparten Aufwendungen und unrechtmäßig erlangten Steuererstattungen und -vergütungen gehören.[416]

dd) Erweiterungen durch Straftaten im Bereich von kriminellen und terroristischen Vereinigungen, 2002, 2003 und 2009

Durch das 34. Strafrechtsänderungsgesetz vom 22.08.2002[417] wurde der Vortatenkataloges des § 261 Abs. 1 Satz 2 Nr. 5 StGB um Vergehen krimineller und terroristischer Vereinigungen im Ausland gemäß § 129b StGB erweitert. Weitere Änderungen ergaben sich durch den neugefassten § 129a Abs. 5 StGB, der in den Bereich der Vortatenliste (§ 261 Abs. 1 Nr. 5 StGB) durch das Terrorismusbekämpfungsgesetz vom 22.12.2003 aufgenommen wurde.[418] Letztendlich erfolgte die letzte maßgebliche Änderung in diesem Phänomenbereich durch die Aufnahme des neuen § 89a StGB (Vorbereitung einer schweren staatsgefährdenden Gewalttat) durch das Gesetz zur Vorbereitung der Verfolgung von schweren staatsgefährdenden Gewalttaten.[419]

ee) Änderungen im Rahmen des Schwarzgeldbekämpfungsgesetzes, 2011

Im Rahmen des Schwarzarbeitsbekämpfungsgesetzes vom 28.04.2011[420] wurde der Vortatenkatalog des § 261 Abs. 1 StGB noch einmal erweitert. Im Deutschland-Bericht vom 19. Februar 2010 hatte die FATF zuvor Defizite im deutschen Rechtssystem bei der Bekämpfung von Geldwäsche und Terrorismusfinanzierung aufgezeigt.[421]

414 Vgl. Spatscheck/Wulf, DB 2001, 2572 (2572 ff).

415 BGBl. 2002 I, S. 2722.

416 BGBl. 2002 I, S. 2722; Jekewitz, in: Herzog/Mülhausen, Geldwäschebekämpfung und Gewinnabschöpfung, § 10, Rn. 28.

417 Vierundreißigstes Strafrechtsänderungsgesetz – §129b StGB (StrÄndG) vom 22.08.2002, BGBl. 2002 I, S. 3390 ff.

418 Gesetz zur Umsetzung des Rahmenbeschlusses des Rates vom 13. Juni 2002 zur Terrorismusbekämpfung und zur Änderung anderer Gesetze, BGBl. 2002 I, S. 2837 ff.

419 Gesetz zur Verfolgung der Vorbereitung von schweren staatsgefährdenden Gewalttaten vom 30.07.2009, BGBl. 2009 I, S. 2437 ff.

420 Gesetz zur Verbesserung der Bekämpfung der Geldwäsche und Steuerhinterziehung (Schwarzgeldbekämpfungsgesetz), BGBl. 2011 I, S. 676 ff; Herzog/Achtelik, in: Herzog, GwG, Einl., Rn. 151.

421 Beschlussempfehlung Finanzausschuss zum FraktionsE Schwarzgeldbekämpfungsgesetz, BT-Drucks. 17/5067, S. 2.

Die amtierende Bundesregierung sah es als dringlich an, diese Defizite[422] – auch strafrechtliche – im deutschen Rechtssystem rasch zu ändern.[423] Durch Änderung des § 261 Abs. 1 Satz 2 Nr. 4 StGB wurden nunmehr Marktmanipulationen und Insiderhandel (§ 38 Abs. 1–3 und 5 WpHG) aufgenommen. Weiter wurde der Bereich der Vortaten zur Geldwäsche durch eine Vielzahl von Straftatbeständen aus dem Bereich der Produktpiraterie ergänzt. Im Einzelnen sind dies §§ 143, 143a und 144 Markengesetz, §§ 106 bis 108b Urheberrechtsgesetz, § 25 Gebrauchsmustergesetz, §§ 51 und 65 Geschmacksmustergesetz, § 142 Patentgesetz, § 10 Halbleiterschutzgesetz sowie § 39 Sortenschutzgesetz.[424] Keine Berücksichtigung und Aufnahme fand hingegen die im Deutschland-Bericht ebenfalls festgestellte fehlende Verurteilung wegen Geldwäsche bei vorheriger Verurteilung wegen einer Vortat.[425]

ff) Aufnahme der Abgeordnetenbestechung, 2014

Die letzte größere Änderung des § 261 StGB erfolgte durch das achtundvierzigste Strafrechtsänderungsgesetz.[426] Durch die Aufnahme des § 108e StGB (Bestechung von Mandatsträgern) in § 261 Abs. 1 Satz 2 Nr. 2 Buchst. a StGB wurde der Kreis der Katalogtaten nochmals und letztmalig erweitert.

2. Entwicklung des präventiv ausgerichteten Geldwäschegesetzes

Die Bekämpfung der ansteigenden organisierten Kriminalität und die Verhinderung des Inverkehrbringens von inkriminierten Geldern veranlasste die damalige Bundesregierung auch präventiv ausgerichtete Maßnahmen zu ergreifen.[427] Verstärkt wurde diese Intention, da seit Inkrafttreten des Straftatbestandes der Geldwäsche am 22.09.1992 bereits deren Strafmaße erhöht und vermögenseinziehende Maßnahmen verschärft wurden.[428] Der Gesetzgeber sah sich damals veranlasst bei der Umsetzung von präventiven geldwäscherechtlichen Maßnahmen auch Unternehmen in die Pflicht zu nehmen.[429]

---

422 FATF, Deutschlandbericht 2010, S. 52; Haug, FATF Länderprüfung, S. 78.

423 Beschlussempfehlung Finanzausschuss zum FraktionsE Schwarzgeldbekämpfungsgesetz, BT-Drucks. 17/5067, S. 3.

424 FraktionsE Schwarzgeldbekämpfungsgesetz, BT-Drucks. 17/4182, S. 3; Beschlussempfehlung Finanzausschuss zum FraktionsE Schwarzgeldbekämpfungsgesetz, BT-Drucks. 17/5067, S. 2; BGBl. 2011 I, S. 676 ff.

425 FATF, Deutschlandbericht 2010, S. 54, 65, 268, 313.

426 Achtundvierzigstes Strafrechtsänderungsgesetz – Erweiterung des Straftatenbestandes der Abgeordnetenbestechung vom 23.04.2014, BGBl. 2014 I, S. 410 ff.

427 Teichmann/Achsnich, in: Herzog/Mülhausen, Geldwäschebekämpfung und Gewinnabschöpfung, § 29, Rn. 29; Fülbier, in: Fülbier/Aepfelbach/Langweg, GwG, Einl., Rn. 1.

428 Fülbier, in: Fülbier/Aepfelbach/Langweg, GwG, Einl., Rn. 1.

429 Vgl. Fülbier, in: Fülbier/Aepfelbach/Langweg, GwG, Einl., Rn. 1.

a) Gesetz über das Aufspüren von Gewinnen aus schweren Straftaten, 1993

Das Gesetz über das Aufspüren von Gewinnen aus schweren Straftaten (GwG) vom 25.10.1993[430] basierte im Wesentlichen auf drei Forderungen:

- Zum einen hatte Deutschland bereits Anfang 1989 die Wiener Drogenkonvention (dazu oben D I 3) unterzeichnet. Neben der Verpflichtung, bestimmte Tathandlungen der Geldwäsche unter Strafe zu stellen, bestand hiernach zudem die Verpflichtung, Maßnahmen zu treffen, die es Behörden ermöglichen, Erträge und Vermögensgegenstände aus Betäubungsmittelstraftaten zu ermitteln, sicherzustellen oder zu beschlagnahmen.[431]
- Weiter waren die Vorgaben der ersten Geldwäscherichtlinie in nationales Recht umzusetzen.
- Der dritte Forderungsbereich knüpfte an die „Vierzig Empfehlungen" der FATF aus dem Jahr 1990 an. Dort wurden „finanzielle Maßnahmen" erarbeitet, die Erschwerungen und Aufdeckung von Geldwäschevorgängen zur Folge haben und durch das Geldwäschegesetz in nationales Recht umgewandelt werden sollen.[432]

aa) Ziel und Gesetzeszweck

Der Gesetzgeber verfolgte mit dem Geldwäschegesetz zwei primäre Zielsetzungen:

- Zum einen sollte es das Aufspüren von Gewinnen aus schweren Straftaten erleichtern und die Geldwäsche erschweren.
- Zum anderen sollte dadurch auch das Erkennen von Strukturen der Organisierten Kriminalität ermöglicht werden.[433]

Strafverfolgungsbehörden sollten dadurch Anhaltspunkte für Geldwäschetransaktionen bekommen. Weiter sollten sie im Rahmen von strafrechtlichen Ermittlungsverfahren auf Belege von Transaktionen zurückgreifen können, bei denen auch die Beteiligten an einer Geschäftsbeziehung dokumentiert wurden. Zum Schutz vor Missbrauch durch Geldwäsche werden Wirtschaftsunternehmen aufgefordert, Vorkehrungen dagegen zu treffen.[434] Durch das bereits verabschiedete OrgKG[435] und die damit geschaffenen Rechtsinstrumente eines Straftatbestandes der Geldwäsche, einer Vermögensstrafe und durch die Möglichkeit eines erweiterten Verfalles steht das GwG im Kontext eines gesamtheitlich präventiv ausgerichteten Bekämpfungsansatzes.[436]

---

430 BGBl. I, 1993, S. 1770.
431 RegE GewAufspG, BT-Drucks. 12/2704, S. 10.
432 RegE GewAufspG, BT-Drucks. 12/2704, S. 10.
433 RegE GewAufspG, BT-Drucks. 12/2704, S. 10.
434 RegE GewAufspG, BT-Drucks. 12/2704, S. 1.
435 S. Kapitel D, Ziffer II, Nr. 1 a.
436 RegE GewAufspG, BT-Drucks. 12/2704, S. 10.

bb) Adressaten

Der Normadressatenkreis des Gesetzes umfasste im Bereich des Finanzsektors Kredit- (§ 1 Abs. 1 GwG) und Finanzinstitute (§ 1 Abs. 2 GwG) und Versicherungsunternehmen, soweit diese Lebensversicherungen anbieten (§ 1 Abs. 2 Nr. 2 GwG).

Im Nichtfinanzbereich erstreckte sich der Adressatenkreis des GwG auf Gewerbetreibende, soweit sie in Ausübung ihres Berufes handeln (§ 3 Abs. 1 GwG), Vermögensverwalter (§ 3 Abs. 1 GwG) und Spielbanken, soweit diese 20.000 DM oder mehr Bargeld annehmen (§ 3 Abs. 1 GwG).

cc) Identifizierung des Kunden

Die Identifizierung des Kunden umfasste gleich mehrere Normen (§§ 2–7 GwG) und ist ein zentraler Regelungsbereich im GwG. Prinzipiell lassen sich die Normen zur Identifizierung in zwei verschiedene Formen einteilen, die in ihren wesentlichen Bestandteilen auch in der derzeitig gültigen Fassung des GwG noch vorhanden sind.[437]

(1) Regelidentifizierung

Der Gesetzgeber hatte zur Auslösung der Pflicht zur Identifizierung eines Kunden sogenannte Schwellenbeträge in §§ 2–4 GwG aufgenommen. Finanzinstitute (§ 1 Abs. 1 und 2 GwG) hatten bei der Annahme und Abgabe von Bargeld, Wertpapieren, Edelsteinen oder der Durchführung von Transaktionen im Wert von 20.000 DM oder mehr diejenige Person zu identifizieren, die ihnen gegenübertrat (§ 2 Abs. 1 GwG).

Für den Bereich des Nichtfinanzsektors gab es zu Beginn des GwG bereits Erleichterungen bei der Regelidentifizierung. Für Gewerbetreibende, Vermögensverwalter und Spielbanken bestand eine Identifizierungspflicht des Kunden lediglich bei Bargeldannahmen ab 20.000 DM (§ 3 Abs. 1 GwG). Hintergrund hierbei war, dass der Gesetzgeber davon ausging, dass die Anzahl von Bargeldtransaktionen in diesen Höhen und von Unbekannten verhältnismäßig eher gering und selten ist.[438] Bei dem festgelegten Betrag von 20.000 DM wurde jedoch kritisch gesehen, dass dadurch ein konsequenter Rechtsgüterschutz i.S.d. § 261 StGB nicht erreicht werden kann.[439] Ein niedrigerer gesetzlicher Schwellenbetrag würde dieses Ziel besser erreichen, da Beträge öfter gestückelt werden müssen, um letztendlich eine Identifizierung zu umgehen. Dies wiederum hätte regelmäßig eine Erhöhung des Entdeckungsrisikos zur Folge.[440]

Die bis zu diesem Zeitpunkt bestehende grundsätzliche Anonymität des Kunden, ohne dass ein konkreter Verdacht auf eine Straftat bestand, wurde durch das GwG durchbrochen.[441] Die Identifizierung selbst musste anhand eines Personalausweises

---

437 Siska, Geldwäschebekämpfung, S. 233.
438 RegE GewAufspG, BT-Drucks. 12/2704, S. 13.
439 Hetzer, NJW 1993, 3298 (3300).
440 Hetzer, NJW 1993, S298 (3300).
441 Jekewitz, in: Herzog/Mülhausen, Geldwäschebekämpfung und Gewinnabschöpfung, § 9, Rn. 29.

oder Reisepasses durchgeführt werden. Sie umfasste die Feststellung des Namens, des Geburtsdatums und der Anschrift, soweit diese vorhanden war (§ 1 Abs. 5 GwG). Auch wenn die Norm keine Angaben enthielt, wie mit fehlenden Daten im Ausweis umzugehen war, so war es doch im Sinne des Gesetzgebers, dass fehlende wichtige Daten, wie beispielsweise die fehlende aktuelle Wohnanschrift in einem Reisepass, durch Nachfrage erhoben werden sollten.[442] Vom Bayerischen Oberlandesgericht wurde dies allerdings verworfen. Identifizierungs- und Aufzeichnungspflichten nach dem GwG erstreckten sich danach nur dann auf Geburtsdaten und Anschriften in amtlichen Ausweisen, wenn diese auch im Ausweis enthalten sind.[443]

Die grundsätzliche Identifizierungspflicht bei Einrichten eines Kontos, eines Depots oder bei der Benutzung eines Schließfaches war bereits durch § 154 Abs. 2 AO geregelt und wurde daher nicht in das GwG aufgenommen.[444] Die Unternehmen und Institute waren zudem verpflichtet, beim Kunden nachzufragen, ob er in eigenem oder in fremden Namen handelt (§ 8 Abs. 1 GwG). Bei Handeln für einen Dritten sind Name und Anschrift des wirtschaftlich Berechtigten aufzuzeichnen (§ 8 Abs. 1 GwG). Dies sollte der Vermeidung von „Strohmanngeschäften" dienen.[445] Die Identifikation des Hintermannes durch einen amtlichen Ausweis oder die Verpflichtung von Nachforschungen durch den Verpflichteten wurden als entbehrlich erachtet und nicht in das GwG aufgenommen.[446]

Für den Bereich des Versicherungssektors wurde die Identifizierungspflicht auf den Bereich der Lebensversicherungen mit Prämienzahlung von mehr als 2.000 DM oder einmalige Zahlungen von mehr als 5.000 DM pro Kalenderjahr begrenzt (§ 4 Abs. 1 GwG). Erleichterungen bot zusätzlich die Möglichkeit der Identifizierung durch einen Vermittler des Unternehmens (§ 4 Abs. 3 GwG) und des Wegfalls der Identifizierung für den Fall, dass der Vertragsnehmer die Prämienzahlung über ein eigenes Konto durchführt und bereits auf diesem Wege eine Identifizierung stattgefunden hat (§ 4 Abs. 4 GwG).

(2) Verdachtsidentifizierung

In bestimmten Verdachtsfällen hatte der Gesetzgeber den Anwendungsbereich der grundsätzlichen Identifizierungspflicht erweitert und unabhängig von der Regelidentifizierung (§ 2 Abs. 1 Satz 1 GwG i.V.m. Abs. 2 und Abs. 4, § 3 Abs. 1 und § 4 und § 4 Abs. 1 GwG) gemacht (§ 6 GwG). Eine Identifizierung musste demnach auch durchgeführt werden, wenn festgestellt wurde, dass eine Finanztransaktion einer Geldwäsche nach § 261 StGB dient oder im Fall ihrer Durchführung dienen

442 RegE GewAufspG, BT-Drucks. 12/2704, S. 11; ausführlich und bejahend hierzu Körner/Dach, Geldwäsche, S. 88.

443 BayObLG, Beschluss vom 03.04.1997 – 3 ObOWI 28/97, abgedruckt in NJW 1997, 2612.

444 RegE GewAufspG, BT-Drucks. 12/2704, S. 11.

445 RegE GewAufspG, BT-Drucks. 12/2704, S. 16.

446 RegE GewAufspG, BT-Drucks. 12/2704, S. 16.

würde (§ 6 GwG). Hierbei zog der Gesetzgeber durchaus in Betracht, dass der Verpflichtete nicht die objektiven Tatbestandsmerkmale des § 261 StGB kennt oder die dazugehörige Vortat zur Geldwäsche prüfen muss. Es wurde als ausreichend erachtet, wenn objektive Anhaltspunkte dafür sprechen, dass die Herkunft inkriminierter Vermögenswerte verdeckt oder eine Einschleusung in den Finanzkreislauf bezweckt wird.[447] Normadressaten des § 6 GwG waren ausschließlich Finanzinstitute und Spielbanken. Im Bewusstsein, dass Möglichkeiten und Erscheinungsformen der Geldwäsche vielseitig und zahlreich sind, hatte der Gesetzgeber es hierbei auch unterlassen, eine beispielhafte Aufzählung in das GwG einzubringen. Er verwies vielmehr auf das Bundeskriminalamt und die Zollverwaltung, die bei einer signifikanten Häufung von Geldwäschefällen Anhaltspunkte für Geldwäsche zur Verfügung stellen sollen.[448]

dd) Verdachtsmeldung

Der Einführung einer gesetzlichen Pflicht zur Meldung eines Geldwäscheverdachtes (§ 12 GwG) lag Art. 6 der 1. GwRL zugrunde.[449] Danach hatten Geldinstitute und Spielbanken bei Vorliegen von objektiven Anhaltspunkten, dass eine Finanztransaktion einer Geldwäsche nach § 261 StGB dient oder im Fall ihrer Durchführung dienen soll, eine unverzügliche Anzeigepflicht gegenüber den Strafverfolgungsbehörden (§ 12 GwG). Die Pflicht zur Erstattung einer Anzeige nach § 12 Abs. 1 und 2 GwG ging einher mit der Identifizierungspflicht aus § 6 GwG und den dortigen Verdachtskriterien. Regelmäßig fiel es Mitarbeitern von Geldinstituten und Spielbanken schwer, einen solchen Verdachtsfall einzuordnen. Darunter fällt auch eine mögliche Zuordnung und Spezifizierung eines Verdachtsfalles in den in § 261 Abs. 1 StGB genannten oder nicht genannten strafbaren Vortaten.[450]

In diesem Zusammenhang war auch die Erhebung der personenbezogenen Daten anhand eines Personalausweises oder Reisepasses nicht unproblematisch. Es bestand die Gefahr, dass beim Vorliegen eines Verdachtsfalles der zu Identifizierende erkennt, dass er sich mit seiner angetragenen Transaktion unter den geldwäscherechtlichen Schwellenbeträgen befindet und daher eine Identifizierung ausschließlich aufgrund von Verdachtsmomenten zu seiner Person und seinem Verhalten an Ihn herangetragen wird. Dieses Erkennen des zu Identifizierenden wollte der Gesetzgeber hingegen strikt vermeiden (§ 12 Abs. 3 GwG).[451] Letztendlich war es jedoch durch die beschriebene Gesetzgebung dem Zufall überlassen, ob der Identifizierende den Zusammenhang zwischen einer Identifizierung und einer Verdachtsmeldung erkennt oder beispielsweise die Identifizierung einem anderen geschäftlichen Hintergrund zuordnet.

447 RegE GewAufspG, BT-Drucks. 12/2704, S. 15.
448 RegE GewAufspG, BT-Drucks. 12/2704, S. 15.
449 ABl. EG Nr. L 166 v. 28.06.1991, S. 80.
450 Körner/Dach, Geldwäsche, S. 128.
451 RegE GewAufspG, BT-Drucks. 12/2704, S. 18; Körner/Dach, Geldwäsche, S. 131.

Eine angetragene Finanztransaktion durfte von einem Geldinstitut nur mit Zustimmung der Staatsanwaltschaft durchgeführt werden oder nach Ablauf von zwei Tagen seit der Anzeige, falls die Transaktion strafprozessual nicht untersagt worden ist (§ 12 Abs. 1 Satz 2 GwG). Im Eilfall bestand zudem die Möglichkeit, nachträglich eine Verdachtsanzeige zu erstatten (§ 12 Abs. 1 Satz 3 GwG). Die Übermittlung von personenbezogenen Daten ohne Wissen des Betroffenen (§ 12 Abs. 3 GwG) hatte eine weitere Öffnung des Bankgeheimnisses zur Folge.[452]

Die Verdachtsanzeige konnte mündlich, fernmündlich, fernschriftlich oder durch elektronische Datenübermittlung erfolgen (§ 12 Abs. 1 Satz 1 GwG). Bei mündlicher oder fernmündlicher Übermittlung ist die Verdachtsmeldung schriftlich zu wiederholen (§ 12 Abs. 2 GwG). Nach Abgabe der Verdachtsmeldung eines Geldinstitutes sollte regelmäßig die Prüfung zur Aufhebung der Geschäftsbeziehung erfolgen, um nicht selbst in den Verruf zu gelangen, Geldwäsche zu unterstützen.[453] Ein strafrechtliches Ermittlungsverfahren zur Geldwäsche selbst und den dazugehörigen Vortaten würde jedoch mehrere Wochen, Monate oder Jahre in Anspruch nehmen. Die Kündigung eines oder mehrerer Vertragsverhältnisse mit einem Kunden kann zur Folge haben, dass das betreffende Konto nicht weiter beobachtet werden kann. Weiter wird der Betroffene dadurch auch mittelbar Kenntnis über eine erfolgte Verdachtsanzeige erhalten.

Eine Strafbefreiung wegen Beihilfe zur vorsätzlichen oder fahrlässigen Geldwäsche (§ 261 Abs. 9 StGB) konnte regelmäßig nur dann erlangt werden, wenn Bankangestellte den zuständigen Behörden die Tat freiwillig anzeigen oder eine Anzeige freiwillig veranlassen.[454] Von der Verdachtsschwelle her setzte eine Strafanzeige nach § 261 Abs. 9 StGB aber erst später ein als eine Geldwäscheverdachtsanzeige nach § 12 GwG.[455] Die Prüfung der tatbestandlichen Voraussetzungen des § 261 StGB bei Erstattung einer Verdachtsmeldung durch den Verpflichteten war somit entbehrlich.[456]

Die Befreiung der Gewerbetreibenden von einer Verdachtsanzeigepflicht hatte nicht zur Folge, dass eine Identifizierungspflicht gemäß § 3 Abs. 1 GwG entbehrlich geworden ist.[457] Zudem hat sich der Gesetzgeber vorbehalten, diese Berufsgruppe ebenfalls in die Verdachtsmeldepflicht aufzunehmen, falls sich zukünftig Anhaltspunkte ergeben, dass diese Art von Geschäftsbetrieben für Geldwäsche missbraucht wird (§ 6 Satz 2 GwG). Er sah eine abstrakte Gefahr, dass eine Verlagerung von Geldwäscheaktivitäten zu den von der Verdachtsmeldepflicht befreiten Gewerbetreibenden erfolgen könnte.[458]

---

452 Görg, Geldwäschebezogene Terrorismusbekämpfung, S. 50; vgl. Jekewitz, in: Herzog/Mülhausen, Geldwäschebekämpfung und Gewinnabschöpfung, § 9, Rn. 29.
453 Körner/Dach, Geldwäsche, S. 130.
454 Suendorf, Geldwäsche, S. 290.
455 Suendorf, Geldwäsche, S. 290–291.
456 RegE GewAufspG, BT-Drucks. 12/2704, S. 15; Suendorf, Geldwäsche, S. 291.
457 Suendorf, Geldwäsche, S. 290.
458 RegE GewAufspG, BT-Drucks. 12/2704, S. 15.

ee) Aufzeichnung und Aufbewahrung

Die getroffenen Feststellungen waren aufzuzeichnen und aufzubewahren (§ 9 Abs. 1 und 2 GwG). Sinn und Zweck war, dass die notwendige Transparenz von Finanztransaktionen und dauerhaften Geschäftsbeziehungen gewährleistet ist.[459] Die Verpflichtung war umfassend und tiefgreifend. Sie umfasste auch die Dokumentation von Umständen einer Nichtidentifizierung, wenn der zu Identifizierende persönlich bekannt und bei früherer Gelegenheit identifiziert worden war oder wenn der zu Identifizierende für ein gewerbliches Geldbeförderungsunternehmen auftrat (§ 7 GwG).

Die Verwendung der aufgezeichneten Unterlagen war zweckgebunden. Sie durften nur für strafrechtliche Ermittlungen nach § 261 Abs. 1 Nr. 1–3 StGB herangezogen werden (§ 10 GwG). Eine Ausnahme bestand jedoch bei einer rechtskräftigen Verurteilung zu einer Vortat zur Geldwäsche. Diese Unterlagen konnten jedoch im Rahmen der Mitteilungspflicht des § 116 AO für die Prüfung und Durchführung eines Nachbesteuerungsverfahrens an die Steuerbehörden übermittelt werden (§ 10 Abs. 2 GwG). Die Aufzeichnungen selbst mussten – auf Bild- oder einem anderen Datenträger gespeichert – innerhalb angemessener Zeit verfügbar sein und lesbar gemacht werden können (§ 9 Abs. 2 GwG). Die Aufbewahrung der Unterlagen musste mindestens für einen Zeitraum von sechs Jahren erfolgen (§ 9 Abs. 3 GwG). Der exakte Beginn und das Ende richteten sich nach den Regelaufbewahrungsfristen für kaufmännische Buchbelege und Handelsbriefe (§ 257 Abs. 1 Nr. 2–4, Abs. 4 HGB) und nicht nach einem Kalenderjahr.[460]

ff) Interne Sicherungsmaßnahmen

Durch Schaffung von Vorsichtsmaßnahmen sollten besonders geldwäschegefährdete Unternehmen und Institute in bestimmten Branchen geschützt werden.[461] Für den Finanzbereich wurden Kredit- und Finanzinstitute mit bestimmten Leistungen (§ 14 Abs. 1 Nr. 1, 4 und 5 GwG), die Deutsche Bundespost (§ 14 Abs. 1 Nr. 8 GwG) und Versicherungsunternehmen (§ 14 Abs. 1 Nr. 2 GwG) aufgenommen. Im Nichtfinanzsektor umfasste der Adressatenkreis Versteigerer (§ 14 Abs. 1 Nr. 3 GwG), Edelmetallhändler (§ 14 Abs. 1 Nr. 6 GwG) und Spielbanken (§ 14 Abs. 1 Nr. 7 GwG).

Zweifelhaft war von Beginn des GwG im Jahr 1993 an, ob damit gänzlich alle Versicherungsunternehmen zu internen Sicherungsmaßnahmen verpflichtet waren, unabhängig davon, ob diese unter den Kreis der Verpflichteten des § 1 Abs. 2 Nr. 2 GwG zu subsumieren waren.[462] Dann wären nur diejenigen Versicherungsunternehmen erfasst gewesen, die auch Lebensversicherungen anbieten.[463] Dies wäre zweckmäßig gewesen, da Unternehmen beispielsweise mit einem reinen Angebot an

459 RegE GewAufspG, BT-Drucks. 12/2704, S. 16.
460 Körner/Dach, Geldwäsche, S. 125.
461 RegE GewAufspG, BT-Drucks. 12/2704, S. 19.
462 Hoyer/Klos, Geldwäscheregelungen, S. 249.
463 Hoyer/Klos, Geldwäscheregelungen, S. 249.

Krankenversicherungen keiner Geldwäschegefahr unterliegen.[464] Verstärkt wurde diese Annahme noch durch die nach § 14 Abs. 2 GwG zu treffenden Vorkehrungen. Danach musste eine leitende Person als Ansprechpartner für Strafverfolgungsbehörden bei der Verfolgung von Geldwäsche nach § 261 StGB benannt werden (§ 14 Abs. 2 Nr. 1 GwG).

Die Geburtsstunde des sogenannten Geldwäschebeauftragten umfasste sowohl eine aktive, als auch eine passive Rolle. Die Person sollte nicht nur abwarten, bis Strafverfolgungsbehörden auf sie zukommen, sondern es wurde erwartet, dass diese Person auch sämtliche Maßnahmen zur Abwehr von Geldwäsche nach innen ergreifen und als sachlich kompetenter Ansprechpartner zur Verfügung stehen sollte.[465] Für die Erstattung einer Verdachtsmeldung kam ihm durch diese Kompetenz eine besondere Verantwortung und Schlüsselrolle zu.[466] Sinnvoll und zweckmäßig wäre die gesetzliche Festschreibung einer weisungsungebundenen, unabhängigen Stellung des Geldwäschebeauftragten im Unternehmen analog der eines gesetzlich zu bestellenden Datenschutzbeauftragten (§§ 4f–4g BDSG) gewesen. Dies wurde im Gesetzgebungsverfahren jedoch nicht verfolgt.[467]

Weitere verpflichtende interne Sicherungsmaßnahmen waren die Entwicklungen interner Grundsätze und die Initiierung von Verfahren und Kontrollen zur Geldwäscheverhinderung (§ 14 Abs. 2 Nr. 2 GwG). Die Bestimmung enthielt indirekt den gesamten Pflichtenkatalog und stellte eine Generalklausel zur Verhinderung der Geldwäsche dar.[468] Alle Organisationsgrundsätze, Richtlinien und Arbeitsanweisungen zur Verhinderung von Geldwäsche mussten an den vorhandenen Strukturen erstellt und ausgerichtet werden. Die Pflichten und Anforderungen des GwG mussten im Unternehmen komplett umgesetzt werden und für Aufsichtsbehörden nachvollziehbar sein.[469]

Weiter musste gewährleistet sein, dass Beschäftigte für den Umgang mit baren oder unbaren Finanztransaktionen zuverlässig sind (§ 14 Abs. 2 Nr. 3 GwG). Der Gesetzgeber orientierte sich hierbei am gewerberechtlichen Zuverlässigkeitsbegriff. Eine Gesamtbewertung der Einzelfallumstände war einer abschließenden Aufzählung von Ausschlusskriterien zur Zuverlässigkeit vorzuziehen.[470] Eine regelmäßige Unterrichtung der Beschäftigten zu Methoden der Geldwäsche komplettierten die Grundsätze für interne Sicherungsmaßnahmen (§ 14 Abs. 2 Nr. 4 GwG). Inwiefern diese Regelmäßigkeit in der Praxis umgesetzt werden sollte, ist nicht ersichtlich. Ein messbares Kriterium könnte hierbei die Effizienz der Art der Unterrichtung von Mitarbeitern sein.[471]

---

464 Hoyer/Klos, Geldwäscheregelungen, S. 249.
465 Körner/Dach, Geldwäsche, S. 132.
466 RegE GewAufspG, BT-Drucks. 12/2704, S. 19.
467 Körner/Dach, Geldwäsche, S. 132.
468 Körner/Dach, Geldwäsche, S. 134.
469 Körner/Dach, Geldwäsche, S. 134.
470 RegE GewAufspG, BT-Drucks. 12/2704, S. 20.
471 Körner/Dach, Geldwäsche, S. 136.

Kritisch wurde die Unterrichtung zur Methodik in der praktischen Anwendung gesehen. Zum einen erwarteten Strafverfolgungsbehörden die Zulieferung von praktischen Fällen, wie Geldwäsche vor Ort bei den Verpflichteten praktiziert wird, zum anderen erwarteten die Verpflichteten genau diese Informationen von den Behörden, um gezielt Mitarbeiter in diesen Geldwäschetechniken und deren Ablauf zu schulen.[472] Angesichts der Tatsache, dass Methoden zur Geldwäsche einem stetigen Wandel unterliegen, würde gerade ein zeitnaher gegenseitiger Informationsaustausch schwierig sein. Eine gewisse Zeitverzögerung muss daher immer in Kauf genommen werden.

gg) Sanktionen

Die Bußgeldvorschriften (§ 17 GwG) teilten sich in zwei verschiedene Bereiche. Die Identifizierungspflichten (§ 2 Abs. 1 i.V.m. Abs. 2, § 3 Abs. 1 Satz 1 oder § 4 Abs. 1 GwG) und die Aufzeichnungs- und Aufbewahrungspflichten (§ 9 Abs. 1 Sätze 1, 3 und 4; § 9 Abs. 3 Satz 1 GwG) konnten bei leichtfertigem oder vorsätzlichem Verstoß mit einer Geldbuße von bis zu 200.000 DM geahndet werden (§ 17 Abs. 1 Nr. 1–3 GwG).

Ein Bußgeld in einer Höhe von 100.000 DM (§ 17 Abs. 2 und 3 GwG) konnte bei ausschließlich vorsätzlichem Verstoß gegen

- die Ermittlung und Aufzeichnung des wirtschaftlich Berechtigten (§ 8 Abs. 1 Sätze 1–3 GwG),
- bei Unterlassen von Mitteilungspflichten im Rahmen einer Zweigstelle im Ausland (§ 15 Sätze 2 oder 3 GwG),
- oder bei Information des Auftraggebers im Rahmen einer Verdachtsanzeige (§ 11 Abs. 3 GwG) erfolgen.

Eine Vielzahl von Verpflichtungen hatte der Gesetzgeber nicht in den Sanktionsbereich des § 17 GwG eingebracht. Darunter fielen die Verstöße gegen die Pflicht zur Erstattung einer Verdachtsanzeige (§ 12 Abs. 1 Satz 1 GwG), gegen die Pflicht zum Anhalten von Finanztransaktionen (§ 12 Abs. 1 S. 2 GwG) und zur Schaffung von internen Sicherungsmaßnahmen (§ 14 GwG).

Eine Bußgeldbewährung im Rahmen der Unterlassung der Anzeige eines Geldwäscheverdachtes wurde zwar vom Gesetzgeber geprüft, jedoch aus verfassungsrechtlichen Gründen verworfen. Das Bestimmtheitsprinzip verlangt eine genaue Definition der Grenze des erlaubten Verhaltens für den vom Bußgeld Betroffenen. Problematisch ist es aber, gerade diesen Verdachtsfall präzise zu beschreiben.[473] Zudem hat der Gesetzgeber darauf hingewiesen, dass bei eindeutigen Fällen eines

---

472 Körner/Dach, Geldwäsche, S. 136, vgl. Oswald, Bekämpfung Geldwäsche, S. 106.

473 Gegenäußerung RegE GewAufspG, BT-Drucks. 12/2747, S. 5; Körner/Dach, Geldwäsche, S: 140; Oswald, Bekämpfung Geldwäsche, S. 107.

Geldwäscheverdachtes die Möglichkeit einer Strafbarkeit nach § 261 StGB besteht.[474] Letztendlich setzt der Gesetzgeber in den sanktionsfreien Tatbeständen auf die Bereitschaft und Mitwirkung gesetzestreuer Wirtschaftsunternehmen, die auch zum Schutz der eigenen Interessen gegen Geldwäschehandlungen vorgehen.[475] Hinsichtlich der Verletzung der Anhaltepflicht bei Finanztransaktionen wurde aufgrund der Ausnahmeregelung für Eilfälle (§ 11 Abs. 1 Satz 3 GwG) eine Bußgeldbewährung als obsolet angesehen.[476] Die Einhaltung der internen Sicherungsmaßnahmen sollte durch die zuständigen Aufsichtsbehörden überprüft werden, eine Sanktion im Rahmen des § 17 GwG wurde daher als entbehrlich angesehen.[477]

hh) Aufsichtsbehörden

Zuständige Behörden waren für den Finanzsektor die Kreditanstalt für Wiederaufbau (Bundesministerium der Finanzen (BMF)) und das Bundesaufsichtsamt für Kreditwesen (BAKred, § 16 Nr. 1 und 2 GwG), für Versicherungsunternehmen die jeweils zuständige Aufsichtsbehörde für das Versicherungswesen (§ 16 Nr. 3 GwG) und im Übrigen die jeweils nach Bundes- oder Landesrecht zuständige Stelle (§ 16 Nr. 4 GwG). Der Gesetzgeber hatte es unterlassen, in § 16 GwG alle zuständigen Stellen aufzuzählen. Dies dürfte auch auf die Vielzahl von Gewerbetreibenden i.S.d. § 3 GwG zurückzuführen sein. Für eine Vielzahl von privatrechtlichen Unternehmen wurde angenommen, dass hierfür die Gewerbeämter zuständig sind,[478] für steuerberatende Berufe das entsprechende Finanzamt.[479]

b) Gesetz zur Verbesserung der Bekämpfung der Organisierten Kriminalität, 1998

Das am 09.05.1998 in Kraft getretene Gesetz zur Verbesserung der Bekämpfung der Organisierten Kriminalität (OrgKVerbG)[480] war maßgeblich geprägt von der strafrechtlichen Optimierung des Geldwäschestraftatbestandes und der Gesetzesinitiative zur Möglichkeit der behördlichen Nutzung einer akustischen Wohnraumüberwachung.[481] Dennoch umfasste das OrgKVerbG auch erste Optimierungen im

474 Gegenäußerung RegE GewAufspG, BT-Drucks. 12/2747, S. 5; Oswald, Bekämpfung Geldwäsche, S. 107.
475 Suendorf, Geldwäsche, S. 301.
476 Gegenäußerung RegE GewAufspG, BT-Drucks. 12/2747, S. 5; Oswald, Bekämpfung Geldwäsche, S. 107.
477 RegE GewAufspG, BT-Drucks. 12/2704, S. 20; Oswald, Bekämpfung Geldwäsche, S. 107.
478 Körner/Dach, Geldwäsche, S. 139; Oswald, Bekämpfung Geldwäsche, S. 106.
479 Körner/Dach, Geldwäsche, S. 139.
480 Gesetz zur Verbesserung der Bekämpfung der Organisierten Kriminalität vom 04.05.1998, BGBl. 1998 I, S. 845–850.
481 S. Kapitel D, Ziffer II, Nr. 1, b), bb).

Bereich des GwG (Art. 3).[482] Enthielt der erste Gesetzentwurf[483] zunächst die zu verändernden Bereiche der Klarstellung von Anhaltefristen und die Verwertung von Geldwäscheverdachtsanzeigen im GwG, waren die später vom Gesetzgeber verabschiedeten Änderungen durch das OrgKVerbG erheblich umfangreicher.

aa) Optimierung im Bereich des Versicherungswesens

Im Bereich der verpflichteten Institute (§ 1 Abs. 4 GwG) wurden nunmehr auch Versicherungsunternehmen aufgenommen, die Unfallversicherungsverträge mit Prämienrückgewähr oder Lebensversicherungsverträge anbieten (Art. 3 Nr. 1 OrgKVerbG). Die Gefahr von Geldwäsche sah der Gesetzgeber darin gegeben, dass bei diesen beiden Versicherungsformen die Prämie nach Ablauf der Vertragslaufzeit unter bestimmten Voraussetzungen dem Versicherungsnehmer ausbezahlt wird.[484] Weiter wurde der Bereich der Verpflichtung zu internen Sicherungsmaßnahmen für Versicherungsunternehmen § 14 Abs. 1 Nr. 2 GwG verändert. Durch Art. 3 Nr. 6 OrgKVerbG wurde diese Pflicht ausschließlich auf Versicherungsunternehmen i.S.d. § 1 Abs. 4 GwG mit den dort genannten kapitalbildenden Versicherungsprodukten beschränkt. Dadurch wurde eine lang ersehnte Klarstellung erreicht und jegliche Form von Versicherungspolicen von Versicherungsunternehmen, beispielsweise für Geldwäsche nicht relevante Krankenversicherungen, herausgenommen.[485]

bb) Evaluierung des Schwellenwertes

Der Schwellenbetrag zur Auslösung der Identifizierungspflicht bei Überschreitung von 20.000 DM (§ 3 Abs. 1 Satz 1 und § 2 Abs. 1 und 2 GwG) wurde auf 30.000 DM angehoben (Art. 3 Nr. 2 OrgKVerbG). Damit bewegte sich die Erhöhung noch innerhalb der in der EU-Geldwäscherichtlinie vereinbarten Grenze von 15.000 ECU (ca. 30.000 DM). Erfahrungen anderer europäischer Staaten hatten gezeigt, dass eine niedrigere Grenze keine größeren Erfolge bei der Bekämpfung der Geldwäsche erzielt.[486]

Die Anhebung des Schwellenwertes sollte zudem dazu beitragen, dass die Kreditwirtschaft im Bereich der Datensammlung entlastet wird. Die Anzahl der Datensätze bei Bargeldtransaktionen von 20.000 DM oder mehr lag nach Aussage der Kreditwirtschaft im Jahr 1994 bei ca. 10. Millionen Aufzeichnungen.[487] Nach Aussage des zentralen Kreditausschusses sollte sich durch die Erhöhung des Schwellenbetrages auf 30.000 DM diese Zahl um 25–35 Prozent reduzieren.[488]

---

482 BGBl. 1998 I, S. 848.

483 RegE Verbesserung Geldwäschebekämpfung, BT-Drucks. 13/6620, S. 1.

484 Vgl. Görg, Geldwäschebezogene Terrorismusbekämpfung, S. 56; vgl. Beschlussempfehlung Rechtsausschuss zum RegEOrgKVerbG, BT-Drucks. 13/9661, S. 8.

485 Ausführlich hierzu Kapitel D, Ziffer II, Nr. 2, a), ff); Hoyer/Klos, Geldwäscheregelungen, S 249.

486 FraktionsE OrgKVerbG, BT-Drucks. 13/8651, S. 16.

487 FraktionsE OrgKVerbG, BT-Drucks. 13/8651, S. 16; Hoyer/Klos, Geldwäscheregelungen, S. 257.

488 FraktionsE OrgKVerbG, BT-Drucks. 13/8651, S. 16.

Es wurde weiter prognostiziert, dass eine Reduzierung der Datenmenge personelle Kapazitäten freisetzen wird. Dies sollte wiederum dazu führen, dass eine Erhöhung der Qualität der Aufzeichnungen und Verdachtsanzeigen und damit besser verwertbare Spuren erreicht werden.[489] Von der Erhebung des Schwellenwertes gänzlich unberührt blieb die Pflicht zur Identifizierung im Verdachtsfall (§ 6 GwG) und die damit verbundene Fertigung einer Verdachtsanzeige (§ 11 GwG).[490]

cc) Ausweitung der Verwertbarkeit von Aufzeichnungen

Die bisherige restriktive Auslegung der Heranziehung und Verwendung von Unterlagen für Steuerbehörden wurde aufgegeben. Zukünftig musste nicht mehr die rechtskräftige Verurteilung wegen Geldwäsche oder einer Vortat (§ 10 Abs. 2 GwG) abgewartet werden. In der Praxis hatte dies kaum zu steuerlichen Konsequenzen bei den Betroffenen geführt.[491] Nunmehr konnte bereits bei der Einleitung eines strafrechtlichen Ermittlungsverfahrens diese Mitteilung an die Finanzbehörden erfolgen (Art. 3 Nr. 4 Buchst. b OrgKVerbG). Weiter konnten nicht nur die bis zu diesem Zeitpunkt bereits gewonnenen Erkenntnisse, sondern auch die danach erlangten Informationen und Aufzeichnungen i.S.d. § 9 Abs. 1 GwG an Finanzbehörden übermittelt werden (Art. 3 Nr. 4 Buchst. b OrgKVerbG). Dadurch wurde vermieden, dass potenzielle Steuerquellen durch Verjährung oder andere rechtliche Übertragungen oder Vollstreckungen verloren gehen.[492]

Neben der Bewirkung der Besteuerung von illegal erzielten Einnahmen (§ 40 AO) konnten Finanzbehörden auch frühzeitig auf die im Steuerrecht befindlichen Mitwirkungspflichten des Betroffenen hinwirken. Dies umfasste regelmäßig den Nachweis zur Herkunft von Vermögensgenständen (§ 90 i.V.m. §§ 147, 149 AO) oder aber auch die Möglichkeit, Schätzungen für eine Besteuerungsgrundlage (§ 162 AO) durchzuführen.[493] Damit wurde der Verlust von erheblichen Steuereinnahmen beendet und dem Bedürfnis der Allgemeinheit nach Steuergerechtigkeit Rechnung getragen.[494]

dd) Ausdehnung der Verwertbarkeit von Verdachtsanzeigen

Eine der wesentlichen Neuerung erfuhr das GwG mit der Änderung der Verwertbarkeit von Verdachtsanzeigen (§ 11 Abs. 5 GwG). Bislang war nur eine Verwertung der Inhalte von Verdachtsanzeigen auf die Verfolgung von Geldwäsche und deren Vortaten begrenzt, wenn der Strafrichter gem. § 25 GVG zuständig wäre, mithin eine Straferwartung von nicht mehr als zwei Jahren gegeben ist.[495] Die Anbindung

---

489 Dittrich/Trinkaus, DStR 1998, S. 342 (347).
490 FraktionsE OrgKVerbG, BT-Drucks. 13/8651, S. 16.
491 Hoyer/Klos, Geldwäscheregelungen, S. 280.
492 Jekewitz, in: Herzog/Mülhausen, Geldwäschebekämpfung und Gewinnabschöpfung, § 10 Rn. 19; FraktionsE OrgKVerbG, BT-Drucks. 13/8651, S. 16–17.
493 Suendorf, Geldwäsche, S. 297.
494 Hetzer, Krim 1999, S. 218 (221).
495 FraktionsE OrgKVerbG, BT-Drucks. 13/8651, S. 17.

des Verwertungsverbotes an einen Strafrichter und damit an eine konkrete Straferwartung gestaltete sich schwierig. In vielen Fällen kann erst nach einigen Ermittlungen festgestellt werden, ob das Verwertungsverbot der weiteren Verfolgung der Tat entgegensteht.[496]

Nach der Neufassung des § 11 Abs. 5 GwG orientierte sich die Zulässigkeit der Verwertung der Verdachtsanzeigen (Art. 3 Nr. 5b) an[497]

- der Verfolgung von Geldwäsche,
- deren Vortaten,
- jeglichen Strafverfahren wegen Steuerstraftaten (§ 10 Abs. 2 Satz 3 GwG),
- Straftaten, die im Höchstmaß mit einer Freiheitsstrafe von mehr als drei Jahren bedroht sind
- und den Zwecken der Besteuerung.

Daneben wurde noch eine klarstellende Regelung für die Berechnung von Anhaltefristen bei verdächtigen Finanztransaktionen in § 11 Abs. 1 GwG eingebracht (Art. 3 Nr. 5a).[498]

c) Gesetz zur Verbesserung der Bekämpfung der Geldwäsche und der Finanzierung des Terrorismus, 2002

Die Umsetzung der zweiten Geldwäscherichtlinie in innerstaatliches Recht war maßgeblich geprägt von der zusätzlichen Aufnahme von Maßnahmen zur Bekämpfung der Finanzierung des Terrorismus. Die FATF hatte hierzu acht Sonderempfehlungen veröffentlicht.[499] Die Bedrohungslage durch den internationalen Terrorismus, neue Geldwäscherisiken und -techniken und die Nutzung moderner Medien veranlassten die damalige Bundesregierung, das umfassende Gesetzespaket in sehr kurzer Zeit auf den Weg zu bringen.[500] Bereits ein halbes Jahr nach Verabschiedung der zweiten Geldwäscherichtlinie trat am 14.08.2002 das Gesetz zur Verbesserung der Bekämpfung der Geldwäsche und der Bekämpfung der Finanzierung des Terrorismus (Geldwäschebekämpfungsgesetz (Gwbekges) in Kraft.[501] In dem Gesetzespaket wurden neben dem Geldwäschegesetz auch das Zollverwaltungs-, das Bundeskriminalamt-, das Kreditwesengesetz verändert. Der Schwerpunkt der Novellierung der Finanzkontrollvorschriften lag jedoch im Bereich des GwG.

---

496 FraktionsE OrgKVerbG, BT-Drucks. 13/8651, S. 17; Hoyer/Klos, Geldwäscheregelungen, S. 281.
497 BGBl. 1998 I, S. 848.
498 BGBl. 1998 I, S. 848; Zur zweiten Geldwäscherichtlinie s.o. Kapitel D, Ziffer I, Nr. 10.
499 S.o. Kapitel D, Ziffer I, Nr.5 c.
500 RegE GwBekG, BT-Drucks. 14/8739, S. 1.
501 BGBl. 2002 I, S. 3105.

aa) Ausbau und Optimierung der Zentralstelle für Geldwäscheverdachtsanzeigen (FIU)

Die Aufnahme des Bundeskriminalamtes als zentrale Informations- und Analysestelle für Verdachtsanzeigen (sogenannte Financial Intelligence Unit (FIU)) in § 5 GwG ging auf die Empfehlung Nr. 23 der 40 Empfehlungen der FATF zurück.[502] Vorherige Diskussionen hatten die Ansiedlung dieser Institution bei der Bundesanstalt für Finanzdienstleistungsaufsicht ins Spiel gebracht.[503] Hintergrund hierbei war, dass die Institution und ihre Instrumentarien auch als Gewerbeaufsicht angesehen werden können. Problematisch war diese Zuordnung jedoch beim Bereich der Verdachtsanzeigen, die regelmäßig strafrechtlicher und nicht gewerberechtlicher Natur sind.[504] Hinzu kam noch die Aufnahme der Finanzierung von Terrorismus in das GwG, dadurch wurde der strafrechtliche Zusammenhang noch verstärkt. Weiter war im Jahr 2000 bereits eine gemeinsame Finanzermittlungsgruppe BKA/Zoll beim BKA eingerichtet worden. Die bereits vorhandenen Strukturen konnten genutzt und ausgebaut werden.[505]

Mit der formellen Einrichtung einer FIU ist diese gesetzlich zur Sammlung, Analyse und Auswertung von Verdachtsanzeigen beauftragt (§ 5 Abs. 1 Nr. 1 und 3 GwG). Im Rahmen des polizeilichen Informationsaustauschs bestand zudem die Verpflichtung zum unverzüglichen Austausch bei Erkennung von strafrechtlichen Zusammenhängen (§ 5 Abs. 1 Nr. 2 GwG). Die jeweilige Strafverfolgungskompetenz blieb hiervon unberührt. Neben der Veröffentlichung eines Jahresberichts sollen Verpflichtete regelmäßig über Typologien und Methoden der Geldwäsche informiert werden (§ 5 Abs. 1 Nr. 4 und 5 GwG). Weiter wurde die Zusammenarbeit der nationalen FIU mit anderen internationalen Stellen neu geregelt (§ 5 Abs. 2 GwG) und verschiedene Befugnisse zu Datenerhebung und -austausch, auch im Verhältnis zu ausländischen FIUs geregelt (§ 5 Abs. 3 und 4 GwG).

bb) Ausweitung des Adressatenkreises

Ein weiterer Schwerpunkt war die Ausweitung des Verpflichtetenkreises (Art. 1 Nr. 4 Buchst. b Gwbekges) im Nichtfinanzbereich, die mit den Anforderungen der zweiten Geldwäscherichtlinie korrespondierte. Die Aufnahme weiterer Verpflichteter war geboten, da bei bestimmten Berufsgruppen erfahrungsgemäß ein

502 FATF, 40 Empfehlungen, 1996, S. 5; RegE GwBekG, BT-Drucks. 14/8739, S. 1.

503 Teichmann/Achsnich, in: Herzog/Mülhausen, Geldwäschebekämpfung und Gewinnabschöpfung, § 32 Rn. 2; Görg, Geldwäschebezogene Terrorismusbekämpfung, S. 108.

504 Teichmann/Achsnich, in: Herzog/Mülhausen, Geldwäschebekämpfung und Gewinnabschöpfung, § 32 Rn. 2; Görg, Geldwäschebezogene Terrorismusbekämpfung, S. 108.

505 Teichmann/Achsnich, in: Herzog/Mülhausen, Geldwäschebekämpfung und Gewinnabschöpfung, § 32 Rn. 2; Görg, Geldwäschebezogene Terrorismusbekämpfung, S. 108, vgl. RegE GwBekG, BT-Drucks. 14/8739, S. 13.

erhöhtes Risiko besteht, für Geldwäschezwecke missbraucht zu werden.[506] Auf die Aufnahme von Unternehmen wurde zugunsten der Bezeichnung des bestimmten Berufsträgers verzichtet. Der Gesetzgeber wollte dadurch eine Verdoppelung der Normen vermeiden.[507] Aufgenommen ins das GwG und explizit benannt (Art. 1 Nr. 4 Buchst. b Gwbekges) wurden:

- Rechtsanwälte und Rechtsbeistände, die Mitglieder der Rechtsanwaltskammer sind, Patentanwälte und Notare, soweit sie an der Planung oder Durchführung von einzelnen benannten Geschäften beteiligt sind,
- Wirtschaftsprüfer, vereidigte Buchprüfer, Steuerberater und Steuerbevollmächtigte und Immobilienmakler,
- und Spielbanken, soweit diese Spielmarken im Wert von 1.000 EUR oder mehr verkaufen oder kaufen.

Für die Verpflichteten galten sowohl die allgemeinen Identifizierungspflichten, die Pflicht zur Identifizierung in Verdachtsfällen und zur Ermittlung des wirtschaftlich Berechtigten, daran anknüpfend für den Bereich der organisatorischen Maßnahmen die Pflicht zur Erstattung einer Verdachtsanzeige im Verdachtsfall sowie Aufzeichnungs- und Aufbewahrungspflichten.

Die Einbeziehung der rechtsberatenden Berufe war nicht unumstritten. Das europäische Parlament und der Rat sahen gerade bei der Beteiligung von Finanz- oder Unternehmenstransaktionen durch Vertreter von Rechtsberufen und Notaren aber eine große Gefahr der Geldwäsche.[508] Der Mandantenschutz auf der einen Seite, hingegen die Erhebung von Informationen und Ermittlungen auf der anderen Seite wurde nicht für unproblematisch gehalten.[509] Der Gesetzgeber hat jedoch von der in Art. 6 Abs. 3 der zweiten Geldwäscherichtlinie genannten Option Gebrauch gemacht, diese Berufe von der Anzeigepflicht dann freizustellen (§ 11 Abs. 3 und 4 GwG), wenn dem Verdacht gegenüber dem Mandanten Angaben zugrunde liegen, die im Rahmen der Rechtsberatung oder der gerichtlichen Vertretung offenkundig geworden sind.[510] Im Rahmen des neuen § 11 Abs. 4 GwG wurde Anwälten, Notaren, Steuerberatern und Wirtschaftsprüfern zudem gestattet, ihre Verdachtsmeldungen an ihre jeweilige Bundesberufskammer zu richten. Diese können die Verdachtsanzeige weiter bewerten, bevor diese an Strafverfolgungsbehörden weitergeleitet wird.[511]

Der Bereich der sonstigen Gewerbetreibenden wurde mit der Maßgabe des Schwellenbetrages von 15.000 EUR Bargeld im GwG belassen (Art. 1 Nr. 4 Buchst. B Abs. 1 Satz 2 Gwbekges). Damit geht der Gesetzgeber weit über die in Art. 2a Nr. 6

---

506 RegE GwBekG, BT-Drucks. 14/8739, S. 12.

507 RegE GwBekG, BT-Drucks. 14/8739, S. 12.

508 ABl. EG L 344 vom 28.12.2001, Erwägungsgrund 16, S. 77; Wegner, NJW 2002, 794 (795).

509 Wegner, NJW 2002, 794 (796).

510 Jekewitz, in: Herzog/Mülhausen, Geldwäschebekämpfung und Gewinnabschöpfung, § 10 Rn. 33; RegE GwBekG, BT-Drucks. 14/8739, S. 15; BGBl. 2002, I, S. 3107.

511 RegE GwBekG, BT-Drucks. 14/8739, S. 16.

der zweiten Geldwäscherichtlinie geforderten Unternehmen, die mit hochwertigen Gütern handeln, oder Versteigerer hinaus.[512] In der Praxis wird der zahlenmäßige Vergleich von Unternehmen mit hochwertigen Gütern und Versteigerern gegenüber sonstigen Gewerbebetrieben sehr gering sein.

Im Bereich des Versicherungswesens wurde die Berufsgruppe der Versicherungsmakler neu in das GwG aufgenommen (Art. 1 Nr. 2a Gwbekges). Dadurch sollten selbständig tätige Versicherungsmakler von den Verpflichtungen des GwG erfasst werden. Der Berufsgruppe wurden jedoch Erleichterungen in der Form zugestanden, dass sie die Aufzeichnungen zur Identifikation an das Versicherungsunternehmen weiterleiten und selbst keine Unterlagen aufbewahren mussten (§ 4 Abs. 3 GwG). Zudem waren sie nicht verpflichtet, interne Sicherungsmaßnahmen nach § 14 GwG vorzunehmen.[513]

cc) Aufnahme des Bereiches Terrorismusfinanzierung

In den acht veröffentlichten Spezialempfehlungen der FATF im Oktober 2001 befand sich auch die Empfehlung, das Instrument der Geldwäscheverdachtsanzeigen zur Erkennung von Terrorismusfinanzierung unverzüglich nutzbar zu machen.[514] Daran anknüpfend hat der Gesetzgeber die bisher bestehende Meldepflicht bei Geldwäscheverdacht (§ 6 GwG) erweitert. Eine Identifikations- und Anzeigepflicht (§ 11 Abs. 1 GwG) bestand nun auch, wenn eine vereinbarte Finanztransaktion der Finanzierung einer terroristischen Vereinigung nach § 129a StGB, auch i.V.m. § 129b StGB, dient oder im Fall ihrer Durchführung dienen soll. Der Gesetzgeber ließ in seiner Entwurfsbegründung offen, wie die Vielzahl von Verpflichteten (§ 2 und 3 GwG) diese neue gesetzliche Forderung praktisch umsetzen können. Belastbare Aussagen zur Terrorismusfinanzierung sind bislang statistisch zudem noch nicht bekannt.[515] Das BKA veröffentlichte erst in einem späteren ersten Jahresbericht drei Haupteinnahmequellen zur Terrorismusfinanzierung, die jedoch aufgrund mangelnder Erkenntnislage noch mehr auf Vermutungen als auf Fakten oder polizeilich verwertbaren Tatsachen basierten.[516]

dd) Erweiterung der Identifizierung des wirtschaftlich Berechtigten

Im Einklang mit der zweiten Geldwäscherichtlinie wurde die bisherige reine Abfrage, Entgegennahme der Auskunft des Kunden und die ungeprüfte Notierung für die Unterlagen (§ 8 GwG a.F.) des wirtschaftlich Berechtigten vom Gesetzgeber überarbeitet. In den Fällen, in denen Zweifel und Unklarheit hinsichtlich der tatsächlichen

---

512 S.o. Abbildung 6 Übersicht der Adressaten der ersten und zweiten Geldwäscherichtlinie.

513 RegE GwBekG, BT-Drucks. 14/8739, S. 11; BGBl. 2002, I, S. 3106–3108.

514 FATF, Spezialempfehlungen, 2001; RegE GwBekG, BT-Drucks. 14/8739, S. 13.

515 Teichmann/Achsnich, in: Herzog/Mülhausen, Geldwäschebekämpfung und Gewinnabschöpfung, § 29 Rn. 42.

516 BKA, FIU Jahresbericht 2002, S. 23.

Identität eines wirtschaftlich Berechtigten bestehen, verlangte die Überarbeitung Maßnahmen vom Verpflichteten (§ 8 Abs. 1 GwG).[517] Die Angemessenheit der Maßnahmen sollte sich nach der Bedeutung der Geschäftsbeziehung und Transaktion und nach den zur Verfügung stehenden Erkenntnismöglichkeiten beim Verpflichteten richten. Dies können sachverhaltsbezogen tiefgehende Kundengespräche sein, oder es müssen zur Informationsabklärung Dritte kontaktiert werden.[518]

ee) Erweiterung und Evaluierung der Regelidentifizierung

Im ersten Gesetzentwurf zum Geldwäschebekämpfungsgesetz war für § 1 Abs. 5 GwG aufgenommen worden, dass die Legitimation anhand gültiger Dokumente erfolgen muss.[519] Im weiteren Verlauf wurden jedoch zu einer genaueren Identifizierung von Personen auch noch der Geburtsort und die Staatsangehörigkeit in § 1 Abs. 5 GwG mit aufgenommen. Die Aufnahme der zusätzlichen Identifikationsmerkmale wurde als sicherer erachtet und dient zudem einer Angleichung an den Entwurf der Parallelvorschrift des § 24c KWG.[520]

Die Identifizierungspflicht für Finanz- und Kreditinstitute bei Auszahlung eines Schwellenbetrages von mehr als 15.000 EUR (§ 2 Abs. 2 GwG a.F.) wurde aufgegeben. Die bisherige gesetzliche Forderung ging nach Ansicht des Gesetzgebers weit über die Erfordernisse der zweiten Geldwäscherichtlinie hinaus. Zudem wurde gerade bei der Auszahlung eines Bargeldbetrages aus einem Finanzkreislauf regelmäßig kein geldwäscherelevantes Risiko gesehen.[521] Dieser Ansicht mochte der Bundesrat in seiner Stellungnahme zum Gesetzentwurf nicht folgen. Aus seiner Sicht würde dadurch ein Informationsdefizit für Strafverfolgungsbehörden geschaffen, für die nicht nur die Umwandlung von Bar- in Buchgeld, sondern auch der umgekehrte Fall relevant ist.[522] Der Gesetzgeber lehnte die Forderung jedoch ab und verwies auf eine eingehende Prüfung der konkreten Interessenlage von Strafverfolgungsbehörden. Auch verwies er darauf, dass kein anderer Mitgliedstaat der Europäischen Union eine solche geldwäscherechtliche Regelung besitzt.[523]

ff) Einbeziehung moderner Bezahl- und Identifikationsformen

Nachdem ein Rückgang des weltweiten Bargeldverkehres zu verzeichnen war, sah der Gesetzgeber sich in der Verpflichtung, moderne Bezahlmethoden mit in das GwG aufzunehmen. Die Missbrauchsmöglichkeiten mittels Internets, Chipkarte und die damit verbundenen anonymen Möglichkeiten waren zu diesem Zeitpunkt

517 RegE GwBekG, BT-Drucks. 14/8739, S. 14.
518 RegE GwBekG, BT-Drucks. 14/8739, S. 14.
519 RegE GwBekG, BT-Drucks. 14/8739, S. 11.
520 RegE Stellungnahme Geldwäschebekämpfungsgesetz, BT-Drucks. 14/9043, S. 8.
521 RegE GwBekG, BT-Drucks. 14/8739, S. 12.
522 RegE Stellungnahme Geldwäschebekämpfungsgesetz, BT-Drucks. 14/9043, S. 2.
523 RegE Stellungnahme Geldwäschebekämpfungsgesetz, BT-Drucks. 14/9043, S. 8.

besonders in den Fokus der Geldwäschebekämpfung gerückt.[524] Zudem war eine besondere Eignung von Netzgeldsystemen zum nationalen und internationalen Transfer größerer Beträge festgestellt worden.[525] Finanztransaktionen mittels elektronischen Geldes wurden Bargeldtransaktionen gleichgestellt (§ 1 Abs. 7 GwG). Damit lösten diese dieselben Identifizierungs- und Anzeigepflichten und adäquate interne Sicherungsmaßnahmen aus.[526]

In Zuge der Nutzbarmachung elektronischer Instrumente wurde auch die qualifizierte elektronische Signatur i.S.d. § 2 Nr. 3 SigG als Identifizierungsmöglichkeit des Kunden anerkannt (§ 1 Abs. 5 GwG). Sie bietet eine wesentlich höhere Fälschungssicherheit als papiergebundene Urkunden.[527]

gg) Ausweitung von internen Sicherungsmaßnahmen

Anknüpfend an Art. 11 Abs. 1 der zweiten Geldwäscherichtlinie wurden auch die neu aufgenommenen Verpflichteten des Nichtfinanzsektors im GwG (§ 3 Abs. 1 GwG) grundsätzlich zur Durchführung von internen Sicherungsmaßnahmen verpflichtet (§ 14 Abs. 1 Nr. 8 GwG). Die Verpflichtung besteht jedoch nur insoweit, als die dort genannten Geschäfte regelmäßig durchgeführt werden. Diese Privilegierung gilt nicht für die Berufsgruppen der Wirtschaftsprüfer, vereidigte Buchprüfer, Steuerberater, Steuerbevollmächtigte und Immobilienmakler. Sie sind immer zu internen Sicherungsmaßnahmen verpflichtet.[528] Die Aufnahme des Tatbestandes einer Ordnungswidrigkeit (§ 16 GwG) bei Nichteinbehalten dieser Verpflichtungen hat der Gesetzgeber unterlassen.

d) Neufassung durch das Geldwäschebekämpfungsergänzungsgesetz (GwBekErgG), 2008

Mit Erlass einer neuen dritten Geldwäscherichtlinie[529] wurde die zweite Geldwäscherichtlinie aus dem Jahr 2001[530] aufgehoben. Die Mitgliedstaaten waren gehalten, bis zum 15.12.2007 die 3. GwRL in nationales Recht umzusetzen (Art. 45). Deutschland kam der Umsetzung dieser Verpflichtungen nur zögerlich nach. Die

---

524 RegE GwBekG, BT-Drucks. 14/8739, S. 11–12.

525 Görg, Geldwäschebezogene Terrorismusbekämpfung, S. 106.

526 RegE GwBekG, BT-Drucks. 14/8739, S. 11.

527 RegE GwBekG, BT-Drucks. 14/8739, S. 11.

528 BGBl. 2002, I, S. 3108.

529 Richtlinie 2005/60/EG des Europäischen Parlaments und des Rates vom 26. Oktober 2005 zur Verhinderung der Nutzung des Finanzsystems zum Zwecke der Geldwäsche und der Terrorismusfinanzierung v. 26.10.2005, ABl. EG Nr. L 309 v. 25.11.2005, S. 15–36; s.o. Kapitel D, Ziffer I, Nr. 11.

530 Richtlinie des Europäischen Parlaments und des Rates vom 04.12.2001 zur Änderung der Richtlinie 91/308/EWG des Rates zur Verhinderung der Nutzung des Finanzsystems zum Zwecke der Geldwäsche, ABl. EG Nr. L 344, 28.12.2001, S. 76–81 (Richtlinie 2001/97/EG).

Bundesregierung hatte kurz vor Fristablauf am 11.10.2007 lediglich einen Referentenentwurf für ein Gesetz zur Fortentwicklung der Bekämpfung der Geldwäsche und der Bekämpfung der Terrorismusfinanzierung vorgelegt.[531] Die Europäische Kommission drohte daraufhin im Juni 2008 noch mit einer Klage vor dem europäischen Gerichtshof, falls Deutschland seinen Verpflichtungen nicht nachkommt.[532]

Der Gesetzgeber setzte daraufhin am 31.08.2008 die neue Geldwäscherichtlinie mit der Neufassung des Geldwäschegesetzes (Art. 2 GwBekErgG)[533] in nationales Recht um. Dadurch wurde auch das bisherige GwG vom 25.10.1993 außer Kraft (Art. 11 GwBekErgG) gesetzt.

In diesem Zusammenhang wurden zusätzlich noch Vorgaben der Durchführungsrichtlinie 2006/70/EG[534] hinsichtlich der Begriffsbestimmungen von politisch exponierten Personen (PeP) und der Festlegung von technischen Kriterien für vereinfachte Sorgfaltspflichten sowie die Befreiung in Fällen, in denen nur gelegentlich Finanzgeschäfte getätigt werden, im neuen GwG umgesetzt.

Durch diese Umsetzungen gab es einen grundsätzlichen Wechsel von einem regelbasierten zu einem risikoorientierten Ansatz hin bei der Durchführung von Pflichten.[535] Damit wurden auch die von der FATF im Jahr 2003 veröffentlichten risikoorientierten Standards berücksichtigt.[536] Zukünftig sollten die gesetzlichen Regelungen zur Bekämpfung von Geldwäsche und Terrorismusfinanzierung zum Risikomanagement eines Unternehmens gehören. Sie sollten der Sensibilisierung für die Tatsache dienen, dass die Gefahr von Geldwäsche und Terrorismusfinanzierung nicht bei allen Geschäften und Transaktionen gleich ist.[537] Daher wurden vereinfachte Sorgfaltspflichten bei geringem Geldwäscherisiko und verstärkte Sorgfaltspflichten bei erhöhten Risiken der Geldwäsche vorgesehen.[538] Eines der zentralen Anliegen des Gesetzgebers war es auch, eine praxisbezogene Balance von allgemeinen, vereinfachten und verstärkten Sorgfaltspflichten auf der einen und der Vielzahl von Geschäftsstrukturen auf der anderen Seite zu schaffen.[539]

Weitere Ziele waren die Klarstellung der Aufgabenfunktion der nationalen FIU beim BKA, die Definition des wirtschaftlich Berechtigten und die weitere

---

531 Bräuning, Geldwäscheökonomie, S. 60.
532 Hetzer, Krim 2008, S. 468 (468); Hölscher/Gesmann-Nuissl/Hornbach, Systeme zur Geldwäschebekämpfung, S. 66.
533 Gesetz zur Ergänzung der Bekämpfung der Geldwäsche und Terrorismusfinanzierung Geldwäschebekämpfungsergänzungsgesetz (GwBekErgG) vom 13.08.2008, BGBl. 2008, I, S. 1690ff.
534 ABl. EU Nr. L 214, vom 04.08.2006.
535 Herzog/Achtelik, in: Herzog, GwG, Einl., Rn. 154.
536 RegE GwBekErgG, BT-Drucks. 168/08, S. 45.
537 RegE GwBekErgG, BT-Drucks. 168/08, S. 45; Herzog/Achtelik, in: Herzog, GwG, Einl., Rn. 154.
538 RegE GwBekErgG, BT-Drucks. 168/08, S. 46.
539 RegE GwBekErgG, BT-Drucks. 168/08, S. 46.

Implementierung der Bekämpfung der Terrorismusfinanzierung in das neue GwG.[540] Neue Methoden und Typologien wurden in dem neuen vier Abschnitte umfassenden GwG ebenfalls berücksichtigt.[541]

aa) Einteilung von Begriffsbestimmungen/Erweiterung des Adressatenkreises

Die unmittelbare Vermischung von Identifizierungspflichten mit der jeweiligen Benennung des Kreises der Verpflichteten des Nichtfinanzsektors (§ 3 GwG a.F.) wurde aufgegeben. Im neuen GwG erfolgte im ersten Abschnitt neben der Definition von Begriffen (§ 1 GwG) nun auch eine enumerative Aufzählung der vom GwG erfassten Verpflichteten (§ 2 Abs. Nr. 1–12 GwG).

(1) Begriffsbestimmungen

Die Inhalte der neuen Definition der Identifizierung in § 1 Abs. 1 GwG knüpfen wesentlich an die bisherige Fassung des § 1 Abs. 5 GwG und an die Bestandteile des Know-Your-Customer-Prinzips an. Die beiden Elemente Feststellung der Identität der zu identifizierenden Person und Überprüfung der Identität wurden an Art. 8 der dritten Geldwäscherichtlinie angelehnt. Die Verfahrensweise wurde in den §§ 3 und 4 GwG geregelt.

Erstmals wurde eine Definition der Terrorismusfinanzierung in das GwG aufgenommen (§ 1 Abs. 2 GwG). Sie knüpft an die beiden terroristischen Straftaten in §§ 129a und 129b StGB und an die umschriebenen terroristischen Straftaten des EU-Rahmenbeschlusses vom 13.06.2002[542] an.

Neben der Aufnahme der Definition des Begriffes der Geschäftsbeziehung in § 1 Abs. 3 GwG erfolgte eine weite Begriffsbestimmung der Transaktion in § 1 Abs. 4 GwG, die als Transaktion jede Handlung versteht, die eine Geldbewegung oder sonstige Vermögensverschiebung bezweckt oder bewirkt. Der Gesetzgeber hat sich bewusst für eine weite Ausgestaltung entschieden, um jegliche Form von Wirtschaftssubjekten zu erfassen.[543] Damit sind die Annahme und Abgabe von Bargeld oder gleichgestellten Zahlungsmitteln, aber auch sämtliche Vertragsabschlüsse und sonstige Bankgeschäfte (Überweisungen, Rückführung eines Kredites, sachenrechtlicher Eigentumswechsel) erfasst.[544] Der bisherige Begriff der Finanztransaktion (§ 1 Abs. 6 GwG a.F.) wurde aufgegeben.

Die bisherige Fassung des § 1 Abs. 7 GwG zum elektronischen Geld wurde nur redaktionell verändert und in Absatz 5 verschoben.

---

540 Quedenfeld, in: Quedenfeld, Handbuch Geldwäschebekämpfung, S. 34; RegE GwBekErgG, BT-Drucks. 168/08, S. 45–46.

541 Herzog/Achtelik, in: Herzog, GwG, Einl., Rn. 154; RegE GwBekErgG, BT-Drucks. 168/08, S. 45.

542 Rahmenbeschluss des Rates vom 13.06.2002 zur Terrorismusbekämpfung (2002/475/JI), ABl. EG Nr. L 164 vom 22.06.2002, S. 3–7.

543 RegE GwBekErgG, BT-Drucks. 168/08, S. 62.

544 RegE GwBekErgG, BT-Drucks. 168/08, S. 62.

Die Bestimmung des wirtschaftlich Berechtigten in § 1 Abs. 6 GwG wurde neu ausgerichtet und an Art. 3 Nr. 6 der dritten Geldwäscherichtlinie angelehnt. Sie erfasst zukünftig den wirtschaftlichen Eigentümer als diejenige Person, in deren Eigentum oder unter deren Kontrolle der Vertragspartner letztendlich steht und/oder die natürliche Person, in deren Auftrag eine Transaktion oder Tätigkeit ausgeführt wird. Die alte Fassung sah zwar eine Identifizierung desjenigen vor, auf dessen Rechnung der persönlich Auftretende handelt (§ 8 GwG a.F.). Der Gesetzgeber wollte jedoch vermeiden, dass unklar blieb, wer bei juristischen Personen und sonstigen rechtsfähigen Vereinigungen als wirtschaftlich Berechtigter anzusehen ist.[545]

In § 1 Abs. 6 Satz 2 GwG wurde beispielhaft und in Anlehnung an viele Praxisfälle eine Auflistung aufgenommen. Sie zählte auf, wer bei Gesellschaften, rechtsfähigen Stiftungen und bestimmten Rechtsgestaltungen als wirtschaftlich Berechtigter anzusehen ist (Art. 3 Nr. 6 Buchst. a, b der dritten Geldwäscherichtlinie) und verwies auf einen mindestens 25prozentigen Stimmanteil. Eine Unterscheidung zwischen vielfältig existierenden Arten von in- und ausländischen Gesellschaften ist nicht mehr erforderlich.[546] Verpflichtete müssen jedoch erkennen, ob Besonderheiten einer Gesellschaftsform einem erhöhten Risiko für Zwecke des Missbrauchs von Geldwäsche und Terrorismusfinanzierung unterliegen oder nicht.[547] Eine Gesellschaft bürgerlichen Rechts (GbR) wäre aufgrund ihrer fehlenden Registereintragung, des fehlenden besonderen Formerfordernisses und der Möglichkeit innerorganisatorischer Regelungen für Außenstehende intransparent.[548] Anknüpfend an das besondere Geschäftsrisiko und die Transaktion sollte risikoangemessen entschieden werden, wer als Gesellschafter bei einer GbR zu identifizieren ist. Ein geringeres Geldwäscherisiko wurde etwa bei einer Wohnungseigentümergesellschaft gesehen. Hier reichte es aus, wenn die gesetzliche jährliche Auflistung der Wohnungseigentümer als Identifizierung herangezogen wird.[549]

(2) Erweiterung des Adressatenkreises

Inhaltlich weitgehend unverändert geblieben und vom alten GwG in den Kreis der Verpflichteten der Fassung 2008 übertragen wurden:

- Kredit- und Finanzdienstleistungsinstitute (§ 2 Abs. 1 und 2 GwG),
- Finanzunternehmen (§ 2 Abs. 1 Nr. 3 GwG),
- Versicherungsunternehmen (§ 2 Abs. 1 Nr. 4 GwG),
- Investmentaktien- und Kapitalanlagegesellschaften (§ 2 Abs. 1 Nr. 6 GwG),
- Rechtsanwälte, Kammerrechtsbeistände, registrierte Personen im Sinne des § 10 Rechtsdienstleistungsgesetzes, Patentanwälte, Notare (§ 2 Abs. 1 Nr. 7 GwG),

545 RegE GwBekErgG, BT-Drucks. 168/08, S. 63; Warius, in: Herzog, GwG, § 1 Rn. 40; Diergarten, Geldwäsche, S. 56.
546 RegE GwBekErgG, BT-Drucks. 168/08, S. 63–64.
547 RegE GwBekErgG, BT-Drucks. 168/08, S. 63.
548 RegE GwBekErgG, BT-Drucks. 168/08, S. 63–64.
549 RegE GwBekErgG, BT-Drucks. 168/08, S. 64.

- Wirtschaftsprüfer, vereidigte Buchprüfer, Steuerberater und Steuerbevollmächtigte (§ 2 Abs. 1 Nr. 8 GwG),
- Immobilienmakler (§ 2 Abs. 1 Nr. 10 GwG) und
- Spielbanken (§ 2 Abs. 1 Nr. 11 GwG).

Im der Fassung 2008 erfolgte eine eigenständige Aufnahme der Berufsgruppe der Versicherungsvermittler (§ 2 Abs. 1 Nr. 5 GwG) in das GwG. Sie basiert auf den Vorgaben des Art. 2 Abs. 1 Nr. 2 i.V.m. Art. 3 Nr. 2 Buchst. e der dritten Geldwäscherichtlinie. Hier wurde auf eine eigenständige Definition verzichtet und unmittelbar auf § 59 VVG verwiesen. Dadurch bedurfte es keiner gesonderten Anführung des Versicherungsvermittlers.[550] In Umsetzung der Vorgaben des Art. 3 Nr. 2 der dritten Geldwäscherichtlinie wurden Vermittler nur insoweit als Verpflichtete aufgenommen, als sie Lebensversicherungen oder Dienstleistungen mit Anlagezweck vermitteln. Sogenannte produktakzessorische gebundene Vermittler i.S.d. § 34d Abs. 3 GewO wurden nicht aufgenommen. Ihre Einbeziehung wurde als entbehrlich angesehen, da sie in die Organisation eines Versicherungsunternehmens eingebunden sind und dadurch einer vollen Kontrollstruktur unterliegen.[551]

Die Aufnahme des Personenkreises der Dienstleister für Gesellschaften und Treuhandvermögen und Treuhänder (§ 2 Abs. 1 Nr. 9 GwG) war auf Art. 2 Abs. 1 Nr. 3 Buchst. c i. V. m. Art. 3 Nr. 7 der dritten Geldwäscherichtlinie zurückzuführen. Der Gesetzgeber vermied die Nennung von Unternehmensberatern in dieser Norm, da die Bezeichnung im deutschen Recht nicht abschließend normiert und rechtlich genau definiert ist.[552] Er zog es zudem vor, nur diejenigen als Verpflichtete aufzunehmen, die auch bestimmte Dienstleistungen erbringen (§ 2 Abs. 1 Nr. 9 Buchst. a–e GwG).

In § 3 Abs. 1 Satz 2 GwG der bisherigen Fassung waren bislang alle sonstigen Gewerbetreibenden als Verpflichtete erfasst. Das GwG in der Fassung 2008 schrieb den Anwendungsbereich des § 2 Abs. 1 Nr. 12 GwG nur für Personen vor, die gewerblich mit Gütern handeln. Darunter sind regelmäßig solche Unternehmen zu verstehen, deren Tätigkeit sich darauf beschränkt, Fertigprodukte anzukaufen, um sie anschließend weiter zu veräußern, sowie Unternehmen, die aus Rohstoffen eigene Güter produzieren oder weiterverarbeitete Güter zum Verkauf anbieten.[553] Der Kreis der Gewerbetreibenden mit Dienstleistungsangeboten wurde nicht mehr vom GwG erfasst. Inwieweit dieser weite Bereich nicht mehr für Geldwäsche anfällig ist, ließ der Gesetzgeber offen. Die Erstellung von Leistungspaketen, deren objektive Werte nur schwer festgestellt werden können, aber auch die Schwierigkeit, dass

550 RegE GwBekErgG, BT-Drucks. 168/08, S. 66.
551 Warius, in: Herzog, GwG, § 2 Rn. 137; Diergarten, Geldwäsche, S. 88; RegE GwBekErgG, BT-Drucks. 168/08, S. 66–67.
552 Diergarten, Geldwäsche, S. 92.
553 Helmrich, NJW 2009, 3686.

Sachleistungen oft keine Spuren hinterlassen, hätten eher für eine Beibehaltung als für eine Entfernung dieses Adressatenkreises gesprochen.[554]

Der bisherige Schwellenwert von 15.000 EUR wurde in § 3 Abs. 2 Satz 5 GwG übernommen. Die Erfassung der gewerblichen Güterhändler dient der Umsetzung des Art. 2 Abs. 1 Nr. 3 Buchst. e der dritten Geldwäscherichtlinie und betrifft sowohl natürliche als auch juristische Personen.[555] Der Bundesrat plädierte für eine Ausweitung des Begriffes des Bargeldes bei den Güterhändlern. Darunter sollten auch die Annahme von Wertpapieren i.S.d. § 1 Abs. 1 DepotG und Edelmetallen im Wert von 15.000 EUR oder mehr fallen. Zudem sollten Edelsteine und Kunstwerke dem Bargeld gleichgestellt werden.[556]

Die Bundesregierung verwarf diesen Vorschlag jedoch, da er über den Erwägungsgrund 18 der dritten Geldwäscherichtlinie weit hinausgehen würde.[557] In diesem Erwägungsgrund sind die Mitgliedstaaten jedoch aufgefordert, Personen, die mit hochwertigen Gütern wie Edelsteinen, Edelmetallen oder Kunstwerken handeln, sowie Versteigerer, sofern an diese Bargeldzahlungen in Höhe von 15.000 EUR oder mehr geleistet werden, in die gesetzliche Umsetzung mit aufzunehmen. Gerade dieser Kreis von Güterhändlern und Dienstleistern ist jedoch bei der Annahme von risikobehafteten hochwertigen Produkten und der Identifizierung des Vertragspartners ausgenommen. Durch diese gesetzliche Öffnung verblieb ein Restrisiko an Möglichkeiten von Geldwäsche und Terrorismusfinanzierung.[558]

bb) Allgemeine, einfache und verstärkte Sorgfaltspflichten

Die bisherige Regelung der formalen Identitätsfeststellung wurde in der Fassung 2008 aufgegeben. In Anlehnung an Kapitel II der dritten Geldwäscherichtlinie kam die „Costumer Due Diligence" auch bei den zu erfüllenden Pflichten zum Ausdruck.[559] Die Einholung von Informationen über den Zweck und über die angestrebte Art der Geschäftsbeziehung, sowie die kontinuierliche Überwachung waren wesentliche Bestandteile der neuen Vorgehensweise. Alle Sorgfaltspflichten unterlagen hierbei einem risikoorientierten Ansatz (§ 3 Abs. 4 GwG n.F.). Durch diese Vorgehensweise wurden eine individuelle Maßnahmenergreifung und eine ökonomische Vorgehensweise für den Verpflichteten möglich.[560]

Der Gesetzgeber hat die Sorgfaltspflichten in die drei Risikokategorien allgemeine (§ 3 GwG), vereinfachte (§ 5 GwG) und verstärkte Sorgfaltspflichten (§ 6 GwG) eingeteilt. Diese systematische Einordnung zeigt, dass verstärkte und einfache

---

554 Stolpe, Krim 2000, 99 (105); Bräuning, Geldwäscheökonomie, S. 251.
555 RegE GwBekErgG, BT-Drucks. 168/08, S. 68.
556 Warius, in Herzog: GwG, § 2 Rn. 191; RegE GwBekErgG, BT-Drucks. 16/9038, S. 60.
557 Warius, in: Herzog, GwG, § 2 Rn. 191; Gegenäußerung RegE GwBekErG, BT-Drucks. 16/9080, S. 2.
558 Scherb, Krim 2008, 282 (285).
559 RegE GwBekErgG, BT-Drucks. 168/08, S. 69.
560 Hölscher/Gesmann-Nuissl/Hornbach, Systeme zur Geldwäschebekämpfung, S. 69.

Sorgfaltspflichten eher als Ausnahme gesehen und daher nachfolgend platziert wurden. Während sich die Pflichten für den Verpflichteten im ersten Absatz der drei Kategorien befanden, wurden die Auslösetatbestände für diese Pflichten in den sich anschließenden Absätzen geregelt.

(1) Allgemeine Sorgfaltspflichten (§ 3 GwG)

Die allgemeinen Sorgfaltspflichten, die einer mittleren Risikoeinstufung entsprechen, umfassen jeweils vier Auslösetatbestände (§ 3 Abs. 2 GwG) und vier Pflichtenbereiche (§ 3 Abs. 1 GwG). Die Auslösetatbestände sind:[561]

- Begründung einer Geschäftsbeziehung (§ 3 Abs. 2 Nr. 1 GwG)
- Durchführung einer oder mehrerer Transaktionen außerhalb einer bestehenden Geschäftsbeziehung von 15.000 EUR oder mehr; mehrere zusammenhängende Transaktionen eingeschlossen (§ 3 Abs. 2 Nr. 2 GwG)
- Verdacht auf Geldwäsche oder Terrorismusfinanzierung vor, während oder nach einer Transaktion (§ 3 Abs. 2 Nr. 3 GwG)
- Zweifel an der Identität des Vertragspartners oder des wirtschaftlich Berechtigten (§ 3 Abs. 2 Nr. 4 GwG)

Die vier Bereiche sind nahezu inhaltsgleich mit Art. 7 Buchst. a–d der dritten Geldwäscherichtlinie.[562] Die bisherige Pflicht zur Identifizierung bei einer auf Dauer angelegten Geschäftsbeziehung oder bei einer Bargeldtransaktion (§ 2 Abs. 1 und 2 GwG a.F.) wurde zu baren oder unbaren Transaktionen außerhalb bestehender Geschäftsbeziehungen erweitert, falls keine Ausnahmeregelungen hierzu greifen.

Durch das Vorliegen einer oder mehrerer Auslösetatbestände sind folgende Sorgfaltspflichten durchzuführen:[563]

- Identifizierung des Vertragspartners (§ 3 Abs. 1 Nr. 1 GwG)
- Einholung von Informationen über Art und Zweck der Geschäftsbeziehung (§ 3 Abs. 1 Nr. 2 GwG)
- Abklärung und Identifizierung des wirtschaftlich Berechtigten, bei juristischen Personen die Erhebung der Eigentums- und Kontrollstruktur des Vertragspartners mit angemessenen Mitteln (§ 3 Abs. 1 Nr. 3 GwG).
- kontinuierliche Überwachung der Geschäftsbeziehung und der Transaktionen und ggf. Aktualisierung der eigenen Aufzeichnungen (§ 3 Abs. 1 Nr. 4 GwG)

Analog zur bisherigen Identifizierungspflicht (§ 2 Abs. 1 und § 3 Abs. 1 GwG a.F.) war auch in der Fassung 2008 im GwG die Identifizierung ein Kernbestandteil der Bekämpfung von Geldwäsche und Terrorismusfinanzierung.[564] Der Gesetzgeber verfolgt dadurch zwei Ziele. Er möchte Anonymität in bestimmten Geschäftsvorfällen

561 BGBl. I 2008, S. 1693.
562 ABl. EG Nr. L 309 v. 25.11.2005, S. 23.
563 BGBl. I 2008, S. 1692–1693.
564 RegE GwBekErgG, BT-Drucks. 168/08, S. 70.

verhindern und den Verpflichteten vor dem Missbrauch durch Geldwäsche und Terrorismusfinanzierung schützen. Zudem sollen Strafverfolgungsbehörden durch die „*paper-trail*“ effiziente Ermittlungsmöglichkeiten zur Identität von Personen erhalten.[565] Die zu erhebenden Daten, der jeweilige Zeitpunkt der Identifizierung und die Durchführungsweise regelte § 4 GwG.

Durch die Abklärung des Hintergrundes der Geschäftsbeziehung sollte der Verpflichtete besser in die Lage versetzt werden, ein Risikoprofil des Vertragspartners zu erstellen.[566] Durch § 3 Abs. 1 Nr. 2 GwG wurde sichergestellt, dass nicht nur bekannte Standardgeschäfte im Nachhinein nachvollziehbar sind, sondern auch umfassendere vielschichtige Geschäftsbeziehungen.[567]

Die Verpflichtung abzuklären, ob eine Person auf eigene oder fremde Rechnung handelt, und den wirtschaftlich Berechtigten zu identifizieren, bestand bereits in § 8 Abs. 1 GwG a.F. Nach der weiter gefassten Verpflichtung in § 3 Abs. 1 Nr. 3 GwG bedurfte es nun nicht mehr der alleinigen Nachfrage beim Kunden, es mussten bei juristischen Personen eigene Ermittlungen getätigt werden. Die Norm ist auf die besondere Bedeutung von Art. 8 Abs. 1 Buchst. b der dritten Geldwäscherichtlinie zurückzuführen.[568] In der praktischen Anwendung bedeutete dies, dass die Identität des wirtschaftlich Berechtigten regelmäßig festzustellen war, die Überprüfung dieser Angaben jedoch nur auf risikoorientierter Basis zu erfolgen hatte (§ 4 Abs. 5 GwG).[569] Die Anregung des Bundesrates im Rahmen des Gesetzgebungsverfahren, die Erhebung der Daten (Vor- und Zuname, § 4 Abs. 5 Satz 1 GwG) noch um weitere Identifizierungsmerkmale wie die des Geburtsdatums, Geburtsortes und der Anschrift zu ergänzen, wurde nicht aufgegriffen.[570]

Die Aufnahme der kontinuierlichen Überwachung der Geschäftsbeziehung (§ 3 Abs. 1 Nr. 4 GwG) in das GwG beruhte auf Art. 8 Abs. 1 Buchst. d der dritten Geldwäscherichtlinie.[571] Die Regelung gründete in der Erkenntnis, dass gerade Dauerschuldverhältnisse nur dann nicht für Geldwäsche anfällig sind, wenn sie nicht nur einmalig, sondern kontinuierlich vom Verpflichteten überwacht werden.[572] Dabei sollte die Überwachung dynamisch unter Berücksichtigung des Geschäfts- und Transaktionsverhaltens des Kundenprofils erfolgen. Hierzu konnte es auch erforderlich sein, dass risikoorientiert die Herkunft von Vermögenswerten überprüft

565 RegE GwBekErgG, BT-Drucks. 168/08, S. 70.
566 RegE GwBekErgG, BT-Drucks. 168/08, S. 71.
567 Warius, in: Herzog, GwG, § 3 Rn. 13; Hölscher/Gesmann-Nuissl/Hornbach, Systeme zur Geldwäschebekämpfung, S. 72.
568 ABl. EG Nr. L 309 v. 25.11.2005, S. 23.
569 RegE GwBekErgG, BT-Drucks. 168/08, S. 71.
570 RegE GwBekErgG, BT-Drucks. 16/9038, S. 63.
571 ABl. EG Nr. L 309 v. 25.11.2005, S. 23.
572 RegE GwBekErgG, BT-Drucks. 168/08, S. 72.

wurde.[573] Eine Verpflichtung zur routinemäßigen Prüfung der Herkunft von Vermögenswerten war daraus jedoch nicht abzuleiten.[574]

Im Rahmen der Identifizierungspflicht von Kunden in Spielbanken wurde der bisherige Schwellenbetrag von 1.000 EUR erhöht. Der Kauf oder Verkauf von Spielmarken löste eine Identifizierungspflicht erst ab einem Betrag von 2.000 EUR aus (§ 3 Abs. 3 GwG). Damit setzte der Gesetzgeber eine Forderung des Art. 10 Abs. 1 der dritten Geldwäscherichtlinie um.[575]

Versicherungsvermittler, die Verträge über Lebensversicherungen, gleichgestellte Geschäfte oder Unfallversicherungen mit Prämienrückgewähr anbieten, begründen bei diesen Geschäftsmodellen regelmäßig eine Geschäftsbeziehung (§ 3 Abs. 2 Satz 1 Nr. 1 GwG).[576] Sie unterlagen damit den allgemeinen Sorgfaltspflichten (§ 3 Abs. 1 GwG). Darüber hinaus wurde bei diesen Geschäftsmodellen ein zusätzlich erhöhtes Risiko von Geldwäsche und Terrorismusfinanzierung gesehen, wenn Beiträge mit Bargeld von 15.000 EUR oder mehr beglichen werden.[577] Erfahrungen in der Vergangenheit haben gezeigt, dass der Abschluss von Versicherungsverträgen mit Kapitalanlage, die anschließende Einzahlung von hohen Bargeldzahlungen und die zeitnahe Rücktrittserklärung von diesem Vertrag zur Geldwäsche missbraucht werden kann.[578] Aufgrund dessen hatte der Gesetzgeber eine Mitteilungspflicht für Versicherungsvermittler in § 3 Abs. 5 GwG integriert. Bei Überschreitung des Bargeldbetrages von 15.000 EUR in einem Kalenderjahr war der Versicherungsvermittler verpflichtet, dem Versicherungsunternehmen dies mitzuteilen. Die Versicherungsunternehmen waren damit in der Lage, eigenverantwortlich erforderliche Sachverhaltsprüfungen hinsichtlich Geldwäsche oder Terrorismusfinanzierung einzuleiten.[579]

(2) Vereinfachte Sorgfaltspflichten (§ 5 GwG)

Das zentrale gesetzgeberische Anliegen einer praxisnahen risikoadäquaten Anwendung der geldwäscherechtlichen Normen kommt in den vereinfachten Sorgfaltspflichten des § 5 GwG deutlich zum Ausdruck.[580] In Umsetzung des Art. 11 der dritten Geldwäscherichtlinie wurden abschließende Fallgruppen in das GwG eingebracht, anhand deren die Verpflichteten von der Erfüllung der allgemeinen

573 RegE GwBekErgG, BT-Drucks. 168/08, S. 72.
574 Warius, in: Herzog, GwG, § 3 Rn. 31–32.
575 ABl. EG Nr. L 309 v. 25.11.2005, S. 24.
576 RegE GwBekErgG, BT-Drucks. 168/08, S. 75.
577 RegE GwBekErgG, BT-Drucks. 168/08, S. 75; Diergarten, Geldwäsche Kommentar, S. 122–123.
578 Warius, in: Herzog, GwG, § 3 Rn. 125; Hoyer/Klos, Geldwäscheregelungen, S. 31; FATF, Bericht über Geldwäsche-Typologien 2003–2004, S. 93.
579 Warius, in: Herzog, GwG, § 3 Rn. 125; RegE GwBekErgG, BT-Drucks. 168/08, S. 75.
580 RegE GwBekErgG, BT-Drucks. 168/08, S. 46.

Sorgfaltspflichten abweichen können. Ein geringes Risiko der Geldwäsche oder Terrorismusfinanzierung besteht demnach bei nachfolgenden Verpflichteten:

- Kredit- und Finanzinstitute, Versicherungsunternehmen, Versicherungsvermittler und Finanzunternehmen (§ 5 Abs. 2 Nr. 1 GwG),
- börsennotierte Gesellschaften (§ 5 Abs. 2 Nr. 2 GwG),
- Rechtsanwälte und Notare (§ 5 Abs. 2 Nr. 3 GwG),
- inländische Behörden.

Die genannten Institutionen, Berufszweige und Behörden können vorbehaltlich einer Risikobewertung vom Umfang der Überprüfung der Identität (§ 4 Abs. 4 GwG) und der Überwachung des Vertragspartners absehen (§ 5 Abs. 1 GwG). Eine Einschränkung besteht bei Vorliegen von Verdachtsfällen der Geldwäsche oder Terrorismusfinanzierung (§ 5 Abs. 3 GwG). Dann gilt die Erleichterung des § 5 Abs. 1 und 2 GwG nicht, und die allgemeinen Sorgfaltspflichten aus § 3 Abs. 1 GwG sind wieder zu erfüllen. In der Praxis sind die privilegierten Verpflichteten somit dennoch gehalten, die Geschäftsbeziehungen zu überwachen. Dadurch kann gewährleistet werden, dass komplexe und ungewöhnlich große Transaktionen ohne einen wirtschaftlich nachvollziehbaren Grund aufgedeckt werden können.[581] Aus dem Vorliegen der Voraussetzungen der einfachen Sorgfaltspflichten kann jedoch nicht das Recht des Vertragspartners abgeleitet werden, dass der Verpflichtete dem auch nachkommen muss. Der Verpflichtete kann geldwäscherechtlich eigenverantwortlich wählen, ob er diese geldwäscherechtlichen Erleichterungen anwenden möchte oder nicht.[582]

(3) Verstärkte Sorgfaltspflichten (§ 6 GwG)

Für bestimmte Fallgestaltungen mit einem hohen Risiko der Geldwäsche und Terrorismusfinanzierung sind in § 6 GwG verstärkte Sorgfaltspflichten vorgesehen, und zwar in Fällen von Verträgen mit politisch exponierten Personen (§ 6 Abs. 2 Nr. 1 GwG) und bei Verträgen mit physisch abwesenden Vertragspartnern (§ 6 Abs. 2 Nr. 2 GwG). Die beiden Fallkonstellationen sind dabei nicht abschließend. Der Gesetzgeber kann auf Grundlage des § 6 Abs. 3 GwG neue Fallkonstellationen per Rechtsverordnung aufnehmen. Zudem muss der Verpflichtete jeden Sachverhalt einzeln bewerten, um bei Feststellung eines erhöhten Risikos der Geldwäsche oder Terrorismusfinanzierung angemessene Maßnahmen zu ergreifen (§ 6 Abs. 1 GwG). Besondere Maßnahmen wären beispielsweise zu treffen, wenn Geschäftsbeziehungen in einen Staat bestehen, dessen Standards zur Geldwäschebekämpfung als bekannt niedrig und uneffektiv anzusehen sind.[583]

---

581 RegE GwBekErgG, BT-Drucks. 16/9038, S. 39; Warius, in: Herzog, GwG, § 5 Rn. 5; Diergarten, Geldwäsche, S. 153.

582 Studer, in: Quedenfeld, Handbuch Geldwäschebekämpfung, S. 90, Rn. 216.

583 RegE GwBekErgG, BT-Drucks. 16/9038, S. 40.

Unter politisch exponierten Personen (PeP) i.S.d. § 6 Abs. 2 Nr. 1 Satz 1 GwG sind solche natürlichen Personen zu subsumieren, die nicht in Deutschland ansässig sind, wichtige öffentliche Ämter[584] ausüben oder ausgeübt haben sowie enge Familienangehörige[585] oder ihnen bekanntermaßen nahestehende Personen.[586] Die verstärkten Sorgfaltspflichten umfassen

- die Abklärung, ob der Vertragspartner oder wirtschaftlich Berechtigte eine PeP ist,
- die Einholung der Zustimmung zur Begründung der Geschäftsbeziehung von einem vorgesetzten Mitarbeiter,
- eine Abklärung der Herkunft von Vermögenswerten, die im Rahmen der Geschäftsbeziehung oder Transaktion eingesetzt werden und
- eine kontinuierliche Überwachung der Geschäftsbeziehung.

(α) Politisch exponierte Personen (§ 6 Abs. 2 Nr. 1 GwG)

Die Anwendung der verstärkten Sorgfaltspflichten umfasst kein generelles Verbot für eine Geschäftsbeziehung mit diesem Personenkreis, stellt die Verpflichteten jedoch vor praktische Herausforderungen. Bemängelt wird, dass es für Verpflichtete fast unmöglich ist herauszufinden, ob eine Person unter die genannte Definition eines PeP fällt oder nicht.[587] Hilfreich wäre eine von den Behörden zur Verfügung gestellte Personendatei, die alle darunter fallenden Personen umfasst.[588] Kommerzielle Anbieter haben bereits verschiedene Listungen in ihrem Angebot. Diese umfassen meist 120.000 bis 500.000 Personen und sind aufgrund des hohen Anschaffungspreises für die meisten Verpflichteten des Nichtfinanzsektors wirtschaftlich nicht tragbar.[589] Weiter ist damit nicht gewährleistet, dass die Datensätze aktuell und

584 Gemäß Art. 2 Abs. 1 Richtlinie 2006/70/EG sind dies: Staats- und Regierungschefs, Minister, stellvertretende Minister und Staatssekretäre, Parlamentsmitglieder, Mitglieder von obersten Gerichten, Verfassungsgerichten oder sonstigen hochrangigen Institutionen der Justiz, Mitglieder der Rechnungshöfe oder der Vorstände von Zentralbanken, Botschafter, Geschäftsträger und hochrangige Offiziere der Streitkräfte und Mitglieder der Verwaltungs-, Leitungs- oder Aufsichtsorgane staatlicher Unternehmen.

585 Gemäß Art. 2 Abs. 2 Richtlinie 2006/70/EG sind dies Ehepartner, der Partner, der nach einzelstaatlichem Recht dem Ehepartner gleichgestellt ist, die Kinder und deren Ehepartner oder Partner und die Eltern.

586 § 6 Abs. 2 Nr. 1 GwG nimmt unmittelbar Bezug auf die Begriffsbestimmung und technischen Kriterien von PePs, Richtlinie 2005/60/EG vom 26.10.2005, ABl. EU Nr. L 309, 25.11.2005, S. 15–36 und deren Durchführungsbestimmung, Richtlinie 2006/70/EG vom 01.08.2006, ABl. EU Nr. L 214 vom 04.08.2006, S. 29–34.

587 Achtelik, PeP, S. 3.

588 Diergarten, Geldwäsche, S. 174.

589 Achtelik, PeP, S. 4.

vollständig sind. Darüber hinaus besteht eine Unsicherheit, ob die Vorhaltung dieser Datensätze rechtlich zulässig ist.[590]

In Anlehnung an Erwägungsgrund 2 der Durchführungsrichtlinie 2006/70 appelliert der Gesetzgeber daher auch an die in § 16 Abs. 2 GwG n.F. genannten Aufsichtsbehörden. Sie sollen im Rahmen ihrer Prüfungen die Möglichkeit in Betracht ziehen, dass ein Verpflichteter übersehen kann, dass eine natürliche Person unter die Kategorie PeP fällt. Die Aufsichtsbehörden sollen in diesem Bereich von ihrem Ermessen Gebrauch machen und eine schematische Untersuchung bei den Verpflichteten vermeiden.[591]

(β) Nichtpräsenz von Personen (§ 6 Abs. 2 Nr. 2 GwG)

Ein erhöhtes Risiko bei der Aufnahme von Geschäftsbeziehungen wird auch gesehen, wenn der Vertragspartner persönlich nicht anwesend ist und daher nicht identifiziert werden kann (§ 6 Abs. 2 Nr. 2 GwG). In diesen Fällen hat der Verpflichtete die Identität anhand

- eines amtlichen Ausweises (§ 4 Abs. 4 S. 1 Nr. 1 GwG) oder
- einer beglaubigten Kopie des amtlichen Ausweises oder
- eines elektronischen Identitätsnachweises nach § 18 PAuswG oder
- einer qualifizierten elektronischen Signatur (§ 2 Nr. 3 SigG) zu überprüfen.

Mit Ausnahme des Vorliegens des elektronischen Identitätsnachweises hat der Verpflichtete in den anderen Fällen zudem sicherzustellen, dass eine erste Transaktion unmittelbar von einem Konto erfolgt, das auf den Namen des Vertragspartners geführt wird. Das Konto muss bei einem Kreditinstitut geführt werden, das der dritten Geldwäscherichtlinie unterliegt, oder bei einem Kreditinstitut in einem Drittstaat mit gleichwertigen geldwäscherechtlichen Anforderungen eröffnet worden sein (§ 6 Abs. 2 Nr. 2 Satz 1 GwG). Ziel ist es zu vermeiden, dass vorgelegte Dokumente einer Person nicht unmittelbar zugeordnet werden können oder diese zuvor gestohlen oder gefälscht wurden.[592] Das unmittelbar namentlich zuordenbare Konto soll die Öffnung einer Sicherheitslücke verhindern.[593]

In § 6 Abs. 1 Satz 2 GwG wird klargestellt, dass analog der Nichterfüllung von allgemeinen, auch bei Nichterfüllung von verstärkten Sorgfaltspflichten der Verpflichtete eine Geschäftsbeziehung weder begründen oder fortsetzen oder eine Transaktion durchführen darf. Eine bestehende Geschäftsbeziehung mit einem Vertragspartner ist zu beenden.

---

590 Achtelik, PeP, S. 5, Achtelik, in: Herzog, GwG, § 6 Rn. 16.
591 RegE GwBekErgG, BT-Drucks. 16/9038, S. 40.
592 Achtelik, in: Herzog, GwG, § 6 Rn. 32; Hölscher/Gesmann-Nuissl/Hornbach, Systeme der Geldwäschebekämpfung, S. 74.
593 Hölscher/Gesmann-Nuissl/Hornbach, Systeme der Geldwäschebekämpfung, S. 74–75.

cc) Ausführung durch bestimmte Dritte

Die Implementierung der Durchführung von Sorgfaltspflichten durch Dritte in das GwG (§ 7 GwG n.F.) ist an Art. 14–16 der dritten Geldwäscherichtlinie angelehnt.[594] Danach können Verpflichtete i.S.d. § 2 Abs. 1 Nr. 1, 4–5, 7–8 GwG sowie Finanzdienstleistungsinstitute nach § 2 Abs. 1 Nr. 2 GwG zur Erfüllung ihrer Sorgfaltspflichten auf Dritte zurückgreifen (§ 7 Abs. 1 GwG). Die Regelung, die maßgeblich den Finanzsektor betrifft, bestand bereits schon vor Verabschiedung der dritten Geldwäscherichtlinie und war bis zu diesem Zeitpunkt gängige Praxis. Eine gesetzliche Regelung hingegen hatte gefehlt.[595] Zu den Dritten, auf die ein Zugriff möglich ist, zählen beispielsweise Kreditinstitute aus den europäischen Mitgliedstaaten sowie aus bestimmten Drittstaaten, deren geldwäscherechtlichen Regelungen gleichwertig sind.[596] Die Verantwortung und die kontinuierliche Überwachung von Geschäftsbeziehungen sind nicht übertragbar, sie verbleiben beim Verpflichteten.[597]

dd) Aufzeichnungs- und Aufbewahrungspflichten

Die Inhalte der Aufzeichnungs- und Aufbewahrungspflicht der bisherigen Fassung des § 9 GwG wurden weitestgehend in § 8 GwG übernommen. Die ebenfalls in § 9 GwG bislang enthaltene Regelung zur Feststellung der Identität des wirtschaftlich Berechtigten wurde den Vorgaben der dritten Geldwäscherichtlinie entsprechend in die neue Fassung des § 3 Abs. 1 Nr. 3 und § 4 Abs. 5 GwG integriert.[598] Die Verpflichteten müssen die im Rahmen der Erfüllung ihrer Sorgfaltspflichten erhobenen Angaben und Informationen von Vertragspartnern, den wirtschaftlich Berechtigten, Transaktionen und Geschäftsbeziehungen aufbewahren (§ 8 Abs. 1 GwG). Darunter fallen bei einer Identifizierung des Vertragspartners auch die Art des amtlichen Ausweises oder des Dokumentes, die Nummer und die ausstellende Behörde (§ 8 Abs. 1 Satz 2 GwG). Ergänzt wird dies durch Regelungen zum Anfertigen von Kopien von Unterlagen zur Überprüfung der Identität eines Vertragspartners (§ 8 Abs. 1 Satz 3 GwG), bei bereits erfolgter Identitätsprüfung (§ 8 Abs. 1 Satz 4 GwG) oder bei Identifizierung mittels elektronischer Signatur (§ 8 Abs. 1 Satz 5 GwG).

In Anlehnung an Art. 30b der dritten Geldwäscherichtlinie mussten nun auch alle die Geschäftsbeziehungen und Transaktionen betreffenden Belege und Aufzeichnungen aufbewahrt werden (§ 8 Abs. 3 GwG). Damit sind nicht nur die Daten zur Legitimation, sondern auch alle von den Verpflichteten erhobenen Kundendaten aufzuzeichnen.[599] Dies hat zur Folge, dass diese Unterlagen auch keine Handakten

---

594 ABl. EG Nr. L 309 v. 25.11.2005, S. 26.
595 Hölscher/Gesmann-Nuissl/Hornbach, Systeme zur Geldwäschebekämpfung, S. 81; RegE GwBekErgG, BT-Drucks. 16/9038, S. 41–42.
596 Warius, in: Herzog, GwG, § 7 Rn. 4.
597 RegE GwBekErgG, BT-Drucks. 16/9038, S. 41.
598 RegE GwBekErgG, BT-Drucks. 16/9038, S. 42.
599 Warius, in: Herzog, GwG, § 8 Rn. 1.

sein können, die einem möglichen Beschlagnahmeverbot gem. § 97 StPO in Verbindung mit einem Zeugnisverweigerungsrecht gem. §§ 51, 53 StPO unterliegen.[600]

In Anlehnung an Art. 30 der dritten Geldwäscherichtlinie wurde die Untergrenze von fünf Jahren als Aufbewahrungszeitraum für alle Aufzeichnungen übernommen (§ 8 Abs. 3 GwG). Die fünfjährige Aufbewahrungsfrist ist als Mindestfrist anzusehen. Darüber hinaus kann der Verpflichtete die geldwäscherechtlichen Unterlagen nur dann aufbewahren, wenn diese Speicherung im Einklang mit dem Bundesdatenschutzgesetz steht.[601] Moderne Medien zur Aufzeichnung wurden – mit der Einschränkung einer Lesbarkeit in angemessener Zeit – ebenfalls zugelassen (§ 3 Abs. 2 GwG). Sie sollen dem Verpflichteten eine zeitgemäße und rationelle Dokumentation von Geschäftsunterlagen ermöglichen.[602] Dies hat jedoch zur Folge, dass der Verpflichtete auch für die Kosten einer ggf. erforderlichen Lesbarmachung und Reproduktion aufzukommen hat. Er hat diejenigen Hilfsmittel zur Verfügung zu stellen, um aufbewahrte Unterlagen auf einem Bild- oder anderen Datenträger, lesbar zu machen. Auf Verlangen der Straf- oder Aufsichtsbehörden hat er die Reproduktionen auf seine Kosten auszudrucken. § 8 Abs. 4 GwG verweist hierzu auf die entsprechenden steuerrechtlichen Grundsätze in § 147 Abs. 5 AO.[603]

ee) Interne Sicherungsmaßnahmen (§ 9 GwG)

Die Pflicht zur Schaffung von internen Sicherungsmaßnahmen wurde in Anlehnung an Art. 34 und 35 der dritten Geldwäscherichtlinie und § 14 GwG der bisherigen Fassung gestaltet. Die bisherige präventive Zielsetzung, dass betriebsinterne Maßnahmen Geldwäsche verhindern sollen, wurde beibehalten und vollständig auf den Bereich der Terrorismusfinanzierung ausgeweitet.[604] Der Bereich der Bekämpfung der Terrorismusfinanzierung war bislang nur in der bisherigen Fassung des § 14 Abs. 2 Nr. 2 GwG bei der Entwicklung interner Grundsätze implementiert gewesen.

Eine bedeutsame Veränderung fand in der Aufhebung der Pflicht zur Bestellung eines Geldwäschebeauftragten für die Mehrzahl von Verpflichteten statt. Die bisherige Verpflichtung, einen Geldwäschebeauftragten zu bestellen, bestand nun nur noch für Kredit- und Finanzdienstleistungsinstitute und Versicherungsunternehmen (§ 9 Abs. 2 Nr. 1 GwG). Dadurch wurden kleine und mittlere Unternehmen aus dem Nichtfinanzsektor entlastet, die bislang zur Bestellung eines Geldwäschebeauftragten verpflichtet waren.[605]

Neben der Aufnahme der Bekämpfung von Terrorismusfinanzierung führten aber auch neue Geldwäschetechniken und Methoden zu einer Veränderung der internen Sicherungsmaßnahmen. In § 9 Abs. 2 Nr. 2 GwG wurde gegenüber der

---

600 Warius, in: Herzog, GwG, § 8 Rn. 19.
601 Studer, in: Quedenfeld, Handbuch Geldwäschebekämpfung, S. 113, Rn. 281.
602 RegE GwBekErgG, BT-Drucks. 168/08, S. 91.
603 RegE GwBekErgG, BT-Drucks. 16/9038, S. 42.
604 RegE GwBekErgG, BT-Drucks. 16/9038, S. 42.
605 RegE GwBekErgG, BT-Drucks. 16/9038, S. 43.

bisherigen Fassung nicht nur die Entwicklung, sondern auch die Aktualisierung von internen Grundsätzen berücksichtigt.[606] Die im Wortlaut unveränderten Kontrollen sollen zukünftig nicht nur die Prüfung von interne Sicherungssysteme und Monitoringsysteme umfassen, sondern auch die Überprüfung der Zuverlässigkeit von Mitarbeitern, soweit diese befugt sind Transaktionen in diesem Tätigkeitsbereich durchzuführen (§ 9 Abs. 2 Nr. 2 GwG).[607]

Die früher in § 14 Abs. 2 Nr. 3 GwG enthaltene Vorgabe, dass die zur Durchführung von Finanztransaktionen befugten Mitarbeiter zuverlässig sein müssen, entfällt. Im Praxistest hat sich gezeigt, dass der bürokratische Aufwand der Dokumentationspflicht zu hoch und die reine Attestierung des Verpflichteten keine zusätzlichen Erkenntnisse zur Zuverlässigkeit eines Mitarbeiters brachten.[608] Ebenfalls entfallen ist die Vorgabe, dass regelmäßig eine Unterrichtung durchzuführen ist. Dies geschah vor dem Hintergrund, dass auch in Art. 35 Abs. 1 Satz 2 der dritten Geldwäscherichtlinie keine Vorgabe hierzu enthalten ist.

Im Zuge der gesamtheitlichen neuen Ausrichtung des GwG haben die Verpflichteten auch hier risikoorientiert zu entscheiden, wann eine Unterrichtung sinnvoll erscheint.[609] Denkbare Ansätze für eine Unterrichtung sind geldwäscherechtliche Neuregelungen, neue Methoden und Typologien, unternehmerische Umorganisationen, Häufigkeit von Vorfällen oder Feststellung erhöhter Fehlerquoten im Rahmen des Pflichtenkataloges des GwG.[610] Die Unterrichtung selbst muss jedoch zukünftig den Bereich der Terrorismusfinanzierung mit umfassen (§ 9 Abs. 2 Nr. 3 GwG). Der Adressatenbereich umfasst alle genannten Verpflichteten i.S.d. § 2 Abs. 1 GwG.

Durch die in § 9 Abs. 3 GwG aufgenommene Möglichkeit des sogenannten Outsourcing können nun alle Verpflichteten ihre internen Sicherungsmaßnahmen (§ 9 Abs. 2 GwG) und ihre Aufzeichnungs- und Aufbewahrungspflichten (§ 8 GwG) im Rahmen einer vertraglichen Vereinbarung durch einen Dritten durchführen lassen. Die Zustimmung der Aufsichtsbehörde (§ 16 Abs. 2 GwG) ist vorab einzuholen. Darüber hinaus müssen eine ordnungsgemäße Durchführung und Kontrollmöglichkeiten der Aufsichtsbehörden gewährleistet sein. In der Praxis wurde die Vorschrift für kleinere Banken und Finanzinstitute und Versicherungsunternehmen bedeutsam.[611] Sie können Personal- und Sachaufwand durch Auslagerung maßgeblich reduzieren.[612] Für den Nichtfinanzsektor sind Auslagerungen der Berufsgruppen im rechts-, und steuerberatenden sowie wirtschaftsprüfenden Bereich aufgrund der beruflichen Verschwiegenheitspflicht gegenüber Mandanten eher kritisch zu

606 RegE GwBekErgG, BT-Drucks. 16/9038, S. 43.

607 Hölscher/Gesmann-Nuissl/Hornbach, Systeme zur Geldwäschebekämpfung, S. 75; RegE GwBekErgG, BT-Drucks. 16/9038, S. 43.

608 RegE GwBekErgG, BT-Drucks. 16/9038, S. 43.

609 Hölscher/Gesmann-Nuissl/Hornbach, Systeme der Geldwäschebekämpfung, S. 75; RegE GwBekErgG, BT-Drucks. 16/9038, S. 43; Warius, in: Herzog, GwG, § 9 Rn. 88.

610 Warius, in: Herzog, GwG, § 9 Rn. 88.

611 Diergarten, Geldwäsche, S. 242.

612 Warius, in: Herzog, GwG, § 9 Rn. 118.

sehen.[613] Die Bundessteuerberaterkammer hat im Hinblick auf die zu beachtenden allgemeinen Berufspflichten (§ 57 Abs. 1 StBerG) beispielsweise angewiesen, dass die Vorschrift des § 9 Abs. 3 GwG im Wege einer Gesamtschau, mit den für Steuerberater bestehenden berufsrechtlichen Anforderungen einschränkend auszulegen ist. Delegationsmöglichkeiten bestehen auch hier im Grundsatz nur insoweit, als der Steuerberater die vorgenommenen Maßnahmen durchgängig kontrolliert und sie sich auf diesem Wege zu Eigen macht.[614] Zudem dürfte die größte Gruppe der Verpflichteten im Nichtfinanzsektor, die gewerblichen Güterhändler (§ 2 Abs. 1 Nr. 12 GwG), aufgrund der damit verbundenen finanziellen Belastungen (Genehmigung, Vertragsgestaltung und laufende Kosten), eher weniger von dieser Möglichkeit Gebrauch machen.

Die Aufsichtsbehörden können weiterhin im Einzelfall Anordnungen treffen, die geeignet und erforderlich sind, um interne Sicherungsmaßnahmen zu schaffen (§ 9 Abs. 4 GwG). Die Anordnung von risikoangemessenen Maßnahmen soll dabei die Art und Größe des Geschäftsbetriebes berücksichtigen. Dadurch soll der risikoangemessene Ansatz zur Erfüllung von internen Sicherungsmaßnahmen gesichert und die Kosten beim Adressaten möglichst gering gehalten werden.[615] Die Anordnung von Maßnahmen erfolgt durch die Aufsichtsbehörden in Form eines belastenden Verwaltungsaktes. In der Praxis werden Verpflichtete Adressaten dieser Anordnungen sein, die hauptsächlich in größerem Umfang mit hochwertigen Gütern handeln.[616]

ff) Zentralstelle für Verdachtsanzeigen

Neben der Umbenennung der früheren „Zentralen Analyse- und Informationsstelle für Verdachtsanzeigen“ (§ 5 GwG a.F.) in „Zentralstelle für Verdachtsanzeigen“ (§ 10 GwG) hat der Gesetzgeber weitere Neuerungen vorgenommen. Nach § 14 GwG Fassung 2008 besteht die Möglichkeit, dass auch bestimmte Behörden eine Verdachtsanzeige an die Zentralstelle und an die Strafverfolgungsbehörden übermitteln können. Im Zuge dessen wurde in § 10 Abs. 1 Nr. 1 GwG klargestellt, dass auch Verdachtsanzeigen von Behörden gesammelt und ausgewertet werden müssen. Die frühere Pflicht, die Verdachtsanzeigen in einer Statistik zu erfassen, wurde auf das Führen solcher Statistiken ausgeweitet (§ 10 Abs. 1 Nr. 3 GwG). Damit werden Anforderungen von Art. 33 Abs. 2 der dritten Geldwäscherichtlinie umgesetzt.[617]

Ein größerer Informationsbedarf wird auch für Verpflichtete im Bereich der Bekämpfung der Terrorismusfinanzierung gesehen.[618] Die Pflicht der Zentralstelle, die Verdachtsanzeigen auf Typologien und Methoden zur Geldwäsche auszuwerten,

---

613 Warius, in: Herzog, GwG, § 9 Rn. 120.

614 Bundessteuerberaterkammer, Anwendungshinweise der Bundessteuerberaterkammer zum Geldwäschegesetz, 21.04.2009, S. 19.

615 Warius, in Herzog, GwG, § 9 Rn. 138.

616 Studer, in: Quedenfeld, Handbuch Geldwäschebekämpfung, S. 79, Rn. 175.

617 ABl. EG Nr. L 309 v. 25.11.2005, S. 29.

618 RegE GwBekErgG, BT-Drucks. 16/9038, S. 44.

wurde daher auf den Bereich von Terrorismusfinanzierung ausgeweitet (§ 10 Abs. 1 Nr. 5 GwG). Die Verpflichteten sollen dadurch in die Lage versetzt werden, Verdachtsfälle besser erkennen zu können.[619]

Im Einklang mit Art. 35 Abs. 3 der dritten Geldwäscherichtlinie wird der schon früher zu erstellende Jahresbericht weiter beibehalten (§ 10 Abs. 1 Nr. 4 GwG). Er soll ebenfalls wie die zu erstellenden Typologien und Methoden adressatengerechte Informationen für Verpflichtete liefern. Aussagekraft und Wirksamkeit von Verdachtsanzeigen sollen dadurch optimiert werden.[620] Inwiefern ein jährlicher Veröffentlichungszeitraum diesem Ansatz gerecht wird, bleibt fraglich. Die Methoden der Geldwäscher unterliegen stetigen Anpassungen. Vor diesem Hintergrund wäre eine aktuellere, zeitnahe Veröffentlichung sinnvoller.[621]

gg) Modifizierung des Verdachtsmeldewesens

In Umsetzung von Art. 22 der dritten Geldwäscherichtlinie wurde allen Verpflichteten auferlegt, bei Verdacht auf oder der berechtigten Annahme einer Geldwäsche oder Terrorismusfinanzierung die zentrale Meldestelle beim Bundeskriminalamt und die zuständige Strafverfolgungsbehörde zu informieren (§ 11 Abs. 1 GwG). Der Gesetzgeber wollte durch die Ausweitung der Adressaten und des Meldebereiches auf die Terrorismusfinanzierung die Möglichkeit schaffen, alle verfügbaren Informationen zu nutzen.[622] Daher besteht eine Verdachtsmeldepflicht auch dann, wenn sich erst nach einer Transaktion ein Verdacht auf Geldwäsche und Terrorismusfinanzierung ergibt (§ 11 Abs. 1 Satz 1 GwG).

Abweichend von einer direkten Übermittlung einer Verdachtsmeldung an das BKA und die Strafverfolgungsbehörde regelt § 11 Abs. 4 GwG, dass der Kreis der rechtsberatenden Berufsträger (§ 2 Abs. 1 Nr. 7 GwG) sowie Steuerberater und Wirtschaftsprüfer (§ 2 Abs. 1 Nr. 8 GwG) ihre Verdachtsmeldung an die zuständige Berufskammer abgeben. Die Kammern sind angehalten, die Verdachtsmeldung schnellstmöglich zu prüfen und falls erforderlich mit einer Stellungnahme unverzüglich zu übermitteln. Eine Korrektur oder ein Zurückhalten der Verdachtsanzeige ist nicht möglich, auch wenn sie inhaltlich unrichtig sein sollte.[623] Die angedachte Qualitätssicherung des Gesetzgebers durch Einbindung der Berufskammern wird des damit verbundenen Zeitverlustes beim Übermittlungsweg als kritisch gesehen.[624] Zudem verfügt gerade der Kreis von rechtsberatenden Verpflichteten, Steuerberater oder auch Wirtschaftsprüfern zumeist über ein abgeschlossenes einschlägiges Studium, was eine qualitativ schlechte Verdachtsanzeige als unwahrscheinlich erscheinen lässt.[625]

---

619 RegE GwBekErgG, BT-Drucks. 16/9038, S. 44.
620 RegE GwBekErgG, BT-Drucks. 16/9038, S. 44.
621 Herzog/Achtelik, in: Herzog, GwG, § 10 Rn. 15.
622 RegE GwBekErgG, BT-Drucks. 16/9038, S. 44.
623 Diergarten, Geldwäsche, S. 306.
624 Diergarten, Geldwäsche, S. 307.
625 Herzog/Achtelik, in: Herzog, GwG, § 11 Rn. 38; Diergarten, Geldwäsche, S. 307.

Die Ausnahmen zur Meldepflicht für den Fall, dass Informationen für einen Verdacht unmittelbar aus einem Mandat stammen, bleiben weiter berücksichtigt (§ 11 Abs. 3 GwG).

Die Inhalte einer Verdachtsanzeige können bei der Polizei auch zum Zwecke der Gefahrenabwehr verwendet werden (§ 11 Abs. 6 GwG). Die Änderung ist maßgeblich auf die Einführung der Bekämpfung von Terrorismusfinanzierung in das GwG zurückzuführen. Die Polizei soll im Rahmen ihres Gefahrenabwehrauftrages auch Informationen zum Verdacht der Finanzierung von Terrorismus verwenden können. Dazu zählen Aufschlüsse zu terroristischen Organisationen und ihnen angehörende oder nahestehende Personen, ohne dass bereits eine konkret beweisbare Straftat vorliegt.[626]

Neu aufgenommen wurde auch die Möglichkeit, dass der Verpflichtete, der eine Verdachtsanzeige (§ 11 Abs. 1 GwG) beim BKA und dem zuständigen LKA abgegeben hat, auf Antrag bei der zuständigen Staatsanwaltschaft Auskünfte nach § 475 StPO aus den Akten erhalten kann (§ 11 Abs. 8 Satz 3 GwG). Dies gilt jedoch mit der Einschränkung, dass die Informationen daraus nur zu seiner eigenen Qualitätssicherung, Aussagekraft und Wirksamkeit von zukünftigen Verdachtsanzeigen verwendet werden. Zudem darf er die in diesem Rahmen übermittelten personenbezogenen Daten ebenfalls nur für die eigenen Zwecke verwenden. Sie sind nach Wegfall des Grundes zu löschen (§ 11 Abs. 8 Satz 4 GwG). Die Regelung setzt Art. 35 Abs. 1 der dritten Geldwäscherichtlinie um.[627]

hh) Aufsichtsbehörden im Bereich des GwG

Der Auftrag der in § 16 Abs. 2 GwG benannten Aufsichtsbehörden richtet sich nach Art. 37 der dritten Geldwäscherichtlinie, wonach die zuständigen Behörden die verpflichteten Institute und Personen überwachen sollen.[628] Sie treffen geeignete und erforderliche Maßnahmen und Anordnungen, um die gesetzlichen Anforderungen des GwG umzusetzen (§ 16 Abs. 1 GwG). Damit steht ihnen ein Weisungsrecht zu.[629] Die Behörden sollen dabei die einschlägigen geldwäscherechtlichen Vorschriften bei den Verpflichteten überwachen und Kontrollen durchführen. Zudem sollen ihnen für die Wahrnehmung ihrer Aufgaben angemessene Mittel zur Verfügung stehen.[630] Eine nähere rechtliche Ausgestaltung des Weisungsrechtes unterließ der Gesetzgeber. Den Behörden bleibt als Instrumentarium nur der Weg, Verpflichtete im Rahmen eines Verwaltungsverfahrens zu einer Mitwirkung zu bewegen. Der damit verbundene mögliche Zeitverlust, falls ein sofortiger Vollzug nicht möglich ist, dürfte regelmäßig dem Verpflichteten zugutekommen. Er kann den Zeitvorteil

---

626 RegE GwBekErgG, BT-Drucks. 16/9038, S. 45.
627 RegE GwBekErgG, BT-Drucks. 16/9038, S. 45.
628 ABl. EG Nr. L 309 v. 25.11.2005, S. 30.
629 Diergarten, Geldwäsche, S. 341.
630 RegE GwBekErgG, BT-Drucks. 16/9038, S. 47.

nutzen und beispielsweise seine internen Sicherungsmaßnahmen überarbeiten oder gar neu konzipieren.

Die Benennung der in § 16 Abs. 2 GwG aufgeführten Behörden basiert auf § 16 GwG a.F. Neben der Bundesanstalt für Finanzdienstleistungsaufsicht (§ 16 Abs. 2 Nr. 2 GwG) und der Aufsichtsbehörde für das zuständige Versicherungswesen (§ 16 Abs. 2 Nr. 3 GwG) ist für Rechtsanwälte, Patentanwälte, Notare, Wirtschafts- und vereidigte Buchprüfer sowie Steuerberater die jeweilige zugeordnete Berufskammer zuständig (§ 16 Abs. 2 Nr. 4–8 GwG). Für alle anderen Verpflichteten obliegt die Zuständigkeit der jeweils nach Landes- oder Bundesrecht zuständigen Stelle (§ 16 Abs. 2 Nr. 9 GwG). Die Auffangregelung deckt eine Vielzahl von Verpflichteten ab, für die es keine besondere zuständige Aufsichtsbehörde gibt.[631]

ii) Sanktionen

Die bis zu diesem Zeitpunkt nicht mit Sanktionen belegte Anzeigepflicht bei einem Verdachtsfall wurde auf Grundlage von Art. 39 Abs. 1 der dritten Geldwäscherichtlinie neu aufgenommen (§ 17 Abs. 1 Nr. 4 GwG).[632] Weitere Veränderungen waren zumeist redaktioneller Art. Auch die bislang möglichen Bußgeldhöhen bei leichtfertigen oder vorsätzlichen Verstößen gegen die Sorgfalts- oder Meldepflichten wurden in Fällen des § 17 Abs. 1 GwG mit 50.000 EUR und in Fällen des § 17 Abs. 2 GwG mit 100.000 EUR beibehalten.

Unabhängig von § 17 GwG besteht für zuständige Behörden auch die Möglichkeit, ein Gewerbe wegen Unzuverlässigkeit zu untersagen (§ 35 Gewerbeordnung), falls Unternehmen ihren Pflichten nicht erfüllen.[633] In diesem Zusammenhang wäre auch ein Eintrag in das Gewerbezentralregister (GZR) möglich.

e) OGAW-IV Umsetzungsgesetz, 22.06.2011

Der erste Gesetzentwurf zur Umsetzung der OGAW-Richtlinie[634] war nicht geprägt von quantitativen geldwäscherechtlichen Änderungen.[635] Die Änderungen bei den Verpflichteten (§ 2 Abs. 1 Nr. 6 GwG) und bei Aufsichtsbehörden (§ 16 Abs. 2 Nr. 2 GwG) waren redaktioneller Art und dienten der Klarstellung und der Korrektur

---

631 Vgl. Herzog/Achtelik, in: Herzog, GwG, § 16 Rn. 18.

632 ABl. EG Nr. L 309 v. 25.11.2005, S. 30.

633 Helmrich, NJW 2009, 3686 (3689).

634 Richtlinie 2009/65/EG des Europäischen Parlaments und des Rates vom 13.07.2009 zur Koordinierung der Rechts- und Verwaltungsvorschriften betreffend bestimmte Organismen für gemeinsame Anlagen in Wertpapieren (OGAW), ABl. EU Nr.L 302 vom 17.11.2009.

635 Gesetzentwurf der Bundesregierung, Entwurf eines Gesetzes zur Umsetzung der Richtlinie 2009/65/EG zur Koordinierung der Rechts- und Verwaltungsvorschriften betreffend bestimmte Organismen für gemeinsame Anlagen in Wertpapieren (OGAW-IV-Umsetzungsgesetz – OGAW-IV-UmsG), BT-Drucks. 17/4510.

redaktioneller Versehen (Art. 5 OGAW-IV-UmsG)[636]. Das Ziel des OGAW-IV-UmsG[637] war auch vielmehr die Anpassung des Investmentfondsgeschäftes, die Verbesserung des Anlegerschutzes und die Modernisierung des Aufsichts- und Regulierungsrahmens.[638] Der Finanzausschuss empfahl jedoch im Verlauf des Gesetzgebungsverfahrens die derzeit fehlenden geldwäscherechtlichen Befugnisse für Aufsichtsbehörden der Länder noch unmittelbar in das OGAW-IV-UmsG einzubringen.[639] Die Intention dieser Empfehlung war auch die Beseitigung der im Deutschlandbericht vom 19.02.2010 von der FATF festgestellten Mängel zu fehlenden Befugnissen der Aufsichtsbehörden.[640] Der Gesetzgeber kam der Empfehlung des Finanzausschusses durch Art. 5 OGAW-IV-UmsG, der das Geldwäschegesetz änderte, nach.[641]

aa) Anlasslose Auskunfts- und Prüfungsrechte

Mit der Einführung von umfangreichen Kontrollbefugnissen in § 16 Abs. 3 GwG hat der Gesetzgeber umfangreiche Kontrollbefugnisse für Aufsichtsbehörden geschaffen. Auf Verlangen müssen Verpflichtete:

- unentgeltlich Auskünfte über alle Geschäftsangelegenheiten erteilen und
- Unterlagen vorlegen, die für die geldwäscherechtlichen Anforderungen von Bedeutung sind (§ 16 Abs. 3 Satz 1 GwG n.F.)

Die Einhaltung der geldwäscherechtlichen Verpflichtungen kann ohne einen besonderen Anlass geprüft werden. Eine Übertragung auf Dritte ist möglich und ist von den Verpflichteten zu dulden (§ 16 Abs. 3 Sätze 2 und 4 GwG n.F.). Zudem wurde den Aufsichtsbehörden und dem zur Unterstützung von Prüfungen benötigten Personenkreis ein Betretungsrecht eingeräumt. Dieses umfasst das Betreten und Besichtigen der Geschäftsräume zu den üblichen Geschäftszeiten. (§ 16 Abs. 3 Satz 3 GwG n.F.). Die Verpflichteten haben auch diese Maßnahme zu dulden (§ 16 Abs. 3 Satz 4 GwG).

Diese Kontrollrechte sind weitreichend. Zur Prüfung können alle geschäftlichen Schriftstücke und Datenträger eingesehen werden. Benötigte Kopien, Ausdrucke, Abschriften oder Kopien von Datenträgern hat der Verpflichtete kostenlos zur Verfügung zu stellen.[642] Der Gesetzgeber orientierte sich hier an den Auskunfts- und Prüfungsrechten der BaFin, der bereits durch §§ 6, 44 Abs. 1 KWG umfangreiche

---

636 RegE OGAW-IV-UmsG, BT-Drucks. 17/4510; S. 46 und 89.

637 Gesetz zur Umsetzung der Richtlinie 2009/65/EG zur Koordinierung der Rechts- und Verwaltungsvorschriften betreffend bestimmte Organismen für gemeinsame Anlagen in Wertpapieren (OGAW-IV-Umsetzungsgesetz – OGAW-IV-UmsG) vom 22.06.2011, BGBl. 2011 I, S. 1126 ff.

638 RegE OGAW-IV-UmsG, BT-Drucks. 17/4510, S. 1.

639 RegE OGAW-IV-UmsG, BT-Drucks. 17/5403, S. 88–90.

640 RegE GwPrävOptG, BT-Drucks. 17/6804, S. 38.

641 BGBl. 2011 I, 1165–1166.

642 RegE GwPrävOptG, BT-Drucks. 17/6804, S. 48.

gewerberechtliche Befugnisse eingeräumt worden waren.[643] Aufsichtsbehörden haben dadurch die Möglichkeit, die Einhaltung der geldwäscherechtlichen Bestimmungen in ihrer Gesamtheit zu überprüfen. Im Prüfungsfall wird sich dies regelmäßig auf die Einhaltung der allgemeinen, einfachen und verstärkten Sorgfaltspflichten und auf die Einhaltung der internen Sicherungsmaßnahmen und Sicherheitsstrukturen beziehen.[644] Das Betretungsrecht ist hierzu angemessen und unabdingbar. Eine adäquate Prüfung der Kontrollstrukturen und implementierten Sicherungsmaßnahmen kann nur vor Ort erfolgen.[645] Die Eingriffsintensität ermöglicht es zudem, jegliche relevanten Belege, z.B. Debitorenkonten, Kontoauszüge oder abgeschlossene oder verworfene Verträge mit den geldwäscherechtlichen Aufzeichnungen oder anderen vorliegenden Erkenntnissen abzugleichen. Nicht umfasst ist ein Durchsuchungs- und Selbsteintrittsrecht oder sonstiges, repressiven Zwecken dienendes Handeln.[646]

Im neu gefassten § 16 Abs. 4 GwG wird sichergestellt, dass dem Verpflichteten ein Zeugnisverweigerungsrecht aus persönlichen Gründen zusteht. Der neugefasste geldwäscherechtliche Rahmen schränkt dieses Recht nicht ein.

bb) Auslegungs- und Anwendungshinweise für Verpflichtete

Der neugefasste § 16 Abs. 5 GwG stellt sicher, dass die Aufsichtsbehörden den Verpflichteten regelmäßig aktualisierte Auslegungs- und Anwendungshinweise zur Umsetzung der geldwäscherechtlichen Sorgfaltspflichten und internen Sicherungsmaßnahmen zur Verfügung stellen. Die BaFin und die berufsständischen Vertretungen der Rechtsanwälte, Steuerberater und Wirtschaftsprüfer praktizieren dies bereits seit längerer Zeit.[647] Weiteres Ziel ist die damit verbundene Bewusstseinsschärfung der Verpflichteten für die Risiken von Geldwäsche und Terrorismusfinanzierung. Zudem sollen Ergebnisse des Forums für Geldwäscheprävention und Verhinderung der Terrorismusfinanzierung durch konkrete Hinweise und Vorgaben für die Verpflichteten zielgerichtet umgesetzt werden.[648] Der Gesetzgeber vermied es jedoch, ein subjektives öffentliches Recht aus § 16 Abs. 5 GwG, also einen Anspruch auf Auslegungs- und Anwendungshinweisen gegenüber den Aufsichtsbehörden abzuleiten.[649] Vor dem Hintergrund, dass die Verpflichteten einen umfangreichen Pflichtenkatalog zu erfüllen haben, der auch gewisse Rechtsrisiken enthält, wird

643 Herzog/Achtelik, in: Herzog, GwG, § 16 Rn. 19.
644 Diergarten, Geldwäsche, S. 347; Herzog/Achtelik, in: Herzog, GwG, § 16 Rn. 19.
645 Diergarten, Geldwäsche, S. 347.
646 RegE GwPrävOptG, BT-Drucks. 17/6804, S. 38; Herzog/Achtelik, in: Herzog, GwG, § 16 Rn. 19; Diergarten, Geldwäsche, S. 347.
647 Diergarten, Geldwäsche, S. 349.
648 RegE GwPrävOptG, BT-Drucks. 17/6804, S. 38; Diergarten, Geldwäsche, S. 348–349.
649 RegE GwPrävOptG, BT-Drucks. 17/6804, S. 38; Herzog/Achtelik, in: Herzog, GwG, § 16 Rn. 21.

das Fehlen einer anspruchsbegründenden Verpflichtung gegenüber den Aufsichtsbehörden bemängelt.[650]

§ 16 Abs. 6 GwG n.F. verpflichtet die Aufsichtsbehörden (§ 16 Abs. 2 GwG), die Verpflichteten über gleichwertige Drittstaaten i.S.d. § 1 Abs. 6a GwG zu informieren. Ein gleichwertiger Drittstaat im Sinne des GwG ist jeder Staat, in dem den Anforderungen des GwG gleichwertige Anforderungen gelten und in dem die Verpflichteten einer gleichwertigen Aufsicht in Bezug auf deren Einhaltung unterliegen und in dem für diese gleichwertige Marktzulassungsvoraussetzungen bestehen (§ 1 Abs. 6a GwG). Auch wenn eine Aufsichtsbehörde eine eigenständige Bewertung vornehmen muss, dürfte in der Praxis eine vorherige Abstimmung mit dem federführenden Gesetzgeber, dem Ministerium der Finanzen oder mit anderen Aufsichtsbehörden erfolgen. Verpflichtete sind auch dann angehalten, eine eigene Risikobewertung vorzunehmen, wenn ein Drittstaat als gleichwertig anerkannt wurde (§ 16 Abs. 6 Satz 3 GwG n.F.).

f) Gesetz zur Optimierung der Geldwäscheprävention, 22.12.2011

Im Rahmen einer Länderprüfung vom 15.05. bis 05.06.2009 hat die FATF die Bundesrepublik Deutschland hinsichtlich ihrer Vorgehensweise zur Bekämpfung von Geldwäsche und Terrorismusfinanzierung überprüft. In ihrem Prüfbericht, der im darauffolgenden Jahr veröffentlicht wurde,[651] stellte die FATF Defizite im deutschen Rechtssystem zur Bekämpfung der Geldwäsche und Terrorismusfinanzierung fest. Darüber hinaus erkannte die Bundesregierung, dass zusätzliche Mängel bei der Beaufsichtigung von Spielbanken, Immobilienmaklern, Versicherungsvermittlern, Juwelieren, Finanzunternehmen und Personen, die gewerblich mit Gütern handeln, bestehen.[652] Diese Defizite beruhten im Wesentlichen auf einer ungenügenden Umsetzung des Art. 37 der dritten Geldwäscherichtlinie, der auf FATF Standards basiert.[653]

Der Gesetzgeber entschloss sich trotz einiger Widerstände, insbesondere aufseiten der Kreditwirtschaft, die Missstände im Rahmen des Gesetzes zur Optimierung der Geldwäscheprävention (GwPrävOptG)[654] zu beseitigen.[655] Der Widerstand der Kreditwirtschaft richtete sich zum einen gegen die umfangreichen inhaltlichen Änderungen des GwG, beruhte aber auch darauf, dass zu diesem Zeitpunkt eine vierte europäische Geldwäscherichtlinie,[656] die voraussichtlich wiederum eine Änderung

650 Herzog/Achtelik, in: Herzog, GwG, § 16 Rn. 21–22.
651 FATF, Deutschlandbericht 2010, S. 1–386.
652 RegE GwPrävOptG, BT-Drucks. 17/6804, S. 1.
653 RegE GwPrävOptG, BT-Drucks. 17/6804, S. 1; EU, 3. Geldwäscherichtlinie 2005, S. 30.
654 Gesetz zur Optimierung der Geldwäscheprävention vom 22.12.2011, BGBl. 2001 I, S. 2959–2974.
655 Quedenfeld, in: Quedenfeld, Handbuch Geldwäschebekämpfung, S. 35, Rn. 48.
656 Quedenfeld, in: Quedenfeld, Handbuch Geldwäschebekämpfung, S. 35, Rn. 48.

des GwG zur Folge haben würde, bereits angekündigt war. Die zügige Gesetzesinitiative war unter anderem darauf zurückzuführen, dass die FATF für Anfang 2012 angekündigt hatte zu überprüfen, inwieweit Deutschland die Mängel aus dem Prüfbericht vom 19.02.2010 bereits abgearbeitet hat.[657] Durch das GwPrävOptG wurden wesentliche Änderungen im Geldwäschegesetz vorgenommen.

aa) Überarbeitung der Bestimmung des „wirtschaftlich Berechtigten" (§ 1 Abs. 6 GwG)

Bereits bei Verabschiedung des GwBekErgG im Jahr 2008 verfolgte der Gesetzgeber das Ziel, unbedingt zu vermeiden, dass die Person des wirtschaftlich Berechtigten bei juristischen Personen und sonstigen rechtsfähigen Vereinigungen im Unklaren blieb.[658] Darauf erfolgte die Legaldefinition des wirtschaftlich Berechtigten (§ 1 Abs. 6 GwG). Die FATF kritisierte im Rahmen ihres Deutschlandprüfberichtes vom 19.02.2010 eine mangelnde Transparenz bei der Legaldefinition des wirtschaftlich Berechtigten bei Treuhandverhältnissen und Stiftungen.[659] Durch die Aufnahme eines weiteren Regelbeispiels in § 1 Abs. 6 Satz 2 Nr. 3 GwG stellte der Gesetzgeber mit dem GwPrävOptG klar, dass zukünftig auch solche Fälle erfasst werden, die nicht unter Nr. 1 und 2 fallen, in denen aber eine andere Person als der Vertragspartner aufgrund wirtschaftlicher Beherrschung der Geschäftsbeziehung als eigentlich Berechtigter anzusehen ist.[660] Die Schaffung eines Auffangtatbestandes führt in der praktischen Anwendung immer dazu, dass die Verpflichteten prüfen müssen, ob irgendeine Form einer Treuhandkonstruktion oder verschiedene Varianten von (ausländischen) Rechtsgestaltungen gegeben sind.[661]

Im Zusammenhang mit der Optimierung der Begriffsbestimmung steht auch die Änderung der Identifizierung des wirtschaftlich Berechtigten (§ 4 Abs. 5 GwG). Neben der Feststellung der Identität soll auch stets dessen Überprüfung erfolgen (§ 4 Abs. 5 Satz 2 GwG n.F.). Lediglich beim Umfang der dazu erforderlichen Maßnahmen gewährt der Gesetzgeber einen gewissen Ermessensspielraum.[662] Zuvor konnten die Verpflichteten nach eigenem Ermessen entscheiden, ob sie eine Identitätsüberprüfung für sinnvoll erachteten oder nicht. Die FATF hat dies im Rahmen ihres Deutschlandberichtes kritisiert, auch weil es nicht im Einklang mit Empfehlung Nr. 5 ihrer 40+9 Empfehlungen steht.[663] Im Rahmen der Ermessensausübung hinsichtlich des Umfanges der Überprüfung soll eine Einzelfallprüfung durchgeführt

---

657 Quedenfeld, in: Quedenfeld, Handbuch Geldwäschebekämpfung, S. 35, Rn. 48.
658 RegE GwBekErgG, BT-Drucks. 168/08, S. 63; Warius, in: Herzog, GwG, § 1 Rn. 40; Diergarten, Geldwäsche, S. 56.
659 RegE GwPrävOptG, BT-Drucks. 17/6804, S. 25.
660 RegE GwPrävOptG, BT-Drucks. 17/6804, S. 25.
661 Warius, in: Herzog, GwG, § 1 Rn. 43–44; RegE GwPrävOptG, BT-Drucks. 17/6804, S. 24.
662 RegE GwPrävOptG, BT-Drucks. 17/6804, S. 27.
663 RegE GwPrävOptG, BT-Drucks. 17/6804, S. 27.

werden. Bei Feststellung eines niedrigen oder geringen Risikos soll zumindest eine Plausibilitätsprüfung der Identität erfolgen.[664]

Zur Erleichterung der Aufklärungspflicht eines Verpflichteten sind in § 4 Abs. 6 Satz 2 GwG entsprechende Mitwirkungs- und Offenlegungspflichten des Vertragspartners festgeschrieben worden.[665]

bb) Ergänzung des Kreises der Verpflichteten

Aufgrund der Vergleichbarkeit des Geldwäscherisikos von Vertriebsstellen für Einlagenkreditinstitute mit dem Geldwäscherisiko von E-Geld-Agenten i.S.v. § 1a Abs. 6 ZAG hat der Gesetzgeber den Kreis der Verpflichteten erweitert.[666] Zukünftig unterliegen auch Unternehmen und Personen, die E-Geld i.S.d. § 1a Abs. 3 ZAG, das von einem Einlagenkreditinstitut ausgegeben wird, vertreiben oder rücktauschen, ohne jedoch Kreditinstitut oder E-Geld-Emittent im Sinne des ZAG zu sein, den geldwäscherechtlichen Verpflichtungen (§ 2 Abs. 1 Nr. 2c GwG n.F.).[667]

Zur Herausstellung der Bedeutung der standesrechtlichen Verschwiegenheitspflicht hat der Gesetzgeber zudem § 2 Abs. 1 Nr. 7 GwG der bisherigen Fassung verändert.[668] Es findet eine Differenzierung zwischen den rechtsberatenden Berufen, die einer standesrechtlichen Verschwiegenheitsverpflichtung unterliegen, und denen, die keiner Berufskammer angehören – Rechtsbeistände und registrierte Personen gem. § 10 RDG – statt. Für die erstgenannte Berufsgruppe (§ 2 Abs. 1 Nr. 7 GwG n.F.) gelten die Ausnahmeregelungen des § 3 Abs. 6 Satz 3 GwG n.F. (Fortführen einer Geschäftsbeziehung) und § 11 Abs. 3 GwG n.F. (Ausnahme einer Meldepflicht). Die anderen Gruppen ungleich Rechtsbeistände wurden als Verpflichtete in § 2 Abs. 1 Nr. 7a GwG implementiert.[669]

cc) Vervollständigung der einfachen Sorgfaltspflichten

Die Voraussetzungen für die vereinfachten Sorgfaltspflichten (§ 5 GwG) wurden neu gefasst. Beim Vorliegen einer Fallgestaltung nach § 5 Abs. 2 GwG kann nicht mehr automatisch von einem geringen Risiko ausgegangen werden.[670] Die Neufassung des § 5 Abs. 1 GwG sieht vor, dass die Umstände des Einzelfalles und eine Risikobewertung durch den Verpflichteten in den Tatbestand einbezogen werden. Verpflichtete sollen dadurch angehalten werden, sich jederzeit ihrer Handlungen

664 Bausch/Voller, Geldwäsche-Compliance, 2014, S. 182–183; Studer, in: Quedenfeld, Handbuch Geldwäschebekämpfung, S. 106; RegE GwPrävOptG, BT-Drucks. 17/6804, S. 27–28.

665 RegE GwPrävOptG, BT-Drucks. 17/6804, S. 28.

666 Warius, in: Herzog, GwG, § 2 Rn. 98; RegE GwPrävOptG, BT-Drucks. 17/6804, S. 26.

667 RegE GwPrävOptG, BT-Drucks. 17/6804, S. 25–26.

668 RegE GwPrävOptG, BT-Drucks. 17/6804, S. 26.

669 RegE GwPrävOptG, BT-Drucks. 17/6804, S. 26.

670 Warius, in: Herzog, GwG, § 5 Rn. 2; RegE GwPrävOptG, BT-Drucks. 17/6804, S. 26.

bewusst zu sein, falls Vorkommnisse ein Abweichen von einer gesetzlichen Wertung verlangen.[671] Dadurch soll eine sachgerechte und risikoorientierte Handhabung von vermeintlich harmlosen Sachverhalten erfolgen.[672]

dd) Ergänzung der verstärkten Sorgfaltspflichten bei inländischen PeP

Im Bereich der verstärkten Sorgfaltspflichten (§ 6 GwG) zielte die frühere Gesetzgebung in Fällen von politisch exponierten Personen nur auf die Stellung des Vertragspartners ab. In der Neufassung des § 6 Abs. 2 Nr. 1 GwG fand nun eine Erweiterung mit der Aufnahme des wirtschaftlich Berechtigten statt.

Durch die FATF wurde im Deutschlandprüfbericht kritisiert, dass nach der bisherigen Regelung politisch exponierte Personen mit einem Wohnsitz in Deutschland geldwäscherechtlich nicht erfasst werden.[673] Der Gesetzgeber hat auf die Forderung nach einer Änderung reagiert und den früheren Inlandsbezug in § 6 Abs. 2 Nr. 1 Satz 1 GwG („nicht im Inland ansässig") gestrichen. Die daraus entstandene grundsätzliche Feststellungspflicht bringt praktische Umsetzungsprobleme mit sich. Die Folge ist eine Pflicht zur umfassenden Erkundigung bei sämtlichen Vertragspartnern über den Beruf bzw. der politisch exponierten Funktion sowie die einschlägigen Familienkontakte und daran anknüpfend zur Vornahme einer Risikoeinstufung.[674] Die Intention des Gesetzgebers ist jedoch eine andere. Ihm ging es vielmehr darum, dass die Verpflichteten nach einem risikoorientierten Ansatz vorgehen und eine Risikobewertung durchführen. Bei Feststellung eines potentiell erhöhten Risikos sind zusätzliche diesem Risiko angemessene verstärkte Sorgfaltspflichten zu erfüllen.[675] Wie das Verfahren in der Praxis auszusehen hat, bleibt dem Verpflichteten selbst überlassen, lediglich die Berücksichtigung der Angemessenheit ist dem Verfahren immanent.[676]

Weitere Veränderungen wurden durch die Ergänzung des § 6 Abs. 2 Nr. 1 Satz 4 Buchst. a GwG vorgenommen. Damit wird sichergestellt, dass stets die Zustimmung eines für die Begründung einer Geschäftsbeziehung zuständigen Mitarbeiters – das heißt eines Vorgesetzten – erforderlich ist. Damit müssen Personen in die Zustimmung eingebunden werden, die dem „*senior management*" eines Unternehmens angehören.[677] Der Gesetzgeber kam damit der Forderung des Art. 13 Abs. 4b der 3.GwRL nach und beseitigte einen Kritikpunkt der FATF.[678] Mit der Vorschrift und

671 Studer, in: Quedenfeld, Handbuch Geldwäschebekämpfung, S. 90.
672 RegE GwPrävOptG, BT-Drucks. 17/6804, S. 28.
673 RegE GwPrävOptG, BT-Drucks. 17/6804, S. 29.
674 Achtelik, in: Herzog, GwG, § 6, Rn. 13–14.
675 RegE GwPrävOptG, BT-Drucks. 17/6804, S. 29–30.
676 Diergarten, Geldwäsche, S. 173.
677 RegE GwPrävOptG, BT-Drucks. 17/6804, S. 30.
678 RegE GwPrävOptG, BT-Drucks. 17/6804, S. 30; vgl. FATF, Deutschlandbericht 2010, S. 142–143, Tz. 604, S. 147, Tz. 622 – 8. Aufzählungspunkt, S. 220, Tz. 930.

dem 4-Augen-Prinzip wird dem potentiell erhöhten Geldwäscherisiko von politisch exponierten Personen Rechnung getragen.

Zudem werden auch politisch exponierte Personen in verstärkte Sorgfaltspflichten eingebunden, die ihre Funktion erst im Laufe einer bestehenden Geschäftsbeziehung erlangen (§ Abs. 2 Nr. 1 Satz 5 GwG n.F.)[679] Die bisherige Verfahrensweise, politisch exponierte Personen nicht mehr als PeP einzustufen, wenn sie ein Jahr lang kein wichtiges öffentliches Amt mehr ausgeübt haben, wurde aufgegeben. Die Entscheidung einer Risikoeinstufung erfolgt durch den Verpflichteten im Rahmen einer einzelfallbezogenen Risikoabwägung (§ 6 Abs. 2 Nr. 1 Satz 7 GwG n.F.).[680] Ausnahmsweise kann es bei einem geringen Risiko auch ausreichen, nur die allgemeinen Sorgfaltspflichten anzuwenden.[681]

ee) Neufassung der Bestellung eines Geldwäschebeauftragten

Nach Inkrafttreten des GwBekErgG im August 2008 waren nur noch Kredit- und Finanzinstitute sowie Versicherungsunternehmen unter bestimmten Voraussetzungen zur Bestellung eines Geldwäschebeauftragten verpflichtet gewesen. Auf die Kritik der FATF in ihrem Deutschlandbericht 2010, dass die gesetzlichen Vorgaben für den Nichtfinanzsektor zu lückenhaft seien, hat der Gesetzgeber reagiert.[682] Zunächst war in einem ersten Gesetzentwurf vorgesehen, dass alle Verpflichteten, analog der Rechtslage vor August 2008, wieder einen Geldwäschebeauftragten benennen müssen.[683] Im weiteren Gesetzgebungsverfahren rückte er jedoch wieder davon ab und relativierte die Vorgabe für den Nichtfinanzsektor. Eine Bestellung sollte nur noch bei einer Mitarbeiteranzahl von neun Personen oder mehr in einem Unternehmen durchgeführt werden.[684] Aber auch dieser Gesetzentwurf wurde wieder verworfen.

In der verabschiedeten Fassung 2011 des § 9 Abs. 2 Nr. 1 GwG sind nur noch Finanzunternehmen (§ 2 Abs. 1 Nr. 3 GwG) und Spielbanken (§ 2 Abs. 1 Nr. 11 GwG) zur Bestellung eines Geldwäschebeauftragten verpflichtet. Den Aufsichtsbehörden bleibt jedoch die Möglichkeit, bei einer Vielzahl von Verpflichteten (§ 2 Abs. 1 Nr. 2b, 2c, 5, 7–10 und 12 GwG) die Bestellung eines Geldwäschebeauftragten anzuordnen (§ 9 Abs. 4 Satz 1 GwG Fassung 2011). Außerhalb des GwG bestehen zudem bereits spezialgesetzliche Anordnungen für Verpflichtete des Finanz- und Versicherungssektors (§ 2 Abs. 1 Nr. 1–2b und 4 GwG) zur Bestellung eines Geldwäschebeauftragten (§ 25c Abs. 4 KWG, § 80d Abs. 3 VVG, § 22 Abs. 2 ZAG).[685]

---

679 RegE GwPrävOptG, BT-Drucks. 17/6804, S. 30.

680 RegE GwPrävOptG, BT-Drucks. 17/6804, S. 30.

681 Studer, in: Quedenfeld, Handbuch Geldwäschebekämpfung, S. 94; RegE Geldwäscheoptimierungsgesetz, BT-Drucks. 17/6804, S. 30.

682 RegE GwPrävOptG, BT-Drucks. 17/6804, S. 32.

683 RegE GwPrävOptG, BT-Drucks. 17/6804, S. 33.

684 Warius, in: Herzog, GwG, § 9 Rn. 11; RegE Bericht Finanzausschuss, BT-Drucks.17/8043, S. 8.

685 RegE GwPrävOptG, BT-Drucks. 17/6804, S. 32.

Ein besonderes Risikopotenzial besteht nach Ansicht des Gesetzgebers im Bereich des Handels mit hochwertigen Gütern.[686] Erstmals definiert § 9 Abs. 4 Satz 4 GwG Luxusgüter als hochwertige Güter, die sich aufgrund ihrer Beschaffenheit, ihres Verkehrswertes oder des bestimmungsgemäßen Gebrauches von Alltagsgegenständen auch preislich unterscheiden. Benannt werden hierzu auch Regelbeispiele wie mehrere Edelmetalle, Edelsteine, Schmuck, Uhren, Kunstgegenstände und Antiquitäten, Kraftfahrzeuge, Schiffe, Motorboote und Luftfahrzeuge (§ 9 Abs. 4 Satz 5 GwG). Für diese speziellen Berufsgruppen aus dem Bereich der Güterhändler (§ 2 Abs. 1 Nr. 12 GwG) sollen die Aufsichtsbehörden die Benennung eines Geldwäschebeauftragten anordnen (§ 9 Abs. 4 Satz 3 GwG). Durch die Benennung einer „Soll-Vorschrift" wird den Aufsichtsbehörden ein Ermessenspielraum eingeräumt, der sich auch an der Betriebsgröße und dem Gefahrenpotenzial der Tätigkeiten orientieren soll.[687]

ff) Anpassung des Verdachtsmeldewesens bei der Zentralstelle für Verdachtsanzeigen (FIU)

Im Rahmen ihrer Deutschlandprüfung bemängelte die FATF, dass die Zentralstelle für Verdachtsmeldungen (FIU) keine gleichwertige Erstanlaufstelle gegenüber den Strafverfolgungsbehörden sei.[688] Gerade dies fordert sie jedoch in ihrer Empfehlung Nr. 26 zur Geldwäschebekämpfung.[689] Einer nationalen FIU unterliegen originär Aufgaben der Entgegennahme, Analyse und Weitergabe von Verdachtsmeldungen sowie anderen Sachverhalten und Informationen zu Geldwäsche und Terrorismusfinanzierung.[690]

Die FATF kam zudem zum Ergebnis, dass auch die Verdachtsschwelle zur Erstattung einer Verdachtsanzeige defizitär sei.[691] Bislang übersandte der Verpflichtete seine Verdachtsanzeige (§ 11 Abs. 1 GwG a.F.) im Original an die Strafverfolgungsbehörden und in Kopie an die FIU. In vielen Fällen führte dies zur Einleitung eines strafrechtlichen Ermittlungsverfahrens bei den Strafverfolgungsbehörden. Kritisiert wurde von der FATF, dass dies bei Verpflichteten zur Irritation führte, da diese annahmen, ausermittelte Fälle an die Strafverfolgungsbehörden übersenden zu müssen.[692] Die Verdachtsschwelle war damit zu niedrig angesetzt.[693] Zudem vertrat der Gesetzgeber mit der bisherigen Wortwahl „Verdachtsfall" oder „Verdacht" eine offene Haltung (§ 11 GwG a.F.).[694] Dies führte dazu, dass der Geldwäscheverdacht

---

686 RegE Bericht Finanzausschuss, BT-Drucks.17/8043, S. 8.
687 RegE Bericht Finanzausschuss, BT-Drucks.17/8043, S. 8.
688 RegE GwPrävOptG, BT-Drucks. 17/6804, S. 35.
689 FATF, 40 Empfehlungen 2012, S. 23.
690 RegE GwPrävOptG, BT-Drucks. 17/6804, S. 35.
691 RegE GwPrävOptG, BT-Drucks. 17/6804, S. 35.
692 RegE GwPrävOptG, BT-Drucks. 17/6804, S. 35.
693 RegE GwPrävOptG, BT-Drucks. 17/6804, S. 35.
694 Herzog/Achtelik, in: Herzog, GwG, § 11, Rn. 16.

dem strafprozessualen Anfangsverdacht gemäß § 152 Abs. 2 StPO und die Geldwäscheverdachtsanzeige einer Strafanzeige gemäß § 158 Abs. 1 Satz 1 StPO zugeordnet wurde.[695]

In der Folge sah sich der Gesetzgeber nunmehr veranlasst, das komplette Verdachtsmeldewesen zu überarbeiten. Der Begriff „Verdachtsanzeige" wurde in „Verdachtsmeldung" (§ 11 Abs. 1 GwG n.F.) geändert, um sämtliche rechtlichen Unklarheiten bereits mit der Wortwahl zu beseitigen.[696] Eine strafprozessuale Anbindung an einen Anfangsverdacht einer Straftat oder die Erstattung einer Strafanzeige findet nicht mehr statt und ist vom Gesetzgeber ausdrücklich nicht mehr gewollt.[697]

Eine weitere Änderung wurde durch das Herabsetzen der Verdachtsschwelle eingeführt. Seit der Fassung 2011 ist eine Meldung zu erstatten, wenn Tatsachen vorliegen, die darauf hindeuten (früher: Tatsachen, die darauf schließen lassen), dass Vermögenswerte im Zusammenhang mit Geldwäsche und Terrorismusfinanzierung stehen (§ 11 Abs. 1 GwG). Dadurch soll erreicht werden, dass alle geldwäscherelevanten Transaktionen und Geschäftsbeziehungen gemeldet werden, ohne dass zuvor eine strafrechtliche Würdigung durchgeführt werden muss.[698] Ein Sachverhalt soll nach allgemeinen und beruflichen Erfahrungen und aufgrund des Abweichens vom allgemeinen Geschäftszusammenhang gewürdigt werden.[699] Die bisherige Tatsachenlage gilt aber nach wie vor, reine Vermutungen oder Behauptungen Dritter reichen nicht aus.[700]

In § 10 Abs. 1 Nr. 4 GwG wurde auch eine Konkretisierung der Inhalte des zu erstellenden Jahresberichtes der FIU vorgenommen. Im Rahmen der vorgenommenen Gleichstellung der FIU mit den Strafverfolgungsbehörden soll eine Analyse der eingegangenen Verdachtsmeldungen im Jahresbericht enthalten sein.[701] Das Ziel ist, dass alle Verpflichteten ein allgemeines Feedback über Trends und Methoden der Geldwäsche und Terrorismusfinanzierung erhalten (vgl. Art. 35 Abs. 1 der dritten Geldwäscherichtlinie).[702] Kritisch wird weiter die zum Teil fehlende Aktualität von Veröffentlichungen der FIU gesehen.[703] Dies wird am ehesten am Jahresbericht der FIU deutlich, der meist erst in der zweiten Hälfte des Folgejahres herausgegeben wird.

---

695 Herzog/Achtelik, in: Herzog, GwG, § 11, Rn. 16; RegE GwPrävOptG, BT-Drucks. 17/6804, S. 35.

696 RegE GwPrävOptG, BT-Drucks. 17/6804, S. 35.

697 Diergarten, Geldwäsche, S. 279; RegE GwPrävOptG, BT-Drucks. 17/6804, S. 35.

698 RegE Bericht Finanzausschuss, BT-Drucks.17/8043, S. 7; RegE GwPrävOptG, BT-Drucks. 17/6804, S. 35.

699 RegE Bericht Finanzausschuss, BT-Drucks.17/8043, S. 7.

700 Diergarten, Geldwäsche, S. 281; RegE GwPrävOptG, BT-Drucks. 17/6804, S. 35–36.

701 RegE GwPrävOptG, BT-Drucks. 17/6804, S. 35.

702 Herzog/Achtelik, in: Herzog, GwG, § 10 Rn. 15; RegE GwPrävOptG, BT-Drucks. 17/6804, S. 35.

703 Herzog/Achtelik, in: Herzog, GwG, § 10 Rn. 15.

gg) Instrumentarien für Aufsichtsbehörden

Sind bereits durch das OGAW-IV-Umsetzungsgesetz vom 22.06.2011 den Aufsichtsbehörden umfangreiche Auskunfts- und Prüfungsrechte eingeräumt worden, haben diese durch das GwPrävOptG noch weitere Instrumentarien zur Erfüllung ihrer Aufsichtstätigkeiten erhalten. Konnten früher entstandene Verwaltungskosten für Aufsichtstätigkeiten gegenüber dem Verpflichteten über das Geldwäschegesetz nicht geltend gemacht werden, so wurde diese Möglichkeit durch § 16 Abs. 1 Satz 4 GwG eröffnet. Die Kostendeckung durch Verwaltungsbehörden ist diesen nicht mehr zuzumuten, da Tätigkeiten der Aufsicht nicht nur im Allgemeininteresse, sondern auch im Interesse der Verpflichteten selbst liegen.[704] Der Gesetzgeber sieht das Interesse der Öffentlichkeit an einer wirksamen Überwachung der geldwäschegefährdeten Bereiche und der Minimierung von Gefahren durch Missbrauch von Geldwäsche und Terrorismusfinanzierung, korrespondierend mit dem Integritätsinteresse der geldwäschegefährdeten Berufszweige und Unternehmen.[705] In der Folge dieser Änderung müssen auch die Gebühren- und Auslagentatbestände der Gebührenverordnungen in den Bundesländern entsprechend angepasst werden.[706]

Hat ein Verpflichteter aus dem Nichtfinanzbereich (§ 2 Abs. 1 Nr. 2b–3, 5 und 9 bis 12 GwG n.F.) vorsätzlich oder leichtfertig gegen die Bestimmungen des GwG verstoßen und setzt er sein Verhalten trotz Verwarnung durch die Aufsichtsbehörde fort, kann die Geschäfts- oder Berufsausübung untersagt werden (§ 16 Abs. 1 Satz 5 GwG n.F.). Dabei ist jedoch erforderlich, dass der Verstoß objektiv nachhaltig sein muss. Ein Bagatellverstoß wird nicht als ausreichend angesehen.[707] Der Gesetzgeber orientierte sich an § 36 Abs. 2 und § 33 Abs. 1 Nr. 2 und 4 KWG, die der BaFin bereits vergleichbare Befugnisse einräumen. Neben dem Vorliegen der subjektiven und objektiven Tatbestandsvoraussetzungen ist auch die Prüfung der Verhältnismäßigkeit im Einzelfall zu berücksichtigen.[708] Aufgrund der stetig wachsenden internationalen Bedeutung der Bekämpfung von Geldwäsche hat der Gesetzgeber die Hürden für ein Verbot bewusst niedriger angesetzt als im Gewerberecht.[709] Damit wird das Verbot einer beruflichen Tätigkeit, was regelmäßig als letztes Mittel angesehen wird, aufgeweicht.[710]

hh) Informationen zu gleichwertigen Drittstaaten

In § 16 Abs. 6 Satz 1 GwG n.F. wurde der Zusatz aufgenommen, dass das BMF die Aufsichtsbehörden über gleichwertige Drittstaaten[711] informiert. Nach der alten Gesetzeslage war jede Aufsichtsbehörde in der Bewertung eines gleichwertigen

704 RegE GwPrävOptG, BT-Drucks. 17/6804, S. 37.
705 RegE GwPrävOptG, BT-Drucks. 17/6804, S. 37.
706 Herzog/Achtelik, in: Herzog, GwG, § 16 Rn. 6.
707 RegE GwPrävOptG, BT-Drucks. 17/6804, S. 37.
708 RegE GwPrävOptG, BT-Drucks. 17/6804, S. 37.
709 RegE GwPrävOptG, BT-Drucks. 17/6804, S. 38.
710 Herzog/Achtelik, in: Herzog, GwG, § 16 Rn. 7.
711 S. Kapitel D, Ziffer II, Nr. 2, e, bb; § 1 Abs. 6a GwG.

Drittstaates auf sich allein gestellt. Mit dieser Regelung soll den Aufsichtsbehörden die Arbeit erleichtert werden. Das BMF informiert über Entscheidungen im Zusammenhang mit gleichwertigen Drittstaaten, die durch den Ausschuss zur Verhinderung der Geldwäsche und Terrorismusfinanzierung bei der Europäischen Kommission (Art. 41 3. GwRL) getroffen wurden.[712] Zukünftig wird damit gewährleistet, dass eine einheitliche Bewertung an die Verpflichteten durch die zuständigen Aufsichtsbehörden weitergegeben wird.[713]

ii) Anpassung des Verschuldensmaßstabes und der Bußgeldhöhe

Die Änderungen in den Bußgeldvorschriften (§ 17 GwG) sind nicht unerheblich. Konnten bestimmte Verstöße gegen Pflichten des Verpflichteten nur vorsätzlich begangen werden (§ 17 Abs. 2 GwG a.F.), ist dies seither nicht mehr erforderlich. Die Leichtfertigkeit reicht bei einer oder mehreren Zuwiderhandlungen gegen die nun alle in § 17 Abs. 1 GwG aufgeführten Verstöße aus. Der Bußgeldrahmen wurde in diesem Zusammenhang ebenfalls angepasst. Er beträgt zukünftig einheitlich bis zu 100.000 EUR (§ 17 Abs. 2 GwG). Der Gesetzgeber sah die bisherige subjektive Unterscheidung als nicht mehr sachgerecht an.[714] Er verweist zu Fällen, in denen die Vorwerfbarkeit nicht identisch ist, auf die konkrete Bußgeldbemessung hin. Durch den jetzigen Bußgeldrahmen besteht hinreichender Spielraum, dies in der festzusetzenden Höhe zu berücksichtigen.[715]

Kritisch hatte sich die FATF in ihrem Deutschlandbericht 2010 geäußert, dass nicht alle Sorgfaltspflichten mit Sanktionen bei Zuwiderhandlungen belegt seien. Aufgrund des verfassungsrechtlichen Bestimmtheitsgebotes entschied sich der Gesetzgeber jedoch bewusst, mehrere Pflichten, beispielsweise die Pflicht zur kontinuierlichen Überwachung der Geschäftsbeziehung (§ 3 Abs. 1 Nr. 4 GwG n.F.), nicht in die Sanktionsauflistung mit aufzunehmen.[716] Dies könnte auch eine Erklärung sein, warum der umfangreiche Bereich der internen Sicherungsmaßnahmen (§ 9 GwG) nicht in den Bußgeldbereich der jetzigen Fassung des § 17 Abs. 1 GwG aufgenommen wurde.

g) Gesetz zur Ergänzung des Geldwäschegesetzes (GwGErgG), 2013

Aufgrund von Erfahrungswerten und empirischen Untersuchungen wird das Glücksspiel im Internet (sogenanntes Onlineglücksspiel) auch als ein Risikobereich für Geldwäsche angesehen.[717] Bislang waren im Bereich des Glücksspiels nur Casinos in

---

712 RegE Bericht Finanzausschuss, BT-Drucks.17/8043, S. 15.
713 Herzog/Achtelik, in: Herzog, GwG, § 16 Rn. 22.
714 RegE GwPrävOptG, BT-Drucks. 17/6804, S. 39.
715 RegE GwPrävOptG, BT-Drucks. 17/6804, S. 39.
716 RegE GwPrävOptG, BT-Drucks. 17/6804, S. 39.
717 S.o. Kapitel C, Ziffer II, Nr. 2 (Moderne Geldwäschetechniken); RegE GwGErgG, BT-Drucks.17/10745, S. 1; Levi, Money Laundering Risks and E-Gaming 2009, S. 4.

den Kreis der Verpflichteten aufgenommen worden. Die Einbeziehung der Internetvariante war auch nicht erforderlich gewesen, da Onlineglücksspiel in Deutschland bis zum Auslaufen des Glücksspielvertrages der Länder verboten war.[718] Danach hat das Land Schleswig-Holstein ein liberales Glücksspielgesetz[719] verabschiedet. Die anderen Bundesländer haben mit dem Ersten Glücksspieländerungsstaatsvertrag (Erster GlüÄndStV) vom 15.12.2011[720] ebenfalls verschiedene Möglichkeiten zur Erlaubnis eines Eigenvertriebes und die Vermittlung von Lotterien und der Veranstaltung und Vermittlung von Sportwetten im Internet geschaffen (§ 4 Abs. 5, § 10a Abs. 4 Satz 1 GlüÄndStV).[721]

Neben den erhöhten Geldwäscherisiken sieht der Gesetzgeber zudem das Erfordernis einer Einbeziehung des Onlineglücksspiels aus zwei europarechtlichen Gründen:[722]

- Die 3. GwRL umfasst auch Tätigkeiten der Richtlinie unterliegenden Institute und Personen, die über das Internet ausgeübt werden (Erwägungsgrund 14 der 3.GwRL)[723].
- In einem Bericht an das Europäische Parlament und den Rat über die Anwendung der 3. GwRL hat die Europäische Kommission im Jahr 2012 darauf hingewiesen, dass der Begriff „Kasino" in der 3. GwRL bewusst nicht definiert wurde. In Anlehnung an Erwägungsgrund 14 der 3.GwRL sind auch Online-Glücksspielanbieter in die Umsetzung der Richtlinie mit einzubeziehen.[724]

Der Gesetzgeber nahm daraufhin eine Erweiterung des Kreises der Verpflichteten durch das GwGErgG um Veranstalter und Vermittler von Glücksspielen im Internet (§ 2 Abs. 1 Nr. 12 GwG n.F.) vor.[725] Aufgrund der Besonderheit eines fehlenden direkten persönlichen Kontaktes und der damit verbundenen erhöhten Risiken bei der Kundenidentifizierung und der Finanzströme mussten eigene Sorgfalts- und Organisationspflichten in das GwG integriert werden.[726] Die Bestimmungen befinden sich im neuen Abschnitt 2a (Vorschriften für das Glücksspiel im Internet) in den §§ 9a–d GwG.

---

718 Achtelik, in: Herzog: GwG, § 9a, Rn. 2.

719 §§ 18–20 des Gesetzes zur Neuordnung des Glückspiels (Glücksspielgesetz) vom 20.10.2011, GVOBl. Schleswig-Holstein, 280.

720 Erster Staatsvertrag zur Änderung des Staatsvertrages zum Glücksspielwesen in Deutschland (Erster Glücksspieländerungsstaatsvertrag – Erster GlüÄndStV) vom 15.12.2011.

721 RegE GwGErgG, BT-Drucks.17/10745, S. 2; Achtelik, in: Herzog: GwG, § 9a, Rn. 2.

722 RegE GwGErgG, BT-Drucks.17/10745, S. 2.

723 ABl. EG Nr. L 309, v. 25.11.2005, S. 16.

724 Bericht der Kommission an das europäische Parlament und den Rat über die Anwendung der Richtlinie 2005/60/EG zur Verhinderung der Nutzung des Finanzsystems zum Zwecke der Geldwäsche und der Terrorismusfinanzierung vom 11.04.2012, (COM 2012) 168 final, S. 5.

725 BGBl. 2013, Teil I, S. 268.

726 RegE GwGErgG, BT-Drucks.17/10745, S. 2–3.

aa) Interne Sicherungsmaßnahmen des Onlineglücksspielanbieters

Zu den internen Sicherungsmaßnahmen zählt ein angemessenes Risikomanagement zur Verhinderung von Geldwäsche und Terrorismusfinanzierung. Dies schließt aufbau- und ablaufbezogene Regelungen sowie Prozesse zur Steuerung dieser Risiken und eine interne Revision mit ein (§ 9a Abs. 1 und 2 GwG). Einige der Hauptrisiken des Onlineglücksspiels werden im Bereich der Identifizierung des Spielers, im Spielerkonto und in der Transparenz der Zahlungswege gesehen.[727] In diese Risikobereiche fallen die Möglichkeit des Einsatzes von Mittelsmännern und eine mangelnde Erkennbarkeit dieser Personen seitens der Verpflichteten. Denkbare Risiken sind auch die Teilnahme durch Identitätsdiebstahl und Kreditkartenbetrug, Spielabsprachen, ungewöhnliche Wett- und Spielmuster.[728]

Der Verpflichtete hat angemessene EDV-gestützte Monitoringsysteme zu entwickeln, die eine systematische Überwachung der einzelnen Transaktionen und der Geschäftsbeziehung zulassen. Zudem muss dieses Monitoring so gestaltet sein, dass bei auffälligem Verhalten jederzeit eine direkte Reaktion erfolgen kann (§ 9a Abs. 3 GwG).[729] Bei Vorliegen eines zweifelhaften oder ungewöhnlichen Sachverhaltes besteht eine Untersuchungspflicht und ggf. eine Verdachtsmeldepflicht (§11 Abs. 1 GwG).

Den zuständigen Behörden werden neben den bereits vorhandenen generellen Befugnissen aus § 9 Abs. 5 GwG weitere Anordnungsbefugnisse (§ 9 Abs. 6 GwG) und Prüf- und Kontrollrechte zu Finanzströmen des Verpflichteten bei dessen Bank- und Finanzinstituten eingeräumt (§ 9a Abs. 7 Nr. 1 GwG). Die Auskunftsersuchen zu Zahlungskonten umfassen auch über diese Konten abgewickelte Transaktionen und Buchungsvorgänge des Verpflichteten und dessen wirtschaftlich Berechtigten.[730] Zudem dürfen die zuständigen Behörden auch Auskünfte zu Unternehmen bei Bank- und Finanzinstituten einholen, wenn Tatsachen die Annahme rechtfertigen, dass diese ohne eine Erlaubnis Glückspiel im Internet anbieten (§ 9a Abs. 7 Nr. 2 GwG).

bb) Spieleridentifizierung und Spielerkonto

Vor dem Hintergrund des fehlenden persönlichen Kontaktes hat der Gesetzgeber zusätzliche Vorgaben für den Verpflichteten zur Identifizierung des Spielers geschaffen. Neben dem Verweis auf allgemeine Identifizierungspflichten (§ 3 Abs. 1 Nr. 1 i. V. m. § 4 Abs. 3 und 4 und § 6 Abs. 2 Nr. 2 Satz 1 GwG) hat der Verpflichtete zusätzlich ein auf den Namen des Spielers geführtes Konto bei sich einzurichten (§ 9c Abs. 1 GwG).

Der Spieler darf nur über ein Konto verfügen, was sich aus dem Wortlaut des § 9b Abs. 1 Satz 1 GwG (Spieleridentifizierung) und des § 9c Abs. 1 GwG (Spielerkonto)

---

727 Achtelik, in Herzog: GwG, § 9a Rn. 5.
728 Achtelik, in Herzog: GwG, § 9a Rn. 5.
729 RegE GwGErgG, BT-Drucks.17/10745, S. 15; Diergarten, Geldwäsche, S. 252.
730 RegE GwGErgG, BT-Drucks.17/10745, S. 15; Achtelik, in: Herzog GwG, § 9a Rn. 11; Diergarten, Geldwäsche, S. 255.

und der Intention des Gesetzgebers ergibt.[731] Stellt der Verpflichtete fest, dass der Spieler für einen wirtschaftlich Berechtigten handelt, hat er die zuständigen Behörden unverzüglich zu unterrichten (§ 9b Abs. 1 Satz 2 GwG). Damit sollen Behörden Maßnahmen ergreifen können, um Strohmannverhältnissen vorzubeugen.[732] Zur Erleichterung der Überwachung der Finanzströme hat der Verpflichtete zudem die Eröffnung oder Schließung von glücksspielbezogenen Konten der zuständigen Behörde mitzuteilen (§ 9b Abs. 3 GwG).

Zur größtmöglichen Transparenz wurden spezielle Regelungen zum Spielerkonto erlassen (§ 9c GwG), die sich im Wesentlichen wie folgt gestalten:

- Eröffnen eines Spielerkontos für den Spieler vor Glücksspielbeginn durch den Verpflichteten (§ 9c Abs. 1 GwG),
- keine Annahme von Einlagen oder anderen rückzahlbaren Geldern (§ 9c Abs. 2 GwG i.V.m. § 2 Abs. 2 Sätze 2 und 3 ZAG),
- Sicherstellung, dass Transaktionen vom Spieler nur unter bestimmten Voraussetzungen von einem Zahlungskonto erfolgen, z.B. Überweisung oder Lastschrift (§ 9c Abs. 3 Nr. 1 und 2 GwG).

Die Möglichkeit einer Barzahlung ist in § 9c Abs. 3 GWG nicht enthalten. Das schließt auch eine Bareinzahlung am Schalter eines Kreditinstitutes auf ein dort vom Einzahler geführtes Konto mit dem Ziel der unbaren Weiterleitung auf das eingerichtete Konto des Onlineglücksspielbetreibers aus.[733] Ebenfalls ausgeschlossen ist auch die Entgegennahme von elektronischem Geld i.S.v. § 1a Abs. 3 ZAG oder die Bezahlung mittels zuvor aufgeladener Prepaid-Karten.[734]

Zudem gibt es Sonderregelungen für Verpflichtete, falls diese Kreditinstitute oder andere Institute i.S.v. § 2 Abs. 1 Nr. 1 oder Nr. 2a GwG für ein Spielerkonto in Anspruch nehmen und diese nicht ihren Sitz im Geltungsbereich des GwG haben (§ 9c Abs. 4 GwG). Es gelten zusätzliche Anforderungen an den Onlineglücksspielbetreiber hinsichtlich der Abklärungs- und Organisationspflichten zur Kundenidentifizierung. Hintergrund hierbei ist, dass bei der Ausgabe von Kreditkarten meist keine einheitlichen Standards existieren.[735] Kann der Betreiber keine gleichwertigen Maßnahmen des Kreditinstitutes oder eines anderen Institutes zur Identitätsprüfung des Spielers feststellen, darf die Geschäftsbeziehung nicht begründet oder fortgesetzt und keine Transaktion durchgeführt werden (§ 9c Abs. 4 Sätze 1 und 2 GwG).

Die Rückzahlung von Spielgewinnen oder die Rückzahlung von überwiesenen Geldern zu Spielzwecken durch den Verpflichteten darf nur auf ein Konto i.S.d. § 9c Abs. 3 GwG erfolgen und stellt damit eine entsprechende Ergänzung dar (§ 9c Abs. 6 GwG).[736]

731 RegE GwGErgG, BT-Drucks.17/10745, S. 16.
732 RegE GwGErgG, BT-Drucks.17/10745, S. 16.
733 RegE GwGErgG, BT-Drucks.17/10745, S. 16.
734 Achtelik, in Herzog: GwG, § 9c Rn. 4; RegE GwGErgG, BT-Drucks.17/10745, S. 16.
735 RegE GwGErgG, BT-Drucks.17/10745, S. 17.
736 RegE GwGErgG, BT-Drucks.17/10745, S. 17.

cc) *Besondere Sorgfaltspflichten*

Der Adressat des § 9d GwG ist das vom Betreiber des Onlineglücksspiels beauftragte Kredit- oder Zahlungsinstitut. Ist es in die Abwicklung von Zahlungen an Spieler und Onlineglücksspielbetreiber einbezogen, werden erhöhte Sorgfalts- und Organisationspflichten das Institut gestellt. Verlangt wird ein Monitoring hinsichtlich der Geschäftsbeziehungen und der Zahlungsströme im Zusammenhang mit dem Glücksspiel.[737] Ziel des Gesetzgebers ist es, dass eine Kennzeichnung von Transaktionen im Zusammenhang mit Glücksspielen im Internet sichergestellt wird. Dadurch soll u.a. die Auskunftsbereitschaft gegenüber zuständigen Behörden verbessert werden. Die Kreditinstitute sollen zudem in die Lage versetzt werden, ihre eigenen Sicherungsmaßnahmen so zu gestalten, dass Sie nicht für Geldwäsche oder andere kriminelle Handlungen missbraucht werden.[738]

Eine Zuwiderhandlung gegen die zentralen Sorgfaltspflichten im Onlineglücksspielbereich (§§ 9b und 9c GwG) sind bei leichtfertiger oder vorsätzlicher Begehungsweise bußgeldbewährt (§ 17 Abs. 1 Nr. 7–13 GwG n.F.).[739]

dd) *Ergänzungen für zuständige Aufsichtsbehörden*

Durch die Änderung des § 16 Abs. 1 Satz 6 GwG wird klargestellt, dass Widerspruch und Anfechtungsklage gegen Verwaltungsakte durch die zuständigen Aufsichtsbehörden nach § 16 Abs. 1 Sätze 2 und 5 GwG keine aufschiebende Wirkung haben. Dadurch soll vermieden werden, dass durch die Verletzung von geldwäscherechtlichen Normen mögliche Taten von Geldwäsche oder Terrorismusfinanzierung nicht oder nur erschwert aufgedeckt werden können.[740]

Die Zuständigkeit für die neu hinzugekommenen Onlineglücksspielbetreiber (§ 2 Abs. 1 Nr. 12 GwG) soll durch die für die Erteilung von glückspielrechtlichen Erlaubnissen zuständige Behörde wahrgenommen werden, falls das Landesrecht nichts anderes hierzu bestimmt (§ 16 Abs. 2 Nr. 8a GwG).

737 RegE GwGErgG, BT-Drucks.17/10745, S. 17.
738 RegE GwGErgG, BT-Drucks.17/10745, S. 17; Achtelik, in Herzog: GwG, § 9d Rn. 2.
739 RegE GwGErgG, BT-Drucks.17/10745, S. 18–19.
740 RegE GwGErgG, BT-Drucks.17/10745, S. 18.

E. Effektivität und Wirkungsweise des geldwäscherechtlichen Bekämpfungsansatzes im Nichtfinanzsektor

War es Ende der 80er Jahre das Problem von Drogendelikten und der dadurch erzielten nicht unerheblichen Gewinne, folgte kurze Zeit später die kriminalpolitische Erkenntnis, dass die organisierte Kriminalität nicht nur im Bereich von Drogen inkriminierte Gelder akquirierte und anschließend Geldwäsche damit ausübte, sondern auch in anderen Deliktsfeldern. Der Gesetzgeber sah sich jedoch nicht nur von diesen Entwicklungen maßgeblich beeinflusst. Er musste immer mehr aktuelle Erkenntnisse zu Geldwäschetypologien von Nichtregierungsorganisationen wie beispielsweise der FATF in seiner Gesetzgebung berücksichtigen. Zudem hatte er im Laufe der letzten beiden Jahrzehnte der Entwicklung und Verhinderung sich stets weiterentwickelnder moderner elektronischer Missbrauchsmöglichkeiten für Geldwäsche und Terrorismusfinanzierung Rechnung zu tragen. Es folgten daher immer wieder evaluierte oder neue geldwäscherechtliche Vereinbarungen und gesetzliche Maßnahmen.

Die Ereignisse der terroristischen Anschläge vom 11.09.2001 in den USA ließen zudem den Bereich der Bekämpfung der Terrorismusfinanzierung sehr zügig in die bis zu diesem Zeitpunkt erst langsam etablierten und gerade überarbeiteten Instrumentarien des nationalen Geldwäscherechtes einfließen. Diese rechtliche Entwicklung war bis zu diesem Zeitpunkt eine einmalige Bekämpfungsstrategie für einen neuen kriminalpolitischen Phänomenbereich. Erst sieben Jahre später konnte durch ein neues Geldwäschegesetz dieser Bereich in die nationale Gesetzgebung zielgerichteter und geordneter integriert werden.

Im Bereich der Bekämpfung der Terrorismusfinanzierung ließ der Gesetzgeber konkrete Maßnahmen immer erst dann und mit einer größeren zeitlichen Verzögerung folgen, wenn bereits eine erhebliche (neue) Erkenntnis zu Geldwäschevorfällen oder zu Fällen der Finanzierung von Terrorismus vorhanden waren. In nur wenigen Fällen erfolgten abseits der europäischen Geldwäscherichtlinien und Empfehlungen der FATF auch eigene nationale Maßnahmen im präventiven und strafrechtlichen Bereich der Geldwäschebekämpfung.

Im Rahmen der präventiven Geldwäschebekämpfung hat der Gesetzgeber seine Strategie mehr auf spezielle Berufsgruppen im Nichtfinanzsektor ausgeweitet. Die Einbindung dieser Vielzahl von Unternehmen in das Geldwäschegesetz bezweckte, Geldwäsche und Terrorismusfinanzierung gar nicht erst zu ermöglichen und zeitnahe Hinweise von einer Vielzahl von Verpflichteten zu Verdachtsfällen zur Geldwäsche zu erhalten. Inwieweit hierbei die Effektivität und Wirkungsweise dieser geldwäscherechtlichen Maßnahmen im Nichtfinanzbereich tatsächlich als Erfolg zu bezeichnen sind, bleibt zu prüfen. Effektivität und Erfolg bedeutet in diesem Sachzusammenhang, dass die bisherigen Maßnahmen immer nur dann das Kriterium der Effektivität tatsächlich erfüllen können, wenn sie für die Berufsgruppen und Unternehmer auch durchführbar sind und eine wirksame Geldwäscheprävention als Zielergebnis haben.

I. Methodik

Nachfolgend werden die zuvor untersuchten geldwäscherechtlichen Maßnahmen auf ihre Effektivität und Wirkungsweise für den Nichtfinanzbereich und die mit diesen Maßnahmen verbundenen möglichen, auch praktischen Problembereiche untersucht. Dabei werden zunächst internationale Erkenntnisse in Form von Beobachtungen, Trends und Typologien der FATF und Europol zu Verpflichteten aus dem Nichtfinanzsektor durchleuchtet. Anschließend erfolgt eine Analyse der nationalen Veröffentlichungen der FIU und der Clearingstellen zu Geldwäscheverdachtsmeldungen bei den Landeskriminalämtern, bevor dann die einzelnen Adressaten und Verpflichteten des Nichtfinanzbereiches und deren individuelle Verpflichtungen untersucht werden. Berücksichtigt werden dabei beispielsweise auch erlassene Auslegungs- und Anwendungshinweise von Aufsichtsbehörden und veröffentlichte Stellungnahmen des Bundesministeriums der Finanzen. In diesem Zusammenhang werden auch die nationalen Aufsichtsbehörden des Nichtfinanzsektors und deren Befugnisse für Maßnahmen und Anordnungen gegenüber den Verpflichteten auf ihre praktische Wirkung hin untersucht. Dabei werden bußgeldrechtliche Sanktionen in die Analyse mit einbezogen und ebenfalls auf ihre Effektivität hin überprüft.

II. Internationale Erkenntnisse zum Nichtfinanzsektor

Aufgrund der Vielzahl von Risiken und Bedrohungen durch Geldwäsche oder Terrorismusfinanzierung identfiziert, analysiert und bewertet die FATF in einem fortlaufenden Prozess die Missbrauchsmöglichkeiten von Kriminellen und Terroristen in diesen beiden Bereichen.[741] Die Untersuchung von weltweiten Finanzinformationen und die Erkenntnislage der Strafverfolgungsbehörden ermöglichen es der FATF, frühestmöglich neue Risiken, Trends und Methoden von Geldwäsche und Finanzierung von Terrorismus zu erkennen. Daraus entstehen Typologien und Anhaltspunkte für geldwäscherelevante Sachverhalte, sogenannte Geldwäscheindikatoren.[742] Die FATF veröffentlicht diese Erkenntnisse zur Sensibilität bei der Bekämpfung von Geldwäsche und Terrorismusfinanzierung.[743]

Die europäische Polizeibehörde Europol informiert und bewertet strafrechtliche Ermittlungen in Zusammenarbeit mit oder mit Unterstützung der Mitgliedstaaten und den sich daraus ergebenden Erkenntnissen. Die Bewertungen umfassen regelmäßig eine Vielzahl von strafrechtlichen und kriminellen Ansätzen. Die

741 FATF, Annual Report 2013–2014, S. 14.
742 FATF, Annual Report 2013–2014, S. 14.
743 FATF, Annual Report 2013–2014, S. 14–15.

Veröffentlichung dieser Feststellungen oder Beobachtungen von Mitgliedstaaten, auch zur Thematik der Geldwäsche oder Terrorismusfinanzierung, erfolgen in Jahresberichten.[744]

1. Untersuchungen der Financial Action Task Force

Die FATF empfiehlt, wie oben (Kapitel B, Ziffer III) beschrieben, auch Unternehmen und Berufe aus dem Nichtfinanzsektor in die nationale Geldwäschebekämpfung mit einzubeziehen.[745] Darunter subsumiert sie mit einzelnen individuellen Einschränkungen oder Schwellenwerten die Berufsfelder von Immobilienmaklern, Casinos, Edelmetall- und Edelsteinhändler, rechtsberatende Berufe, Notare, Buchprüfer und Treuhänder.[746] Der Gesetzgeber hat die empfohlenen Berufszweige in das GwG mit aufgenommen, soweit diese in Ausübung ihres Geschäfts oder Berufs handeln (§ 2 Abs. 1, Nr. 7–13 GwG). Die Bereiche des Handels mit Edelmetall und Edelsteinen mit Schwellenwert gingen im Kreis der verpflichteten gewerblichen Güterhändler auf (§ 2 Abs. 1 Nr. 13 GwG). Nicht in den Empfehlungen der FATF enthalten, aber ins GwG aufgenommen wurden sämtliche gewerblichen Güterhändler (mit einem Schwellenwert) und in restriktiver Anschauung auch Veranstalter und Vermittler von Glücksspielen im Internet (§ 2 Abs. 1 Nr. 12–13 GwG). Damit ging der Gesetzgeber über die Empfehlungen der FATF zum Nichtfinanzbereich hinaus.

a) Missbrauchsanfälligkeit des Immobilienbereiches

Aufgrund einer Vielzahl von Geldwäsche- und Steuerbetrugsfällen, aber auch von Fällen der Terrorismusfinanzierung im Zusammenhang mit dem Erwerb von Immobilien durch inkriminierte Gelder sah sich die FATF im Jahr 2007 veranlasst, eine eigene Studie zu diesem Bereich zu veröffentlichen.[747]

aa) Immobilienstudie

In ihrer Veröffentlichung ging die FATF zunächst auf den Finanzsektor in Form des Missbrauchs von komplexen Darlehen, Kreditfinanzierung und der Verknüpfung mit Investmentfonds und Finanzinstituten ein.[748] Für den Nichtfinanzbereich bestehen laut FATF Erkenntnisse, dass vermehrt spezielle Berufsgruppen außerhalb des Finanzbereiches als Eingangstor für den Kauf einer Immobilie auserwählt werden. Darunter fallen Rechtsanwälte, Steuerberater, Wirtschaftsprüfer, Finanzberater und Notare.[749] Sie organisieren zum Teil den Zugang zum Finanzsystem und sind

---

744 Stellvertretend für viele: Europol, Jahresbericht 2011, S. 1–89.

745 Ausführlich hierzu s.o. B III; FATF, 40 Empfehlungen 2012, S. 19–21; FATF, Jahresbericht 2007–2008 S. 15.

746 FATF, 40 Empfehlungen 2012, S. 19–21.

747 FATF, Typologien Immobilienbranche 2007, S. 4.

748 FATF, Typologien Immobilienbranche 2007, S. 7.

749 FATF, Typologien Immobilienbranche 2007, S. 9.

vordergründig im teilweisen oder kompletten Geschäftsablauf für einen Immobilienkauf aktiv. Zudem stellen diese Personen den direkten Zugang zu Banken und Finanzinstituten her.[750]

Bei Notaren hat die FATF in einer Typologie dokumentiert, dass Geldwäscher noch kurz vor Vertragsabschluss den Namen des Käufers ändern oder Teile des Kaufpreises in bar bezahlen möchten.[751] Für den Bereich von Anwälten wurde festgestellt, dass diese von Geldwäschern nicht nur beauftragt werden, die Eigentumsübertragung komplett zu organisieren, sondern auch angehalten werden, Treuhandkonten einzurichten und schwer nachvollziehbare Zahlungswege zu organisieren.[752] Der Bereich des Bezahlens mittels inkriminierten Bargeldes war aber auch in diesem Bereich feststellbar.[753] Beobachtet werden konnte zudem, dass Geldwäscher auch hierzu eigene Stiftungen oder internationale Unternehmen in Off-Shore-Staaten gründen, um die wahre Identität des Käufers einer Immobilie zu verbergen.[754]

In einem beispielhaften Sachverhalt für den Erwerb eines in der Bauplanung stehenden Hotels war feststellbar, dass zunächst nur ein osteuropäischer Käufer für das Hotel in Erscheinung trat. In der Folge kamen noch weitere Familienmitglieder dieser Person hinzu, die ebenfalls in der Planung befindliche angrenzende Villen kauften. Die unmittelbare Einbindung nahestehender Personen ist ein typischer Geschäftsablauf, der der organisierten Kriminalität zuzuordnen ist.[755] Überhaupt ist der Bereich des Erwerbes von Hotels, Restaurants oder sonstigen Gewerbeimmobilien aus dreifacher Hinsicht für einen Geldwäscher attraktiv. Er kann illegale Gelder durch das Gewerbe in das Finanzsystem einführen. Zudem kann er durch ein Gewerbe noch legale Gelder erwirtschaften. Und im Rahmen von Subventionen und Steuervorteilen besteht weiter die Möglichkeit, auch hier von einem Kauf und der Bewirtschaftung eines Gewerbebetriebes zu profitieren.[756]

Die FATF beschreibt in ihrem Bericht zum Immobiliensektor eine Vielzahl von Indikatoren für Transaktionen mit dem Risiko der Geldwäsche und Terrorismusfinanzierung. Sie gelten für die zuvor genannten Berufskreise, für Immobilienmakler und für den Finanzsektor und sind eine beispielhafte Auswahl.[757]

Für den Bereich der natürlichen Personen sind Indikatoren:[758]

- Geschäfte mit Personen, deren Anschrift unbekannt oder von denen lediglich die Korrespondenzadresse bekannt ist

750 FATF, Typologien Immobilienbranche 2007, S. 9–10; FATF, Geldwäschemissbrauch von Juristen 2013, S. 133–134.
751 FATF, Typologien Immobilienbranche 2007, S. 10.
752 FATF, Typologien Immobilienbranche 2007, S. 11.
753 FATF, Typologien Immobilienbranche 2007, S. 18.
754 FATF, Typologien Immobilienbranche 2007, S. 13–14.
755 FATF, Typologien Immobilienbranche 2007, S. 26.
756 FATF, Typologien Immobilienbranche 2007, S. 27.
757 FATF, Typologien Immobilienbranche 2007, S. 34.
758 FATF, Typologien Immobilienbranche 2007, S. 34.

- Transaktionen im Auftrag von Behinderten oder minderjährigen Personen
- Geschäfte, mit Personen, die wegen eines Verbrechens verurteilt worden sind oder über die bekannt ist, dass sie kriminelle Aktivitäten verfolgen, die geldwäscherelevant sein können

Im Bereich von Geschäften mit juristischen Personen sind Indikatoren:[759]

- Transaktionen, für die ungewöhnlich oder unnötig komplexe rechtliche Strukturen ohne eine wirtschaftliche Logik eingerichtet werden
- Geschäfte mit juristischen Personen, die in Steueroasen oder Risikogebieten ansässig sind[760]

Letztendlich veröffentlichte die FATF auch Indikatoren zu Zahlungsformen:[761]

- Vertragspartner überweist vereinbarte Transaktionen in vielen Kleinbeträgen
- Transaktionen aus Ländern mit Steueroasen oder aus Ländern mit einem Hochrisikobereich für Geldwäsche
- Transaktionen, bei denen versucht wird, einen Kredit zu erhalten und Barsicherheiten oder andere Sicherheiten im Ausland zu hinterlegen

bb) Bewertung für die weitere Untersuchung

Es fällt auf und überrascht, dass die FATF die Missbrauchsanfälligkeit des Immobiliensektors nicht nur mit dem klassischen Immobilienmakler verknüpft, sondern auch mit weiteren Verpflichteten des Nichtfinanzsektors. In der Gesamtschau überwiegen sogar die Beispiele, bei denen andere Berufsgruppen als der Immobilienmakler eine größere Rolle einnehmen. Die Erkenntnislage der FATF ist in der beschriebenen Sachverhaltstiefe überzeugend und nachvollziehbar.

Es wird deutlich, dass Geldwäscher alle nur denkbaren Berufsgruppen, die potenziell an einem Immobilienerwerb beteiligt werden können, zum Teil oder gänzlich benutzen und für ihre vielfältigen Zwecke und Intentionen der Geldwäsche missbrauchen. Auf die eingangs erwähnten Berufsgruppen von Rechtsanwälten, Steuerberatern, Wirtschaftsprüfern, Finanzberatern und Notaren (§ 2 Abs. 1 Nr. 7–8 GwG) wird hingewiesen.

Eine mögliche Annahme, dass nur der klassische Immobilienmakler (§ 2 Abs. 1 Nr. 10 GwG) Anhaltspunkte für einen Geldwäscheverdacht beispielsweise aufgrund einer der erwähnten Indikatoren feststellen kann, ist daher viel zu kurz gefasst und wird der beschriebenen Erkenntnislage der FATF nicht gerecht. Anhand der Typologien und Indikatoren der FATF wird deutlich, dass der Banken- und Finanzsektor nur über eingeschränkte Möglichkeiten der Erkennung von Geldwäsche zu Immobiliengeschäften im Vergleich zu großen Teilen des Nichtfinanzbereiches verfügt.

---

759 FATF, Typologien Immobilienbranche 2007, S. 35.

760 FATF, Typologien Immobilienbranche 2007, S. 35; vgl. auch FATF, Geldwäschemissbrauch von Juristen 2013, S. 129.

761 FATF, Typologien Immobilienbranche 2007, S. 36.

b) Missbrauchsanfälligkeit des Edelmetallhandels

Eine weitere Möglichkeit zur Geldwäsche und Terrorismusfinanzierung, die auch den Nichtfinanzsektor betrifft, sieht die FATF durch den Kauf und Verkauf von Edelmetallen.[762] Edelmetalle, insbesondere Gold, haben seit Jahren einen stetigen Wert und sind in kompakter Form, auch in Form von Schmuckstücken, weltweit gut zu transportieren.[763] Zudem besitzen diese Gegenstände größtenteils eine gewisse Anonymität.

aa) Typologien im Bereich des Edelmetallhandels

Experten der FATF stellten fest, dass eine erste Anlaufstelle für die Umwandlung von inkriminiertem Geld in Gold der normale Einzel- bzw. Edelmetallhändler ist. Hierbei tritt der Geldwäscher selbst oder eine von ihm beauftragte Person in Erscheinung.[764] Die erhaltene Rechnung stellt für ihn einen ersten Schritt dar, den illegalen Charakter des Goldes legal erscheinen zu lassen.[765]

Eine weitere Typologie sieht die FATF, wenn Geldwäscher selbst in den Handel von Gold oder in die Verarbeitung dieses und anderer Metalle einsteigt. Durch Einschleusen eigener oder anderer inkriminierter Gelder kann zusätzlich noch ein System von falschen Rechnungen oder Mehrwertsteuerbetrügereien aufgebaut werden.[766]

Für den Bereich der Geldwäsche oder der Finanzierung von Terrorismus mittels Rohdiamanten konnten ähnliche Vorgehensweisen festgestellt werden. Verstärkt sieht die FATF das Problem, dass auch hier eigene Unternehmen zur Verarbeitung oder zum Vertrieb gegründet werden. Solche Geldwäscheaktivitäten konnten anschließend durch gefälschte oder betrügerische Rechnungsstellung oder durch Vermischung von legalen und illegalen Einnahmen in der Buchführung festgestellt werden.[767] Insgesamt sieht die FATF für den Bereich des Handelns mit Gold, Diamanten, anderen Edelmetallen, Edelsteinen, aber auch mit anderen hochwertigen Gütern eine erhebliche Gefahr des Missbrauchs zur Geldwäsche und Terrorismusfinanzierung.[768]

bb) Bewertung für die weitere Untersuchung

Die gewonnenen Erkenntnisse aus den Typologien der FATF berühren den Bereich der in das GwG aufgenommenen gewerblichen Güterhändler (§ 2 Abs. 1 Nr. 13 GwG). Die FATF macht deutlich, dass der Bereich von Edelmetallhändlern und

---

762 FATF, Bericht über Geldwäsche-Typologien 2002–2003, S. 19.
763 FATF, Bericht über Geldwäsche-Typologien 2002–2003, S. 19.
764 FATF, Bericht über Geldwäsche-Typologien 2002–2003, S. 19.
765 FATF, Bericht über Geldwäsche-Typologien 2002–2003, S. 19.
766 FATF, Bericht über Geldwäsche-Typologien 2002–2003, S. 20–21.
767 FATF, Bericht über Geldwäsche-Typologien 2002–2003, S. 22.
768 FATF, Bericht über Geldwäsche-Typologien 2002–2003, S. 24, 28.

Juwelieren, die in den Bereich der gewerblichen Güterhändler zu subsumieren sind, eine attraktive Möglichkeit für Geldwäscher ist, das inkriminierte Geld in einem ersten Schritt zu waschen. Darüber hinaus besteht die Gefahr, dass sich die Geldwäscher selbst an die Stelle eines Händlers begeben und durch die beschriebenen Möglichkeiten auch hier aktiv Geldwäsche betreiben.

In diesem Zusammenhang ist auch denkbar, dass das mit inkriminiertem Geld erworbene Edelmetall kurze oder längere Zeit später bei einem anderen Händler wieder mit Inkaufnahme eines geringen Verlustes eingetauscht wird. Der Edelmetallhändler überweist auf Wunsch des Geldwäschers anschließend den Betrag auf ein Konto des Geldwäschers. Dadurch gelangt das Geld mit einer geschäftlichen Legende versehen in den regulären Finanzkreislauf.

c) Missbrauchsanfälligkeit von rechtsberatenden Berufen

Die FATF veröffentlichte im Jahr 2013 einen umfangreichen Bericht zu Typologien von Geldwäsche und Terrorismusfinanzierung, die sich mit dem Bereich der rechtsberatenden Berufe befassten.[769] Danach suchen Geldwäscher den Kontakt zu rechtsberatenden Personen, wenn diese spezielle Fähigkeiten und Dienstleistungen erwarten, aber auch im Zusammenhang mit der Finanzierung von Terrorismus.[770]

aa) Methodik und Typologien der FATF

Die Hintergründe und Methodik fasst die FATF u.a. zu folgenden Schwerpunkten zusammen:[771]

- Missbrauch von Kundenkonten
- Kauf von Immobilien
- Gründung und Verwaltung von Unternehmen
- Einrichten und Verwalten von Wohltätigkeitsorganisationen

Die FATF listet in ihrem Bericht 123 Beispiele mit Indikatoren auf, bei denen Juristen zu Geldwäschezwecken oder zur Finanzierung von Terrorismus missbraucht werden. Einige der bedeutsamsten Indikatoren für den Bereich von Geldwäsche oder Terrorismusfinanzierung sind:

- Eingang von Finanzmitteln aus Ländern mit hohem Geldwäscherisiko[772]
- Verwendung von komplizierten Eigentümerstrukturen ohne legitimen Grund[773]

---

769 FATF, Geldwäschemissbrauch von Juristen 2013, S. 1–148; FATF, Annual Report 2012–2013, S. 25.
770 FATF, Geldwäschemissbrauch von Juristen 2013, S. 4.
771 FATF, Annual Report 2012–2013, S. 25, FATF, Geldwäschemissbrauch von Juristen 2013, S. 4
772 FATF, Geldwäschemissbrauch von Juristen 2013, S. 114.
773 FATF, Geldwäschemissbrauch von Juristen 2013, S. 115.

- Umfangreiche private Finanzmittel sind mit bekanntem offiziellem Einkommen nicht im Einklang[774]
- Kunde ist hinsichtlich vergangener krimineller Aktivitäten bekannt[775]

Die FATF sieht das Anwalts- oder Berufsgeheimnis nicht in Frage gestellt, wenn der Anwalt und seine Dienstleistungen für Geldwäschezwecke missbraucht werden sollen und dieser bei einer entsprechenden Erkenntnislage die Verdachtshinweise den zur Verfolgung von Straftaten zuständigen Behörden mitteilt.[776] Die FATF weist auch auf Fälle hin, in denen ein Anwalt wissentlich Beihilfe zu Geldwäscheaktivitäten oder Terrorismusfinanzierung leistet und eine oder mehrere Dienstleistungen vornimmt.[777]

bb) Bewertung für die weitere Untersuchung

Die Bedeutung der Einbindung von juristischen Berufen in die Aufklärung von Geldwäscheaktivitäten wird am Ausmaß der von der FATF berichteten weit mehr als einhundert Sachverhalte deutlich. Der Gesetzgeber hat in diesem Bereich verkammerte und nicht verkammerte rechtsberatende Berufe (§ 2 Abs. 1 Nr. 7–7a GwG) mit gewissen Einschränkungen in das GwG aufgenommen. Sie werden nur dann geldwäscherechtlich zur Mitwirkung und als Verpflichtete in Anspruch genommen, wenn sie bei nachfolgenden Dienstleistungen und Geschäften mitwirken (§ 2 Abs. 1 Nr. 7 Buchst. a–e, Nr. 7a, Buchst. a–e GwG):

- Kauf und Verkauf von Immobilien oder Gewerbebetrieben
- Verwaltung von Geld, Wertpapieren oder sonstigen Vermögenswerten
- Eröffnung oder Verwaltung von Bank-, Spar- oder Wertpapierkonten
- Beschaffung der zur Gründung, zum Betrieb oder zur Verwaltung von Gesellschaften erforderlichen Mittel
- Gründung, Betrieb oder Verwaltung von Treuhandgesellschaften, Gesellschaften oder ähnlichen Strukturen

oder wenn im Namen und auf Rechnung des Mandanten Finanz- oder Immobilientransaktionen durchgeführt werden.

Die von der FATF dargelegte Methodik und die Bewertung der Indikatoren decken sich mit den geldwäscherechtlichen Anforderungen der Verpflichteten im rechtsberatenden Bereich indes § 2 Abs. 1 Nr. 7–7a GwG. Durch die Einschränkung auf ganz bestimmte Dienstleistungen werden zudem die besonderen Verschwiegenheitspflichten des Berufsstandes berücksichtigt und eine Konzentration auf die Geldwäschethematik hergestellt.

---

774 FATF, Geldwäschemissbrauch von Juristen 2013, S. 118–119.
775 FATF, Geldwäschemissbrauch von Juristen 2013, S. 131.
776 FATF, Annual Report 2012–2013, S. 25.
777 FATF, Geldwäschemissbrauch von Juristen 2013, S. 7.

d) Geldwäsche durch Dienstleistungsunternehmen und Treuhänder

Für die FATF nehmen Unternehmensdienstleister eine wichtige Funktion in der globalen Wirtschaft ein. Zudem stellen sie eine Schnittstelle zum Finanzsektor dar. Sie bieten eine wertvolle Unterstützung für Kunden bei der Verwaltung der Finanzangelegenheiten und können Finanztransaktionen beeinflussen.[778] Im Oktober 2010 veröffentlichte die FATF eine ausführliche Untersuchung mit Typologien von diesen Dienstleistern, die auch die Empfehlungen Nr. 33 und 35 der FATF in diesem Bereich berücksichtigt.[779] Die Untersuchung konzentriert sich dabei wesentlich auf Unternehmensdienstleister, die die nachfolgenden Bereiche anbieten:[780]

- Mitwirkung bei der Gründung von Unternehmen
- Bereitstellung eines Gesellschaftssitzes, einer Geschäftsadresse oder von Räumlichkeiten, einschließlich der Vornahme eines Korrespondenzgeschäftes
- Handeln im Rahmen einer festgelegten Vertretung für ein Unternehmen
- Handeln im Rahmen eines Treuhänders
- Vorgeschobenes Handeln für einen Aktionär

Die FATF stellt hierbei klar, dass der Bereich der Unternehmensdienstleister und Treuhänder dem Nichtfinanzbereich zugeordnet wird.[781]

aa) Typologien und Methodik

Dienstleister stellen für die FATF eine Art Pförtner für den Finanzsektor dar.[782] Sie bekommen regelmäßig Einblicke in das beauftragte Unternehmen und in die Verwaltungs- und Kundenstruktur sowie in laufende Geschäftsaktivitäten und die Geschäftsstruktur.[783] Zur Aufdeckung von Geldwäsche oder Terrorismusfinanzierung nimmt diese Berufsgruppe eine wichtige Rolle ein.[784] Für die FATF sind u.a. folgende Typologien und Beobachtungen feststellbar:

- Verwendung von Unternehmensstrukturen im Ausland zur Vermeidung einer behördlichen Aufsicht/Entdeckung[785]
- Verwendung von komplexen, ggf. auch teuren Unternehmensstrukturen zur Erschwerung des Nachweises der Eigentümerschaft[786]

---

778 FATF, Dienstleister und Treuhänder, S. 4.
779 FATF, Dienstleister und Treuhänder, S. 1–101; FATF, 40 Empfehlungen, 2003, S. 9.
780 FATF, Dienstleister und Treuhänder, S. 8.
781 FATF, Dienstleister und Treuhänder, S. 8.
782 FATF, Dienstleister und Treuhänder, S. 26.
783 FATF, Dienstleister und Treuhänder, S. 26.
784 FATF, Dienstleister und Treuhänder, S. 26.
785 FATF, Dienstleister und Treuhänder, S. 46.
786 FATF, Dienstleister und Treuhänder, S. 46.

- Auswahl von Dienstleistern in Ländern, die einer niedrigen oder gar keiner behördlichen Aufsicht unterliegen[787]
- Auswahl von Dienstleistern in Ländern, die die Empfehlungen der FATF bei Dienstleistern oder Treuhändern nicht oder nur zum Teil umsetzen[788]

Für den Bereich der Indikatoren zur Erstattung einer Geldwäscheverdachtsmeldung fällt auf, dass auch hier regelmäßig undurchsichtige oder unwirtschaftliche Transaktionen oder Unternehmensbezüge ins Ausland gewählt wurden.[789] Bedeutsame Indikatoren sind demnach:

- Transaktionen unter der Verwendung von undurchsichtigen Strukturen[790]
- Geldtransfers in Form von Darlehen an Briefkastenfirmen[791]
- Durchführung mehrerer Unternehmensdarlehen, Transaktionen oder Überweisungen ohne einen erkennbaren wirtschaftlichen oder rechtlichen Grund[792]

bb) Bewertung für die weitere Untersuchung

Die FATF greift in ihren Feststellungen die Gruppe der geldwäscherechtlichen Verpflichteten aus § 2 Abs. 1 Nr. 9 GwG auf. Dort hat der Normengeber Dienstleister für Gesellschaften und Treuhandvermögen und Treuhänder aufgenommen, soweit diese nicht dem Bereich der rechtsberatenden oder wirtschaftsrechtlichen Berufe (§ 2 Abs. 1 Nr. 7+8 GwG) zugeordnet werden können sowie zusätzlich, soweit diese für Dritte bestimmte Dienstleistungen erbringen. Darunter fallen:

- Gründung einer juristischen Person oder Personengesellschaft (§ 2 Abs. 1 Nr. 9a GwG)
- Ausübung von Leitungs- oder Geschäftsführerfunktionen einer juristischen Person oder Funktion eines Gesellschafters einer Personengesellschaft (§ 2 Abs. 1 Nr. 9b GwG)
- Bereitstellung eines Sitzes, einer Geschäfts-, Verwaltungs- oder Postadresse und anderer damit verbundener Dienstleistungen zu juristischen Personen, Personengesellschaften oder Rechtsgestaltungen (§ 2 Abs. 1 Nr. 9c GwG)
- Ausübung einer Treuhänderfunktion (§ 2 Abs. 1 Nr. 9d GwG)
- Ausübung der Funktion eines nominellen Anteilseigners für ein nicht an der Börse notiertes Unternehmen (§ 2 Abs. 1 Nr. 9e GwG)
- Schaffung der Möglichkeit für eine andere Person, die unter § 2 Abs. 1 Nr.9b, d und e genannten Funktionen auszuüben (§ 2 Abs. 1 Nr.9f GwG)

---

787 FATF, Dienstleister und Treuhänder, S. 46–47.
788 FATF, Dienstleister und Treuhänder, S. 47.
789 FATF, Dienstleister und Treuhänder, S. 48–49.
790 FATF, Dienstleister und Treuhänder, S. 48.
791 FATF, Dienstleister und Treuhänder, S. 48.
792 FATF, Dienstleister und Treuhänder, S. 49.

Ausgehend von den Ergebnissen der FATF sind die zuletzt genannten geldwäscherechtlich relevanten Tätigkeiten für Unternehmensdienstleister und Treuhänder tragbar, auch wenn der Arbeitsbereich von Unternehmensdienstleistern viel weitgehender ist. Letztendlich wäre für die Aufnahme weiterer geldwäscherechtlicher Tätigkeiten auch eine Geldwäscherelevanz erforderlich, die auch die FATF nicht beobachten konnte. Bemerkenswert ist auch die Tatsache, dass es Länder gibt, die diese Berufsgruppen immer noch nicht als gesetzlich Verpflichtete eingebunden haben und auch entsprechend die Einhaltung der Pflichten nicht überwachen.[793]

2. Erkenntnisse und Bewertungen von Europol

Die Einrichtung des europäischen Polizeiamtes „Europol" beruht auf dem Maastrichter Vertrag[794] von 1992 und dem späteren Europol-Übereinkommen im Jahr 1995.[795] Die europäische Institution arbeitete zu Beginn auf völkerrechtlicher Basis, bevor sie im Jahr 2010 vollständig in den rechtlichen Rahmen der Europäischen Union integriert wurde.[796]

Das Ziel von Europol ist es, die Tätigkeit der zuständigen Behörden der Mitgliedstaaten sowie die präventive und repressive Zusammenarbeit bei der Bekämpfung von organisierter Kriminalität, Terrorismus und anderen Formen schwerer Kriminalität zu unterstützen, wenn zwei oder mehrere Mitgliedstaaten betroffen sind.[797] Unter Formen schwerer Kriminalität ist auch der Bereich von Geldwäsche zu subsumieren.[798] Die Bekämpfung von Geldwäsche ist eine Schwerpunkttätigkeit bei Europol.[799] Sie ist in der Abteilung „Finanz- und Eigentumskriminalität" angesiedelt, steht aber aufgrund der Vielzahl von Querschnittsaufgaben, wie beispielsweise der der Terrorismusfinanzierung, auch in engem Kontakt mit anderen Fachreferaten und nimmt an deren operativen Fallprojekten teil.[800] Zudem bietet sie Strafverfolgungsbehörden technische und praktische Informationen zu verschiedenen Bereichen der Finanzkriminalität auf zugriffsgeschützten Websites an.[801]

793 FATF, Dienstleister und Treuhänder, S. 8.

794 EU, Maastrichter Vertrag 1992, ABl. EG Nr. C 191/1, Art. K1 Nr. 9.

795 EU, Übereinkommen aufgrund von Artikel K.3 des Vertrags über die Europäische Union über den Schutz der finanziellen Interessen der Europäischen Gemeinschaften, ABl. EG Nr. C 316, 27.11.1995, S. 49–57.

796 EU, Beschluss des Rates zur Errichtung des Europäischen Polizeiamts (Europol), ABl. EU Nr. L 121, 15.05.2009, S. 37–66.

797 EU, Beschluss des Rates zur Errichtung des Europäischen Polizeiamts (Europol), ABl. EU Nr. L 121, 15.05.2009, Art. 3, S. 39.

798 EU, Beschluss des Rates zur Errichtung des Europäischen Polizeiamts (Europol), ABl. EU Nr. L 121, 15.05.2009, Anhang, S. 65–66.

799 Ratzel, Krim 2007, S. 284 (287, 289).

800 Ratzel, Krim 2007, S. 428 (431).

801 Ratzel, Krim 2007, S. 428 (431).

a) *Erkenntnisse aus Veröffentlichungen für den Nichtfinanzsektor*

Die bisherige Zurückhaltung von geldwäschespezifischen Veröffentlichungen durch Europol dürfte der Sensibilität der Thematik, aber auch dem Umstand geschuldet sein, dass die Strafverfahren originär in den jeweiligen Mitgliedstaaten geführt werden. Trotzdem gab es einige Veröffentlichungen, die auch den Nichtfinanzbereich betrafen.

Europol beschreibt in seinen jüngsten Jahresberichten Strafverfahren, bei denen sie als Behörde in verschiedensten Formen mit beteiligt waren. In einem Fall, bei dem es um einen internationalen Drogenhändlerring ging, sind die aus der Kriminalität erzielten Erlöse in den Erwerb von Eigentum in Spanien und anderen Ländern geflossen. Neben dem Erwerb von Immobilien wurden auch Luxusfahrzeuge, Diskotheken und Sportboote aus inkriminierten Geldern erworben. Zur Verschleierung der Identität wurden mehrere Unternehmen gegründet.[802]

Ein anderer Fall aus dem Jahr 2011 zeigte auf, dass außerhalb des traditionellen Finanzsektors inkriminierte Gelder für gewerbliche Aktivitäten verwendet wurden.[803] Experten von Europol stellten zudem in den Jahren 2011 und 2012 fest, dass im Bereich von Gruppierungen der organisierten Kriminalität am häufigsten in Luxusgüter, gewerbliche Aktivitäten und Immobilien investiert wird.[804] Im Rahmen einer multinationalen polizeilichen Operation gegen Bargeldkuriere im November 2011 kam es zudem an Grenzen und Häfen im Vereinigten Königreich zur Beschlagnahme von ca. 1.412.722 GBP in bar, Schmuck und Silber.[805] Weitere Erkenntnisse erlangte Europol im Jahr 2010 zu Leichtflugzeugen. Danach wurde in Europa diese Art von Flugzeugen mehrfach für vielfältige illegale Handlungen, z.B. auch Schleusung oder Waffenschmuggel verwendet. Zudem konnte festgestellt werden, dass auch Transfers größerer Bargeldmengen durch Leichtflugzeuge im Zusammenhang mit Geldwäschekriminalität stattgefunden haben.[806]

b) *Bewertung für die weitere Untersuchung*

Europol erlangt im Rahmen der Zusammenarbeit mit den Mitgliedstaaten eine Vielzahl von strafrechtlichen Erkenntnissen, die auch Berufskreise und Güter von Verpflichteten aus dem Nichtfinanzbereich betreffen. Findet beispielsweise der Kauf oder Verkauf einer von Europol erwähnten Diskothek oder einer anderen Immobilie über einen Immobilienmakler statt, sind geldwäscherechtliche Anforderungen vom Immobilienmakler zu erfüllen. Der Gesetzgeber hat für den Erwerb von Immobilien jeglicher Art und Nutzung die Gruppe der Immobilienmakler in das GwG aufgenommen (§ 2 Abs. 1 Nr. 10 GwG).

---

802 Europol, Jahresbericht 2011, S. 68.
803 Europol, Jahresbericht 2011, S. 68.
804 Europol, Review 2012, S. 53, S. 56; Europol, Jahresbericht 2011, S. 68.
805 Europol, Jahresbericht 2011, S. 68–69.
806 Europol, Jahresbericht 2010, S. 18.

Dies betrifft auch den Bereich von Luxusgütern, die regelmäßig einen höheren fünfstelligen Betrag haben. Im GwG sind Personen, die gewerblich mit solchen Gütern handeln, verpflichtet, geldwäscherechtliche Anforderungen zu erfüllen (§ 2 Abs. 1 Nr. 13 GwG). Diese Sorgfaltspflichten gelten bei der Annahme von Bargeld über 15.000 EUR oder mehr (§ 3 Abs. 2 Nr. 2 GwG). Der Erwerb der von Europol beschriebenen Sportboote, hochwertigen Kraftfahrzeuge, Leichtflugzeuge und Schmuck wird regelmäßig darunter zu subsumieren sein. Zudem hat der Gesetzgeber diese vier Bereiche als hochwertige Güter definiert, bei denen Aufsichtsbehörden regelmäßig Geldwäschebeauftragte in den handelnden Unternehmen anordnen sollen (§ 9 Abs. 4 Sätze 3+4 GwG).[807] Problematisch ist der Erwerb von Gütern, die unterhalb der Bargeldgrenze von 15.000 EUR stattfinden. Europol beschreibt auch die Sicherstellung von Silber. Dessen Erwerb könnte beispielsweise ohne einen Identitätsnachweis bei einer Vielzahl von Edelmetallhändlern durchgeführt werden. Hierzu reicht bereits ein einmaliger Kauf unterhalb der Bargeldgrenze von 15.000 EUR aus.

Die Experten von Europol haben zudem auch Erkenntnisse darüber, dass inkriminierte Gelder ebenfalls in andere gewerbliche Aktivitäten investiert werden, ohne näher auf die Art der gewerblichen Aktivitäten einzugehen. Sollten darunter beispielsweise Dienstleistungen zu subsumieren sein, was auch konsequenterweise beim beispielhaft genannten Betrieb einer Diskothek der Fall wäre, dann wären diese und andere reine Dienstleistungen vom GwG nicht umfasst.

III. Nationale Erkenntnisse zum Nichtfinanzsektor

Nationale Entwicklungen im Bereich der Geldwäschebekämpfung sind nicht isoliert zu sehen. Internationale Standards der Geldwäschebekämpfung durch die FATF und rechtliche Vorgaben durch mehrere Geldwäscherichtlinien der EU prägten die nationale sicherheitspolitische und rechtliche Entwicklung in diesem Bereich.[808] In der Bundesrepublik Deutschland ist die FIU seit August 2002 die Zentralstelle für Geldwäscheverdachtsanzeigen und andere Aufgaben im Rahmen der Geldwäschebekämpfung.[809] Daneben arbeiten in den 16 Bundesländern Polizei und Zoll im Rahmen von sogenannten gemeinsamen „Clearingstellen" bzw. Finanzermittlungsgruppen zusammen. Ziel dieser Stellen ist es, eingehende Geldwäscheverdachtsanzeigen effizient zu überprüfen und alle Informationszugänge der jeweiligen Sicherheitsbehörden zu nutzen.[810]

807 RegE Bericht Finanzausschuss, BT-Drucks.17/8043, S. 8; Gesetz zur Optimierung der Geldwäscheprävention, BGBl. I 2011, S. 2964.

808 BKA, FIU Jahresbericht 2002, S. 9.

809 BKA, FIU Jahresbericht 2003, S. 4; BKA, FIU Jahresbericht 2002, S. 8.

810 Vgl. BKA, FIU Jahresbericht 2002, S. 11.

Nachfolgend werden die Erkenntnisse, Trends und Typologien zu Geldwäsche bei der FIU und bei den Clearingstellen in den Landeskriminalämtern für den Nichtfinanzbereich untersucht.

1. Erkenntnisse der nationalen FIU beim BKA

Die FIU hat seit ihrer Gründung im Jahr 2002 einen gesetzlichen Jahresbericht (§ 10 Abs. 1 Nr. 4 GwG) veröffentlicht, der sich in erster Linie an die inländischen Strafverfolgungsbehörden, an die ausländischen FIUs und an die Verpflichteten des Finanz- und Nichtfinanzsektors richtet.[811] Neben der Zentralstellenfunktion für das In- und Ausland gehören zu den weiteren gesetzlichen Kernaufgaben der FIU:[812]

- das Sammeln und die Auswertung von Verdachtsmeldungen (§ 10 Abs. 1 Nr. 1 GwG)
- die Unterstützung der Strafverfolgungsbehörden der Länder bei der Aufgabenerfüllung (§ 10 Abs. 1 Nr. 2 GwG)
- die Führung von Statistiken (§ 10 Abs. 1 Nr. 3 GwG)
- die Unterrichtung der Verpflichteten zu Typologien und Methoden von Geldwäsche und Terrorismusfinanzierung (§ 10 Abs. 1 Nr. 5 GwG)

a) Allgemeine Veröffentlichungen

Die FIU hat seit 2002 insgesamt zwölf Jahresberichte veröffentlicht. In den Jahresberichten hat die FIU keine Trennung der Trends, Methoden und Typologien zwischen dem Finanz- oder Nichtfinanzsektor vorgenommen. Obwohl der Schwerpunkt der Zuverfügungstellung von nationalen Geldwäscheerkenntnissen den Finanzsektor betraf, hat die FIU dennoch versucht bereits in den ersten Jahresberichten auch ein paar nationale Erkenntnisse für Verpflichtete im Nichtfinanzbereich weiterzugeben.

aa) Immobiliensektor

Im Jahr 2004 berichtet die FIU beispielsweise, dass die Ehefrau eines ehemaligen Betreibers eines insolventen Gewerbebetriebes, der zudem Privatinsolvenz angemeldet hatte, mehrere hochwertige Immobilien im Millionenbereich erwarb.[813] Die FIU sieht typologisch kennzeichnend hierfür:

- den Erwerb hochwertiger Immobilien ohne angemessene Einkünfte
- die ungeklärte Kapitalherkunft

Im Bereich von Trends berichtete die FIU im Jahr 2009, dass im Rahmen der Auswertung von Verdachtsanzeigen ein Anstieg von Bareinzahlungen beim Erwerb

---

811 BKA, FIU Jahresbericht 2002, S. 8.
812 BKA, FIU Jahresbericht 2002, S. 11.
813 BKA, FIU, Jahresbericht 2004, S. 26.

von Immobilien festgestellt werden konnte.[814] Nähere Hintergründe oder zugrunde liegende Typologien gab die FIU hierzu jedoch nicht an.

Aufgrund der geringen Anzahl von Verdachtsmeldungen durch Immobilienmakler einerseits und der Auffassung in- und ausländischer Institutionen, dass der Immobiliensektor besonders geldwäschegeeignet ist, andererseits, sah sich die FIU veranlasst, diesen Bereich näher zu beleuchten.[815] Hierzu beauftragte sie eine Wirtschaftsprüfungsgesellschaft, eine Fachstudie „Geldwäsche im Immobiliensektor in Deutschland"[816] im Zeitraum 2011 bis 2012 zu erstellen. Ziele dieser Fachstudie waren:[817]

- Analyse des Immobiliensektors
- Ermittlung des Ausmaßes einer Geldwäschegefährdung
- Erkennen von Typologien, Erstellen eines Anhaltspunktepapiers
- Erstellen eines konkreten Maßnahmenkataloges zur Optimierung der Geldwäscheprävention

Neben einer Literaturrecherche wurde ein Fragebogen an insgesamt 2.410 Vertreter der an Immobilientransaktionen beteiligten Berufsgruppen, wie Strafverfolgungsbehörden, Aufsichtsbehörden, Fachverbände und berufsbezogenen Kammern mit der Bitte um Weiterleitung an die Mitglieder versandt.[818] Zudem wurden 33 vertiefende Interviews mit Personen aus diesem Bereich geführt.[819] In einem ersten Ergebnis konnte festgestellt werden, dass der Finanzsektor im Bereich des Immobiliensektors mehr für Geldwäsche sensibilisiert ist als der Nichtfinanzbereich.[820] Zudem konnte die Einschätzung bestätigt werden, dass der Immobiliensektor anfällig für Geldwäscheaktivitäten ist. Gründe hierzu sind neben der Marktbeschaffenheit die hohen Volumina von Immobilientransaktionen, mangelndes Geldwäschebewusstsein von involvierten Geschäftsleuten und ungenügende Aufsicht in diesem Bereich.[821] Die Fachstudie gliedert die gewonnenen Erkenntnisse zu Typologien in mehrere Bereiche. Für den Bereich der Vermietung und Verwaltung von Immobilien sind dies die Bereiche von:[822]

- Phantommieter (fingierte Mietverträge und weitere (unter Umständen gefälschte) Dokumente)
- Barzahlung im Rahmen von Mietverhältnissen (Mietzahlungen in bar, Verbuchung Mieterzuschüsse als Bareinnahme)

---

814 BKA, FIU, Jahresbericht 2009, S. 27.
815 BKA, FIU, Jahresbericht 2012, S. 33.
816 BKA, FIU Immobilienstudie 2012, S. 1–16.
817 BKA, FIU, Jahresbericht 2012, S. 33; BKA, FIU Immobilienstudie 2012, S. 4.
818 BKA, FIU Immobilienstudie 2012, S. 4; FIU, Jahresbericht 2012, S. 34.
819 BKA, FIU Jahresbericht 2012, S. 34.
820 BKA, FIU Immobilienstudie 2012, S. 4.
821 BKA, FIU Jahresbericht 2012, S. 34; BKA, FIU Immobilienstudie 2012, S. 15.
822 BKA, FIU Immobilienstudie 2012, S. 9.

- Mietkautionen (Rückzahlung der Kaution in bar, Verbuchung der einbehaltenden Kaution als Einnahme für fiktive Schäden)
- Hausverwaltung (Investitionen in Fonds in einer Steueroase, komplexe Firmenverflechtungen über Dienstleistungsunternehmen, Verschleierung von Transaktionen und Personen im Rahmen der Hausverwaltung)

Im Rahmen der Ausnutzung von Notaren, Rechtsanwälten und Steuerberatern konnten folgende Typologien festgestellt werden:[823]

- Branchen werden als Gatekeeper für Geldwäscheaktivitäten genutzt, auch als Zugang zum Finanzsektor
- Nutzung von Strohmannkonstruktionen und Erhöhung der Undurchschaubarkeit von Transaktionen
- Geldwäsche bei Zwangsversteigerungen, durch Einzahlung von 10 Prozent des Verkehrswertes als Sicherheitsleistung und fehlende Prüfung der Herkunft des Geldes.

Für die Bewertung von Immobilien kommen folgende Typologien in Frage:[824]

- Über- und Unterbewertung von Immobilien (Höhe von Hypothekendarlehen abhängig von Verkehrswert oder neben vertraglichem Kaufpreis erfolgt weiterer Geldfluss)
- kurzfristig aufeinander folgende Käufe und Verkäufe (Verkauf innerhalb der zusammenarbeitenden Parteien)
- Immobilienportfolien (verringerte Transparenz, Verschleierung der Herkunft inkriminierter Gelder und Eigentumsverhältnisse).

Letztendlich ist auch der Bereich der Typologien für Sanierung und Erstellung von Immobilien in der Fachstudie berücksichtigt worden. Herausragende Typologien sind demnach:[825]

- Rechnungsbegleichung in bar bei Sanierung und Erstellung
- Vereinbarung Pauschalbetrag ohne Details
- Bezahlung von Sanierungen mit inkriminierten Geldern.

Insgesamt kommen Experten der Studie zum Fazit, dass im Nichtfinanzbereich ein Nachholbedarf gegenüber dem Finanzsektor besteht. Dies wird mit fehlenden Mechanismen der Geldwäscheerkennung und mangelnder Sensibilisierung zur Geldwäscheanfälligkeit im Immobiliensektor begründet.[826]

---

823 BKA, FIU Immobilienstudie 2012, S. 9.
824 BKA, FIU Immobilienstudie 2012, S. 10.
825 BKA, FIU Immobilienstudie 2012, S. 10.
826 BKA, FIU Immobilienstudie 2012, S. 15.

bb) Gewerbliche Güterhändler

Analog der Trendbeobachtung im Immobiliensektor konnte die FIU im Jahr 2009 auch eine deutliche Zunahme von Verdachtsanzeigen im Zusammenhang mit Bargeldabwicklungen für den Bereich des Güterhandels feststellen.[827] Im Rahmen der Auswertung ergab sich, dass eine erhöhte Anzahl von Barkäufen im Zusammenhang mit Kraftfahrzeugen und Edelmetallen festgestellt wurde, bei denen die Herkunft der Bargelder nicht aufgeklärt oder nachgewiesen werden konnte.[828] In den Jahren 2011/2012 konnten Experten der FIU weiter feststellen, dass einschlägige Täterkreise sich verstärkt dem Handel mit Edelmetallen, Elektroartikeln oder Industrie- und Technologiegütern zuwendeten.[829]

cc) Rechtsberatende Berufe und Notare

Die FIU führte im Jahr 2003 eine Sonderauswertung zum geringen Meldeverhalten von Rechtsanwälten und Notaren durch. Hierbei konnte die Erkenntnis erlangt werden, dass die Nutzung von Anderkonten bei Notaren ein neuralgischer Bereich zur Verschleierung eines wirtschaftlich Berechtigten ist.[830] In einem beispielhaften Fall stellte sie fest, dass über 100 Einzahlungen teilweise in bar von über 50 verschiedenen Personen auf ein eingerichtetes Notaranderkonto eingingen. Der siebenstellige Gesamtbetrag sollte angeblich für den Erwerb einer Immobilie bestimmt sein. Der Notar überwies das Guthaben anschließend an verschiedene Personen und an eine Firma, die alle ihre Konten bei deutschen Banken hatten.[831] Kennzeichnende Typologie ist laut FIU die ungewöhnliche Nutzung eines Anderkontos und fehlende Plausibilität eines Immobilienerwerbes.[832]

Im Jahr 2005 veröffentlichte die FIU einen weiteren beispielhaften Sachverhalt, bei dem gutgläubige Rechtsanwälte als Treuhänder zum Transfer von Geldern über deren Konten für den vermeintlichen Bau von Ferienanlagen missbraucht wurden. Die Gelder stammten von Anlagebetrügereien mit nicht eingehaltenen Renditeversprechen. Die eingegangenen Geldbeträge auf den Treuhandkonten der Rechtsanwälte wurden kurze Zeit später ins Ausland auf eigens gegründete Firmen der Geldwäscher überwiesen. Die Seriosität des Geldes wurde den dortigen kontenführenden Stellen mit dem Verweis auf die Konten der deutschen Rechtsanwälte vorgetäuscht.[833]

---

827 BKA, FIU Jahresbericht 2009, S. 27.
828 BKA, FIU Jahresbericht 2009, S. 27.
829 BKA, FIU Jahresbericht 2012, S. 30.
830 BKA, FIU Jahresbericht 2003, S. 18.
831 BKA, FIU Jahresbericht 2003, S. 24.
832 BKA, FIU Jahresbericht 2003, S. 24.
833 BKA, FIU Jahresbericht 2005, S. 30–31.

Die FIU leitet aus diesem Sachverhalt folgende Merkmale ab:[834]

- Zwischenschaltung von Treuhandkonten
- Inanspruchnahme gutgläubiger Rechtsanwälte
- Legendenbildung zur Durchführung der Vortat und Verschleierung der Geldflüsse
- Gründung von Auslandsfirmen und Einrichtung von Konten im Ausland

dd) Dienstleister für Gesellschaften und Treuhänder

Im Jahr 2003 berichtete die FIU, dass in einem Fall die Einschaltung zahlreicher Kapital- und Beteiligungsgesellschaften zur Verschleierung von Geldern aufgedeckt werden konnte. Der angegebene Geschäftszweck der Firmen war die Verwaltung von Beteiligungen und sonstigen Vermögenswerten. Wesentliches typologisches Kennzeichen ist laut FIU der Einsatz zahlreicher Firmenkonten zur Verschleierung der Herkunft von Geldern.[835]

Im Jahr 2007 hat die FIU sieben Verdachtsanzeigen näher ausgewertet, bei denen konkrete Indikatoren zu neuen Typologien der Geldwäsche festgestellt wurden.[836] Für den Bereich der Dienstleister oder Treuhänder lagen folgende Verschleierungshandlungen bzw. Typologien zugrunde:[837]

- Kauf von Vorratsgesellschaften zur Abwicklung von Geldtransfers
- Geldtransfers über Treuhänder

b) Bewertung für die weitere Untersuchung

Bis zum Berichtsjahr 2013 wurden insgesamt 115.797 eingegangene Verdachtsmeldungen bei der FIU verzeichnet.[838] Aufgrund dieser Vielzahl hat die FIU in jedem Jahr einige beispielhafte nationale Sachverhalte, Typologien und Trends in ihren Jahresberichten veröffentlicht. Sie betrafen zum überwiegenden Teil den Finanz- und zu einem geringen Teil den Nichtfinanzbereich. Im Vergleich zu den bereits untersuchten internationalen Veröffentlichungen sind die Veröffentlichungen der FIU als gering anzusehen.

Die FIU hat jedoch bereits im Jahr 2004 eine Internetplattform mit Passwort eingerichtet, auf der sie über den Jahresbericht hinaus die Verpflichteten des Geldwäschegesetzes zeitnah und in Form von Newslettern zu aktuellen Entwicklungen im Bereich der Geldwäschebekämpfung informiert.[839] Dies könnte eine Erklärung für die geringe Anzahl von veröffentlichten Informationen zu Trends, Typologien und

834 BKA, FIU Jahresbericht 2005, S. 31.
835 BKA, FIU Jahresbericht 2003, S. 22.
836 BKA, FIU Jahresbericht 2007, S. 25.
837 BKA, FIU Jahresbericht 2007, S. 25.
838 BKA, FIU Jahresbericht 2013, S. 13.
839 BKA, FIU Jahresbericht 2004, S. 36–37.

Methoden sein. Im März 2015 wurde der passwortgeschützte Bereich jedoch ohne Angaben von Gründen geschlossen. Auf der Internetseite der FIU veröffentlichte diese zusätzlich noch den Hinweis, dass die bislang geschützten Informationen nun bei den zuständigen Aufsichtsbehörden, Kammern und Verbände abgefragt werden können.[840] Trotz der öffentlich zurückhaltenden Verfahrensweise der FIU hat die Untersuchung ergeben, dass einige Erkenntnisse zu Typologien aus den allgemein veröffentlichten Jahresberichten für verschiedene Verpflichtete des Nichtfinanzbereiches erlangt werden konnten.

Zudem ergab die Untersuchung, dass die FIU auch erstmals eine eigene Fachstudie zur Geldwäscheanfälligkeit des Immobiliensektors veranlasst und in Form einer Managementfassung veröffentlicht hatte.[841] Die daraus entstandenen Typologien für den Nichtfinanzbereich sind sachlich nachvollziehbar und zeigen mehrere Missbrauchsmöglichkeiten in verschiedensten Bereichen auf. Bedeutsam ist auch die Erkenntnis aus der Fachstudie, dass der Immobilienbereich nicht nur den klassischen Immobilienmakler (§ 2 Abs. 1 Nr. 10 GwG) erfasst, sondern auch die rechtsberatenden Berufe und den Finanzbereich. Inwieweit die Typologien jedoch mit den tatsächlichen Gegebenheiten übereinstimmen, lässt sich aus der Fachstudie nicht erschließen. Dies wäre jedoch wertvoll und wichtig gewesen, da von den angeschriebenen potenziellen 2.410 Teilnehmern nur lediglich 94 Teilnehmer (3,9 Prozent) einen vollständigen Fragebogen abgegeben haben. Interessant ist auch, dass die Experten der Fachstudie Typologien definieren, die den Bereich der Immobilienbewertung, Vermietung, Verwaltung und Sanierung von Immobilien betreffen.[842] Derartige Typologien waren von internationalen Stellen und Institutionen bislang wenig oder gar nicht beachtet worden.

Inwieweit die Typologien des BKA zu den Notaren und deren Anderkonten in der heutigen Praxis noch haltbar sind ist fraglich. Notare sind letztendlich auch an die rechtlichen Voraussetzungen einer Verwahrung im Sinne des §§ 54a-e BeurKG gebunden. Es muss daher ein berechtigtes Sicherungsinteresse der an der Verwahrung beteiligten Personen bestehen (§ 54a Abs. 2 Ziffer 1 BeurkG). Dadurch möchte der Gesetzgeber einer formularmäßig vorgesehenen Verwendung entgegenwirken.[843] In der Praxis soll das berechtigte Sicherungsinteresse damit einer genauen Einzelfallprüfung unterliegen.[844] Zudem besteht das Verbot einer Bargeldannahme zur

840 BKA, FIU, Hinweis für geldwäscherechtlich Verpflichtete, abrufbar unter: http://www.bka.de/nn_204298/DE/ThemenABisZ/Deliktsbereiche/GeldwaescheFIU/Veroeffentlichungen/Aktuelles/aktuelles__node.html?__nnn=true (zuletzt abgerufen am 02.05.2015).

841 BKA, FIU Jahresbericht 2012, S. 33.

842 BKA, FIU Immobilienstudie 2012, S. 10.

843 RegE Gesetz zur Änderung der Bundesnotarordnung, BT-Drucks. 13/4184, S. 37–38.

844 OLG Hamm/Notarkammer Hamm, Leitlinien zur Notariellen Überwachung der Kaufpreiszahlung durch Verwahrung, Zur Auslegung des § 54 a Abs. 2 Ziffer 1 BeurkG, abrufbar unter: http://www.westfaelische-notarkammer.de/seiten/PDFs/

Verwahrung (§ 54a Abs. 1 BeurkG) die den Notar vor missbräuchlicher Inanspruchnahme für Geldwäsche bewahren soll.[845]

Auffällig ist auch, dass die FIU keine Typologien zur Erkennung von Terrorismusfinanzierung in ihren Jahresberichten veröffentlicht. Sie räumte hierzu aber mehrmals ein, dass die Erstellung von Typologien und Verdachtsraster zur Erkennung der Finanzierung von Terrorismus über den Weg der Auswertung von Verdachtsmeldungen nur sehr eingeschränkt möglich ist.[846] In Einzelfällen können zwar neue Erkenntnisse gewonnen werden, aus denen aber keine generellen Indikatoren oder Typologien abgeleitet werden können.[847] Inwieweit die FIU jedoch bis März 2015 in ihrem geschützten Internetbereich auf die Thematik einging, ließ sie offen.

2. Länderspezifische Erkenntnisse zu Typologien, Trends und Methoden

Neben der FIU existieren in allen Bundesländern sogenannte Clearingstellen für Geldwäscheverdachtsmeldungen bei den Landeskriminalämtern. Sie prüfen die eingegangenen Verdachtsmeldungen (Original der Verdachtsmeldung verbleibt bei der FIU) auf Geldwäscheverdacht und verfolgen das Ziel, Geldwäsche zu verhindern und aufzuklären.[848] Im Rahmen von Jahresberichten oder Lagebildern veröffentlichen die Landeskriminalämter von Nordrhein-Westfalen, Baden-Württemberg und Brandenburg die aus Geldwäscheverdachtsmeldungen gewonnenen statistischen Erkenntnisse im Internet. Nordrhein-Westfalen und Baden-Württemberg veröffentlichten zudem bedeutsame Sachverhalte und geldwäscherechtliche Entwicklungen oder Projekte und Initiativen. Das Landeskriminalamt Baden-Württemberg erstellt darüber hinaus für Verpflichtete, insbesondere für Kreditinstitute, eine jährliche Gefährdungsanalyse, die verschiedene Tätervorgehensweisen zu den Geschäftsmodellen der betroffenen Verpflichteten umfasst. Darin enthalten sind auch Möglichkeiten zum Erkennen der Begehungsweisen und zur Sensibilisierung für die Thematik.[849]

Die Veröffentlichung von landesspezifischen eigenen Typologiepapieren durch die Clearingstellen oder ein passwortgeschütztes Internetportal für Verpflichtete ist nicht bekannt.

Notarielle%20ueberwachung%20der%20Kaufpreiszahlung%20durch%20Verwahru-205.pdf (zuletzt abgerufen am 01.05.2016).

845 RegE Gesetz zur Änderung der Bundesnotarordnung, BT-Drucks. 13/4184, S. 37.

846 BKA, FIU Jahresbericht 2010, S. 38; BKA, FIU Jahresbericht 2013, S. 43.

847 BKA, FIU Jahresbericht 2013, S. 43.

848 LKA NRW, Finanzermittlungen Lagebild 2012, S. 1.

849 LKA BW, Jahresbericht Finanzermittlungen 2012, S. 13.

a) Erkenntnisse der Clearingstellen in den Bundesländern

Veröffentlicht wurden Jahresberichte und Lagebilder der beiden Clearingstellen aus Nordrhein-Westfalen und Baden-Württemberg mit bedeutsamen Sachverhalten, Trends und Methoden zum Nichtfinanzbereich.

aa) Erkenntnisse zum Immobiliensektor

Das LKA Baden-Württemberg berichtet in einigen seiner Jahresberichte über besondere Sachverhalte mit Geldwäschebezug. In einem Fall betrieben zwei Geschäftsmänner im In- und Ausland mehrere Gesellschaften. Der Geldwäscheverdacht kam im Rahmen des Erwerbes und der Finanzierung einer Vielzahl von Immobilien in Deutschland auf. Regelmäßig wurden 10 bis 20 Prozent der Kaufsumme von Offshore-Gesellschaften der Geschäftsmänner transferiert.[850]

In einer weiteren Sachverhaltsschilderung ging das LKA ebenfalls auf den Erwerb von hochwertigen Immobilien ein. Diese wurden von zwei osteuropäischen Frauen in Süddeutschland erworben. In Rahmen von Ermittlungen nach Erstattung einer Geldwäscheverdachtsanzeige durch ein Kreditinstitut konnte herausgefunden werden, dass gegen eine Frau in deren Herkunftsland wegen Korruption ermittelt wird und der Verdacht zu einer geldwäscherechtlichen Vortat vorhanden war.[851]

bb) Erkenntnisse zu gewerblichen Güterhändlern

Das LKA Nordrhein-Westfalen berichtet, dass im Zusammenhang mit dem Kauf eines hochwertigen Fahrzeuges zu einem Preis von 45.000 Euro dem Autohaus auffiel, dass die Bezahlung in ungewöhnlich kleinen Banknoten (100, 20 und 10 Euronoten) erfolgte. Zudem wirkte die Person nervös, war nur zögerlich bereit, ein gültiges Ausweisdokument vorzulegen und hatte unmittelbar Ausfuhrkennzeichen für das benachbarte Ausland mit dabei. Die im Rahmen der Geldwäscheverdachtsmeldung durchgeführten Ermittlungen ergaben, dass die Person bereits wegen Handels mit Betäubungsmitteln und Waffen im Ausland in Erscheinung getreten war.[852]

Das LKA definierte hieraus allgemeine zusammenhängende Typologien für einen Geldwäscheverdacht:[853]

- Kunde verweigert Identifizierung
- Barzahlung mit gestückelten Scheinen
- Mitbringen von Ausfuhrkennzeichen zum ersten Verkaufsgespräch

---

850 LKA BW, Jahresbericht Finanzermittlungen 2010, S. 32.
851 LKA BW, Jahresbericht Finanzermittlungen 2010, S. 32.
852 LKA NRW, Finanzermittlungen Lagebild 2012, S. 20.
853 LKA NRW, Finanzermittlungen Lagebild 2012, S. 20.

b) *Bewertung für die weitere Untersuchung*

Die Jahresberichte und Lagebilder der beiden Clearingstellen bei den Landeskriminalämtern zeigen auf, dass neben den statistischen Auswertungen auch ein großes Potenzial von bedeutsamen Sachverhalten zu Geldwäschevorgängen vorhanden ist. Daraus hat das LKA Nordrhein-Westfalen auch Verdachtskriterien für Verpflichtete abgeleitet und in den Lagebildern veröffentlicht. Die Clearingstelle in Baden-Württemberg erstellt sogar eine eigene Gefährdungsanalyse, die zwar vorrangig für den Finanzsektor bestimmt ist, aufgrund der oftmals vorhandenen Sachzusammenhänge mit hochwertigen Gütern und Immobilien aber auch für den Nichtfinanzbereich von Interesse sein wird. Die meisten geschilderten Sachverhalte betrafen jedoch den Finanzsektor, was angesichts der hohen Meldequote durch diesen Bereich nicht außergewöhnlich ist.

Inwieweit andere Clearingstellen ihre Jahresberichte nur an Verpflichtete oder ausschließlich an die FIU übersenden, konnte in der Untersuchung nicht festgestellt werden. Deutlich wurde jedoch, dass auch in den beiden Clearingstellen direkte oder indirekte Erkenntnisse zu Verpflichteten und ihren Produkten oder Dienstleistungen im Nichtfinanzbereich vorhanden sind.

IV. Untersuchung der geldwäscherechtlichen Effektivität im Nichtfinanzsektor

Nach Untersuchung und Bewertung der nationalen und internationalen Erkenntnislage zu Risiken, Typologien, Trends und Methoden von Geldwäsche und Finanzierung werden geldwäscherechtliche Regelungen auf ihre Effektivität und Wirkungsweise in einzelnen Bereichen des Nichtfinanzsektors analysiert.

In diesem Zusammenhang werden auch die nationalen Aufsichtsbehörden im Nichtfinanzbereich, deren Befugnisse zu Anordnungen und Maßnahmen auf Ihre praktische Wirkung hin betrachtet. Dabei werden bußgeldrechtliche Sanktionen (§17 GwG) in die Analyse mit einbezogen und ebenfalls auf deren Effektivität hin überprüft.

1. Immobilienmakler (§ 2 Abs. 1 Nr. 10 GwG)

Die Aufnahme der Berufsgruppe der Immobilienmakler in das Geldwäschegesetz im Jahr 2002 war unmittelbarer Ausfluss aus der Benennung dieses Berufszweiges in Art. 2 Nr. 3d der 3. Geldwäscherichtlinie.[854] Eine Sonderregelung wie für Güterhändler mit der Aufnahme einer Bargeldgrenze von 15.000 EUR o.ä., sieht das GwG für diese Berufsgruppe nicht vor. Hier gelten die allgemeinen Sorgfaltspflichten (§ 3 GwG) vollumfänglich. Die Auslösetatbestände zu den allgemeinen Sorgfaltspflichten (§ 3 Abs. 2 Nr. 1–4 GwG) greifen bei:

854 Diergarten, Geldwäsche, S. 93; Warius, in: Herzog, GwG, § 2 Rn. 177.

- Begründung einer Geschäftsbeziehung
- im Fall der Durchführung einer außerhalb bestehender Geschäftsbeziehungen anfallenden Transaktion im Wert von 15.000 EUR oder mehr
- im Fall des Vorliegens von Tatsachen, die darauf hindeuten, dass es sich bei den Vermögenswerten, die mit einer Transaktion oder Geschäftsbeziehung im Zusammenhang stehen, um den Gegenstand einer Straftat nach § 261 StGB handelt oder die Vermögenswerte im Zusammenhang mit Finanzierung von Terrorismus stehen
- im Fall von Zweifeln, ob die nach dem GwG erhobenen Angaben zur Identität des Vertragspartners oder des wirtschaftlich Berechtigten zutreffend sind

Sollte einer oder mehrere dieser Auslösetatbestände zutreffen, müssen die nachfolgenden allgemeinen Sorgfaltspflichten erfüllt werden (§ 3 Abs. 1 Nr. 1–4 GwG):

- Identifizierung des Vertragspartners
- Einholung von Informationen über den Zweck und die angestrebte Art der Geschäftsbeziehung
- Abklärung, ob der Vertragspartner für einen wirtschaftlich Berechtigten handelt
- Überwachung der Geschäftsbeziehung

Eine Legaldefinition zu einer geldwäscherechtlichen Geschäftsbeziehung befindet sich in § 1 Abs. 3 GwG. Demnach ist eine geldwäscherechtliche Geschäftsbeziehung jede geschäftliche oder berufliche Beziehung, die unmittelbar in Verbindung mit den geschäftlichen oder beruflichen Aktivitäten der Verpflichteten unterhalten wird, und bei der beim Zustandekommen des Kontaktes davon ausgegangen wird, dass sie von gewisser Dauer sein wird.

Die Durchführung einer außerhalb bestehender Geschäftsbeziehungen anfallenden Transaktion im Wert von 15.000 EUR oder mehr (§ 3 Abs. 2 Nr. 2 GwG) ist grundsätzlich für Kreditinstitute bei Bareinzahlungen von Nichtkunden zur Überweisung gedacht.[855] Bei Immobilienmaklern findet die Norm insbesondere bei der Annahme des Maklerlohnes Anwendung.[856]

a) *Adressatenspezifische Regelungen*

Bevor die Auslösetatbestände hinsichtlich ihrer Anwendbarkeit und Effizienz im Bereich der Immobilienmakler untersucht werden, bedarf es noch einiger grundsätzlicher Analysen zum beruflichen Ausmaß des Adressatenkreises, zu den relevanten Tätigkeitsbereichen und zu den grundsätzlichen Auslegungen der zuständigen Aufsichtsbehörden in den Bundesländern (§16 Abs. 2 Nr. 9 GwG).

---

855 Warius, in: Herzog, GwG, § 3 Rn. 45.
856 Warius, in: Herzog, GwG, § 2 Rn. 180.

aa) Erfasste Berufsbereiche des Immobilienmaklers

In Deutschland bedarf es einer behördlichen Erlaubnis gemäß § 34c GewO, bevor eine Tätigkeit als Immobilienmakler, Bauträger oder Baubetreuer aufgenommen werden kann. Bereits bei der Aufnahme des Immobilienmaklers in das GWG im Jahr 2002 wurde bewusst der einzelne Berufsträger angesprochen, um in der Folge gezielt die einzelnen Tätigkeiten des Berufsfeldes zu erfassen.[857] Die Berufsgruppe der Bauträger, die ebenfalls von § 34c GewO erfasst ist, wurde namentlich nicht im GwG aufgenommen. Ebenfalls fand der Berufszweig des Immobilienversteigerers (§ 34b GewO) keine Aufnahme.

bb) Geldwäscherechtlich relevante Geschäftsbereiche des Immobilienmaklers

Die Aufgaben eines Immobilienmaklers sind vielfältig. Grundsätzlich besteht die Möglichkeit, als Vermittlungsmakler durch die Vermittlung des Abschlusses von Verträgen über Immobilien und Grundstücken und vermietete Räumlichkeiten tätig zu werden.[858] Dies wird regelmäßig die Kernaufgabe eines Immobilienmaklers sein. Hierzu wird ein Maklervertrag mit dem Verkäufer oder/und Käufer geschlossen.[859] Weiter kann er auch noch als Nachweismakler durch den Nachweis der Gelegenheit zum Abschluss tätig werden.[860] Der Abschluss eines Maklervertrages kann schriftlich, mündlich oder aber durch schlüssiges Verhalten erfolgen.[861] Die Rechtsgrundlagen befinden sich in den §§ 652–655 BGB. Neben der Vermittlung von Immobilien und vermieteten Räumlichkeiten bieten einige Makler auch noch weitere Dienstleistungen, etwa Hausverwaltungen oder Zurverfügungstellung von Dokumenten, z.B. Mustermietverträge für den privaten Gebrauch, an. Da das GwG keine einzelnen Tätigkeitsbereiche ausnimmt oder benennt, sind grundsätzlich alle Bereiche geldwäscherechtlich umfasst.

cc) Einschränkung des Anwendungsbereiches für Vermietungsvermittlung

In den Auslegungshinweisen der Regierungspräsidien und Aufsichtsbehörden von Hessen vom 17.02.2014 wird der Bereich der Vermietungsvermittlung aus dem Anwendungsbereich des GwG ausgenommen. Begründet wird dies u.a. mit einer fehlenden Nennung dieses Bereiches in der 3. Geldwäscherichtlinie.[862] In einem Merkblatt für Immobilienmakler vom Dezember 2014 wird diese Ansicht durch die gleichen Behörden jedoch wieder etwas relativiert. Dort befindet sich der Zusatz, dass ungewöhnliche und auffällige Sachverhalte auch im Rahmen von

---

857 RegE GwBekG, BT-Drucks. 14/8739, S. 12.
858 Warius, in: Herzog, GwG, § 2 Rn. 179.
859 Warius, in: Herzog, GwG, § 2 Rn. 179.
860 Warius, in: Herzog, GwG, § 2 Rn. 179.
861 Warius, in: Herzog: GwG, § 2 Rn. 179.
862 Hessische Regierungspräsidien, Auslegungs- und Anwendungshinweise, 17.02.2014, S. 17–18.

Mietvermittlungen mit einer Verdachtsmeldung (§ 11 Abs. 1 GwG) gemeldet werden müssen.[863] Andere Tätigkeitsbereiche, wie die der Hausverwaltung, wurden nicht erwähnt. Es ist daher offen, ob Hausverwaltungen oder andere Tätigkeiten in dem Bundesland geldwäscherechtlich voll umfasst sind.

Das Bundesland Hamburg vertritt eine identische Haltung hierzu und sieht den Vermietungsbereich geldwäscherechtlich ebenfalls nicht tangiert. Explizit umfasst sind nur Tätigkeiten, die im Zusammenhang mit dem Verkauf und Kauf von Immobilien stehen.[864] Anders als in Hessen wird jedoch die Pflicht zur Abgabe einer Verdachtsmeldung im Verdachtsfall auf sämtliche Tätigkeiten und nicht nur auf die Vermittlung von Kauf oder Vermietung von Immobilien und ausgeweitet.[865] Damit wären auch Hausverwaltungen und andere Geschäftsbereiche mit umfasst.

Das Land Sachsen sieht eine Verdachtsmeldepflicht i.S.d. § 11 Abs. 1 GwG bei der Vermittlung von Mietwohnungen ebenfalls nicht ausgenommen. Zur grundsätzlichen Einbeziehung der Vermietungsvermittlung wird hingegen eine offene Haltung vertreten und darauf hingewiesen, dass Verletzungen der Sorgfaltspflichterfüllungen in diesem Sachzusammenhang aufgrund der unklaren Rechtslage keine Sanktion durch die Aufsichtsbehörde nach sich ziehen wird.[866] Daraus lässt sich entnehmen, dass der Geschäftsbereich Vermietungen für den Verpflichteten nicht ausgenommen ist.

dd) Auslegungshinweise der Aufsichtsbehörden zum Identifizierungszeitpunkt

Die Bundesländer Baden-Württemberg, Berlin, Brandenburg, Hamburg, Sachsen, Rheinland-Pfalz und Hessen haben mit Hinweis auf eine Stellungnahme des Bundesministeriums für Finanzen (BMF) vom 27.12.2011 eigene Anwendungshinweise zum Identifizierungszeitpunkt beim Immobilienmakler veröffentlicht. Zudem haben sie (ausgenommen Hamburg) eine Übersicht veröffentlicht, wonach an mehreren Fallbeispielen festgestellt werden kann, wann der Vertragspartner oder wirtschaftlich Berechtigte zu identifizieren ist, gerade bei der physischen Abwesenheit der Personen.[867]

---

863 Regierungspräsidium Darmstadt, Pflichten für Immobilienmakler, S. 1.

864 Behörde für Wirtschaft, Verkehr und Innovation Hamburg, Hinweise für Immobilienmakler, 03.02.2014, S. 1.

865 Behörde für Wirtschaft, Verkehr und Innovation Hamburg, Hinweise für Immobilienmakler, 03.02.2014, S. 1.

866 Landesdirektion Sachsen, Auslegungs- und Anwendungshinweise, 01.06.2014, S. 12.

867 Regierungspräsidien Baden-Württemberg, Auslegungs- und Anwendungshinweis, 20.08.2013; SenWTF Berlin, Auslegungs- und Anwendungshinweise für Immobilienmakler, 12.11.2013; MWE-Brandenburg, Auslegungs- und Anwendungshinweise für Immobilienmakler; Hessische Regierungspräsidien, Auslegungs- und Anwendungshinweise, 17.02.2014; Landesdirektion Sachsen, Auslegungs- und Anwendungshinweise, 01.06.2014; ADD Rheinland-Pfalz, Auslegungs- und Anwendungshinweise

Das Bundesland Bayern hat eigene Auslegungs- und Anwendungshinweise herausgegeben, die den Identifizierungszeitpunkt von der Herausgabe der Kontakt- oder Objektdaten abhängig machen. Die Herausgabe dient als Grundlage zur Aufnahme von Vertragsverhandlungen zwischen den Parteien und stellt den spätmöglichsten Zeitpunkt zur Identifizierung des Vertragspartners dar.[868]

Die Aufsichtsbehörde von Schleswig-Holstein hat keine eigenen Anwendungshinweise veröffentlicht, dafür aber ein Schreiben des BMF vom 27.12.2011.[869] In diesem Schreiben geht das BMF darauf ein, dass die Immobilienmaklerbranche den Standpunkt vertritt, die Identifizierung des Vertragspartners sei erst dann vorzunehmen, wenn der Hauptvertrag so gut wie sicher ist und der Vertragspartner den Kontakt nicht mehr abbricht.[870] Nach Ansicht des BMF ist im Fall der Begründung einer Geschäftsbeziehung der Vertragspartner bzw. der wirtschaftlich Berechtigte zu identifizieren (§ 3 Abs. 1 Nr. 1 und 3 i.V.m. Abs. 2 Nr. 1 GwG). Grundsätzlich hat die Identifizierung bereits vor Begründung einer Geschäftsbeziehung zu erfolgen, kann aber noch während der Begründung der Geschäftsbeziehung abgeschlossen werden, wenn dies erforderlich ist, um den normalen Geschäftsablauf nicht zu unterbrechen, und das Geldwäscherisiko als gering angesehen wird (§4 Abs. 1 Satz 2 GwG).[871]

In seinen weiteren Ausführungen macht das BMF deutlich, dass die maßgebliche Geschäftsbeziehung der Maklervertrag und nicht der notarielle Vertrag ist. Die Identifizierung ist somit spätestens mit Abschluss des Maklervertrages vorzunehmen, und der Zeitpunkt des vermittelten Hauptvertrages ist unbedeutend.[872] Dies gilt auch vor dem Hintergrund, dass nicht jeder Maklerauftrag zum Abschluss eines Kaufvertrages führt und der Provisionsanspruch erst nach erfolgreicher Vermittlung entsteht. Zudem ist das Risiko eines Kontaktabbruchs stetig vorhanden, da letztendlich viele Faktoren vom Kauf einer Immobilie abhängen. Gerade für einen aus Geldwäschegesichtspunkten unauffälligen Kunden dürfte eine Identifizierung kein Problem darstellen.[873]

für Immobilienmakler, 2013; ADD Rheinland-Pfalz, Regelbeispiele für Immobilienmakler, 20.08.2013.

868 StMI Bayern, Auslegungshinweis zur Identifizierungspflicht für Immobilienmakler, Februar 2014, S. 3.

869 BMF-Schreiben vom 27.12.2011 – VII A 3 – WK 5023/11/10007, abrufbar unter: http://www.schleswig-holstein.de/DE/Fachinhalte/M/marktkontrolleWettbewerb/Downloads/Geldwaesche/Zeitpunkt.pdf?__blob=publicationFile&v=3 (zuletzt abgerufen am 16.05.2015).

870 BMF-Schreiben vom 27.12.2011 – VII A 3 – WK 5023/11/10007, S. 1.

871 BMF-Schreiben vom 27.12.2011 – VII A 3 – WK 5023/11/10007, S. 1.

872 BMF-Schreiben vom 27.12.2011 – VII A 3 – WK 5023/11/10007, S. 1.

873 BMF-Schreiben vom 27.12.2011 – VII A 3 – WK 5023/11/10007, S. 1–2.

ee) Geldwäscherechtliche Einordnung der „Begründung einer Geschäftsbeziehung"

Aus dem Schreiben des BMF vom 27.12.2011 geht zweifelsfrei hervor, dass der maßgebliche Auslösetatbestand zur Erfüllung der allgemeinen Sorgfaltspflichten die zuvor erwähnte Begründung einer Geschäftsbeziehung (§ 3 Abs. 2 Nr. 1 GwG) ist. Daran anknüpfend sieht das BMF den Maklervertrag als die herausragende Geschäftsbeziehung zwischen dem Immobilienmakler und Kaufinteressenten an.[874] Zu den praktischen Abgrenzungsproblemen, wann und ob ein (noch) unverbindlicher Kontakt eines Kaufinteressenten mit einem Immobilienmakler in einen Maklervertrag mündet, nimmt das BMF ebenfalls Stellung. Demnach ist spätestens beim unmittelbaren Bevorstehen des Abschlusses eines Maklervertrages der Vertragspartner oder wirtschaftlich Berechtigte zu identifizieren.[875]

Mehrere Bundesländer lassen bei einem konkludent oder fernmündlich, auch über Internet, abgeschlossenen Maklervertrag Ausnahmen zu. In diesen Fällen muss jedoch eine vollständige Identifizierung (§ 4 GwG) spätestens vor der Übermittlung der Kontaktdaten des Verkäufers durch den Immobilienmakler vorgenommen werden. Etwaige bereits zuvor entstandene Geldwäscheanhaltspunkte können diese spätere Identifizierungspflicht jedoch wieder vorverlagern. Bereits fernmündlich erhobene Grunddaten sind entsprechend zu dokumentieren (§ 8 Abs. 1 GwG).[876]

Betrachtet man die eingangs erwähnte Legaldefinition einer Geschäftsbeziehung (§ 1 Abs. 3 GwG) sowie die Ausführungen und Stellungnahmen der Bundesländer und des BMF, so wird deutlich, dass diese Behörden den Maklervertrag als geschäftliche oder berufliche Tätigkeit einordnen. Zudem gehen sie davon aus, dass die Tätigkeit unmittelbar in Verbindung mit den geschäftlichen oder beruflichen Aktivitäten des Verpflichteten steht und dass diese von gewisser Dauer sein wird.

Die behördliche Einschätzung wird in der Literatur jedoch nicht grundsätzlich geteilt. Eine auf Dauer angelegte Geschäftsbeziehung wird bei der Vermittlung einer einzigen Immobilie als kritisch angesehen und wird zum Teil auch als für nicht möglich erachtet.[877] Erforderlich wird zumindest die Beauftragung der Vermittlung von mehr als einem Objekt angesehen.[878] *Diergarten* sieht lediglich bei Rahmenverträgen mit Bauträgern, in denen eine Vermittlung von mehreren Objekten

---

874 BMF-Schreiben vom 27.12.2011 – VII A 3 – WK 5023/11/10007, S. 1.

875 BMF-Schreiben vom 27.12.2011 – VII A 3 – WK 5023/11/10007, S. 1–2.

876 Regierungspräsidien Baden-Württemberg, Auslegungs- und Anwendungshinweis, 20.08.2013, S. 1–2; SenWTF Berlin, Auslegungs- und Anwendungshinweise für Immobilienmakler, 12.11.2013, S. 1; MWE-Brandenburg, Auslegungs- und Anwendungshinweise für Immobilienmakler, S. 1; Hessische Regierungspräsidien, Auslegungs- und Anwendungshinweise, 17.02.2014, S. 22; Landesdirektion Sachsen, Auslegungs- und Anwendungshinweise, 01.06.2014, S. 14; ADD Rheinland-Pfalz, Auslegungs- und Anwendungshinweise für Immobilienmakler, 2013, S. 1.

877 Vgl. Warius, in: Herzog, GwG, § 2, Rn. 180; Diergarten, Geldwäsche, S. 93.

878 Warius, in: Herzog, GwG, § 2, Rn. 180.

vereinbart wird, eine gewisse Dauer i.S.d. § 1 Abs. 3 GwG.[879] Diese sehr restriktive Auslegung des Begriffes der Geschäftsbeziehung von gewisser Dauer in Verbindung mit der Tätigkeit der Immobilienvermittlung wird jedoch nicht grundsätzlich geteilt. Hat beispielsweise ein Erwerbsvorgang einer Immobilie eine Betreuung des Kunden zum Inhalt und umfasst dies auch die Vorbereitung und den Abschluss eines Kaufvertrages bis hin zu vorbereitenden Tätigkeiten der Eigentumsumschreibung, so kann die Begründung einer Geschäftsbeziehung auch beim Erwerb einer einzigen Immobilie bejaht werden.[880]

Der behördlichen Einschätzung, auch die des BMF als federführendem Ministerium bei der Gesetzgebung für das GwG, ist hier zweifelsfrei zu folgen, da sie bereits die Vermittlung einer einzigen Immobilie regelmäßig als Begründung einer Geschäftsbeziehung erfasst und dadurch erst gar keine geldwäscherelevante Öffnung entstehen lässt. Dass die Geschäftsbeziehung bereits bei Begründung anzusetzen ist, erscheint auch mit Blick auf die verbleibenden drei Auslösetatbestände vorzugswürdig. Zweifel an der Identität des Vertragspartners oder eine Transaktion außerhalb einer bestehenden Geschäftsbeziehung im Wert von 15.000 EUR oder mehr (§ 3 Abs. 2 Nr. 2 GwG) dürften für einen Immobilienmakler und seine klassischen Geschäftsbereiche eher die Ausnahme als die Regel sein.[881] Dies gilt auch für das Vorliegen, dass eingebrachte Vermögenswerte mit einer Geldwäschevortat im Zusammenhang stehen oder Zweifel an einer bereits durchgeführten Identität bestehen (§ 3 Abs. 2 Nr. 3 und 4 GwG). Letzteres würde zudem eine vorherige Identifizierung voraussetzen.

b) Anwendbarkeit und Effizienz der geldwäscherechtlichen Regelung

Die unmittelbare Anknüpfung der geldwäscherechtlichen Begründung einer Geschäftsbeziehung an den Maklervertrag bedeutet in der Praxis eine regelmäßig frühzeitige Identifizierung des Vertragspartners, da diese spätestens mit Abschluss des Maklervertrages vorzunehmen ist. Frühestmöglich bedeutet im Sachzusammenhang, dass bereits durch konkludentes Handeln ein Provisionsverlangen ausgedrückt werden kann (§ 652 BGB). Dies wäre beispielsweise bei einer offenen Besichtigung eines zum Verkauf stehenden Hauses der Fall. Der Immobilienmakler gibt sich bereits am Eingang als Verkaufsmakler mit Provisionsbegehren zu erkennen. Eine konkludente Vereinbarung findet auch bei Internetinseraten für Immobilienverkäufe statt, bei denen ebenfalls auf das Provisionsbegehren des Maklers ausdrücklich hingewiesen und damit den restriktiven Anforderungen des BGH nachgekommen wird.[882] Meldet sich der Interessent auf die Anzeige, nimmt er regelmäßig das Angebot eines Maklervertrages an.

879 Diergarten, Geldwäsche, S. 93.

880 Warius, in: Herzog, GwG, § 2 Rn. 180.

881 Vgl. Warius, in: Herzog: GwG, § 2 Rn. 180.

882 BGH, Urteil vom 03.05.2012 – 3 ZR 62/11; NJW 2012, 2268–2270.

In der Praxis wird dies für den Immobilienmakler je nach Angebot und Nachfrage zu einem erhöhten Arbeitsaufwand führen. Er muss regelmäßig vor der Besichtigung einer Immobilie seine Interessenten und Vertragspartner identifizieren (§ 4 Abs. 3 und 4 GwG). In Abwesenheit hat er in einigen Bundesländern zumindest die Grunddaten telefonisch oder per E-Mail zu erfragen, eine vollständige Identifizierung findet sobald als möglich statt.[883]

Das Bundesland Bayern knüpft nicht unmittelbar an einen Maklervertrag, sondern an die Herausgabe von Kontakt- oder Objektdaten durch den Immobilienmakler an den Interessenten an. Die Identifizierung ist vom Zeitpunkt her aber ähnlich zu sehen wie bei der unmittelbaren Anbindung an den Maklervertrag.[884] Etwas schwieriger wird die Entscheidung, wie in den Bundesländern zu verfahren ist, bei denen keine Auslegungs- und Anwendungshinweise hierzu veröffentlicht wurden. Aufgrund der erwähnten Stellungnahme des BMF als federführendes Ministerium bei Gesetzesänderungen im GwG könnte die Anbindung des Identifizierungszeitpunktes an den Maklervertrag auch für diese Bundesländer gelten, ein Automatismus ergibt sich daraus aber nicht.

Die Anbindung des Maklervertrages an den sachlichen Anwendungsbereich der Geschäftsbeziehung und der Identifizierungspflicht enthält eine weitere bedeutsame Problematik. Es ist fraglich, wie zu verfahren ist, wenn gar kein Maklervertrag zwischen Kaufinteressent und Immobilienmakler zustande kommt. Im Rahmen eines Maklervertrages besteht durchaus die Möglichkeit, dass eine ausschließliche Vereinbarung (Innenprovision) zwischen dem Verkäufer einer Immobilie und dem Immobilienmakler geschlossen wird. Kaufinteressenten werden in der Praxis bereits bei der Annonce in der Zeitung oder dem Internet oder beim Versand des Exposés regelmäßig darauf hingewiesen, dass die Vermittlung des Verkaufsgeschäftes provisionsfrei ist. Regelmäßig handelt es sich hierbei um Objekte, deren Vermittlung sich in der Vergangenheit als schwierig erwiesen hat. Der Verkäufer hat daher ein gesteigertes Interesse an einem Verkauf und übernimmt die komplette Provision an dem Vermittlungsgeschäft. Eine Provisionsvereinbarung oder die Erklärung eines Provisionsverlangens mit dem Kaufinteressenten entfällt gänzlich.

Ausgehend von den beschriebenen Auslegungshinweisen der Bundesländer Rheinland-Pfalz, Baden-Württemberg, Berlin, Hessen, Hamburg, Sachsen und Schleswig-Holstein, die sich unmittelbar auf die Einordnung des BMF im Schreiben vom 27.12.2011 beziehen, bedeutet dies, dass der Immobilienmakler in Fällen der ausschließlichen Vereinbarung einer Innenprovision keine Identifizierung der

883 ADD Rheinland-Pfalz, Regelbeispiele für Immobilienmakler, 20.08.2013, S. 1–2; Hessische Regierungspräsidien, Auslegungs- und Anwendungshinweise, 17.02.2014, S. 23–25; Landesdirektion Sachsen, Auslegungs- und Anwendungshinweise, 01.06.2014, S. 15–18; Regierungspräsidien Baden-Württemberg, Auslegungs- und Anwendungshinweis, 20.08.2013, S. 3–6; SenWTF Berlin, Auslegungs- und Anwendungshinweise für Immobilienmakler, 12.11.2013, S. 2–4.

884 StMI Bayern, Auslegungshinweis zur Identifizierungspflicht für Immobilienmakler, Februar 2014, S. 2.

Kaufinteressenten vorzunehmen hat. Die oben untersuchten Typologien und Trends der FATF zeigen aber auf, dass der Immobiliensektor in Gänze erheblich geldwäschegefährdet ist, und rücken den Kaufinteressenten und Käufer als Geldwäscher in eine herausgehobene Rolle (s. Kapitel E, II, 1, a, aa). Eine weitere Folge wäre, dass sich Geldwäscher gezielt Immobilien aussuchen, bei denen der Immobilienmakler den Kaufinteressenten oder Käufer nicht identifizieren muss. Damit wäre auch denkbar, dass ein wirtschaftlich Berechtigter bis zum Notar vollkommen anonym und legal im Hintergrund agieren könnte.

Problematisch ist auch, dass die Aufsichtsbehörden von Hamburg und Hessen die Bereiche der Vermietungen nahezu ganz aus dem geldwäscherechtlichen Pflichtenbereich des Immobilienmaklers herausgenommen haben und auch offen lassen, wie mit Hausverwaltungen umgegangen werden soll.[885] Diese Bereiche können ebenfalls für Geldwäsche oder Terrorismusfinanzierung missbraucht werden.

Die Fachstudie der FIU zur Geldwäscheanfälligkeit des Immobiliensektors (s. Kapitel E, II, 1, a, aa) benennt konkrete Indikatoren zu Vermietungs- und Verwaltungsgeschäften. Beispielhaft wären dies Phantommieter, Mietzahlungen in bar oder aber auch die Verschleierung von Transaktionen und Personen im Rahmen einer Hausverwaltung,[886] ebenso wie ein ungewöhnliches Auftreten beim Anmieten einer Gewerbehalle, verbunden mit einem nicht nachvollziehbaren geschäftlichen Grund. Für den Bereich von Hausverwaltungen bestünde zudem die Möglichkeit, dass überhöhte Hausgeldzahlungen für ein mehrgeschossiges Mehrfamilienhaus in bar (inkriminierte Gelder) an einen Verwalter geleistet werden, obwohl das Haus einer einzigen Person gehört und seit Jahren nicht mehr bewohnt wird. Die Folge wäre, dass am Ende des Abrechnungsjahres die erheblichen Überschüsse auf ein Konto des Eigentümers erfolgen und dadurch inkriminiertes Geld in den Finanzkreislauf gelangen könnte. Ausgehend vom gleichen Sachverhalt wären auch monatliche Mietzahlungen von einer Vielzahl von Mietern an den Vermieter denkbar, obwohl diese Personen tatsächlich im Ausland leben und keine einzige Wohnung in dem Mehrfamilienhaus bezogen haben (Phantommieter). Zudem handelt es sich hierbei meist um stark sanierungsbedürftige Immobilien, sogenannte „Schrottimmobilien".

c) Bewertung für die weitere Untersuchung

Die grundsätzliche Aufnahme der Berufsgruppe der Immobilienmakler als Verpflichtete nach dem GwG ist aufgrund der eingehend untersuchten und zu bejahenden Missbrauchsanfälligkeit durch Geldwäsche nachvollziehbar und folgerichtig. Nahezu jede internationale und nationale Behörde oder Institution, die sich mit der Bekämpfung von Geldwäsche befasst, berichtet von möglichen Typologien und Methoden der Geldwäsche im Zusammenhang mit dem Erwerb von Immobilien,

---

885 Behörde für Wirtschaft, Verkehr und Innovation Hamburg, Hinweise für Immobilienmakler, 03.02.2014, S. 1; Hessische Regierungspräsidien, Auslegungs- und Anwendungshinweise, 17.02.2014, S. 17–18.

886 BKA, FIU Immobilienstudie 2012, S. 9.

die zumeist auch auf strafrechtlichen Erkenntnissen beruhen. Dies wiegt umso schwerer, als die Gruppen der Bauträger (§ 34c GewO) und Immobilienversteigerer (§ 34b GewO) von § 2 Abs. 1 Nr. 10 GwG nicht erfasst werden. Einige Immobilienmakler sind auch als Bauträger tätig, gerade in nachgefragten Immobilienregionen, bei denen viele Bauprojekte gefördert werden. Zu den oben in Kapitel E, II, 1, a, aa untersuchten Erkenntnissen der FATF über frühzeitige Geldwäscheaktivitäten bei in Planung befindlichen Hotels und Villen wird an dieser Stelle noch einmal hingewiesen.[887] Für den Geldwäscher ist es grundsätzlich ohne Bedeutung, ob die Immobilie aus einem eigenen Bestand herrührt oder durch Vermittlung erfolgt. Es wird ihm regelmäßig um die Immobilie selbst und den Wert oder Nutzen gehen. Besteht aber ein Bereich, der geldwäscherechtlich nicht umfasst und beaufsichtigt wird, könnte dies zur Folge haben, dass Geldwäscher eher zum Bauträger als zum Immobilienmakler mit Provisionsverlangen gehen. Dies gilt auch für den Bereich der Immobilienversteigerer, der ebenfalls nicht vom GwG erfasst wird, aber ebenfalls zur Geldwäsche missbraucht werden kann.[888] Es bestünde zudem zumindest auch die theoretische Möglichkeit, dass ein Bauträger sogar am Rande von Beratungsgesprächen darauf hinweisen könnte, dass das Unternehmen von geldwäscherechtlichen Sorgfaltspflichten ausgenommen ist. Dies dürfte zwar eher eine sehr seltene Ausnahme darstellen, ist aber denkbar.

Für rechtsberatende Berufe und Treuhänder hat der Normengeber den geldwäscherechtlichen Anwendungsbereich auf verschiedene ganz bestimmte Geschäftstätigkeiten beschränkt (§ 2 Abs. 1 Nr. 7, 7a und 9 GwG). Der Bereich des Immobilienmaklers wurde ohne gesetzliche Einschränkungen in das GwG aufgenommen. Umso mehr überrascht es, dass einige Bundesländer als zuständige Aufsichtsbehörden ganze Tätigkeitsbereiche wie die der Vermietungen und Hausverwaltungen ausnehmen. Dies gilt insbesondere, da gerade diese Bereiche laut der FIU und ihrer Fachstudie zum Immobiliensektor ebenfalls geldwäschegefährdend sind.[889] Das Bundesland Bayern weist sogar in seiner Auslegung zur Identifizierung des Immobilienmaklers explizit auf die unterschiedliche Auslegung in den einzelnen Aufsichtsbehörden der Bundesländer hin.[890] Diese uneinheitliche Auslegungsweise hat zur Folge, dass ein Immobilienmakler mit Geschäftsstellen in anderen Bundesländern unterschiedliche geldwäscherechtliche Verfahrensweisen implementieren muss, obwohl die Geldwäschegefahr an einer Landesgrenze kaum halt machen dürfte.

Die Anbindung des Maklervertrages an den Auslösetatbestand der Begründung einer Geschäftsbeziehung und die Folgen einer ausschließlichen Innenprovision haben regelmäßig eine erhebliche Erleichterung für Unternehmen zur Folge. Die Entbindung von Maßnahmen der Identifizierung des Vertragspartners und des

---

887 FATF, Typologien Immobilienbranche 2007, S. 26.
888 BKA, FIU Immobilienstudie 2012, S. 9.
889 BKA, FIU Immobilienstudie 2012, S. 9.
890 StMI Bayern, Auslegungshinweis zur Identifizierungspflicht für Immobilienmakler, Februar 2014, S. 3–4.

wirtschaftlich Berechtigten, der Dokumentation und der sich anschließenden Aufbewahrung bedeuten weniger Aufwand für den Unternehmer. Das Ziel einer effektiven Geldwäscheprävention erfüllen sie jedoch nicht. Zu hoch ist die Missbrauchsanfälligkeit des umfassend untersuchten Immobiliensektors, als dass eine erhebliche Anzahl von Kaufinteressenten und Käufern im Rahmen einer ausschließlich mit dem Verkäufer vereinbarten Provision (Innenprovision) von einer Identifizierung nach dem GwG ausgenommen werden können. Gänzlich ungeklärt hierbei ist, wie Unternehmen in den übrigen Bundesländern verfahren müssen, in denen die Aufsichtsbehörden keine Anwendungshinweise zur Anbindung an den Maklervertrag veröffentlicht haben.

2. Personen, die gewerblich mit Gütern handeln (§ 2 Abs. 1 Nr. 13 GwG)

Die Aufnahme der Berufsgruppe der sogenannten Güterhändler in das GwG basiert auf Art. 2 Abs. 1 Nr. 3e der 3. Geldwäscherichtlinie. In § 2 Abs. 1 Nr. 13 GwG werden Personen, die gewerblich mit Gütern handeln, geldwäscherechtlich in den Kreis der Verpflichteten aufgenommen. Es dürfte sich hierbei um die größte Gruppe von Verpflichteten im GwG handeln. Nachdem die EU in Art. 2 Abs. 1 Nr. 3e der dritten Geldwäscherichtlinie empfohlen hatte, diesem Personenkreis Erleichterungen in Form einer Bargeldgrenze zuzugestehen, hat der Gesetzgeber dies auch in § 3 Abs. 2 Satz 3 GwG umgesetzt.

Für Güterhändler sind folgende Auslösetatbestände zur Identifizierung des Vertragspartners und wirtschaftlich Berechtigten und zur Erfüllung von weiteren allgemeinen Sorgfaltspflichten für Güterhändler maßgeblich:

- die Annahme von Bargeld in Höhe von 15.000 EUR oder mehr, auch kumulativ (§ 3 Abs. 2 Satz 5 GwG)
- im Fall des Vorliegens von Tatsachen, die darauf hindeuten, dass es sich bei Vermögenswerten, die mit einer Transaktion oder Geschäftsbeziehung im Zusammenhang stehen, um den Gegenstand einer Straftat nach § 261 StGB handelt, oder die Vermögenswerte im Zusammenhang mit Terrorismusfinanzierung stehen (§ 3 Abs. 2 Nr. 3 GwG)
- im Fall von Zweifeln, ob die aufgrund des GwG erhobenen Angaben zur Identität des Vertragspartners oder des wirtschaftlich Berechtigten zutreffend sind (§ 3 Abs. 2 Nr. 4 GwG)

a) Adressatenspezifische Regelungen

Aufgrund des quantitativen Ausmaßes der Berufsgruppe von Güterhändlern bedarf es vor der Analyse der Anwendbarkeit und Effizienz der geldwäscherechtlichen Auslösetatbestände einer Untersuchung der zu erfassenden Berufs- und Tätigkeitsbereiche. Zudem bedarf es der Analyse der Veröffentlichung von gesetzlichen Auslegungs- und Anwendungshinweisen der zuständigen Aufsichtsbehörden in den einzelnen Bundesländern.

aa) Erfasste Berufsbereiche des Güterhändlers

Der Kreis der verpflichteten Personen, die gewerblich mit Gütern handeln, umfasst nach dem Willen des Normengebers natürliche sowie juristische Personen.[891] Weiteres Merkmal des § 2 Abs. 1 Nr. 13 GwG ist, dass der Personenkreis gewerblich tätig sein muss. Bereits in der ersten Fassung des GwG im Jahr 1993 wurden Gewerbetreibende, soweit sie in der Ausübung ihres Gewerbes handeln, geldwäscherechtlich als Verpflichtete umfasst.[892] Der Gesetzgeber verstand unter dem Begriff des Gewerbetreibenden alle Personen, die ein Gewerbe im Sinne der Gewerbeordnung betreiben.[893] Eine Begrenzung des weit gefassten Normadressatenkreises hin zu Personen, die gewerblich mit Gütern handeln, fand erst durch das Geldwäschebekämpfungsergänzungsgesetz vom 13.08.2008 statt.[894] Da der Begriff „gewerblich" im GwG jedoch weiter Verwendung fand, wird auch immer noch eine Anbindung an die Gewerbeordnung angenommen.[895]

Der Begriff des Güterhändlers ist nach Auffassung des Gesetzgebers weit auszulegen. Eine Beschränkung beispielsweise auf ausschließlich hochwertige Güter wäre nicht konform mit der 3. Geldwäscherichtlinie, die ebenfalls insoweit keine Einschränkung vornimmt.[896] Demnach ist nicht nur das produzierende Gewerbe darunter zu subsumieren, sondern auch der An- und Verkauf von Gütern.[897] Grundsätzlich sind damit reine Dienstleistungsunternehmen seit 2008 nicht mehr vom GwG umfasst, falls diese nicht doch noch unter die anderen Verpflichtetenkreise des GwG zu subsumieren sind.[898]

bb) Besondere Auslegungshinweise zur Einordnung des Güterhändlerbegriffes

Neben der Veröffentlichung von allgemein gehaltenen Informationsbroschüren für Güterhändler durch die Aufsichtsbehörden in den einzelnen Bundesländern haben die zuständigen Aufsichtsbehörden der Bundesländer Hessen und Sachsen noch zusätzlich eigene geldwäscherechtliche Auslegungs- und Anwendungshinweise im Sinne von § 16 Abs. 5 GwG zum Händler- und Güterbegriff veröffentlicht.[899]

Die Inhalte der beiden Veröffentlichungen sind vom Wortlaut her nahezu identisch. Beide orientieren sich zunächst bei der Auslegung des Händlers am weiten

---

891 RegE GwBekErgG, BT-Drucks. 16/9038, S. 32.
892 Geldwäschegesetz, BGBl. I, 1993, S. 1771.
893 RegE GewAufspG, BT-Drucks. 12/2704, S. 14.
894 GwBekErgG, BGBl. I 2008, S. 1692.
895 Helmrich, NJW 2009, 3686; Bausch/Voller, Geldwäsche-Compliance, S. 19; Häberle, in: Erbs/Kohlhaas/Ambs, GwG, § 2 Rn. 18.
896 RegE GwPrävOptG, BT-Drucks. 17/6804, S. 51.
897 Bausch/Voller, Geldwäsche-Compliance, S. 25.
898 Helmrich, NJW 2009, 3686.
899 Landesdirektion Sachsen, Auslegungs- und Anwendungshinweise, 01.06.2014, S. 6–11; Hessische Regierungspräsidien, Auslegungs- und Anwendungshinweise, 17.02.2014, S. 9–16.

kaufmännischen Händlerbegriff des § 1 HGB. Danach ist jeder erfasst, der eine Ware verkauft, unabhängig davon, ob dies im eigenen oder fremden Namen geschieht, und unabhängig davon, ob es sich um eigene oder fremde Güter handelt.[900] Da dies in den beiden Ländern mit dem Sinn und Zweck des GwG nicht vereinbar ist, sollen Verpflichtete darauf abstellen, wer rechtlich gebundene Partei des Warenkaufvertrages ist.[901] Dies schließt jedoch eine abweichende Bewertung im Einzelfall nicht gänzlich aus, beispielsweise wenn eine dritte, nur vermittelnd tätig werdende Person eine so zentrale Position im Vertragsverhältnis einnimmt, dass sie diese de facto beherrscht. Denkbar ist dies, wenn sich beispielsweise Käufer und Verkäufer nie begegnen, der Vermittler frei die Vertragskonditionen bestimmen kann, die Kaufpreiszahlung entgegennimmt oder das Vertretungsverhältnis nicht erkennbar ist.[902]

Beide Bundesländer haben in ihren Anwendungshinweisen Fallbeispiele zu Vermittlungsverhältnissen beigegeben. Danach sind Versteigerer und Kommissionäre grundsätzlich als Händler anzusehen.[903] Bei einem Verkaufsvermittler nimmt dieser beispielsweise die geldwäscherechtlichen Kundensorgfaltspflichten in Form einer Beauftragung gem. § 7 Abs. 2 GwG wahr, die Verantwortung für sein Handeln liegt jedoch beim Verkäufer.[904]

In beiden Ländern wird herausgestellt, dass auch Konsumgüterproduzenten geldwäscherechtlich umfasst sind, wenn diese selbst hergestellte Waren (Direktvertrieb) im eigenen Ladenlokal verkaufen. Bei Handwerkertätigkeiten sollte der Schwerpunkt der Tätigkeit auf einer Leistung und nicht auf Übergabe einer Ware liegen, nur dann ist der Handwerker geldwäscherechtlich nicht umfasst.[905] Im Fall der Lebensmittelproduktion ist ebenfalls darauf abzustellen, ob die Leistung im

---

900 Landesdirektion Sachsen, Auslegungs- und Anwendungshinweise, 01.06.2014, S. 6; Hessische Regierungspräsidien, Auslegungs- und Anwendungshinweise, 17.02.2014, S. 9.

901 Landesdirektion Sachsen, Auslegungs- und Anwendungshinweise, 01.06.2014, S. 6; Hessische Regierungspräsidien, Auslegungs- und Anwendungshinweise, 17.02.2014, S. 9.

902 Landesdirektion Sachsen, Auslegungs- und Anwendungshinweise, 01.06.2014, S. 6–7; Hessische Regierungspräsidien, Auslegungs- und Anwendungshinweise, 17.02.2014, S. 9.

903 Landesdirektion Sachsen, Auslegungs- und Anwendungshinweise, 01.06.2014, S. 7; Hessische Regierungspräsidien, Auslegungs- und Anwendungshinweise, 17.02.2014, S. 10.

904 Landesdirektion Sachsen, Auslegungs- und Anwendungshinweise, 01.06.2014, S. 7–9; Hessische Regierungspräsidien, Auslegungs- und Anwendungshinweise, 17.02.2014, S. 11.

905 Landesdirektion Sachsen, Auslegungs- und Anwendungshinweise, 01.06.2014, S. 8–9; Hessische Regierungspräsidien, Auslegungs- und Anwendungshinweise, 17.02.2014, S. 11–12.

Vordergrund steht und nicht die Übergabe der Waren, beispielsweise in Form von Lebensmittelkonserven.[906]

Der Güterbegriff wird von beiden Aufsichtsbehörden als wirtschaftlicher Begriff definiert. Er umfasst im ökonomischen Sinne alle Mittel zur Befriedigung menschlicher Bedürfnisse.[907] Beide Länder unterscheiden zwischen handelbaren und nicht handelbaren Gütern. Handelbare Güter sind demnach solche, die international gehandelt werden können und deswegen in verschiedenen Ländern, abgesehen von Transportkosten und Handelshemmnissen, denselben Preis aufweisen, der sich durch Angebot und Nachfrage auf dem Weltmarkt und nicht durch nationale Gegebenheiten bestimmt.[908] Nicht handelbare Güter sind solche, die international nicht handelbar sind und daher ein unterschiedliches Preissegment umfassen können. Da die Aufsichtsbehörden beide Begriffe geldwäscherechtlich zulassen, sind über den wirtschaftlichen Güterbegriff Immobilien und Grundstücke als Güter i.S.d. im Sinne des § 2 Abs. 1 Nr. 13 GwG erfasst.[909]

Zur weiteren Bestätigung dieser Annahme führen beide zudem an, dass die Legaldefinition von hochwertigen Gütern in § 9 Abs. 4 Satz 4 GwG hochwertige Güter als solche Gegenstände definiert, die sich aufgrund von Beschaffenheit, Wert oder bestimmungsgemäßen Gebrauch von Alltagsanschaffungen abheben oder aufgrund ihres Preises keine Alltagsanschaffung darstellen. Im GwG werden als hochwertige Güter Gold, Silber und Platin, Edelsteine, Schmuck und Uhren, Kunstgegenstände und Antiquitäten, Kraftfahrzeuge, Schiffe, Motorboote und Luftfahrzeuge als Regelbeispiele genannt (§ 9 Abs. 4 Satz 5 GwG). Da diese Beispiele nicht abschließend sind und der Gesetzgeber keine Unterscheidung zwischen beweglichen und unbeweglichen Gütern vorgenommen hat, sind nach Auffassung der Aufsichtsbehörden Immobilien und Grundstücke auch hiernach vom Güterbegriff des § 2 Abs. 1 Nr. 13 GwG umfasst.[910]

Auf Grundlage dessen ist die abschließende Einordnung des Begriffes „Güter" in Sinne des § 2 Abs. 1 Nr. 13 GwG in beiden Bundesländern sehr weit gefasst. Danach

---

906 Landesdirektion Sachsen, Auslegungs- und Anwendungshinweise, 01.06.2014, S. 8–9; Hessische Regierungspräsidien, Auslegungs- und Anwendungshinweise, 17.02.2014, S. 12.

907 Landesdirektion Sachsen, Auslegungs- und Anwendungshinweise, 01.06.2014, S. 9; Hessische Regierungspräsidien, Auslegungs- und Anwendungshinweise, 17.02.2014, S. 12.

908 Landesdirektion Sachsen, Auslegungs- und Anwendungshinweise, 01.06.2014, S. 9; Hessische Regierungspräsidien, Auslegungs- und Anwendungshinweise, 17.02.2014, S. 12.

909 Landesdirektion Sachsen, Auslegungs- und Anwendungshinweise, 01.06.2014, S. 9; Hessische Regierungspräsidien, Auslegungs- und Anwendungshinweise, 17.02.2014, S. 12.

910 Landesdirektion Sachsen, Auslegungs- und Anwendungshinweise, 01.06.2014, S. 9; Hessische Regierungspräsidien, Auslegungs- und Anwendungshinweise, 17.02.2014, S. 12.

sind Güter i.S.d. § 2 Abs. 1 Nr. 13 GwG alle beweglichen und unbeweglichen Sachen, unabhängig vom Aggregatzustand, die einen wirtschaftlichen Wert haben und deshalb Gegenstand einer geschäftlichen Transaktion sein können.[911]

cc) Auslegungshinweise zu Wasser- und Stromversorgern

Die Bundesländer Berlin, Bremen, Hessen und Sachsen haben für den Bereich der Strom- und Wasserversorgung und der damit verbundenen Unternehmen eine geldwäscherechtliche Einordnung vorgenommen und beziehen sich bei ihren Veröffentlichungen auf ein BMF-Schreiben vom 24.04.2012.[912]

In den inhaltsgleichen Ausführungen gehen die Aufsichtsbehörden darauf ein, dass eine Einbeziehung von Strom- und Wasserversorgern in den Kreis der Verpflichteten des § 2 Abs. 1 Nr. 13 GwG aufgrund der fehlenden Definition des Begriffes „Güter" nur unter Berücksichtigung von Sinn und Zweck und der Historie des GwG möglich ist. Problematisch wird dabei die volkwirtschaftliche Trennungslinie zwischen Dienstleister und Güterhändler gesehen, dies auch vor dem Hintergrund, dass die erstgenannte Gruppe seit 2008 nicht mehr im GwG vorhanden ist. Die geldwäscherechtliche Einordnung des Handels mit Gütern ist aber nach Auffassung der Aufsichtsbehörden über das Schuldrecht möglich. Bezugnehmend auf eine höchstrichterliche Entscheidung[913] wird dabei unterstellt, dass es sich bei der Belieferung eines Versorgers mit Wasser, Strom und Gas um Kaufverträge i.S.d. §§ 433 ff. BGB handelt. Dies bedeutet, dass Lieferanten von Wasser und Strom regelmäßig in den Kreis der verpflichteten Güterhändler nach § 2 Abs. 1 Nr. 13 GwG einzuordnen sind.[914]

dd) Allgemeinverfügung zur Bestellung eines Geldwäschebeauftragten

Unter unmittelbarer Bezugnahme zur Definition von hochwertigen Gütern (§ 9 Abs. 4 Satz 4 GwG) hat der Gesetzgeber die zuständigen Behörden angehalten, für diesen Händlerkreis, deren Haupttätigkeit im Handel mit hochwertigen Gütern besteht, einen Geldwäschebeauftragten im jeweiligen Zuständigkeitsbereich anzuordnen (§ 9 Abs. 4 Satz 3 GwG). Einige Bundesländer (Baden-Württemberg, Hamburg,

---

911 Landesdirektion Sachsen, Auslegungs- und Anwendungshinweise, 01.06.2014, S. 10; Hessische Regierungspräsidien, Auslegungs- und Anwendungshinweise, 17.02.2014, S. 13.

912 SenWTF Berlin, Auslegungshinweise Strom- und Wasserversorger, S. 1; SenWuH Bremen, Auslegungshinweise Strom- und Wasserversorger, S. 1; Landesdirektion Sachsen, Auslegungs- und Anwendungshinweise, 01.06.2014, S. 10; Hessische Regierungspräsidien, Auslegungs- und Anwendungshinweise, 17.02.2014, S. 16.

913 BGH, Urt. v. 10.12.2008 – Az. VIII ZR 293/07 (KG), NJW 2009, 913.

914 SenWTF Berlin, Auslegungshinweise Strom- und Wasserversorger, S. 1; SenWuH Bremen, Auslegungshinweise Strom- und Wasserversorger, S. 1; Landesdirektion Sachsen, Auslegungs- und Anwendungshinweise, 01.06.2014, S. 10; Hessische Regierungspräsidien, Auslegungs- und Anwendungshinweise, 17.02.2014, S. 16.

Hessen, Mecklenburg-Vorpommern, Nordrhein-Westfalen, Schleswig-Holstein und Sachsen-Anhalt) und deren zuständige Aufsichtsbehörden sind dem gefolgt und haben in Form von Allgemeinverfügungen und unter gewissen Voraussetzungen die Bestellung eines Geldwäschebeauftragten angeordnet.[915]

Die Bestellung eines Geldwäschebeauftragten und eines Stellvertreters im Sinne des § 9 Abs. 2 Nr. 1 GwG wurde in diesen Bundesländern inhaltlich nahezu identisch in Form von Allgemeinverfügungen für ganz bestimmte Unternehmen angeordnet. Neben der Verpflichtung, dass das Unternehmen den Hauptsitz im jeweiligen Landes- oder Regierungsbezirk haben muss, bedarf es regelmäßig noch nachfolgender Voraussetzungen zur Verpflichtung der Bestellung eines Geldwäschebeauftragten beim Verpflichteten, die kumulativ vorliegen müssen:[916]

- Handel mit folgenden hochwertigen Gütern: Edelmetalle (wie Gold, Silber und Platin), Edelsteine, Schmuck und Uhren, Kunstgegenstände und Antiquitäten, Kraftfahrzeuge, Schiffe und Motorboote sowie Luftfahrzeuge
- der Handel mit diesen Gütern muss über 50 % des Gesamtumsatzes im vorherigen Wirtschaftsjahr ausmachen (Haupttätigkeit)
- am 31.12. des vorherigen Wirtschaftsjahres müssen insgesamt mindestens zehn Mitarbeiter in den Bereichen Akquise, Kasse, Kundenbuchhaltung, Verkauf und Vertrieb einschließlich Leitungspersonal (insbesondere Geschäftsführung) beschäftigt sein
- im vorherigen Wirtschaftsjahr muss bei mindestens einem Geschäftsvorgang Bargeld im Wert von 15.000 EUR oder mehr angenommen worden sein

Bei Vorliegen der Voraussetzungen besteht eine selbständige Mitteilungsverpflichtung mit der namentlichen Benennung des Geldwäschebeauftragten und eines Stellvertreters an die zuständigen Aufsichtsbehörden.[917]

b) *Anwendbarkeit und Effizienz der geldwäscherechtlichen Regelung*

In der Untersuchung zu den betroffenen Normadressaten wird deutlich, dass die augenscheinlich einfach gehaltene Normenbezeichnung „Personen, die gewerblich mit Gütern handeln“ in der praktischen Einordnung mit einigen Anwendungsschwierigkeiten verbunden ist. Selbst in den Fallbeispielen der beiden Aufsichtsbehörden von Hessen und Sachsen ist nicht immer eindeutig zu entnehmen, wo letztendlich ein geldwäscherechtlicher Handel beginnt oder wo dessen Grenzen sind.

Deutlich wurde dies am Fallbeispiel der Einordnung der Gruppe von Handwerkern. Auf der einen Seite bietet diese Berufsgruppe regelmäßig Dienstleistungen

915 Stellvertretend für viele: Regierungspräsidien Baden-Württemberg, Allgemeinverfügung zur Bestellung eines Geldwäschebeauftragten, 23.01.2013, S. 1–5.
916 Stellvertretend für viele: Regierungspräsidien Baden-Württemberg, Allgemeinverfügung zur Bestellung eines Geldwäschebeauftragten, 23.01.2013, S. 1.
917 Stellvertretend für viele: Regierungspräsidien Baden-Württemberg, Allgemeinverfügung zur Bestellung eines Geldwäschebeauftragten, 23.01.2013, S. 1.

an, die geldwäscherechtlich befreit sind. Auf der anderen Seite haben diese jedoch beim Verkauf von Waren, falls dies die Dienstleistung als Hauptgegenstand des Vertrages überwiegt, geldwäscherechtliche Anforderungen zu erfüllen.[918] Inwieweit dies in der Praxis bedeutet, dass der Anteil an verkauften bzw. verbauten Materialien in der Gesamtsumme beispielsweise mehr als 50 Prozent betragen muss, lassen die beiden Anwendungshinweise in Hessen und Sachsen offen.

Ebenfalls ungeklärt ist, wie mit Gesamtrechnungen ohne detaillierte Aufschlüsselung von Material und Dienstleistung zu verfahren ist. Zudem kann davon ausgegangen werden, dass die Materialkosten bei Handwerkern nicht selten die höchsten Kosten im Vergleich zu seinen erbrachten Dienstleistungen bzw. dem Arbeitslohn darstellen. Es gilt zwar die gesetzliche Vorgabe, dass geldwäscherechtliche Maßnahmen grundsätzlich erst dann zur Anwendung kommen müssen, wenn Bargeld in Höhe von 15.000 EUR oder mehr oder kumuliert angenommen wird. Entgegengehalten kann dieser gesetzlichen Erleichterung jedoch, dass bereits eine Bad- oder Dachsanierung an einem Einfamilienhaus regelmäßig eine Gesamtsumme von 20.000 EUR und mehr überschreiten wird. Für den Auftragnehmer und Geldwäscher wäre es eine Möglichkeit, die Rechnung des Handwerkers mit inkriminiertem Bargeld zu begleichen.

Ein weiteres Problem besteht, wie in den Bundesländern außerhalb von Sachsen und Hessen, bei denen keine gesetzlichen Anwendungshinweise hierzu veröffentlicht wurden, zu verfahren ist. Projiziert auch auf die in Hessen und Sachsen geldwäscherechtlich erfassten Berufsgruppen der Versteigerer oder Verkaufsvermittler ergäbe sich im Vergleich zu den übrigen Bundesländern eine hohe Anzahl von nicht erfassten, aber geldwäscherelevanten Berufsbereichen.[919]

Bezugnehmend auf die oben (Kapitel E, IV, 1.aa) untersuchte fehlende Zuordnungsmöglichkeit der Bauträger in die Gruppe der verpflichteten Immobilienmakler (§ 2 Abs. 1 Nr. 10 GwG) ist zumindest in den Ländern Hessen und Sachsen eine Einordnung aufgrund des Anwendungserlasses in die Gruppe der Güterhändler möglich.[920] Die Erfüllung der geldwäscherechtlichen Sorgfaltspflichten unterliegt jedoch ebenfalls den Erleichterungen der Bargeldgrenze von 15.000 EUR oder im Verdachtsfall von Geldwäsche oder Terrorismusfinanzierung. Das bedeutet, dass eine unmittelbare Identifizierung bei der Begründung einer Geschäftsbeziehung (§ 3 Abs. 2 Nr. 1 GwG), analog der Gruppe der Immobilienmakler, regelmäßig ausscheidet, da der Kunde erst bei einer Bargeldübergabe von 15.000 EUR oder mehr geldwäscherechtlich identifiziert werden muss.

---

918 Hessische Regierungspräsidien, Auslegungs- und Anwendungshinweise, 17.02.2014, S. 11–12; Landesdirektion Sachsen, Auslegungs- und Anwendungshinweise, 01.06.2014, S. 8–9.

919 Vgl. BKA, FIU Immobilienstudie 2012, S. 10.

920 Hessische Regierungspräsidien, Auslegungs- und Anwendungshinweise, 17.02.2014, S. 12–13; Landesdirektion Sachsen, Auslegungs- und Anwendungshinweise, 01.06.2014, S. 9–10.

Besteht bei einem Bauträger ein Verdachtsfall, wird dieser daher regelmäßig nur die Daten in die Verdachtsmeldung aufnehmen können, die er Gesprächen oder einem Schriftverkehr und Vertrag entnehmen konnte. Verifizierte Daten wird er beispielsweise bei reinen Beratungsgesprächen ohne einen Vertragsabschluss regelmäßig nicht besitzen. Abgesehen vom Verdachtsfall oder vom Erreichen der Bargeldgrenze hat der Bauträger auch keinerlei geldwäscherechtlichen Aufzeichnungspflichten nachzukommen. Strafverfolgungsbehörden können somit im Rahmen von Ermittlungen auch nicht auf solche Unterlagen zurückgreifen. Unbewegliche Güter in Form von Immobilien oder Grundstücken könnten durch den Geldwäscher daher bevorzugt in den Bundesländern direkt beim Bauträger erworben werden, bei denen die Berufsgruppe überhaupt nicht vom GwG erfasst ist. Letztendlich besteht aber auch in Hessen und Sachsen aufgrund der geldwäscherechtlichen Erleichterungen eines Güterhändlers und Bauträgers eine geringe Entdeckungschance, da er die Regelidentifizierung nicht erfüllen muss.

Der Dienstleistungsbereich der Hausverwaltungen, der laut Fachstudie der FIU ebenfalls geldwäscherelevant ist, wird in der Berufsgruppe der Güterhändler grundsätzlich nicht erfasst.[921] Auch die beiden Anwendungshinweise von Hessen und Sachsen nehmen diesen Bereich ohne den Schwerpunkt eines Güterverkaufes geldwäscherechtlich nicht mit auf.

Neben der Verpflichtung, im Verdachtsfall der Geldwäsche oder Terrorismusfinanzierung tätig zu werden, dürfte der Regelfall einer Verpflichtung zur Identifizierung und zum Tätigwerden in der Überschreitung der Bargeldgrenze von 15.000 EUR bestehen (§ 3 Abs. 2 Satz 5 GwG). Diese gesetzliche Erleichterung dürfte der Vielzahl von Alltagsanschaffungen geschuldet sein, deren Handel keine oder nur äußerst geringe Geldwäscherelevanz besitzt. Der Gesetzgeber hat aber zusammenhängende Bargeldzahlungen, deren Gesamtbetrag 15.000 EUR überschreitet, ebenfalls als Auslösetatbestand für die Erfüllung der allgemeinen Sorgfaltspflichten bei Güterhändlern erfasst (§ 3 Abs. 2 S. 5 i.V.m. S. 1 Nr. 2 GwG).

Die Definition eines zeitlichen Zusammenhanges der Kumulation vermied der Gesetzgeber hingegen. Im Einzelfall kann dies bedeuten, dass ein Verpflichteter eine geldwäscherechtliche Kumulation nur auf ein Kalenderjahr bezieht, hingegen ein anderer Unternehmer eine identifizierungspflichtige Kumulation erst dann annimmt, wenn diese in einem Quartal oder einem Wirtschaftsjahr festgestellt wird. Dies wirft zudem die Frage auf, inwieweit der Verpflichtete diese rechtliche Vorgabe in der praktischen Anwendung überhaupt erfüllen kann. Ein Kunsthändler und Galerist mit hochwertigen Kunstgegenständen kann seine mehrmaligen Kunden in einem überschaubaren Zeitraum mit an Sicherheit grenzender Wahrscheinlichkeit in Erinnerung behalten. Ein Edelmetallhändler hingegen mit mehreren unselbständigen Filialen und Mitarbeitern und einer durchschnittlichen Anzahl von 200 bis 300 Goldverkäufen monatlich, wird dies bereits im Rahmen von zwei bis drei Monaten nur schwer erfüllen können.

921 Vgl. BKA, FIU Immobilienstudie 2012, S. 9.

Die behördlichen Anordnungen für Güterhändler im hochwertigen Bereich, unter bestimmten Voraussetzungen einen Geldwäschebeauftragten zu benennen, wird regelmäßig die Kraftfahrzeugbranche betreffen. Dies gilt zumeist vor dem Hintergrund, dass die behördlichen Allgemeinverfügungen eine Mitarbeiteranzahl im Verkauf von mehr als zehn Personen voraussetzen.[922] Durch die geforderte hohe Anzahl von Mitarbeitern in den Bereichen Akquise, Kasse, Kundenbuchhaltung, Verkauf und Vertrieb werden nur wenige Güterhändler im hochwertigen Bereich einen Geldwäschebeauftragten und Stellvertreter benennen müssen. Mehrere Bundesländer haben darüber hinaus gar keine Allgemeinverfügung für Güterhändler erlassen.

c) Bewertung für die weitere Untersuchung

Der Gesetzgeber hat durch die Neufassung des GwG im Jahr 2008 eine erhebliche Anzahl von Gewerbetreibenden aus dem GwG ausgenommen, jedoch durch die Aufnahme des Güter- und Handelsbegriffes nicht unbedeutende Einordnungsprobleme für Verpflichtete und Aufsichtsbehörden geschaffen.

Deutlich wird dies an der Berufsgruppe der Bauträger. Diese konnte bereits der Gruppe der Immobilienmakler i.S.d. § 2 Abs. 1 Nr. 10 GwG geldwäscherechtlich nicht zugeordnet werden.[923] Im Bereich der Güterhändler haben nur wenige Bundesländer detaillierte Anwendungserlasse veröffentlicht, wonach Bauträger aufgrund eines weit gefassten Güterbegriffes unter Güterhändlern i.S.d. § 2 Abs. 1 Nr. 10 GwG eingeordnet werden können. Inwiefern diese Zuordnung jedoch rechtlich unangreifbar ist, bleibt zweifelhaft. Diese Zweifel bestehen umso mehr, da die beim Bundeskriminalamt angesiedelte FIU als nationale Zentralstelle für Verdachtsmeldungen im Sinne des § 10 GwG eine gegenteilige Meinung hierzu vertritt. In einer veröffentlichten Fachstudie zur Missbrauchsanfälligkeit des Immobiliensektors im Jahr 2012 werden die Berufsbereiche der Bauträger, Bauunternehmer und Projektentwickler als Verpflichtete explizit aus dem GwG ausgenommen.[924] Auch diese Auffassung der FIU könnte einen Geldwäscher in seinen Absichten bestärken, gerade nicht beim Immobilienmakler, sondern bei einem Bauträger in einem Bundesland ohne einen konkreten Anwendungserlass durch zuständige Behörden eine Immobilie zu erwerben.

In der Immobilien-Fachstudie der FIU wird aber deutlich, dass sie im Bereich der Verwaltung von Immobilien eine Gefahr der Geldwäsche in Deutschland sieht. Sie begründet dies mit praktisch nachvollziehbaren Typologien, bei denen beispielsweise Gelder aus der Hausverwaltung in Fonds einer Steueroase investiert oder aber komplexe Gesellschaftskonstruktionen über Dienstleistungsunternehmen angelegt werden.[925] Zudem können im Rahmen der Hausverwaltung anschließend

922 Stellvertretend für viele: Regierungspräsidien Baden-Württemberg, Allgemeinverfügung zur Bestellung eines Geldwäschebeauftragten, 23.01.2013, S. 1.
923 Siehe Kapitel E, Ziffer IV, Nr. 1, Buchst. a–c.
924 BKA, FIU Immobilienstudie 2012, S. 6.
925 BKA, FIU Immobilienstudie 2012, S. 9.

Zahlungsströme und beteiligte Personen verschleiert werden.[926] Die Veröffentlichung der FIU zeigt auf, dass der Bereich von Hausverwaltungen, der auch auf andere Dienstleistungen übertragen werden kann, ein erhebliches Geldwäschepotenzial enthält. Diese These unterstützt die FIU weiter, indem sie in der gleichen Fachstudie aufzeigt, dass auch die Sanierung von Immobilien oder sogenannten Schrottimmobilien als geldwäscherelevant einzustufen ist.[927] Hierzu führt sie ebenfalls Typologien auf, bei denen Sanierungen in baren und mit inkriminierten Geldern bezahlt oder tatsächlichen Leistungen durch Berechnung eines Pauschalbetrages verschleiert werden.[928]

Die gesetzliche Aufnahme einer konkreten zeitlichen Einordnung von kumulativen Beträgen zur Erreichung der gesetzlichen Bargeldgrenze von 15.000 EUR würde eine Erleichterung für Verpflichtete bedeuten. Ein Güterhändler könnte anhand der Art seines Geschäftes und des konkreten Zeithorizonts einschätzen, ob er beispielsweise im Rahmen seiner internen Sicherungsmaßnahmen eine Kundendatei zur Einhaltung der geldwäscherechtlichen Bargeldgrenze benötigt oder nicht. Eine Lösung der Problematik wird umso dringender, da bereits die verabschiedete vierte Geldwäscherichtlinie eine Bargeldgrenze von nur noch 10.000 EUR vorsieht (Art. 2 Abs. 1 Buchst. e. der 4. Geldwäscherichtlinie). Entsprechend wird die Gefahr einer unentdeckten Kumulation für Güterhändler damit wesentlich größer werden.

In der Untersuchung wird deutlich, dass eine bundesweit einheitliche Einordnung der Begrifflichkeiten für Güterhändler eine erhebliche Erleichterung für Güterhändler wäre. Am dringendsten wäre dies bei der Bestimmung der geldwäscherechtlichen Güter und des dazugehörigen Händlerkreises. Die Vielfalt der vorhandenen Einordnungen vom wirtschaftlichen Begriff des Güterhändlers bis hin zum schuldrechtlichen Kaufvertrag lässt eine klare Linie vermissen. Verpflichtete sollten in die Lage versetzt werden, mit einfachsten Mitteln festzustellen, ob sie von der Tätigkeit her geldwäscherechtlich erfasst und welche Produktbereiche davon betroffen sind. Dies ist beispielsweise bei der Herausgabe von einheitlichen Anwendungshinweisen durch alle zuständigen Aufsichtsbehörden möglich. Wesentlich besser wäre es hingegen, wenn der Gesetzgeber dies bereits in die Begriffsbestimmungen in § 1 GwG unmittelbar mit aufnehmen würde.

Fraglich ist, inwieweit die Allgemeinverfügungen zur Bestellung eines Geldwäschebeauftragten für den Bereich des Handels mit hochwertigen Gütern (§ 9 Abs. 4 Sätze 3–4 GwG) den Willen des Gesetzgebers widerspiegeln. Es wird eine Vielzahl von Einschränkungen – wie eine hohe Mitarbeiteranzahl von mehr als zehn Personen im Bereich des Verkaufes oder Vertriebes oder das Erfordernis, dass der Handel mit diesen Gütern über 50 Prozent eines Gesamtumsatzes im vorherigen

926 BKA, FIU Immobilienstudie 2012, S. 9.
927 BKA, FIU Immobilienstudie 2012, S. 10.
928 BKA, FIU Immobilienstudie 2012, S. 10.

Wirtschaftsjahr ausmacht[929] – vorgenommen. Die Beschränkungen in dieser Form sind im GwG nicht aufgeführt. Ein Motorboothändler an einem Binnengewässer oder einem Fluss wird regelmäßig nicht über so eine hohe Anzahl von Mitarbeitern im Verkauf verfügen. Sein Gesamtumsatz wird zudem überwiegend durch Wartungs- und Verladearbeiten erreicht anstatt durch Verkäufe. Bemerkenswert ist aber auch, dass eine Vielzahl von Aufsichtsbehörden gar keine Anordnung zur Bestellung eines Geldwäschebeauftragten für Güterhändler im hochwertigen Bereich hierzu erlassen haben.

3. Verkammerte und nicht verkammerte Rechtsbeistände (§ 2 Abs. 1 Nr. 7–7a GwG)

Rechtsanwälte, Kammerrechtsbeistände, Patentanwälte und Notare i.S.d. § 2 Abs. 1 Nr. 7 GwG unterliegen den geldwäscherechtlichen Verpflichtungen nur, wenn diese für ihre Mandanten an der Planung oder Durchführung von folgenden Geschäften mitwirken (§ 2 Abs. 1 Nr. 7 Buchst. a–e GwG):

- Kauf und Verkauf von Immobilien oder Gewerbebetrieben,
- Verwaltung von Geld, Wertpapieren oder sonstigen Vermögenswerten,
- Eröffnung oder Verwaltung von Bank-, Spar- oder Wertpapierkonten,
- Beschaffung der zur Gründung, zum Betrieb oder zur Verwaltung von Gesellschaften erforderlichen Mittel,
- Gründung, Betrieb oder Verwaltung von Treuhandgesellschaften, Gesellschaften oder ähnlichen Strukturen oder

wenn Sie im Namen und auf Rechnung des Mandanten Finanz- oder Immobilientransaktionen durchführen. Die Aufnahme der Berufsgruppen kommt der Forderung des Art. 2 Abs. 1 Nr. 3 Buchst. b der dritten GwRL nach.

Nicht verkammerte Rechtsbeistände und registrierte Personen i.S.d. § 10 RDG zählen auch zu den Adressaten des GwG (§ 2 Abs. 1 Nr. 7a GwG). Sie müssen ebenfalls nur dann tätig werden, wenn sie für ihren Mandanten an der Planung oder Durchführung der bereits genannten Geschäftsbereiche mitwirken (§ 2 Abs. 1 Nr. 7a, Buchst. a–e GwG). Die Aufnahme erfolgte in Anbindung an Art. 2 Nr. 3 Buchst. b der 3. GwRL, die keine Beschränkung auf den Personenkreis vorsieht, die Mitglieder von Berufskammern sind.[930]

Die Aufzählungen der Tätigkeiten und Geschäftsbereiche ist abschließend, außerhalb dieses Bereiches greifen die Verpflichtungen des GwG nicht.[931] Damit sind auch Strafverteidigungen eines Rechtsanwaltes eindeutig nicht vom GwG erfasst.[932]

929 Stellvertretend für viele: Regierungspräsidien Baden-Württemberg, Allgemeinverfügung zur Bestellung eines Geldwäschebeauftragten, 23.01.2013, S. 1.
930 RegE GwBekErgG, BT-Drucks. 16/9038, S. 32.
931 Warius, in: Herzog, GwG, § 2 Rn. 162.
932 Langweg, in: Fülbier/Aepfelbach/Langweg, GwG, § 3 Rn. 25.

Auch nicht erfasst sind beispielsweise Schenkungen, familienrechtliche Angelegenheiten, Testamente und Erbverträge.[933]

a) *Adressatenspezifische Regelungen*

Nachfolgend werden die rechtsberatenden Berufsgruppen hinsichtlich ihres erfassten Ausmaßes, den speziellen Auslegungs- und Anwendungshinweisen von kammerangehörigen Berufsgruppen sowie den Ausnahmen und Sonderregelungen untersucht.

aa) *Erfasste Berufsbereiche*

Die geldwäscherechtlichen Bezeichnungen von Rechtsanwälten, Kammerrechtsbeiständen, Notaren, Patentanwälten und registrierten Personen i.S.d. § 10 RDG (§ 2 Abs. 1 Nr. 7 GwG) wurden gerade im Vergleich zum weiten Begriff des gewerblichen Güterhändlers (§ 2 Abs. 1 Nr. 13 GwG) vom Gesetzgeber enger und bestimmter erfasst. Rechtsanwälte können nach dieser Vorschrift auch niedergelassene europäische Rechtsanwälte (§ 2 EuRAG) und ausländische Rechtsanwälte sein, die Mitglied der Rechtsanwaltskammer sind (§ 206 BRAO).[934]

bb) *Auslegungs- und Anwendungshinweise*

Die Bundesrechtsanwaltskammer (BRAK) hat von der Möglichkeit des § 9 Abs. 4 Satz 2 GwG Gebrauch gemacht und für Rechtsanwälte und verkammerte Rechtsbeistände Erleichterungen bei der Implementierung von internen Sicherungsmaßnahmen (§ 9 Abs. 1 und 2 Nr. 2 und 3 GwG) beschlossen.[935] Danach finden die Pflichten wie Entwicklung und Aktualisierung von internen Sicherungsmaßnahmen oder die Unterrichtung von geldwäscherechtlichen Verpflichtungen für Mitarbeiter selbst bei der regelmäßigen Durchführung der in § 2 Abs. 1 Nr. 7 GwG genannten Geschäfte keine Anwendung. Voraussetzung ist allerdings, dass in der eigenen Kanzlei nicht mehr als insgesamt zehn Berufsangehörige oder Berufsträger sozietätsfähiger Berufe gem. § 59a BRAO tätig sind.[936] Dies ist unabhängig davon, in welcher Funktion oder Stellung die Rechtsanwälte oder verkammerten Rechtsbeistände sich befinden.[937] Die BRAK berief sich bei dieser Entscheidung auf eine Absprache zur Vereinheitlichung der Vorgehensweise mit der Wirtschaftsprüferkammer (WPK) und der Bundessteuerberaterkammer (BStBK). Die Begründung zu dieser Anordnung ist,

---

933 Langweg, in: Fülbier/Aepfelbach/Langweg, GwG, § 3 Rn. 25.
934 Warius, in: Herzog, GwG, § 2 Rn. 148.
935 BRAK, Anordnung der Bundesrechtsanwaltskammer vom 12.01.2009, BRAK-Mitteilungen 2009, S. 21–22.
936 BRAK, Anordnung der Bundesrechtsanwaltskammer vom 12.01.2009, BRAK-Mitteilungen 2009, S. 21.
937 BRAK, Anordnung der Bundesrechtsanwaltskammer vom 12.01.2009, BRAK-Mitteilungen 2009, S. 22.

dass bis zu einer Gesamtkopfzahl von zehn Berufsträgern die Gefahr des Verlustes von geldwäscherelevanten Informationen, die durch arbeitsteiliges Vorgehen in größeren Unternehmensstrukturen vorhanden sein kann, nicht besteht.[938]

Die BRAK hat zudem am 10.05.2012 die Anordnung zur Bestellung eines Geldwäschebeauftragten i.S.d. § 9 Abs. 4 Satz 1 und 2 GwG für Rechtsanwälte und verkammerte Rechtsbeistände erlassen.[939] Voraussetzung ist, dass mindestens 30 Berufsangehörige oder Angehörige sozietätsfähiger Berufe nach § 59a BRAO in einer Kanzlei vorhanden sein müssen und mindestens ein Berufsträger regelmäßig an der Planung oder Durchführung von Geschäften i.S.d. § 2 Abs. 1 Nr. 7 GwG mitwirkt.[940]

Für Notare hat die Bundesnotarkammer (BNotK) im Mai 2009 Anwendungsempfehlungen zur praktischen Umsetzung des GwG veröffentlicht. In ihren ausführlich gehaltenen Empfehlungen geht die BNotK auf die wesentlichen Bereiche des GwG ein.[941]

cc) Geldwäscherechtliche Ausnahmen

Die Differenzierung in verschiedene Kategorien, zum einen die rechtsberatenden Berufe mit einer standesrechtlichen Verschwiegenheitserklärung (§ 2 Abs. 1 Nr. 7 GwG) und zum anderen die Gruppe der Rechtsbeistände, die keiner Berufskammer angehören und keiner Verschwiegenheitspflicht unterliegen (§ 2 Abs. 1 Nr. 7a GwG), soll die Bedeutung der Verschwiegenheitspflicht des erst genannten Berufsstandes hervorheben. Der Gesetzgeber sieht sie als Ausdruck und Voraussetzung für die Unabhängigkeit der vom Vertrauensverhältnis mit den Mandaten geprägten beruflichen Tätigkeit.[942]

Angesichts dessen hat der Gesetzgeber für die Gruppe der Rechtsanwälte, Kammerrechtsbeistände, Patentanwälte und Notare, die der standesrechtlichen Verschwiegenheitserklärung (§ 2 Abs. 1 Nr. 7 GwG) unterliegen, zwei Ausnahmeregelungen in das GwG mit aufgenommen.[943] Die Berufsgruppe darf zum einen vom Grundsatz abweichen, dass bei einer Nichterfüllung der allgemeinen Sorgfaltspflichten (§ 3 Abs. 1 Nr. 1–3 GwG) die Geschäftsbeziehung nicht begründet oder fortgesetzt werden darf oder eine bereits bestehende Geschäftsbeziehung zu

---

938 BRAK, Anordnung der Bundesrechtsanwaltskammer vom 12.01.2009, BRAK-Mitteilungen 2009, S. 22.

939 BRAK, Amtliche Bekanntmachung zur Bestellung eines Geldwäschebeauftragten nach dem GwG, BRAK-Mitteilungen 2012, S. 170–171.

940 BRAK, Amtliche Bekanntmachung zur Bestellung eines Geldwäschebeauftragten nach dem GwG, BRAK-Mitteilungen 2012, S. 170.

941 BNotK, Anwendungsempfehlungen der BNotK zum Gesetz über das Aufspüren von Gewinnen aus schweren Straftaten (Geldwäschegesetz – GwG), Stand Juli 2013, S. 1–37.

942 RegE GwPrävOptG, BT-Drucks. 17/6804, S. 26.

943 RegE GwPrävOptG, BT-Drucks. 17/6804, S. 26.

beenden ist und keine Transaktion durchgeführt werden darf. Dies gilt aber nur in den Fällen, in denen der Kunde und Vertragspartner eine Rechtsberatung oder Prozessvertretung erstrebt, es sei denn, der Verpflichtete weiß, dass der Vertragspartner die Rechtsberatung bewusst für den Zweck der Geldwäsche oder der Terrorismusfinanzierung in Anspruch nimmt (§ 3 Abs. 6 Satz 3 GwG). Der Gesetzgeber sieht darin eine notwendige Beschränkung, die dem Wesen dieser Berufsgruppe und seiner Verschwiegenheitspflicht geschuldet ist.[944]

Die zweite Ausnahme bezieht sich auf die Nichtverpflichtung zur Meldung eines Verdachtsfalles i.S.d. § 11 Abs. 1 GwG, wenn sich der meldepflichtige Sachverhalt auf Informationen bezieht, die im Rahmen der Rechtsberatung oder Prozessvertretung des Vertragspartners erlangt wurden. Auch hier gilt jedoch wieder die Einschränkung, dass die Meldepflicht bestehen bleibt, wenn der Verpflichtete weiß, dass der Vertragspartner die Rechtsberatung für den Zweck der Geldwäsche oder der Terrorismusfinanzierung in Anspruch genommen hat oder nimmt (§ 11 Abs. 3 GwG).

dd) Geldwäscherechtliche Einordnung des Auslösetatbestandes

Die Verpflichtungen des GwG gelten bei Vorliegen der Voraussetzungen für die rechtsberatende Berufsgruppe vollumfänglich. Eine Erleichterung, wie bei den Güterhändlern durch eine Bargeldgrenze, existiert für diese Gruppe nicht. Dies bedeutet, dass die geldwäscherechtliche Begründung einer Geschäftsbeziehung (§ 3 Abs. 2 Satz 1 Nr. 1 GwG) regelmäßig der Auslösetatbestand für die Erfüllung der Sorgfaltspflichten und der Pflicht zur Identifizierung des Vertragspartners sein wird.[945] Nach § 1 Abs. 3 GwG ist eine Geschäftsbeziehung jede geschäftliche oder berufliche Beziehung, die unmittelbar in Verbindung mit den geschäftlichen oder beruflichen Aktivitäten der Verpflichteten unterhalten wird und bei der beim Zustandekommen des Kontakts davon ausgegangen wird, dass sie von gewisser Dauer sein wird.

Bereits die beispielhafte Einordnung der Geschäfte eines Notars, die sich regelmäßig auf einen sehr kleinen Zeitraum begrenzen, lassen erkennen, dass die Konkretisierung des Begriffes von „gewisser Dauer“ schwierig ist. Die BNotK sieht zudem das öffentlich-rechtliche Verfahrensverhältnis zwischen dem Notar und den Beteiligten von seiner Rechtsnatur her schon nicht auf Dauer angelegt, sondern vielmehr auf die Erledigung der beantragten Amtshandlung gerichtet.[946] Die BNotK möchte jedoch vermeiden, dass der geldwäscherechtliche Anwendungsbereich für Notare erst gar nicht zur Anwendung kommt und verweist auf die Intention des

944 RegE GwPrävOptG, BT-Drucks. 17/6804, S. 26.
945 Warius, in: Herzog, GwG, § 2 Rn. 159; vgl. Langweg, in: Fülbier/Aepfelbach/Langweg, GwG, § 3 Rn. 28–29.
946 BNotK, Anwendungsempfehlungen der BNotK zum Gesetz über das Aufspüren von Gewinnen aus schweren Straftaten (Geldwäschegesetz – GwG), Stand Juli 2013, S. 11–12.

Gesetzgebers, dass der Notar bei Vorliegen eines Katalogfalles auch geldwäscherechtlich tätig werden soll.[947] Daher geht die BNotK zumindest in den Katalogfällen, in denen der Notar bereits Entwurfs-, Beratungs- oder Vollzugstätigkeiten übernommen hat, schon aufgrund dieser begleitenden Tätigkeiten von einer auf Dauer angelegten Geschäftsbeziehung i.S.d. Begriffsbestimmung in § 1 Abs. 3 GwG aus[948]. Die unabhängige und unparteiliche Beratung des Notars wird damit regelmäßig der Beginn der Begründung einer Geschäftsbeziehung sein mit der Folge der Pflicht zur Erfüllung der allgemeinen geldwäscherechtlichen Sorgfaltspflichten (§ 3 Abs. 1 GwG).[949]

Auf Grundlage dessen sind bei Rechtsanwälten, Rechtsbeiständen und Patentanwälten vergleichbare Tätigkeiten, wie inhaltliche Beratungen oder Belehrungen von den enumerativ benannten Rechtsgeschäften ebenfalls die Begründung einer auf Dauer angelegten Geschäftsbeziehung.[950]

ee) Verdachtsmeldeweg über Berufskammern

Für Verpflichtete der rechtsberatenden Berufe, die einer Kammer angehören (§ 2 Abs. 1 Nr. 7 GwG), hat der Gesetzgeber einen besonderen Meldeweg vorgesehen. Abweichend vom normalen Verfahren, bei dem die Erstattung einer Verdachtsmeldung an das BKA und das örtlich zuständige LKA zu senden sind (§ 11 Abs. 1 GwG), müssen diese ihre Meldung zunächst an die zuständigen Bundesberufskammern, hier die BRAK, übersenden (§ 11 Abs. 4 Satz 1 GwG). Die Kammer kann zur Meldung Stellung nehmen (§ 11 Abs. 4 Satz 2 GwG). Anschließend hat sie die Meldung mit ihrer Stellungnahme analog des normalen Meldeweges an das BKA und das örtlich zuständige LKA zu übersenden (§ 11 Abs. 4 Satz 3 GwG).

b) Anwendbarkeit und Effizienz der geldwäscherechtlichen Regelung

In der Gesamtschau der in § 2 Abs. 1 Nr. 7–7a GwG enumerativ genannten Geschäftsfelder wird deutlich, dass Verkaufs-, Kaufs- und Finanzierungsgeschäfte von Immobilien jeglicher Art in rechtsberatenden Berufszweigen eine hervorgehobene Rolle einnehmen. Der zweite Bereich betrifft die Verwaltung von verschiedensten Vermögenswerten oder aber auch die Eröffnung von verschiedenen Konten. Die Begründung einer Geschäftsbeziehung wird in diesen Bereichen regelmäßig in Form von ersten Beratungsgesprächen beginnen. Inwieweit hierzu zunächst ein

---

947 BNotK, Anwendungsempfehlungen der BNotK zum Gesetz über das Aufspüren von Gewinnen aus schweren Straftaten (Geldwäschegesetz – GwG), Stand Juli 2013, S. 12.

948 BNotK, Anwendungsempfehlungen der BNotK zum Gesetz über das Aufspüren von Gewinnen aus schweren Straftaten (Geldwäschegesetz – GwG), Stand Juli 2013, S. 12.

949 Langweg, in: Fülbier/Aepfelbach/Langweg, GwG, § 3 Rn. 28.

950 Langweg, in: Fülbier/Aepfelbach/Langweg, GwG, § 3 Rn. 25.

unmittelbarer persönlicher Kontakt mit der Berufsgruppe gesucht wird oder regelmäßig erst ein Telefongespräch stattfindet, ließ sich aus den untersuchten Typologien der FATF nicht entnehmen.

Im Rahmen einer Untersuchung des Max-Planck-Institutes zur Gefährdung von Rechtsanwälten, Steuerberatern, Notaren und Wirtschaftsprüfern durch Geldwäsche gaben die befragten Berufsträger an, dass sie bei durchschnittlich ein bis zwei Fällen pro Jahr den Eindruck hatten, dass beim Mandatswunsch Geldwäschemotive eine Rolle spielten.[951] In der Folge wurde von Rechtsanwälten und Notaren meistens das Mandat abgelehnt.[952] Exakt diese Sachverhalte spiegeln jedoch das Fallpotenzial für eine Verdachtsmeldung wider.

Problematisch ist jedoch, dass die Kontaktaufnahme eine Stufe erreichen muss, bei der es überhaupt zur Identifizierung des potentiellen Vertragspartners kommt. In der Praxis müsste beispielsweise ein Rechtsanwalt bereits bei Nennung einer Geschäftstätigkeit i.S.d. § 2 Abs. 1 Nr. 7 Buchst. a–e GwG des Mandanten das Beratungsgespräch unterbrechen und eine Identifizierung des Vertragspartners vornehmen. Inwieweit dies in der Praxis tatsächlich so umgesetzt wird, bleibt offen. Selbst wenn es zu einer ordnungsgemäßen Identifizierung kommen sollte, stellt sich weiter die Frage, ob der Mandant seine Geldwäschemotive anschließend noch äußern wird. Denkbar ist, dass das Beratungsgespräch anschließend beendet wird und es zu keinem Vertragsverhältnis kommt.

Als schwierig wird auch die Fallkonstellation gesehen, bei der ein Mandat von vornherein abgelehnt wird, um überhaupt als Kanzlei nicht mit diesen Personen in Verbindung gebracht zu werden. In diesen Fällen wird auch angenommen, dass eine Identifizierung und Verdachtsmeldung unterbleiben wird, weniger um Arbeitsaufwand zu vermeiden, als vielmehr den Ruf der Kanzlei nicht zu beschädigen.[953] Hinzu kommt noch, dass sich in den Fällen, in denen eine Verdachtsmeldung abgegeben wurde, die gewonnenen Erkenntnisse aus diesem Stadium zumeist kein strafrechtlicher Geldwäschevorwurf erhärten ließ.[954]

In den vergangenen Jahren lag die Anzahl von Verdachtsmeldungen für alle Verpflichteten aus § 2 Abs. 1 Nr. 7 GwG auf einem geringen Niveau. Die geringste Anzahl von Verdachtsmeldungen war im Jahr 2013 mit einer Anzahl von 12

951 Forschungsprojekt des Max-Planck-Institutes für ausländisches und internationales Strafrecht zur Gefährdung von Rechtsanwälten, Steuerberatern, Notaren und Wirtschaftsprüfern durch Geldwäsche, Oktober 2004, S. 93.

952 Forschungsprojekt des Max-Planck-Institutes für ausländisches und internationales Strafrecht zur Gefährdung von Rechtsanwälten, Steuerberatern, Notaren und Wirtschaftsprüfern durch Geldwäsche, Oktober 2004, S. 93.

953 Forschungsprojekt des Max-Planck-Institutes für ausländisches und internationales Strafrecht zur Gefährdung von Rechtsanwälten, Steuerberatern, Notaren und Wirtschaftsprüfern durch Geldwäsche, Oktober 2004, S. 93.

954 Forschungsprojekt des Max-Planck-Institutes für ausländisches und internationales Strafrecht zur Gefährdung von Rechtsanwälten, Steuerberatern, Notaren und Wirtschaftsprüfern durch Geldwäsche, Oktober 2004, S. 96.

Verdachtsmeldungen,[955] die höchste im Jahr 2011 mit 22 Verdachtsmeldungen[956] zu verzeichnen. Es stellt sich die Frage, inwieweit die Ausnahmeregelung, dass große kammerangehörige Berufsgruppen ihre Verdachtsmeldung zunächst an die zuständige Bundesberufskammer weiterleiten müssen, hier eine wesentliche Rolle für eine geringe Verdachtsmeldebereitschaft zur Folge hat. In den Fällen, in denen eine Kanzlei auf Vermeidung jeglicher Rufschädigung bedacht ist, könnte die Berufskammer als kenntnisnehmende Stelle und Zwischeninstanz eher als eine Hürde, denn als eine Erleichterung wahrgenommen werden. Eine Kanzlei mit mehreren Verdachtsmeldungen in einem Jahr wird eher in die Gefahr der Rufschädigung kommen, als eine Kanzlei, die keine Meldungen abgegeben hat. Auch ist die Gefahr eines zwar geringen aber dennoch möglichen Datenverlustes größer, wenn noch eine Zwischeninstanz vorhanden ist. Derartige Fälle sind bislang aber nicht bekannt geworden.

Eine Berufskammer ist angehalten, eine Verdachtsmeldung schnellstmöglich zu prüfen und falls erforderlich mit einer Stellungnahme unverzüglich zu übermitteln (§ 11 Abs. 4 Sätze 2 und 3 GwG). Eine Korrektur oder ein Zurückhalten der Verdachtsmeldung ist nicht möglich, auch wenn sie inhaltlich unrichtig sein sollte.[957] In der praktischen Anwendung wird die angedachte Qualitätssicherung des Gesetzgebers durch Einbindung der Berufskammern im Hinblick auf den Zeitverlust beim Übermittlungsweg als kritisch gesehen.[958] Zudem verfügt gerade dieser Kreis von Verpflichteten zumeist über ein abgeschlossenes Studium, was eine qualitativ schlechte Verdachtsmeldung als unwahrscheinlich erscheinen lässt.[959] Auch unter diesen Gesichtspunkten ist der besondere Meldeweg in der praktischen Anwendung und Effektivität als bedenklich anzusehen.

c) *Bewertung für die weitere Untersuchung*

Die Aufnahme der rechtsberatenden Berufsgruppen in die geldwäscherechtlichen Verpflichtungen ist aufgrund der Vielzahl von untersuchten und berichteten Typologien nachvollziehbar.[960] Vor diesem Hintergrund ist die festgestellte geringe Anzahl der Verdachtsmeldungen bedenklich. Die Untersuchungen machen jedoch deutlich, dass bereits der Beginn eines Beratungsgespräches mit Schwierigkeiten bei der geldwäscherechtlichen Umsetzung behaftet ist. Ähnlich wie beim Immobilienmakler besteht auch bei diesen Berufsgruppen das Problem, eine auf Dauer angelegte Geschäftsbeziehung praxisgerecht zu bejahen. Das Einräumen der

---

955 BKA, FIU Jahresbericht 2013, S. 12.

956 BKA, FIU Jahresbericht 2011, S. 10.

957 Diergarten, Geldwäsche, S. 306.

958 Diergarten, Geldwäsche, S. 307.

959 Vgl. Herzog/Achtelik, in: Herzog, GwG, § 11 Rn. 38; Diergarten, Geldwäsche, S. 307.

960 FATF, Geldwäschemissbrauch von Juristen 2013, S. 1–148; FATF, Annual Report 2012–2013, S. 25; s. o. Kapitel E, II, 1, c, aa.

Bundesnotarkammer, dass der Notar mit seinen öffentlich-rechtlichen Tätigkeiten eigentlich gar nicht in Verbindung mit dem Begriff der Geschäftsbeziehung gebracht werden kann, er es aber trotzdem annimmt, weil der Gesetzgeber es eigentlich so möchte, macht deutlich, wie schwierig der maßgebliche Auslösetatbestand für geldwäscherechtliche Verpflichtungen in der praktischen Anwendung ist.

Eine frühzeitige explizite Verpflichtung zur Identifizierung der Person und des wirtschaftlich Berechtigten wäre ein Beitrag zur Geldwäscheverhinderung. Im Rahmen der frühzeitigen Identifizierung ist die Wahrscheinlichkeit zudem sehr groß, dass anschließend keine Geldwäschemotive mehr offenbart werden. Sollte sich im Laufe des Beratungsgespräches doch noch ein Geldwäscheverdacht ergeben, hätte dies den Vorteil, dass mit den zuvor erhobenen Daten auch eine qualitativ hochwertige Verdachtsmeldung an die Strafverfolgungsbehörden übermittelt werden kann.

Die Ausnahmeregelungen des Verdachtsmeldeweges (§ 11 Abs. 4 GwG) mit der Einbeziehung der Berufskammern bedeuten in der Praxis keinen sichtbaren Mehrwert, sondern eher eine Verzögerung des Meldeweges und stellen eine gewissen Hemm- und Offenbarungsschwelle für den Berufsträger dar. Interessant wäre es auch, eine Analyse durchzuführen, inwieweit und mit welcher Intention die Berufskammern von der Möglichkeit der Stellungnahme bei einer Verdachtsmeldung in den vergangenen Jahren Gebrauch gemacht haben.

4. Wirtschaftsprüfer, vereidigte Buchprüfer sowie Steuerberater und Steuerbevollmächtigte (§ 2 Abs. 1 Nr. 8 GwG)

Die Aufnahme der Berufsgruppe der Wirtschaftsprüfer, vereidigten Buchprüfer, Steuerberater und Steuerbevollmächtigten (§ 2 Abs. 1 Nr. 8) in das GwG beruht auf Art. 2 Nr. 3a der 3. GwRL.[961] Einschränkungen durch eingegrenzte Geschäftstätigkeiten wie bei den rechtsberatenden Berufen sind nicht mit aufgenommen worden. Die Verpflichteten unterliegen dadurch vollumfänglich und uneingeschränkt den allgemeinen und besonderen Sorgfaltspflichten, den Aufzeichnungs- und Aufbewahrungspflichten und den Meldeverpflichtungen im Verdachtsfall.[962]

a) Adressatenspezifische Regelungen

Für die Berufsgruppe der Wirtschaftsprüfer, vereidigte Buchprüfer sowie für Steuerberater und Steuerbevollmächtigte existieren neben gesetzlichen Ausnahmen und besonderen Meldewegen besondere Anordnungen der zuständigen Berufskammern, die nachfolgend einer Untersuchung unterzogen werden.

---

961 EU, 3. GwRL, ABl. EU Nr. L 309 vom 25.11.2005, S. 20.

962 Diergarten, Geldwäsche, S. 91; Warius, in: Herzog, GwG, § 2 Rn. 169.

aa) Erfasste Berufsbereiche

Die erfassten Berufsgruppen sind eindeutig und abschließend bestimmt. Der Adressatenkreis der Wirtschaftsprüfer, vereidigten Buchprüfer, Steuerberater und Steuerbevollmächtigten gehört der WPK bzw. der BStBK an und wird von diesen auch geldwäscherechtlich beaufsichtigt (§ 16 Abs. 2 Nr. 7 und 8 GwG).

bb) Anordnungen, Auslegungs- und Anwendungshinweise

Die WPK hat für Wirtschaftsprüfer und vereidigte Buchprüfer am 01.03.2012 eine Anordnung zur Bestellung eines Geldwäschebeauftragten erlassen. Voraussetzung ist jedoch, dass insgesamt mehr als 30 Berufsangehörige in der eigenen Praxis oder einer Wirtschafts- und Buchprüfungsgesellschaft tätig sein müssen.[963] Im gleichen Zeitraum hat auch die BStBK eine vom Inhalt gleichgelagerte und mit der WPK und der BRAK abgestimmte Anordnung zur Bestellung eines Geldwäschebeauftragten für Steuerberater und Steuerbevollmächtigte erlassen. Auch diese Berufsgruppe muss ab einer Anzahl von insgesamt 30 Berufsangehörigen einen Geldwäschebeauftragten als Ansprechpartner für Strafverfolgungsbehörden benennen.[964]

Sowohl die WPK als auch die BStBK haben Auslegungs- und Anwendungshinweise veröffentlicht. Die Hinweise der WPK beziehen sich auf alle geldwäscherechtlichen Verpflichtungen nach dem GwG und nehmen auch auf Sanktionen und das Aufsichtswesen Bezug.[965] Die Anwendungshinweise der BStBK sind vom Umfang her etwas geringer, vom Inhalt und den Bezugsthemen her aber nahezu identisch.[966]

In Abstimmung mit der BRAK haben die WPK und die BStBK inhaltlich gleichgelagerte Anordnungen zur Befreiung von internen Sicherungsmaßnahmen der geldwäscherechtlich einbezogenen Berufsgruppen erlassen.[967] Die Befreiung ist jedoch nur bis zu einer Größe von bis zu zehn Berufsangehörigen möglich. Die beiden

---

963 WPK, Anordnung zur Bestellung eines Geldwäschebeauftragten gemäß § 9 Abs. 4 S. 1 GwG vom 01.03.2012, veröffentlicht in: WPK Magazin 02/2012, 32–33.

964 BStBK, Anordnung der Bundessteuerberaterkammer zur Bestellung eines Geldwäschebeauftragten gemäß § 9 Abs. 4 S. 1+2 GwG vom 25.03.2012, veröffentlicht in: DStR 2012, 772.

965 WPK, Auslegungs- und Anwendungshinweise der Wirtschaftsprüferkammer zum Gesetz über das Aufspüren von Gewinnen aus schweren Straftaten (Geldwäschegesetz – GwG), April 2012, S. 1—35, abrufbar unter: http://www.wpk.de/uploads/tx_templavoila/WPK-Bekaempfung_der_Geldwaesche-Anwendungshinweise_01.pdf, zuletzt abgerufen am 15.08.2015.

966 BStBK, Anwendungshinweise der Bundessteuerberaterkammer zum Geldwäschegesetz vom 21.04.2009, S. 1–21, abrufbar unter: https://www.bstbk.de/export/sites/standard/de/ressourcen/Dokumente/04_presse/pressedossiers/03-2009-04-21_Anwendungshinweise_zum_GwG.pdf, zuletzt abgerufen am 25.08.2015.

967 BStBK, Anordnung der Bundessteuerberaterkammer zu internen Sicherungsmaßnahmen des GwG vom 11.02.2009, veröffentlicht in: DStR 2009, 393 f.; Anordnung der Wirtschaftsprüferkammer nach § 9 Abs. 5 S. 2 GwG vom 01.03.2012, veröffentlicht in: WPK Magazin 02/2012, S. 30–32.

Kammern schon in Einheiten über dieser Größe eher eine Gefahr des Informationsverlustes, die durch arbeitsteiliges Vorgehen entstehen kann, als in kleinen Unternehmensbereichen. Zudem werden bei kleinen Unternehmenseinheiten die geldwäscherechtlichen Pflichten durch den Firmeninhaber selbst oder geschäftsführende Angestellte umgesetzt und überwacht.[968]

Bei Vorliegen der Voraussetzungen sind von der Befreiung umfasst (§ 9 Abs. 2 Nr. 2–4 GwG):

- die Entwicklung und Aktualisierung interner Grundsätze, angemessener geschäfts- und kundenbezogener Sicherungssysteme und Kontrollen zur Verhinderung der Geldwäsche und der Terrorismusfinanzierung und
- die Sicherstellung, dass die Beschäftigten über die Pflichten nach dem Geldwäschegesetz und über die Methoden der Geldwäsche und der Terrorismusfinanzierung unterrichtet werden.

cc) Geldwäscherechtliche Ausnahmen

Der Gesetzgeber hat neben der Berufsgruppe der verkammerten Rechtsbeistände (§ 2 Abs. 1 Nr. 7 GwG) auch Wirtschaftsprüfer, vereidigte Buchprüfer, Steuerberater und Steuerbevollmächtigte in die Ausnahmeregelung des § 3 Abs. 6 Satz 3 GwG aufgenommen. Danach darf vom Grundsatz abgewichen werden, dass bei Nichterfüllung der allgemeinen Sorgfaltspflichten (§ 3 Abs. 1 Nr. 1—3 GwG) die Geschäftsbeziehung nicht begründet oder fortgesetzt werden darf oder eine bereits bestehende Geschäftsbeziehung zu beenden ist und keine Transaktion durchgeführt werden darf. Dies ist aber nur in den Fällen möglich, in denen der Kunde und Vertragspartner eine Rechtsberatung oder Prozessvertretung erstrebt, es sei denn, der Verpflichtete weiß, dass der Vertragspartner die Rechtsberatung bewusst für den Zweck der Geldwäsche oder der Terrorismusfinanzierung in Anspruch nimmt (§ 3 Abs. 6 S. 3 GwG).

Daran anknüpfend besteht keine Verpflichtung zur Meldung eines Verdachtsfalles i.S.d. § 11 Abs. 1 GwG, wenn sich der meldepflichtige Sachverhalt auf Informationen bezieht, die im Rahmen der Rechtsberatung oder Prozessvertretung des Vertragspartners mitgeteilt wurden. Auch hier gilt jedoch die Einschränkung, dass die Meldepflicht bestehen bleibt, wenn der Verpflichtete weiß, dass der Vertragspartner die Rechtsberatung für den Zweck der Geldwäsche oder der Terrorismusfinanzierung in Anspruch genommen hat oder nimmt (§ 11 Abs. 3 GwG).

dd) Einordnung des Auslösetatbestandes

Der geldwäscherechtliche Schwerpunkt liegt wie bei den Immobilienmaklern und den rechtsberatenden Berufen regelmäßig an der Begründung der Geschäftsbeziehung (§ 3 Abs. 2 Nr. 1 GwG) und den damit verbundenen auslösenden geldwäscherechtlichen Verpflichtungen, die auch die Identifizierungsmaßnahmen umfassen.[969]

---

968 WPK, Anordnung der Wirtschaftsprüferkammer nach § 9 Abs. 5 S. 2 GwG vom 01.03.2012, veröffentlicht in: WPK Magazin 02/2012, S. 31.

969 Warius, in: Herzog, GwG, § 2 Rn. 171.

Die Wirtschaftsprüferkammer sieht dabei noch immer eine Anbindung an den vormals in § 2 Abs. 1 Satz 2 GwG (Fassung vom 15.12.2003) enthaltenen Begriff der „auf Dauer angelegten Geschäftsbeziehung". Die jetzige Fassung (§ 3 Abs. 2 Nr. 1 GwG) enthält nur noch „die Begründung einer Geschäftsbeziehung". Die Entscheidung der WPK wird damit begründet, dass die Legaldefinition der Geschäftsbeziehung in § 1 Abs. 3 GwG noch immer die Merkmale enthält, dass die Beziehung „von gewisser Dauer sein wird".[970] Auf Grundlage dessen sollen nach Ansicht der WPK die alten Grundsätze zu dem Merkmal der „auf Dauer angelegten Geschäftsbeziehung" in der alten Fassung des GwG beibehalten werden.[971]

Vor diesem Hintergrund ist ein eingegangener Vertrag mit einer einmaligen Erfüllungshandlung, beispielsweise einer Abschlussprüfung für ausschließlich ein Geschäftsjahr oder ein einmaliger Auftrag zur Erstellung einer Buchführung, einer Steuererklärung, eines Jahresabschlusses oder eines Gutachtens keine Begründung einer Geschäftsbeziehung i.S.d. § 3 Abs. 2 Nr. 1 GwG.[972] Dies schließt beispielsweise eine Abschlussprüfung, die zwei aufeinander folgende Geschäftsjahre auf einmal umfasst, ebenfalls mit ein. Eine geldwäscherechtliche Geschäftsbeziehung wird erst dann begründet, wenn eine längere Mandatsbeziehung über das Geschäftsjahr hinaus beabsichtigt ist oder wenn eine Folgebeauftragung stattfindet und die Absicht bei der ersten Beauftragung nicht erkennbar gewesen war.[973]

Die WPK lässt es den Berufsgruppen als Prozessvereinfachung aber offen, bereits zu Beginn bei den genannten Aufträgen die allgemeinen Sorgfaltspflichten aus § 3 Abs. 1 GwG zu erfüllen. Dies gilt auch vor dem Hintergrund, dass beruhend auf Erkenntnissen der Strafverfolgungsbehörden bereits eine Identifizierung des Vertragspartners eine abschreckende Wirkung auf Personen mit Geldwäsche- oder Terrorismusfinanzierungsabsichten hat.[974]

---

970 WPK, Auslegungs- und Anwendungshinweise der Wirtschaftsprüferkammer zum Gesetz über das Aufspüren von Gewinnen aus schweren Straftaten (Geldwäschegesetz – GwG) vom 13. August 2008 (BGBl. I S. 1690) zuletzt geändert durch Gesetz vom 22. Dezember 2011 (BGBl. I S. 2959), S. 3.

971 WPK, Auslegungs- und Anwendungshinweise der Wirtschaftsprüferkammer zum Gesetz über das Aufspüren von Gewinnen aus schweren Straftaten (Geldwäschegesetz – GwG) vom 13. August 2008 (BGBl. I S. 1690) zuletzt geändert durch Gesetz vom 22. Dezember 2011 (BGBl. I S. 2959), S. 3.

972 WPK, Auslegungs- und Anwendungshinweise der Wirtschaftsprüferkammer zum Gesetz über das Aufspüren von Gewinnen aus schweren Straftaten (Geldwäschegesetz – GwG) vom 13. August 2008 (BGBl. I S. 1690) zuletzt geändert durch Gesetz vom 22. Dezember 2011 (BGBl. I S. 2959), S. 4.

973 WPK, Auslegungs- und Anwendungshinweise der Wirtschaftsprüferkammer zum Gesetz über das Aufspüren von Gewinnen aus schweren Straftaten (Geldwäschegesetz – GwG) vom 13. August 2008 (BGBl. I S. 1690) zuletzt geändert durch Gesetz vom 22. Dezember 2011 (BGBl. I S. 2959), S. 4.

974 WPK, Auslegungs- und Anwendungshinweise der Wirtschaftsprüferkammer zum Gesetz über das Aufspüren von Gewinnen aus schweren Straftaten

Die Anwendungshinweise der BStBK zur Begründung der Geschäftsbeziehung sind vom Wortlaut her nahezu identisch. Auch diese Kammer behält die in der ehemaligen Gesetzgebung enthaltenen Grundsätze zum Merkmal der „auf Dauer angelegten Geschäftsbeziehung“ immer noch bei.[975] Daran anknüpfend wird auch ein Einzelvertrag, beispielsweise ein Steuerberatungsvertrag, mit einmaligen Erfüllungshandlungen nicht von der geldwäscherechtlichen Begründung einer Geschäftsbeziehung erfasst.[976] Die BStBK sieht jedoch auch das Problem, dass aus einem Einzelfall leicht ein Dauermandat werden kann, und empfiehlt grundsätzlich, bei allen Auftraggebern den Sorgfaltspflichten aus § 3 Abs. 1 GwG, insbesondere den Identifizierungspflichten nachzukommen.[977] Die Kammer weist jedoch noch einmal explizit darauf hin, dass die Begründung der Geschäftsbeziehung grundsätzlich erst nach Abschluss des Steuerberatungsvertrages zustande kommt, die Anbahnungsphase gehört somit nicht dazu.[978]

ee) Verdachtsmeldeweg über Berufskammern

Für Wirtschaftsprüfer, vereidigte Buchprüfer, Steuerberater und Steuerbevollmächtigte ist der Verdachtsmeldeweg der gleiche wie bei den verkammerten Rechtsbeiständen. Dies bedeutet, dass die Erstattung einer Verdachtsmeldung (§ 11 Abs. 1 GwG) auch an die zuständige Berufskammer (WPK, BStBK) zu übersenden ist (§ 11 Abs. 4 Satz 1 GwG). Die Kammer kann zur Meldung Stellung nehmen (§ 11 Abs. 4 Satz 2 GwG). Anschließend hat sie die Meldung mit ihrer Stellungnahme an das BKA und das örtlich zuständige LKA zu übersenden (§ 11 Abs. 4 Satz 3 GwG). Die FIU stellt hierzu auf ihrer Internetseite ein Word-Dokument als Vordruck für eine Verdachtsmeldung und eine Ausfüllanleitung zur Verfügung. In einem weiteren Dokument befinden sich die Adressen und Erreichbarkeiten der zuständigen Landeskriminalämter.[979]

(Geldwäschegesetz – GwG) vom 13. August 2008 (BGBl. I S. 1690) zuletzt geändert durch Gesetz vom 22. Dezember 2011 (BGBl. I S. 2959), S. 5.

975 BStBK, Anwendungshinweise der Bundessteuerberaterkammer zum Geldwäschegesetz vom 21.04.2009, S. 2.

976 BStBK, Anwendungshinweise der Bundessteuerberaterkammer zum Geldwäschegesetz vom 21.04.2009, S. 2.

977 BStBK, Anwendungshinweise der Bundessteuerberaterkammer zum Geldwäschegesetz vom 21.04.2009, S. 3.

978 BStBK, Anwendungshinweise der Bundessteuerberaterkammer zum Geldwäschegesetz vom 21.04.2009, S. 3.

979 FIU beim BKA, Verdachtsmeldung und Ausfüllanleitung, abrufbar unter: http://www.bka.de/nn_204310/DE/ThemenABisZ/Deliktsbereiche/GeldwaescheFIU/Veroeffentlichungen/Verdachtsmeldung/verdachtsmeldung__node.html?__nnn=true (zuletzt abgerufen am 12.09.2015).

b) Anwendbarkeit und Effizienz der geldwäscherechtlichen Regelung

In der Praxis wird der Wirtschafts- und Buchprüfer zumeist die Prüfung von Jahresabschlüssen tätigen und regelmäßig Kontroll-, Informations- und Beglaubigungsfunktionen erfüllen. Die Prüfung des Jahresabschlusses dient dem Schutz der Gesellschafter, den Gläubigern und der Öffentlichkeit und ist zudem eine Verpflichtung aus § 316 HGB.[980]

Der Steuerberater wird im Rahmen der Erfüllung eines Steuerberatungsvertrages zumeist Abschluss- und Buchführungsarbeiten und die Erstellung von Steuererklärungen durchführen.

Durch die inhaltlich nahezu einheitlichen Anwendungshinweise der beiden Kammern ist bei einem Einzelauftrag, bei dem im Zeitpunkt des Vertragsschlusses keinerlei Absicht für einen Folgeauftrag vorhanden ist, keine Geschäftsbeziehung i.S.d. § 3 Abs. 2 Nr. 1 GwG gegeben. Damit einhergehend muss der Verpflichtete auch keine allgemeinen Sorgfaltspflichten (§ 3 Abs. 1 GwG) erfüllen.[981] Die Bundessteuerberaterkammer verdeutlicht darüber hinaus, dass die Anbahnungsphase vor Abschluss eines Steuerberatungsvertrages von keiner geldwäscherechtlichen Relevanz ist. Erst mit Abschluss des Vertrages wird eine Geschäftsbeziehung begründet.[982]

Dies bedeutet in der praktischen Anwendung, dass der Steuerberater in den Beratungsgesprächen keine sichere Kenntnis der Identität des potenziellen Vertragspartners hat. Erfährt er im Rahmen der Anbahnungsphase von Geldwäscheabsichten und bricht er die Phase ab, wird er regelmäßig nur wenige oder gar keine tatsächlich verwertbaren Daten in einer Verdachtsmeldung übermitteln können. Die wahre Identität des Vertragspartners und auch die des wirtschaftlich Berechtigten bei juristischen Personen werden regelmäßig unklar bleiben.

In der Praxis problematisch ist auch, wenn es im Rahmen eines vereinbarten und bereits begonnenen Einzelauftrages zu geldwäscherelevanten Feststellungen kommt und hierdurch die zwingende Erfüllung der allgemeinen Sorgfaltspflichten aus Geldwäscheverdacht auflebt (§ 3 Abs. 2 Nr. 3 GwG). Der Vertragspartner und wirtschaftlich Berechtigte müsste inmitten einer beispielhaften Abschlussprüfung identifiziert und dokumentiert werden (§ 3 Abs. 1 Nr. 1, 2 GwG; § 8 Abs. 1 GwG). In der Praxis ist die Wahrscheinlichkeit hoch, dass dies bei einem oder mehreren Vertragspartnern Fragen aufwirft und der Grund der plötzlichen Identifizierung und Dokumentierung erfragt wird. Der Verpflichtete befindet sich jedoch zu diesem Zeitpunkt bereits in einem Stadium, in dem er keine Informationen über eine beabsichtigte Verdachtsmeldung weitergeben darf (§ 12 Abs. 1 GwG), er zudem die Geschäftsbeziehung beenden muss, falls der Vertragspartner die Identifizierung verweigern sollte (§ 3 Abs. 6 Sätze 1 und 2 GwG).

---

980 Langweg, in: Fülbier/Aepfelbach/Langweg, GwG, § 3 Rn. 36.

981 BStBK, Anwendungshinweise der Bundessteuerberaterkammer zum Geldwäschegesetz vom 21.04.2009, S. 2.

982 BStBK, Anwendungshinweise der Bundessteuerberaterkammer zum Geldwäschegesetz vom 21.04.2009, S. 3.

Die Wirtschaftsprüfkammer verdeutlicht in ihren Anwendungshinweisen jedoch, dass Einzelaufträge in der Praxis eher die Ausnahme und Mandate für mehrere Geschäftsjahre hintereinander eher die Regel sind.[983] In der Folge bedeutet dies auch eine regelmäßige Erfüllung der Sorgfaltspflichten bei Erteilung des ersten Auftrages.[984]

Analog des besonderen Meldeweges von verkammerten Rechtsbeiständen haben auch Wirtschaftsprüfer, Buchprüfer und Steuerberater ihre Verdachtsmeldung an die zuständige Kammer zu übermitteln. Dort wird die Verdachtsmeldung schnellstmöglich geprüft und, falls erforderlich, mit einer Stellungnahme unverzüglich an die FIU beim BKA und die zuständige Strafverfolgungsbehörde übermittelt (§ 11 Abs. 4 Sätze 1–3 GwG). In der praktischen Anwendung wird dies wie bei den verkammerten Rechtsbeiständen auch im Hinblick auf den Zeitverlust beim Übermittlungsweg als kritisch gesehen.[985] Zudem verfügen Wirtschaftsprüfer, vereidigte Buchprüfer sowie Steuerberater und Steuerbevollmächtigte analog der verkammerten Rechtsbeistände zumeist über ein abgeschlossenes Studium und haben zusätzliche umfangreiche Prüfungen absolviert, was eine qualitativ schlechte Verdachtsmeldung auch bei diesen Berufsgruppen als unwahrscheinlich erscheinen lässt.[986] In diesem Zusammenhang wurde auch deutlich, dass die Zurverfügungstellung eines Vordruckes für eine Verdachtsmeldung nebst Ausfüllanleitung auf der Internetseite der FIU zwar im ersten Moment praktisch erscheint, jedoch auch zu einem Zeitverlust führen kann, gerade wenn der Unternehmer nicht über diese Softwareprodukte verfügt und diese nur über einen kostenloser Reader lesen kann. Er müsste im Anschluss die Verdachtsmeldung ausdrucken und handschriftlich ausfüllen.

c) Bewertung für die weitere Untersuchung

In der Gesamtschau lässt sich deutlich die fehlende Synergie zwischen § 3 Abs. 2 Nr. 1 GwG „Begründung einer Geschäftsbeziehung“ und der Legaldefinition in § 1 Abs. 3 GwG erkennen. Dies führt dazu, dass die zuständigen Berufskammern die Merkmale der alten geldwäscherechtlichen Fassung der „Begründung einer auf Dauer angelegten Geschäftsbeziehung“ durch ihre Anwendungshinweise wieder aktiviert haben. In der Folge traten gleich zwei praktische Anwendungsschwierigkeiten

---

983 WPK, Auslegungs- und Anwendungshinweise der Wirtschaftsprüferkammer zum Gesetz über das Aufspüren von Gewinnen aus schweren Straftaten (Geldwäschegesetz – GwG) vom 13. August 2008 (BGBl. I S. 1690) zuletzt geändert durch Gesetz vom 22. Dezember 2011 (BGBl. I S. 2959), S. 4.

984 WPK, Auslegungs- und Anwendungshinweise der Wirtschaftsprüferkammer zum Gesetz über das Aufspüren von Gewinnen aus schweren Straftaten (Geldwäschegesetz – GwG) vom 13. August 2008 (BGBl. I S. 1690) zuletzt geändert durch Gesetz vom 22. Dezember 2011 (BGBl. I S. 2959), S. 4.

985 Diergarten, Geldwäsche, S. 307.

986 Vgl. Herzog/Achtelik, in: Herzog, GwG, § 11 Rn. 38; Diergarten, Geldwäsche, S. 307.

zum Vorschein; zum einen der Bereich der Anbahnungs- und Beratungsgespräche und zum anderen der Bereich der einmaligen Verträge und Prüfungen.

Aus Sicht eines Geldwäschers bestehen Möglichkeiten, die Funktion dieser Berufsträger für Geldwäschezwecke zu missbrauchen. Er könnte bereits im Beratungsgespräch abtasten, inwieweit ein Einzelauftrag seinen Geldwäscheabsichten entgegenkommen könnte. Im Vertragsfall eines Einzelauftrages könnte er zudem andere (ausländische) Personen oder juristische Firmenverflechtungen im Ausland als Strohmänner und Auftragsgeber vorgeben, deren wirtschaftlich Berechtigte er letztendlich den Berufsträgern nicht offenbaren müsste. Im darauffolgenden Jahr könnte der gleichgelagerte Ablauf bei einem anderen Berufsträger durchgeführt werden.

Dass das Berufsfeld für Geldwäscher nicht uninteressant ist, belegt auch die FIU im Rahmen ihrer Fachstudie zum Immobiliensektor, der auch den Bereich des Steuerberaters benennt. Er wird neben Notaren und Rechtsanwälten, die ebenfalls geldwäschegefährdet sind, auch als ein sogenannter Gatekeeper benannt, der im Rahmen der Funktion seines Berufes für Geldwäschezwecke missbraucht werden kann.[987] Festgestellt wurde aber auch, dass bei Wirtschaftsprüfern und Steuerberatern nur eine geringe Gefährdung zum Missbrauch für Geldwäsche gegenüber der Berufsgruppe der Rechtsanwälte besteht.[988]

Die Ausnahmeregelungen des Verdachtsmeldeweges (§ 11 Abs. 4 GwG), mit der Einbeziehung und der Möglichkeit der Stellungnahme der Berufskammern stellen auch analog der Verfahrensweise bei verkammerten Rechtsbeiständen in der Praxis eine nicht unerhebliche Zeitverzögerung dar. Dies ist auch aufgrund einer fehlenden elektronischen (passwortgeschützten) sicheren Plattform bei der FIU der Fall. Moderne Kommunikationsmöglichkeiten, beispielsweise in Form von Drop-Down Feldern mit integrierter Ausfüllanleitung führen mit großer Wahrscheinlichkeit zu einem größeren Zeitgewinn beim Ausfüllen und zu einer höheren Akzeptanz beim Unternehmer. Zudem muss nicht über ein bestimmtes Softwareprodukt verfügt werden, ein Internetzugang ist vollkommen ausreichend.

5. Dienstleister für Gesellschaften, Treuhandvermögen oder Treuhänder (§ 2 Abs. 1 Nr. 9 GwG)

Die Aufnahme von Dienstleistern für Gesellschaften und Treuhandvermögen sowie Treuhändern (§ 2 Abs. 1 Nr. 9 GwG) war auf Art. 2 Abs. 1 Nr. 3 Buchst. c i. V. m. Art. 3 Nr. 7 der 3. GwRL zurückzuführen. Dadurch wurde ein Auffangtatbestand für Personen geschaffen, die nicht unter den Kreis der Berufsträger nach § 2 Abs. 1 Nr. 7 und 8 GwG zu subsumieren sind.[989] Jemand ist Dienstleister oder Treuhänder,

987 BKA, FIU Immobilienstudie 2012, S. 9.

988 Max-Planck-Institut für ausländisches und internationales Strafrecht, Gefährdung von Rechtsanwälten, Steuerberatern, Notaren und Wirtschaftsprüfern durch Geldwäsche, Oktober 2004, S. 87; Teichmann/Achsnich, in: Herzog/Mülhausen, Geldwäschebekämpfung und Gewinnabschöpfung, § 30 Rn. 26.

989 Warius, in: Herzog, GwG, § 2 Rn. 174;

wenn er eine der nachfolgend aufgeführten Tätigkeiten für Dritte ausübt (§ 2 Abs. 1 Nr. 9a–f GwG):

- Gründung einer juristischen Person oder Personengesellschaft (§ 2 Abs. 1 Nr. 9a GwG)
- Ausübung von Leitungs- oder Geschäftsführerfunktionen einer juristischen Person oder Funktionen des Gesellschafters einer Personengesellschaft (§ 2 Abs. 1 Nr. 9b GwG)
- Bereitstellung eines Sitzes, einer Geschäfts-, Verwaltungs- oder Postadresse und anderer damit verbundener Dienstleistungen zu juristischen Personen, Personengesellschaften oder Rechtsgestaltungen (§ 2 Abs. 1 Nr. 9c GwG)
- Ausübung einer Treuhänderfunktion (§ 2 Abs. 1 Nr. 9d GwG)
- Ausübung der Funktion eines nominellen Anteilseigners für ein nicht an der Börse notiertes Unternehmen (§ 2 Abs. 1 Nr. 9e GwG)
- Schaffung der Möglichkeit für eine andere Person, die § 2 Abs. 1 Nr. 9 Buchstabe b, d und e GwG genannten Funktionen auszuüben (§ 2 Abs. 1 Nr. 9f GwG)

a) Adressatenspezifische Regelungen

Im Gegensatz zu anderen Adressaten des Nichtfinanzbereiches existieren für die unternehmensberatenden Berufsgruppen nur wenige spezielle Regelungen. Nachfolgend werden die geldwäscherechtlich zu erfassenden Berufsgebiete und die Einordnung der in § 2 Abs. 1 Nr. 9a–f GwG genannten beruflichen Tätigkeiten einer Untersuchung unterzogen.

aa) Erfasste Berufsbereiche

Entscheidend für die Einordnung als Dienstleister für Gesellschaften und Treuhandvermögen oder Treuhänder ist nicht die Berufsbezeichnung, sondern, ob eine der genannten Tätigkeiten in § 2 Abs. 1 Nr. 9a–f GwG tatsächlich ausgeübt wird.[990] Der Gesetzgeber vermeidet es, konkrete Berufsgruppen, wie etwa Unternehmensberater, zu benennen. Die Berufsbezeichnung von Unternehmensberatern ist nicht abschließend normiert und stellt auch keinen rechtlich definierten Titel dar.[991]

bb) Geldwäscherechtliche Einordnung der Katalogtätigkeiten

Die abschließend aufgeführten Katalogtätigkeiten erfüllen grundsätzlich die Begriffsbestimmung der auf Dauer angelegten Geschäftsbeziehung i.S.d. § 1 Abs. 3 GwG.[992] Damit unterliegt der Kreis der Verpflichteten vollumfänglich den geldwäscherechtlichen

990 RegE GwBekErgG, BT-Drucks. 16/9038, S. 32; Diergarten, Geldwäsche, S. 93; Warius, in: Herzog, GwG, § 2 Rn. 176.
991 RegE GwBekErgG, BT-Drucks. 16/9038, S. 32.
992 RegE GwBekErgG, BT-Drucks. 16/9038, S. 34.

Verpflichtungen. Ausnahmeregelungen, wie die Schwellenbetragsregelung bei den Güterhändlern existieren in diesem Adressatenkreis nicht.

b) Anwendbarkeit und Effizienz der geldwäscherechtlichen Regelung

Die in § 2 Abs. 1 Nr. 9 Buchst. a–f GwG aufgeführten Dienstleistungen werden häufig von Rechtsanwälten und Notaren (§ 2 Abs. 1 Nr. 7 GwG) durchgeführt.[993] Insbesondere die in Buchstabe a genannte Gründung einer juristischen Person oder Personengesellschaft dürfte in der Praxis regelmäßig von Rechtsanwälten veranlasst werden. Der Kreis der Verpflichteten konzentriert sich daher auf einen Personenkreis, der regelmäßig im Bereich der Unternehmensberatungen zu finden sein wird. Inwieweit diese Tätigkeiten auch von anderen Gewerbetreibenden und Unternehmern und mit welchen Tätigkeitsschwerpunkten angeboten werden, lässt sich schwer nachvollziehen.

Die unmittelbare Anbindung an bestimmte Tätigkeiten dürfte auch für die zuständigen Aufsichtsbehörden i.S.d. § 16 Abs. 2 Nr. 9 GwG praktische Probleme bei der Erfassung der Dienstleister und des zu überprüfenden Personenkreises mit sich bringen. Eine Verpflichtung zur Benennung und Mitteilung eines Geldwäschebeauftragten wie im Finanzsektor, bei Spielbanken und elektronischen Glücksspielanbietern hat der Gesetzgeber für Dienstleister und Treuhänder in das GwG nicht aufgenommen.

Die regelmäßige Annahme der Begründung einer Geschäftsbeziehung bei den enumerativ aufgeführten Tätigkeiten erfasst in der praktischen Anwendung auch Einzelaufträge. Etwaige anderslautende Anwendungshinweise durch zuständige Aufsichtsbehörden sind nicht bekannt. Folglich wird ein Dienstleister oder Treuhänder spätestens bei einer Vertragsvereinbarung, frühestens bei Beginn von Beratungsgesprächen die erforderlichen allgemeinen Sorgfaltspflichten aus § 3 Abs. 1 GwG erfüllen müssen. Eine erst zum Zeitpunkt der Vertragsunterzeichnung vorgenommene Identifizierung ist mit den gleichen Risiken behaftet wie bei im Falle der rechtsberatenden Berufsgruppen und der Wirtschaftsprüfer und Steuerberater. Letztendlich besteht auch hier die Möglichkeit, dass es bereits in der Anbahnungsphase zu geldwäscherelevanten Mitteilungen kommt und die sichere Identität der Person oder einer juristischen Personengesellschaft für eine Verdachtsmeldung nicht feststeht.

c) Bewertung für die weitere Untersuchung

Für die FATF sind Unternehmensdienstleister geeignet, für Geldwäschezwecke missbraucht zu werden.[994] Sie stellen wie oben beschrieben eine Art Pförtnertätigkeit für den Eintritt des Geldwäschers in den Finanzsektor dar.[995] Dadurch bekommen

993 RegE GwBekErgG, BT-Drucks. 16/9038, S. 32; Warius, in: Herzog, GwG, § 2 Rn. 176.

994 S. Kapitel E, II, d, aa.

995 S. Kapitel E, II, d, aa; FATF, Dienstleister und Treuhänder, S. 26.

Dienstleister regelmäßig Einblicke in das beauftragte Unternehmen und in die Verwaltungs- und Kundenstruktur sowie in laufende Geschäftsaktivitäten und die Geschäftsstruktur.[996] Insoweit ist es nachvollziehbar, dass der Gesetzgeber eine Öffnung für ganz bestimmte geldwäschefähige Unternehmensdienstleister durch die Aufnahme von enumerativ aufgeführten Tätigkeiten vermeiden möchte.

Das regelmäßige Bejahen der Begründung einer Geschäftsbeziehung wird keine praktischen Anwendungsschwierigkeiten wie bei anderen Verpflichteten mit sich bringen. Unbekannt ist jedoch, inwieweit Dienstleister Anbahnungs- und Beratungsphasen mit zur Begründung einer Geschäftsbeziehung zählen. Sollte auch hier eine weite Auslegung erfolgen und die Anbahnungsphasen ausgenommen werden, bestünde bereits in dieser Phase eine geldwäscherelevante Lücke aufgrund der fehlenden frühzeitigen Identifizierung. Schon im Beratungsgespräch könnte abgetastet werden, wie weit der Unternehmer den Geldwäscheabsichten des Geldwäschers entgegenkommen könnte. Falls sich der Verpflichtete daraufhin entschließt, eine Verdachtsmeldung vorzulegen, würden belastbare Daten, beispielsweise die einer Identifizierung, zur Erstattung einer qualitativen Verdachtsmeldung fehlen.

Erleichternd für Aufsichtsbehörden wäre es zudem gewesen, wenn der Gesetzgeber diese Verpflichteten zur Anordnung und Meldung eines Geldwäschebeauftragten gesetzlich verpflichtet hätte. Hierdurch wäre es möglich gewesen, den Kreis der Verpflichteten besser zu bestimmen und deren maßgebliche Unternehmensstrukturen kennenzulernen.

6. Spielbanken (§ 2 Abs. 1 Nr. 11 GwG)

Die Aufnahme von Spielbanken in § 2 Abs. 1 Nr. 11 GwG beruht auf der Vorgabe von Art. 2 Nr. 3 Buchst. f der 3. GwRL. Eine Beschränkung beispielsweise auf bestimmte Spielarten wurde in das GwG nicht mit aufgenommen.

a) Adressatenspezifische Regelungen

Für den Bereich der Spielbanken bedarf es vor der Prüfung der Anwendbarkeit und Effizienz einer Einordnung des Adressatenkreises. Zudem erfolgt im Anschluss eine Untersuchung und Einordnung zu den vom Gesetzgeber speziell erlassenen geldwäscherechtlichen Regelungen für den Bereich der Spielbanken.

aa) Adressaten

Der Kreis der Verpflichteten ist durch den Begriff der Spielbank eindeutig und abschließend erfasst. Unter dem Begriff „Spielbank“ ist jede Unternehmung zu verstehen, die gewerbsmäßig die Gelegenheit zum Glücksspiel anbietet.[997] Sie unterliegen in

996 S. Kapitel E, II, d, aa; FATF, Dienstleister und Treuhänder, S. 26.
997 Teichmann/Achsnich, in: Herzog/Mülhausen, Geldwäschebekämpfung und Gewinnabschöpfung, § 30 Rn. 28.

Deutschland staatlicher Konzessionierungen und werden durch die Glücksspielgesetze der Länder geregelt. Beispielhaft für das Land Baden-Württemberg sind im Landesglückspielgesetz (LGlüG)[998] die Zulassung (§ 27 LGlüG), der Betrieb (§ 29 LGlüG) aber auch Steuerbefreiungen für Spielbanken (§ 39 LGlüG) geregelt (§§ 27–39 LGlüG).

bb) Geldwäscherechtliche Einordnung

Für Spielbanken hat der Gesetzgeber einen eigenen Schwellenbetrag eingeführt. Danach haben Spielbanken die Pflicht, einen Kunden zu identifizieren, wenn dieser Spielmarken im Wert von 2.000 EUR oder mehr kauft oder verkauft (§ 3 Abs. 3 Satz 1 GwG). Die Verpflichtung zur Identifizierung des Kunden kann bereits beim Betreten der Spielbank erfolgen, sofern sichergestellt wird, dass jede Transaktion im Wert von 2.000 EUR oder mehr im Zusammenhang mit dem Kauf, Verkauf oder Tausch von Spielmarken dem jeweiligen Kunden zugeordnet werden kann (§ 3 Abs. 3 Satz 2 GwG). Dadurch soll erreicht werden, dass eine Pflicht zur Identifizierung des Kunden zu jeder Zeit bestehen kann und eine Zuordnung des Geldbetrages zur Person möglich ist.[999]

Der Gesetzgeber hatte die jederzeitige Zuordnung der Beträge von mehr als 2.000 EUR erst im Jahr 2011 im Rahmen des GwPrävOptG in das GwG aufgenommen.[1000] Zuvor hatte die FATF im Rahmen ihres Deutschlandprüfberichtes vom 19.02.2010 kritisiert, dass keine Möglichkeit bestünde, einzelne Transaktionen den identifizierten Kunden zuzuordnen.[1001] Nun wird sichergestellt, dass auch nach einer Identifizierung des Kunden beim Betreten der Spielbank noch im weiteren Verlauf des Aufenthaltes mit Erreichen des Grenzbetrages eine Zuordnung zur Person zweifelsfrei vorgenommen werden kann.[1002]

Als Verpflichtete müssen Spielbanken im Rahmen der Implementierung von angemessenen internen Sicherungsmaßnahmen auch einen Geldwäschebeauftragten bestellen (§ 9 Abs. 2 Nr. 1 Satz 1 GwG). Die Bestellung ist den zuständigen Aufsichtsbehörden mitzuteilen (§ 9 Abs. 2 Nr. 1 Satz 3 GwG). Ansonsten bestehen für Spielbanken keine Sonderregelungen. Neben den allgemeinen und besonderen Sorgfaltspflichten, den Aufzeichnungs- und Aufbewahrungspflichten besteht bei einem Verdacht auf Geldwäsche und Terrorismusfinanzierung auch eine Meldeverpflichtung (§ 11 Abs. 1 GwG).

---

998 Landesglücksspielgesetz vom 20.11.2012, BW GBl. 2012, 604.

999 RegE GwPrävOptG, BT-Drucks. 17/6804, S. 27.

1000 GwPrävOptG, BGBl. II 2011, S. 2961, Art. 1 Nr. 4 Buchst. b.

1001 RegE GwPrävOptG, BT-Drucks. 17/6804, S. 27; FATF, Deutschlandbericht 2010, S. 211–212, Tz. 888, S. 221, Tz. 937, S. 222 Tz. 940, S. 232, Tz. 979.

1002 RegE GwPrävOptG, BT-Drucks. 17/6804, S. 27; Warius, in: Herzog, GwG, § 2 Rn. 181–182; Studer, in: Quedenfeld, Handbuch Geldwäschebekämpfung, S. 88.

b) Anwendbarkeit und Effizienz der geldwäscherechtlichen Regelung

In der Praxis wird regelmäßig der gesonderte Auslösetatbestand des § 3 Abs. 3 GwG zur Anwendung kommen, wenn ein Kunde den Schwellenbetrag mit dem Kauf oder Verkauf von Spielmarken im Wert von 2.000 EUR überschreitet. Die jetzigen Regelungen scheinen auch im Zusammenhang mit den anderen zu erfüllenden geldwäscherechtlichen Pflichten einer Spielbank praxisorientiert zu sein. Die Verpflichtung, jederzeit bei Erreichen des Schwellenbetrages seitens der Spielbank eine Identifizierung vorzunehmen, trägt auch den Fällen Rechnung, bei denen Spielbanken lediglich eintretende Personen identifizieren.

Die von der Höhe des Betrages überschaubare Schwelle von 2.000 EUR und die begrenzte Anzahl von zudem überregional verteilten Spielbanken in Deutschland wird für Geldwäscher wenig Attraktivität hervorrufen, eine Stückelung von Beträgen bei verschiedenen Spielbanken in mehreren Bundesländern vorzunehmen. Darüber hinaus müssen Spielbanken im Rahmen ihres Erlaubnisverfahrens regelmäßig auch ein Konzept zur Geldwäschebekämpfung vorlegen, was eine hohe Sensibilität der Spielbanken für die Geldwäschethematik zur Folge haben dürfte (Beispielhaft für viele andere: § 28 Abs. 2 Nr. 6 LGlüG).

c) Bewertung für die weitere Untersuchung

Die geldwäscherechtlichen Regeln sind für den Kreis von Verpflichteten ohne erkennbare praktische Umsetzungsprobleme. Durch die jederzeitige Verpflichtung der Identifizierung bei Erreichen des Schwellenbetrages, der damit verbundenen Erfassung und Aufbewahrung der Daten wird der Zielrichtung des GwG Genüge getan.

Die Höhe des Schwellenbetrages ist zwar im unmittelbaren Vergleich zu der 15.000 EUR Bargeldgrenze bei Güterhändlern als gering anzusehen. Die niedrige Grenze kommt den geldwäscherechtlichen Zielen aber noch mehr entgegen und hat aufgrund fehlender Geldwäschepotenziale eher einen abschreckenden Charakter für mögliche Geldwäscher. Hinzu kommt noch, dass das Verhältnis von Gästen und Bediensteten von den zumeist kleinen Spielbanken günstig ist, um Auffälligkeiten zeitnah zu entdecken und zu verfolgen.[1003] Darüber hinaus war bereits vor Jahren eine ansteigende Tendenz beim Onlineglücksspiel erkennbar, was für ein eher niedriges Geldwäscherisiko bei klassischen Spielbanken spricht.

7. Veranstalter und Vermittler von Glücksspielen im Internet (§ 2 Abs. 1 Nr. 12 GwG)

Die Aufnahme der Glücksspielanbieter im Internet ist maßgeblich auf die dritte Geldwäscherichtlinie zurückzuführen (vgl. Erwägungsgrund 14 3. GwRL).[1004] Im Unterschied zu anderen Verpflichteten hat der Gesetzgeber zur Erläuterung der

---

1003 Krech, Krim 2005, 92 (93).
1004 ABl. EG Nr. L 309, v. 25.11.2005, S. 16.

Adressaten eine Legaldefinition zum Begriff „Glücksspiele im Internet" aufgenommen (§ 1 Abs. 5 GwG). Danach sind Glücksspiele im Internet solche, die mittels Telemedien im Sinne des § 1 Abs. 1 Satz 1 TMG veranstaltet oder vermittelt werden. Es soll dadurch verdeutlicht werden, dass vom Begriff her nicht nur die typischen Fälle des über das Internet angebotenen Glücksspiels erfasst sind, sondern auch andere Glücksspielformen, die nicht die körperliche Anwesenheit des Spielers erfordern.[1005] Insbesondere fallen darunter klassische Kasinospiele, Poker, Sportwetten und Lotterien, soweit sie über das Internet oder andere elektronische Plattformen oder Medien angeboten werden.[1006]

a) Adressatenspezifische Regelungen

Parallel zum Adressatenbereich der Spielbanken hat der Gesetzgeber auch eigene geldwäscherechtliche Regelungen für Anbieter und Vermittler von Glücksspielen im Internet in das GwG aufgenommen. Neben der Ein- und Abgrenzung des Adressatenbereiches zu anderen Unternehmen und Berufszweigen, bedarf es nachfolgend auch einer Analyse der Sonderregelungen für diesen Bereich, bevor im Anschluss die Untersuchung der Anwendbarkeit und Effektivität und deren Bewertung erfolgt.

aa) Adressaten

Die Vielfalt der von der Legaldefinition erfassten Spielarten lässt einen großen Adressatenkreis vermuten. Der Geltungsbereich des GwG bezieht sich jedoch nur auf Deutschland. Das bedeutet, dass der Veranstalter oder Vermittler von Glücksspielen im Internet auch hier seinen Sitz haben muss. Zudem sind Spielhallenbetreiber nicht vom Adressatenkreis des § 2 Abs. 1 Nr. 12 GwG erfasst.[1007]

bb) Geldwäscherechtliche Einordnung

Der in § 2 Abs. 1 Nr. 12 GwG genannte Personenkreis unterliegt vollumfänglich den allgemeinen und besonderen Sorgfaltspflichten und den Aufzeichnungs- und Aufbewahrungspflichten. Aufgrund der Tatsache, dass der Onlineglücksspielbereich gewisse Besonderheiten aufzeigt, hat der Gesetzgeber Sonderregelungen eingeführt und für Organisations- und Sorgfaltspflichten sogar einen eigenen Abschnitt vorgesehen (§§ 9a–d GwG).[1008] Die dort enthaltenen Regeln umfassen beispielsweise das Einrichten und die Transparenz von Spielerkonten und Zahlungsströmen (§ 9c GwG), die Identifizierung von Spielern vor der Teilnahme an Glücksspielen im Internet (§ 9b Abs. 1–2 GwG) und organisatorische Sicherungsmaßnahmen (§ 9a GwG).

1005 RegE GwGErG, BT-Drucks. 17/10745, S. 14.
1006 RegE GwGErG, BT-Drucks. 17/10745, S. 14.
1007 Diergarten, Geldwäsche, S. 94–95.
1008 RegE GwGErgG, BT-Drucks.17/10745, S. 15.

b) Anwendbarkeit und Effizienz der geldwäscherechtlichen Regelung

Der Kreis der Veranstalter und Vermittler von Glücksspielen im Internet hebt sich mit den eigens aufgenommenen Vorschriften im geldwäscherechtlichen Vergleich deutlich zu den anderen Verpflichteten ab. Wesentlich und für die praktische Anwendung von Bedeutung sind folgende Pflichten:

- Identifizierung des Spielers vor Teilnahme am Glücksspiel im Internet und vor Errichtung eines beim Verpflichteten geführten Spielerkontos (§ 9b Abs. 1 Satz 1 GwG).
- Einrichtung eines Spielerkontos durch den Verpflichteten auf den Namen des Spielers (§ 9c Abs. 1 GwG).
- Sicherstellung, dass Transaktionen des Spielers an den Verpflichteten nur in einem ganz bestimmten Rahmen (Lastschrift, Überweisung, Zahlungskarte) nach den Bestimmungen des ZAG erfolgen (§ 9c Abs. 3 Nr. 1 Buchst. a–c GwG).
- Sicherstellung, dass Transaktionen des Spielers nur von einem auf seinen Namen eingerichteten Zahlungskonto von einem Kreditinstitut erfolgen (§ 9c Abs. 3 Nr. 2c GwG) erfolgen.
- Sicherstellung, dass die zuständige Aufsichtsbehörde über die Eröffnung und Schließung eines Zahlungskontos informiert wird (§ 9b Abs. 3 GwG).

Anhand dieser Auswahl von Pflichten wird deutlich, dass dem Gefahrenpotenzial der physischen Abwesenheit von Spielern durch restriktive Voraussetzungen begegnet wird. Inwieweit sich die noch jungen Vorschriften in der Praxis bewähren, muss abgewartet werden. Dies gilt auch im Hinblick darauf, wie Aufsichtsbehörden mit den eingehenden Meldungen zu Konten von Spielern oder wirtschaftlich Berechtigten umgehen und ob dies in der Praxis einen Mehrwert für die Aufsichts- und Strafverfolgungsbehörden darstellen wird. Hinsichtlich der praktischen Anwendbarkeit sind jedoch keine geldwäscherechtlichen Fehlentwicklungen erkennbar.

c) Bewertung für die weitere Untersuchung

Die Erfüllung der vorliegenden Vorschriften ist für den Kreis der Verpflichteten und für Spieler mit besonderen Aufwendungen verbunden. Es bedarf einiger, auch zeitintensiver Schritte, bis eine Teilnahme an einem Onlineglücksspiel überhaupt möglich ist. Dies könnte für einen Geldwäscher zu viel Transparenz bedeuten, und er würde sich andere Wege suchen. Für einen „normalen" Spieler, der nur ein- oder zweimal spielen möchte, könnte dies auch zutreffen. Aus Sicht einer effektiven Geldwäschebekämpfung sind die geldwäscherechtlichen Vorschriften aber nachvollziehbar, da der physischen Abwesenheit des Spielers entsprechend begegnet werden muss. Die Maßnahmenseite bei dem Kreis der Verpflichteten zu reduzieren, hätte wiederum ein erhöhtes Geldwäscherisiko zur Folge.

Unabhängig von den effektiven Geldwäscheregelungen darf jedoch nicht außer Acht gelassen werden, dass Spieler auch zu anderen Veranstaltern gehen können, die ihren Sitz in einem anderen Land mit weniger restriktiven oder gar keinen Geldwäscheregelungen haben.[1009] Der Aufwand ist durch das weltweite Internet vermutlich nicht größer, als bei Veranstaltern mit Sitz in Deutschland.

8. Sanktionen im Nichtfinanzbereich (§ 17 GwG)

Die Bußgeldvorschriften für Verstöße gegen bestimmte Pflichten befinden sich in § 17 Nr. 1–17 GwG. Zudem regelt § 17 Abs. 2–4 GwG die Bußgeldbemessungshöhe (Abs. 2) und bestimmt die jeweils zuständige Behörde für die Durchführung von Ordnungswidrigkeitsverfahren (Abs. 3–4).

a) Adressaten

Die Sanktionen richten sich gegen alle Verpflichtete (§ 2 Abs. 1 Nr. 1–13 GwG) des GwG. Für Verpflichtete, die juristische Personen des Privatrechts oder des öffentlichen Rechts sind, handeln ihre vertretungsberechtigten Organe und sind Adressaten des Geldwäschegesetzes.[1010]

b) Geldwäscherechtliche Einordnung

Die in § 17 Abs. 1 Nr. 1–17 GwG aufgeführten Ordnungswidrigkeiten lassen sich weitestgehend in vier Bereiche einteilen:

- Identifizierungspflichten (§ 17 Abs. 1 Nr. 1–4 GwG)
  Im Rahmen dieser Gruppe können Verstöße gegen die allgemeine Identifizierungspflicht (Nr. 1), gegen die Pflicht zur Abklärung eines wirtschaftlich Berechtigten (Nr. 2), gegen die Pflicht zur Erhebung des Namens eines wirtschaftlich Berechtigten (Nr. 3) und gegen Pflichten im Rahmen des Vorliegens von verstärkten Sorgfaltspflichten (Nr. 4) geahndet werden.
- Aufzeichnungs- und Aufbewahrungspflichten (Nr. 5–6)
  Anknüpfend an die Identifizierungspflichten hat der Gesetzgeber auch Verstöße gegen die Aufzeichnungspflichten (Nr. 5) und in der Folge auch gegen die Verletzung von Aufbewahrungspflichten (Nr. 6) in die Bußgeldvorschriften aufgenommen.
- Pflichten eines Onlineglücksspielanbieters (Nr. 7–13)
  Im Zuge der Neuaufnahme von Veranstaltern und Vermittlern von Glücksspielen im Internet sind auch sämtliche Verstöße gegen diese Pflichten in die Bußgeldvorschriften aufgenommen worden. Die sanktionierbaren Verstöße umfassen Verletzungen der Identifizierungspflichten von Spielern oder wirtschaftlich

1009 Diergarten, Geldwäsche, S. 95.
1010 Langweg, in: Fülbier/Aepfelbach/Langweg, GwG, § 17 Rn. 3.

Berechtigten (Nr. 7 und 10), der Mitteilungspflichten gegenüber Behörden (Nr. 8), der Pflichten im Rahmen von Transaktionen (Nr. 9) und der Dokumentation von Maßnahmen (Nr. 11). Zudem kommen Pflichtverletzungen bei Entgegennahme von Einlagen oder anderen rückzahlbaren Geldern (Nr. 12) und bei der Vornahme von nicht erlaubten Transaktionen (Nr. 13) in Betracht.

- Melde- und Aufsichtspflichten (Nr. 14–17)
  Für den Bereich der Meldepflichten hat der Gesetzgeber Verstöße gegen Verdachtsmeldepflichten (Nr. 14) und gegen die pflichtwidrige Weitergabe von Informationen (Nr. 15) in § 17 GwG aufgenommen. Zudem handelt ordnungswidrig, wer gegen Auskunftsersuchen und die Herausgabepflicht für Unterlagen (Nr. 16) oder aber auch gegen die Nichtduldung von bestimmten behördlichen Maßnahmen (Nr. 17) verstößt.

Im subjektiven Tatbestand bedarf es des Vorsatzes oder der Leichtfertigkeit bei der Begehung der Verstöße (§ 17 Abs. 1 GwG). Leichtfertigkeit bedeutet ähnlich wie im Falle des § 261 Abs. 5 StGB eine grob fahrlässige Begehungsweise, eine rein fahrlässige Begehungsweise ist damit ausgeschlossen.[1011]

Alle genannten Verstöße können mit einer Geldbuße bis zu 100.000 EUR geahndet werden (§ 17 Abs. 2 GwG). Die Bemessung der Bußgeldhöhe richtet sich nach den umfangreichen Regelungen in § 17 OWiG.[1012] Im Rahmen von Ordnungswidrigkeiten gegen juristische Personen und Personenvereinigungen findet § 30 OWiG und ggf. § 130 OWiG Anwendung.[1013]

c) *Anwendbarkeit und Effizienz der geldwäscherechtlichen Regelung*

Alle vom Gesetzgeber im Rahmen von Bußgeldvorschriften eingeführten objektiven Tatbestände sind in der Praxis von Bedeutung, da sie wichtige einzuhaltende Regelungsinhalte widerspiegeln. Strafverfolgungsbehörden können beispielsweise ohne das Vorliegen von Identifizierungsunterlagen nur mühsam oder gar nicht einer Verfolgung von Geldwäsche oder Terrorismusfinanzierung nachkommen.

Im Rahmen der Gesamtschau der enumerativ aufgeführten möglichen Verstöße wird jedoch deutlich, dass der Gesetzgeber einige geldwäscherechtliche Pflichten nicht in den Sanktionsbereich des § 17 GwG aufgenommen hat. Darunter fallen Verstöße gegen die Pflicht zum Anhalten von Finanztransaktionen im Verdachtsfall (§ 11 Abs. 1a GwG), die Pflicht zur Schaffung von internen Sicherungsmaßnahmen (§ 9 GwG) und die Verpflichtung zur kontinuierlichen Überwachung der Geschäftsbeziehung (§ 3 Abs. 1 Nr. 4 GwG).

1011 Diergarten, Geldwäsche, S. 355.
1012 Herzog/Achtelik, in: Herzog, GwG, § 17 Rn. 12.
1013 Vgl. Herzog/Achtelik, in: Herzog, GwG, § 17 Rn. 19.

Der Gesetzgeber sah bereits im Jahr 1992 eine Bußgeldbewährung bei Verletzung der Anhaltepflicht bei Finanztransaktionen aufgrund der Ausnahmeregelung für Eilfälle (§ 11 Abs. 1 Satz 3 GwG a.F.) als obsolet an.[1014] In der heute nahezu identischen Fassung des § 11 Abs. 1a Satz 2 HS 1 GwG gilt die Ausnahme zur Anhaltepflicht in den Fällen, in denen ein Aufschub der Transaktion nicht möglich ist oder dadurch die Verfolgung der Nutznießer einer mutmaßlich strafbaren Handlung behindert werden könnte. Die Verdachtsmeldung ist in diesen Fällen unverzüglich nachzuholen (§ 11 Abs. 1a Satz 2 HS 2 GwG). Durch diese sehr offene gesetzliche Haltung hat der Verpflichtete in der Praxis große Entscheidungsfreiheit, ob er die Transaktion anhält oder nicht oder prinzipiell keine Transaktion anhält. Er kann letztendlich selbst entscheiden, ob er einen eigenen Grund für ein Anhalten der Transaktion sieht oder nicht. Durch die Begrifflichkeit der Transaktion (§ 1 Abs. 4 GwG) betrifft der Bereich den Banken- und Nichtfinanzbereich gleichermaßen.

Eine fehlende Sanktionierung, für Verstöße gegen die kontinuierliche Überwachungspflicht der Geschäftsbeziehung einschließlich der in ihrem Verlauf durchgeführten Transaktionen (§ 3 Abs. 1 Nr. 4 GwG) hat der Gesetzgeber mit dem entgegenstehenden verfassungsrechtlichen Bestimmtheitsgebot begründet.[1015] Im Einzelfall und abhängig von Kunden- und Produktstrukturen und deren geldwäscherelevanten Risiken wird die Überwachung einer Geschäftsbeziehung jedoch Geldwäscherisiken minimieren können. Abhängig vom konkreten Risiko umfasst dies unter Umständen auch das Verlangen nach Informationen zur Herkunft von Vermögenswerten.[1016] Denkbar ist auch, dass risikoabhängig und aufgrund von Risikoindikatoren eine Zuordnung des Kunden in verschiedene Risikoklassen erfolgt.[1017] Letztendlich könnte eine fehlende Sanktionierung dazu führen, dass der Verpflichtete in der Praxis der bedeutsamen Verpflichtung wenig oder gar keine Beachtung schenkt.

Die Implementierung von internen Sicherungsmaßnahmen im Sinne des § 9 GwG umfasst eine Vielzahl von Aufgaben, deren Erfüllung regelmäßig auch mit einigem Aufwand verbunden ist. Darunter zählen beispielsweise die Entwicklung angemessener geschäfts- und kundenbezogener Sicherungssysteme und Kontrollen (§ 9 Abs. 2 Nr. 2 GwG) sowie die Unterrichtung von Beschäftigten über Typologien und aktuelle Methoden der Geldwäsche (§ 9 Abs. 2 Nr. 3 GwG). Auch erfasst sind geeignete risikoorientierte Maßnahmen zur Zuverlässigkeitsprüfung von Mitarbeitern (§ 9 Abs. 2 Nr. 4 Satz 1 GwG) und die Verpflichtung zur Bestellung eines Geldwäschebeauftragten bei Spielbanken sowie die entsprechende Mitteilung an die zuständigen Aufsichtsbehörden (§ 9 Abs. 2 Nr. 1 Sätze 1–3 GwG).

1014 Gegenäußerung RegE GewAufspG, BT-Drucks. 12/2747, S. 5; Oswald, Bekämpfung Geldwäsche, S. 107.

1015 RegE GwPrävOptG, BT-Drucks. 17/6804, S. 39.

1016 Warius, in: Herzog: GwG, § 3 Rn. 30.

1017 Warius, in: Herzog: GwG, § 3 Rn. 29–30.

Mögen auch hier risikoorientierte Maßnahmen zur Zuverlässigkeitsüberprüfung von Mitarbeitern und die Einordnung der Angemessenheit von implementierten Sicherungssystemen an der mangelnden Bestimmtheit der Norm scheitern, so ist dies bei der Benennung und Mitteilung eines Geldwäschebeauftragten nicht erkennbar. In der Praxis hat ein Geldwäschebeauftragter ungehinderten Zugang zu sämtlichen Informationen zu bekommen, die er im Rahmen der Erfüllung seiner Aufgaben benötigt, und es sind ihm ausreichende Befugnisse zu Erfüllung seiner Funktion einzuräumen (§ 9 Abs. 2 Nr. 1 Sätze 4–6 GwG). Die verpflichtende gesetzliche Benennung eines Geldwäschebeauftragten bei Spielbanken sowie Veranstaltern und Vermittlern von Glücksspielen im Internet zeigt, wie wichtig die Thematik für den Gesetzgeber und die Bekämpfung von Geldwäsche und Terrorismusfinanzierung ist.

d) Bewertung für die weitere Untersuchung

Trotz der Vielzahl von Bußgeldvorschriften wurde deutlich, dass einige geldwäscherechtliche Verpflichtungen nicht von den Sanktionen des § 17 Abs. 1 GwG erfasst sind. Bei der Untersuchung des pflichtwidrigen Nichtanhaltens einer Transaktion war erkennbar, dass eine Sanktion aufgrund der sehr offenen gehaltenen Norm des § 11 Abs. 1a Satz 2 GwG prinzipiell nicht erforderlich ist. Hätte der Gesetzgeber den Verstoß als Bußgeldvorschrift aufgenommen, hätte er auch zeitgleich eine restriktivere und vom objektiven Tatbestand stärker bestimmbare Fassung des § 11 Abs. 1a Satz 2 GwG gesetzlich definieren müssen. Zudem überwiegt tatsächlich die Freiheit des Verpflichteten, selbst zu entscheiden, ob er eine Transaktion besser anhält oder besser nicht. Er kann am ehesten erkennen, ob der Nutznießer einer mutmaßlich strafbaren Handlung damit gewarnt werden könnte oder nicht. Der Stopp einer Transaktion ist im Nichtfinanzbereich regelmäßig als ungewöhnlich und damit erkennbarer anzusehen. Ganz anders liegt der Fall im Bankenbereich, wo eine normale Überweisung auch einmal mehrere Tage in Anspruch nehmen kann, ohne dass der Empfänger dies möglicherweise als ungewöhnlich empfindet. Die zeitliche Dauer einer Überweisung im Bankenbereich wird jedoch durch Online-Banking immer kürzer werden.

Die fehlende Möglichkeit einer Sanktionierung bei Nichteinhalten der Überwachung der Geschäftsbeziehung ist ähnlich wie beim Nichtanhalten einer Transaktion zu sehen. Auch hier ist die detaillierte Ausgestaltung des objektiven Tatbestandes der Überwachung einer Geschäftsbeziehung nicht erkennbar. Der Gesetzgeber hat den Tatbestand sehr offen gehalten, was aber gerade dem Nichtfinanzbereich mit seinen sehr unterschiedlichen Unternehmens- und Produktstrukturen entgegenkommt. Dies steht im Gegensatz zu Banken- und Finanzinstituten, deren innere Strukturen zumeist ähnlich gelagerter Natur sind. Somit besteht die Möglichkeit, dass interne Maßnahmen risikorientiert und nicht an starren Mustern orientiert implementiert werden. Aufgrund dessen ist unter der bestehenden Bestimmung der Überwachung einer Geschäftsbeziehung eine Sanktionierung aus dem fehlenden verfassungsrechtlichen Bestimmtheitsgebot heraus ebenfalls nicht zu befürworten.

Dies gilt jedoch nicht für das Auslassen der Benennung eines Geldwäschebeauftragten oder für die Übersendung der Daten des Geldwäschebeauftragten und seines Stellvertreters an die zuständigen Aufsichtsbehörden. Zudem ist mit der Funktion des Geldwäschebeauftragten eine Reihe von weiteren Pflichten verbunden, die in Unternehmen regelmäßig mit Kosten verbunden sind. Das Fehlen einer Nichtsanktionierung könnte den Verpflichteten dazu verleiten, dieses Tätigkeitsfeld zur Bekämpfung von Geldwäsche und Terrorismusfinanzierung vorerst oder auf Dauer gar nicht im Unternehmen zu implementieren. Der Gesetzgeber sollte die fehlende Benennung oder die ausbleibende Mitteilung der Benennung eines Geldwäschebeauftragten an die zuständigen Aufsichtsbehörden als Sanktion in die Bußgeldvorschriften aufnehmen. Zudem würde damit die Bedeutung der umfangreichen Verpflichtungen hervorgehoben werden.

9. Aufsichtsbehörden im Nichtfinanzbereich (§ 16 Abs. 2 Nr. 4–9 GwG)

Die Regeln zu der Zusammenarbeit und den Befugnissen mit Aufsichtsbehörden befinden sich in § 16 Abs. 1–7 GwG. Für die Zusammenarbeit mit europäischen Finanzaufsichtsbehörden hat der Gesetzgeber einen eigenen Bereich in § 16a Abs. 1–2 GwG aufgenommen.

a) Zuständigkeiten

Zuständige Aufsichtsbehörden für den Nichtfinanzbereich sind (§ 16 Abs. 2 Nr. 4–9 GwG):

- für Rechtsanwälte und Kammerrechtsbeistände die jeweils örtlich zuständige Rechtsanwaltskammer (§§ 60, 61 BRAO, § 16 Abs. 2 Nr. 4 GwG),
- für Patentanwälte die Patentsanwaltskammer (§ 53 PAO, § 16 Abs. 2 Nr. 5 GwG),
- für Notare der jeweilige Präsident des Landgerichts, in dessen Bezirk der Notar seinen Sitz hat (§ 92 Nr. 1 BNotO, § 16 Abs. 2 Nr. 6 GwG),
- für Wirtschaftsprüfer und vereidigte Buchprüfer die Wirtschaftsprüfkammer (§ 57 Abs. 2 Nr. 17 WPO, § 16 Abs. 2 Nr. 7 GwG),
- für Steuerberater und Steuerbevollmächtigte die jeweils örtlich zuständige Steuerberaterkammer (§ 16 StBerG, § 16 Abs. 2 Nr. 8 GwG),
- für Veranstalter oder Vermittler von Glücksspielen, soweit das Landesrecht nichts anderes bestimmt, die für die Erteilung der glücksspielrechtlichen Erlaubnis zuständige Behörde (§ 16 Abs. 2 Nr. 8a GwG)
- und im Übrigen die jeweils nach Bundes- oder Landesrecht zuständige Stelle (§ 16 Abs. 2 Nr. 9 GwG).

Die zuletzt in § 16 Abs. 2 Nr. 9 GwG genannte Gruppe der Aufsichtsbehörden ist eine Auffangregelung zur Aufsicht über Verpflichtete, die keiner der zuvor genannten Berufskammern angehören. In den Bundesländern wurden hierzu Aufsichtsbehörden in Wirtschafts- und Innenministerien, Mittelbehörden und in unteren

Verwaltungsbehörden für den Nichtfinanzbereich eingerichtet. *Zur schematischen Übersicht siehe Übersicht 3 im Anhang.*

b) Befugnisse der Aufsichtsbehörden

Die zuständigen Behörden üben die Aufsicht über die Verpflichteten aus § 2 Abs. 1 GwG aus (§ 16 Abs. 1 Satz 1 GwG). Eine für alle Aufsichtsbehörden geltende Befugnis ist das Weisungsrecht zu geeigneten und erforderlichen Maßnahmen gegenüber Verpflichteten (§ 16 Abs. 1 Satz 2 HS 1 GwG).[1018]

Für den Nichtfinanzbereich, mit Ausnahme aller rechtsberatenden Berufsgruppen (§ 2 Abs. 1 Nr. 7–8 GwG), hat der Gesetzgeber zusätzliche Befugnisse in das GwG eingebracht. Sie umfassen:

- das Verlangen von unentgeltlichen Auskünften über alle Geschäftsangelegenheiten und der Vorlage von Unterlagen, die für die Einhaltung des GwG erforderlich und von Bedeutung sind (§ 16 Abs. 3 Satz 1 GwG),
- das Prüfungsrecht auch ohne besonderen Anlass und mit der Möglichkeit der Übertragung auf Dritte (§ 16 Abs. 3 Satz 2 GwG),
- das Betretungs- und Besichtigungsrecht für Geschäftsräume des Verpflichteten zu üblichen Betriebs- und Geschäftszeiten (§ 16 Abs. 3 Satz 3 GwG) und
- die Möglichkeit der Untersagung der Geschäfts- und Berufsausübung bei vorsätzlichem oder leichtfertigem Verstoß gegen Vorschriften des GwG. Der Verstoß muss trotz einer Verwarnung erfolgt sein und der Verstoß muss nachhaltig sein (§ 16 Abs. 1 Satz 5 GwG).

Zudem können für Maßnahmen und Anordnungen (§ 16 Abs. 1 Satz 2 HS 1 GwG) der Aufsichtsbehörde zur Deckung des Verwaltungsaufwandes Kosten (Gebühren und Auslagen) geltend gemacht werden (§ 16 Abs. 1 Satz 4 GwG).

c) Auslegungs- und Anwendungshinweise

Eine Erfassung von sämtlichen veröffentlichten Auslegungs- und Anwendungshinweisen der Aufsichtsbehörden im Nichtfinanzbereich gestaltet sich schwierig. In Rheinland-Pfalz sind für Güterhändler und Immobilienmakler 36 Kreisordnungsbehörden zuständig.[1019] Jedoch wurde dort, wie in einigen anderen Bundesländern auch, eine übergeordnete Fachaufsicht bei einer Mittelbehörde (Aufsichts- und Dienstleistungsdirektion in Trier) angesiedelt, die zentral Auslegungs- und Anwendungshinweise veröffentlicht.

1018 Diergarten, Geldwäsche, S. 341.

1019 Kontaktverzeichnisse der Aufsichtsbehörden in den Landkreisen und kreisfreien Städten in Rheinland-Pfalz, abrufbar unter: http://www.add.rlp.de/icc/ADD/med/ac0/ac030c09-fc4f-8831-9a8d-954372e13d63,11111111-1111-1111-1111-111111111111.pdf, zuletzt abgerufen am 26.06.2015.

In der Gesamtschau und in einer Auswahl ergeben sich neun bedeutsame Veröffentlichungen von Auslegungs- und Anwendungshinweisen einzelner Aufsichtsbehörden in den Bundesländern (§ 16 Abs. 2 Nr. 9 GwG).[1020]

d) Anwendbarkeit und Effizienz der geldwäscherechtlichen Regelung

Der Gesetzgeber hat für die praxisbezogene Aufsichtstätigkeit den zuständigen Behörden umfangreiche Befugnisse eingeräumt. Mit der Möglichkeit, sämtliche geeigneten und erforderlichen geldwäscherechtlichen Maßnahmen zu ergreifen (§ 16 Abs. 1 Satz 2 GwG), wurde den Aufsichtsbehörden ein weitreichendes Instrumentarium an die Hand gegeben. Dies ermöglicht beispielsweise, in den Bereichen der allgemeinen oder besonderen Sorgfaltspflicht, der Aufzeichnungs- und Aufbewahrungspflicht oder aber auch im Bereich von internen Sicherungsmaßnahmen gegenüber Verpflichteten tätig zu werden.[1021] Weitere bedeutsame Verfahrensregeln, wie der Ausschluss der aufschiebenden Wirkung von Widerspruchs- und Anfechtungsklagen gegen diese Maßnahmen, verdeutlichen zudem die Wertigkeit der Thematik. Nach § 16 Abs. 1 Satz 4 GwG besteht zudem die Möglichkeit, zur Deckung des Verwaltungsaufwandes Kosten (Gebühren und Auslagen) zu erheben. Insgesamt werden Aufsichtsbehörden dadurch in die Lage versetzt, zeitnah und effektiv jederzeit Maßnahmen anzuordnen.

In der Praxis wird es regelmäßig zu Anordnungen gegenüber Unternehmen kommen, da geldwäscherechtlich nicht jeder Einzelfall ausreichend geregelt ist. Dies wäre beispielsweise bei einem Geschäftsmodell der Fall, das auf viele hundert barzahlende Kunden pro Jahr ausgelegt ist, so dass eine Überschreitung der Bargeldgrenze durch Kumulation von Beträgen (§ 3 Abs. 2 Sätze 2 und 5 GwG) selbst in kürzesten Zeitabschnitten nicht zweifelsfrei vom Güterhändler (§ 2 Abs. 1 Nr. 13 GwG) zu erkennen wäre. Möglich wäre dies beispielsweise bei einem Goldhändler, der günstige Verkaufspreise zu geringen eigenen Konditionen anbietet, seine Gewinne aber dennoch mit quantitativ vielen Kunden erzielt. In diesem Fall wäre es denkbar, dass beispielsweise angeordnet wird, bestimmte geschäfts- und kundenbezogene Sicherungssysteme im Unternehmen des Goldhändlers einzuführen. Dies könnte

---

1020 StMI Bayern, Auslegungshinweis zur Identifizierungspflicht für Immobilienmakler, Februar 2014; Hessische Regierungspräsidien, Auslegungs- und Anwendungshinweise, 17.02.2014; Regierungs-präsidium Darmstadt, Pflichten für Immobilienmakler 2014; Behörde für Wirtschaft, Verkehr und Innovation Hamburg, Hinweise für Immobilienmakler, 03.02.2014; Landesdirektion Sachsen, Auslegungs- und Anwendungshinweise, 01.06.2014; MWE-Brandenburg, Auslegungs- und Anwendungshinweise für Immobilienmakler; Land Berlin, Auslegungs- und Anwendungshinweise für Immobilienmakler, 12.11.2013; Regierungspräsidien Baden-Württemberg, Auslegungs- und Anwendungshinweis, 20.08.2013; ADD Trier Rheinland-Pfalz, Auslegungs- und Anwendungshinweise für Immobilienmakler, September 2013.

1021 Herzog/Achtelik, in: Herzog, GwG, § 16, Rn. 5.

durch die Anordnung zur Einführung einer Kundendatei oder die elektronische Sicherung von Dateien erfolgen.

Die Implementierung von Auskunfts- und Informationsrechten (§ 16 Abs. 3 Satz 1 GwG) zu allen geldwäscherechtlichen Geschäftsangelegenheiten ermöglicht es den Aufsichtsbehörden, die im Einzelfall erforderlichen Dokumente und Auskünfte zu verlangen. Aufsichtsbehörden können dadurch beispielsweise einen kompletten Aktenbestand zur Vermittlung eines Hausverkaufes beim Immobilienmakler verlangen. Sie erlangen dadurch Kenntnis vom Maklervertrag, von den zeitlichen Abläufen und ggf. den zu identifizierenden Interessenten des Objektes.

Die Aufnahme von Betretungsrechten für zuständige Behörden (§ 16 Abs. 3 Sätze 3–4 GwG) bei Verpflichteten knüpft an die Erfüllung und einen sachgerechten Vollzug der Erfüllung der Auskunfts- und Informationsrechte an. Dadurch besteht die Möglichkeit, dass Aufsichtsbehörden zu üblichen Betriebs- und Geschäftszeiten mit oder ohne einen besonderen Anlass ihre geldwäscherechtlichen Aufgaben erfüllen können. Weiter wird dadurch deutlich, dass der Gesetzgeber von einer Prüfung regelmäßig auch vor Ort ausgeht. Gerade im Rahmen einer unangekündigten Prüfung in einem Unternehmen kann erkannt werden, ob interne Sicherungsmaßnahmen und allgemeine Sorgfaltspflichten in der Vergangenheit erfüllt wurden oder nicht. Im Gegensatz dazu könnte ein Verpflichteter im Rahmen einer schriftlichen Anforderung von Unterlagen durch Aufsichtsbehörden, beispielsweise fehlende Aufzeichnungen von Personalausweisen, Schulungsunterlagen oder andere interne Sicherungsmaßnahmen nachholen bzw. nacharbeiten. Der Beweis des Gegenteils in so einem Verdachtsfall wäre regelmäßig aufwendig und mit umfangreichen Ermittlungen und Zeugenbefragungen durch die Aufsichtsbehörden verbunden.

Mit der regelmäßigen Veröffentlichung von Auslegungs- und Anwendungshinweisen durch die zuständigen Aufsichtsbehörden (§ 16 Abs. 5 GwG) sollen den Verpflichteten umfassende Auslegungshilfen zur Verfügung gestellt werden. Zudem soll dadurch der Informationsaustausch zwischen Verpflichteten verbessert und das Bewusstsein zur Bekämpfung von Geldwäsche und Terrorismusfinanzierung gestärkt werden.[1022] In der bisherigen Untersuchung wurde deutlich, dass eine Vielzahl von Auslegungs- und Anwendungshinweisen existieren. Für einen Verpflichteten bedarf es einiger Recherchen zur Erlangung und Einordnung aller erforderlichen Auslegungs- und Anwendungshinweise.

Problematischer ist jedoch die Tatsache, dass unterschiedliche Auslegungen, beispielsweise zur Identifizierungspflicht von Vertragspartnern bei Immobilienmaklern oder zur Einordnung des Güterhändlerbegriffes vorhanden sind. Noch schwieriger wird es, wenn Unternehmen in verschiedenen Bundesländern ihren Sitz haben, unterschiedliche interne Sicherungsmaßnahmen implementieren und auf einen aktuellen Stand halten müssen. Schwer verständlich wird es beispielsweise, wenn ein Bauträger in einem Bundesland als Güterhändler alle entsprechenden Verpflichtungen nach dem GwG erfüllen muss und im anderen Bundesland nicht.

1022 RegE GwPrävOptG, BT-Drucks. 17/6804, S. 38.

Unabhängig davon sind die Herausgabe von Auslegungshilfen und die Bewusstseinsstärkung für Verpflichtete in der praktischen Anwendung von großer Bedeutung. Je einfacher die Regeln für den Verpflichteten erkennbar und praktisch umsetzbar sind, desto eher wird er diese zeitnah erfüllen können. Die BaFin veröffentlicht für den Bankensektor bereits seit Jahren Auslegungs- und Anwendungshinweise in Form von Rundschreiben, die bei Bedarf auch wieder zurückgenommen werden.[1023] Hervorzuheben ist jedoch auch eine Anordnung für Verpflichtete zu Erleichterungen bei internen Sicherungsmaßnahmen (§ 9 Abs. 1 und 2 Nr. 2 und 3 GwG) durch die Bundesrechtsanwaltskammer. Sie hat vor Erlass der Anordnung eine Abstimmung mit der Wirtschaftsprüferkammer und der Bundessteuerberaterkammer vorgenommen, die ebenfalls gleichlautende Schreiben veröffentlicht haben.[1024] Eine einheitliche Vorgehensweise in den rechtsberatenden Berufen ist in der Praxis mit Vorteilen für den Verpflichteten verbunden. Nicht selten sind Rechtsanwälte, Wirtschaftsprüfer und Steuerberater gemeinsam in einer Kanzlei tätig. Die Implementierung von gleichlautenden Maßnahmen bedeutet weniger Aufwand für Verpflichtete und Erleichterungen bei der gemeinsamen Arbeit in einer Kanzlei.

Kritisch wird bei den bislang veröffentlichten Auslegungs- und Anwendungshinweisen im Nichtfinanzsektor auch deren fehlende Aktualität gesehen, die den Gesetzgeber zu der Regelung in § 16 Abs. 5 GwG veranlasst hat.[1025] Der Verpflichtete besitzt darüber hinaus kein subjektives öffentliches Recht gegen die jeweils zuständige Aufsichtsbehörde auf Herausgabe von Auslegungs- und Anwendungshinweisen.[1026]

Im Rahmen der Analysen konnte auch festgestellt werden, dass auf der Internetseite der FIU beim BKA zwar Verlinkungen zu öffentlich-rechtlichen Institutionen, beispielsweise auch der BaFin als Aufsichtsbehörde des Finanzbereiches bestehen, jedoch im Nichtfinanzbereich lediglich ein Link zu den Berufskammern vorhanden ist. Ein Unternehmer im Nichtfinanzbereich, der nicht kammerangehörig ist, wird über die FIU seine zuständige Aufsichtsbehörde nicht ausfindig machen können.

e) *Bewertung für die weitere Untersuchung*

Es wurde deutlich, dass die Ausgestaltungen der Befugnisse praxisnah und geeignet sind, den Anforderungen von Aufsichtsbehörden gerecht zu werden. Die Möglichkeit, erforderliche Anordnungen und Maßnahmen im Geldwäscherecht treffen zu können, versetzt die Aufsichtsbehörden in die praktische Lage zeitnah zu reagieren.

Die vorhandenen Auskunfts- und Informationsrechte sind angemessen zur Durchführung von Kontrollmaßnahmen. Der Umstand, dass der Gesetzgeber es

---

1023 Diergarten, Geldwäsche, S. 348–349; Herzog/Achtelik, in: Herzog, GwG, § 16 Rn. 21.

1024 BRAK, Anordnung der Bundesrechtsanwaltskammer vom 12.01.2009, BRAK-Mitteilung 01/2009, 15.02.2009, S. 21–22.

1025 Herzog/Achtelik, in: Herzog, GwG, § 16 Rn. 21.

1026 Diergarten, Geldwäsche, S. 349; Herzog/Achtelik, in: Herzog, GwG, § 16 Rn. 21.

den Aufsichtsbehörden ermöglicht, alle geldwäscherechtlich relevanten Unterlagen zu verlangen und zu prüfen, ist positiv zu bewerten. Nur dadurch können beispielsweise Zahlungsvorgänge und Belege von Geschäftsvorfällen einwandfrei zugeordnet und geprüft werden. Positiv ist auch der Umstand, dass der Gesetzgeber Rechtsklarheit geschaffen hat, indem er die Betretungsrechte innerhalb der Betriebs- und Geschäftszeiten ebenfalls unmittelbar in das GwG aufgenommen hat.

Deutlich wurde, dass die Vielzahl von Aufsichtsbehörden im Nichtfinanzbereich unterschiedliche Auslegungs- und Anwendungshinweise veröffentlicht. Allein für die Berufsgruppe der Güterhändler sind 16 Bundesländer und zum Teil deren nachgeordnete Behörden zuständige Aufsichtsbehörden. Angemessen wäre es, wenn eine einheitliche Vorgehensweise und Zusammenarbeit zwischen den zuständigen Aufsichtsbehörden vereinbart würde. Zumindest bei den wichtigen geldwäscherechtlichen Fragestellungen, beispielsweise beim Identifizierungszeitpunkt bei Immobilienmaklern oder bei der rechtlichen Einordnung von Bauträgern, wäre dies von großem Vorteil für die Verpflichteten. In diesem Zusammenhang wäre auch denkbar, dass eine gemeinsame elektronische Plattform für alle Aufsichtsbehörden im Nichtfinanzbereich geschaffen wird, in der alle in Deutschland veröffentlichten Auslegungs- und Anwendungshinweise veröffentlicht werden könnten.

In diesem Zusammenhang wird auch erwartet, dass die nationale FIU beim BKA als Zentralstelle für Verdachtsmeldungen auch entsprechende Verlinkungen und Hinweise zu Zuständigkeiten der Aufsichtsbehörden des kompletten Nichtfinanzbereiches veröffentlicht. Dadurch wäre in der Praxis gewährleistet, dass der Verpflichtete im Nichtfinanzbereich seine für ihn zuständige Aufsichtsbehörde auch zügig ausfindig machen kann.

Deutlich wurde auch, dass die Aktualität der herausgegebenen Auslegungs- und Anwendungshinweise zwar von den Verpflichteten nicht eingefordert werden kann, aufgrund der expliziten Benennung im Gesetz aber auch von den Aufsichtsbehörden eingehalten werden sollte. Bei einer Fallhäufung müsste der Gesetzgeber eine Überarbeitung des § 16 Abs. 5 GwG überdenken und die Aktualität von Auslegungs- und Anwendungshinweisen ggf. an einem bestimmten Zeitraum knüpfen.

F. Ökonomische Analyse der geldwäscherechtlichen Implementierungen

Bei der Umsetzung der geldwäscherechtlichen Anforderungen haben Verpflichtete des Nichtfinanzbereiches sowie Berufskammern eine Vielzahl von rechtlichen Vorgaben zu erfüllen. Es stellt sich hierbei die Frage, inwieweit ihr Erfüllungsaufwand in einem angemessenen Verhältnis zum tatsächlichen Nutzen und Erfolg für Strafverfolgungs- und Sicherheitsbehörden steht. Als wesentlicher Beurteilungsmaßstab dient dabei das Kriterium der Effizienz, das heißt, des Gesamtnutzens der geldwäscherechtlichen Implementierungen im Verhältnis zum gesamten Erfüllungs- und Kostenaufwand der Unternehmen (Nutzen-Kosten-Verhältnis).[1027] Dabei werden die geldwäscherechtlichen Verpflichtungen auch danach beurteilt, in welchem Maße sie die Verschwendung von wirtschaftlichen Ressourcen verhindern und damit die ökonomische Effizienz erhöhen können.[1028] Es bedarf hierbei zunächst einer Analyse des tatsächlich vorhandenen Geldwäschevolumens sowie des möglichen ökonomischen und volkswirtschaftlichen Schadenspotenzials.

I. Geldwäschevolumen

Das genaue Geldwäschevolumen in Zahlen zu beziffern gestaltet sich schwierig. Hierzu müssten nahezu alle Vortaten zur Geldwäsche aufgedeckt und der daraus gezogene Gewinn berechnet werden. Darüber hinaus müsste beispielsweise das bereits in den Wirtschafts- und Finanzkreislauf verteilte „Eigenkapital", das vermeintlich legale Gewinne abwirft, ebenfalls in die Berechnungen mit einbezogen werden.[1029] Es bestehen jedoch einige Methoden und Modelle, die das Geldwäschevolumen schätzen und zum Teil auch etwas näher einordnen können.

1. Direkte Methoden zur Schätzung des Geldwäschevolumens

Direkte Methoden versuchen das Geldwäschevolumen unmittelbar anhand von Zahlungsströmen zu bemessen.[1030] Die Basis hierzu sind direkt bestimmbare Größen, die sich aus den globalen legalen Kapital-, Waren-, und Dienstleistungsströmen ergeben.[1031] Das Geldwäschevolumen wird im Rahmen einer weltweiten Gesamtzahlungsbilanz und anhand der nationalen Zahlungsstatistiken der Zentralbanken

1027 Vgl. Rodi, Ökonomische Analyse, S. 12; Polinsky, An Introduction to Law and Economics, S. 7.
1028 Vgl. Schäfer/Ott, Ökomomische Analyse des Zivilrechts, S. 1.
1029 Werner, Wachstumsbranche Geldwäsche, S. 39.
1030 Werner, Wachstumsbranche Geldwäsche, S. 55.
1031 FATF, Report 1990, S. 4; Hölscher/Gesmann-Nuissl/Hornbach, Systeme zur Geldwäschebekämpfung, S. 9.

abgeleitet.[1032] So wird beispielsweise mit der Geldumlaufmethode versucht, diejenigen inkriminierten Gelder zu erfassen, die im Inland anhand von Bargeld angefallen sind und illegal ins Ausland verbracht werden, um dort in Buchgeld oder andere Vermögensgegenstände umgewandelt zu werden. Die Schätzung erfolgt anhand von Notenbankstatistiken zu Notenrücksendungen aus dem Ausland. Diese Methode wird zum Teil kritisch gesehen, da darin auch Kapitalfluchtgelder oder aber auch legale Zahlungen von Touristen im Ausland enthalten sind.[1033] Zudem sind in diesen Schätzungen auch keine im Inland platzierten Bargeldbeträge vorhanden, es fehlt eine Gesamtschau. Auch der Verwendungszweck der Bargeldgeschäfte müsste hierbei einfließen.[1034] Letztendlich wird auch eine Differenzierung zwischen illegaler und legaler Herkunft der Gelder als schwierig angesehen.[1035]

2. Indirekte Methoden zur Schätzung des Geldwäschevolumens

Das indirekte Verfahren basiert grundsätzlich auf geschätzten Umsätzen und Gewinnen, die aus Vortaten zur Geldwäsche stammen, anhand derer anschließend das Geldwäschevolumen geschätzt wird.[1036] Da eine Ableitung aus allen Vortaten schwierig ist, wird zumeist auf den Bereich der Drogengeschäfte zurückgegriffen.[1037] Die FATF geht hierbei davon aus, dass Drogengeschäfte den höchsten Anteil am gesamten internationalen Geldwäschevolumen ausmachen.[1038] Die Schätzung erfolgt auf Grundlage der weltweiten Drogenproduktion, des weltweiten Drogenkonsums und der beschlagnahmten Drogenbestände.[1039] Anhand der Schätzung der Anzahl von Konsumenten, des durchschnittlichen Verbrauchs und des üblichen Straßenpreises für bestimmte Drogen wird beispielsweise versucht, auf den Umsatz zu schließen.[1040] Dies wird jedoch kritisch gesehen, da beispielsweise Beschaffungspreise, Betriebsausgaben und Spesen der Vortaten, die Gewinne und Gewinnspannen, die Gewinnverteilung auf Schmuggler, Groß- und Einzelhändler, die Verwendung der Gewinne und damit letztendlich das Geldwäschevolumen nur weitgehend unzuverlässig geschätzt werden können.[1041]

1032 Hölscher/Gesmann-Nuissl/Hornbach, Systeme zur Geldwäschebekämpfung, S. 9; Schneider/Dreer/Riegler, Geldwäsche, S. 63.

1033 Werner, Wachstumsbranche Geldwäsche, S. 57.

1034 Werner, Wachstumsbranche Geldwäsche, S. 57.

1035 Schneider/Dreer/Riegler, Geldwäsche, S. 66.

1036 Werner, Wachstumsbranche Geldwäsche, S. 55.

1037 Vgl. Schneider/Dreer/Riegler, Geldwäsche, S. 77; Werner, Wachstumsbranche Geldwäsche, S. 55; FATF, Report 1990, S. 4.

1038 FATF, Report 1990, S. 4–6; Hölscher/Gesmann-Nuissl/Hornbach, Systeme zur Geldwäschebekämpfung, S. 9.

1039 FATF, Report 1990, S. 4–6; Hölscher/Gesmann-Nuissl/Hornbach, Systeme zur Geldwäschebekämpfung, S. 10.

1040 Schneider/Dreer/Riegler, Geldwäsche, S. 77.

1041 Werner, Wachstumsbranche Geldwäsche, S. 56.

3. Ökonomisch-kriminologisches Modell

Ein von John Walker im Jahr 1998 entwickeltes Modell versucht, das Geldwäschevolumen anhand jährlich veröffentlichter Kriminalitätsstatistiken der UNO zu einzelnen Deliktsarten für 226 Länder zu schätzen.[1042] Dabei berücksichtigt er zudem die Art, Qualität und Höhe der einzelnen Kriminalitätsdelikte, schätzt deren Geldwäschevolumen zum einzelnen Delikt und berücksichtigt zudem noch das wirtschaftliche Umfeld, in dem die Vortat und die Geldwäschehandlung stattfinden. Das Ausmaß der Korruption fließt ebenfalls in die Berechnung mit ein. Datengrundlage dabei ist der Korruptionsländerindex von Transparency International. Zudem werden noch staatliche Maßnahmen gegen Geldwäsche im jeweiligen Land mit berücksichtigt.[1043]

Das Modell von Walker besteht aus sehr komplexen Berechnungen, mit sehr großen Datenvolumen, die aber auch einige Probleme und Fragen aufwerfen. So bestehen beispielsweise keine globalen gemeinsamen Definitionen zu einzelnen Delikten und Verbrechenstatbeständen.[1044] Die deliktische Einordnung, auch hinsichtlich eines Vergehens oder Verbrechenstatbestandes, wird selbst in der EU noch unterschiedlich gehandhabt. Vermisst wird in dem Modell auch die Berücksichtigung der Flexibilität der kriminellen Täter. Es gibt Kriminelle, die ihr inkriminiertes Vermögen lieber außerhalb des Landes waschen, andere geben das kriminell erwirtschaftete Geld lieber zuhause im eigenen Land aus.[1045] Im Ergebnis ermöglicht das auf ökonomischen und kriminologischen Zusammenhängen basierende Modell von Walker aber nicht nur eine Schätzung des weltweiten Geldwäschevolumens, sondern auch einen Vergleich zwischen den Ländern.[1046]

4. Globales Geldwäschevolumen

Die FATF veröffentlichte im Jahr 1990 eine Studie, nach der im Jahr 1987 in den USA und in Europa aus Drogenhandel Erlöse von mehr als 122 Milliarden US-Dollar erzielt wurden.[1047] Sie beziffert den Anteil, der davon in die Geldwäsche fließt, auf ca. 50 bis 70 Prozent. Der Geldwäscheanteil liegt damit zwischen 61 und 85 Milliarden US-Dollar.[1048] In Deutschland erwirtschaftete Gelder aus Straftaten werden trotz dieser schwer zu erfassenden genauen Zahlen auf jährlich 40 bis 60 Milliarden EUR

1042 Walker, Modelling Global Money Laundering Flows – some findings, Introduction, abrufbar unter: http://www.johnwalkercrimetrendsanalysis.com.au/ML%20method.htm (zuletzt abgerufen am 08.02.2016).

1043 Walker, Modelling Global Money Laundering Flows – some findings, Introduction.

1044 Schneider/Dreer/Riegler, Geldwäsche, S. 124.

1045 Schneider/Dreer/Riegler, Geldwäsche, S. 124.

1046 Walker, Modelling Global Money Laundering Flows – some findings, Introduction, Conclusions; Schneider/Dreer/Riegler, Geldwäsche, S. 124.

1047 FATF, Report 1990, S. 4–6.

1048 FATF, Report 1990, S. 6.

geschätzt.[1049] Das beträgt 1,2 bis 1,6 Prozent des gesamten Bruttoinlandsproduktes (BIP).[1050] Nach Schätzungen des Internationalen Währungsfonds (IWF) werden weltweit 500 Milliarden US-Dollar jährlich gewaschen.[1051] Dies entspricht ungefähr 2 Prozent des weltweit jährlich erwirtschafteten Bruttosozialproduktes.[1052]

Eine Schätzung nach dem Walker-Modell kommt beispielsweise auf ein globales jährliches Geldwäschevolumen von 2,85 Billionen US-Dollar.[1053]

5. Bewertung für die weitere Untersuchung

Die untersuchten Modelle und Methoden zur Schätzung und Berechnung eines globalen Geldwäschevolumens sind von der Vorgehens- und Denkweise nachvollziehbar, wenngleich die Endergebnisse gerade zwischen den sehr komplexen Berechnungen von Walker und den anderen Schätzmethoden sehr unterschiedlich sind. Das Modell von Walker überzeugt jedoch gegenüber den anderen Schätzmodellen. Die globale Berücksichtigung von Kriminalitätsdelikten, die Einbeziehung des wirtschaftlichen Umfeldes, aber auch das Ausmaß von globaler Korruption sind bedeutsame Indikatoren für eine Erfassung des Geldwäschevolumens.

Wünschenswert wäre die Entwicklung eines computergestützten Modells, das länderspezifische Statistiken und deliktische Besonderheiten genauso berücksichtigen kann wie kriminalistisch und kriminologisch fundierte Erklärungsansätze zu einzelnen Staaten und Regionen. Darüber hinaus müssten weltweite Zahlungs- und Bilanzstatistiken, aber auch Handelsbilanzen u.a. wichtige Indikatoren aufgenommen werden, um so dem Ziel einer realistischen Einschätzung des Geldwäschevolumens näher zu kommen. Dies wären sehr intensive Rechenprozesse, die aber einen Geldwäschefluss, auch in einzelnen Kontinenten erkennen lassen könnten. Der Mehrwert wäre aber am Ende nicht nur eine Gesamtsumme, mit der lediglich kriminalpolitische Entscheidungen beeinflusst werden können. Die Auswertungen und Daten ließen vielmehr auch regionale Analysen zu, mit deren Hilfe die Bekämpfung der Geldwäsche vor Ort effektiver und zielgerichteter gestaltet werden könnte. Zudem bestünde die Möglichkeit, die globale Verschiebung von inkriminierten Geldern von kriminellen Organisationen eher zu erkennen und zu bekämpfen.

1049 FATF, Deutschlandbericht 2010, S. 9.

1050 FATF, Deutschlandbericht 2010, S. 24.

1051 Werner, Wachstumsbranche Geldwäsche, S. 38; Schneider/Dreer/Riegler, Geldwäsche, S. 122.

1052 Schneider/Dreer/Riegler, Geldwäsche, S. 122.

1053 Walker, Modelling Global Money Laundering Flows – some findings, Use of Media Content Analysis for Calibration of the Model, Table 6. Comparisons of Estimates contained in Media reports against Model results.

II. Ökonomisches und volkswirtschaftliches Schadenspotenzial

Das Ausmaß einer ökonomischen Schadensbezifferung durch Geldwäsche gestaltet sich schwierig, da zumeist kein unmittelbarer Bezug zur kriminellen Vortat hergestellt werden kann. Regelmäßig liegt die Vortat bereits lange Zeit zurück und hinsichtlich der reinen Geldwäschehandlung sind unmittelbar keine finanziell messbaren Schäden zu erfassen.[1054] Umso deutlicher wird dies, wenn kriminelle Organisationen mit den ca. 50 Milliarden Euro an inkriminierten Geldern Investitionen im Wirtschafts- und Finanzkreislauf vornehmen.

Investitionen in wirtschaftlich angeschlagene Unternehmen oder in Wohnimmobilien und Gewerbeparks lassen die Freude über die Sicherung von Arbeitsplätzen regelmäßig gegenüber dem Misstrauen hinsichtlich der Herkunft von Geldern überwiegen.[1055] Investitionen sind auch bei der Finanzierung von maroden Immobilien in Innenstädten gern gesehen, die zur wesentlichen Erhöhung der Attraktivität einer Innenstadt beitragen.[1056] Letztendlich könnte mit dieser Begründung sogar argumentiert werden, dass das Waschen von inkriminierten Geldern sogar der dauerhaften Arbeitsplatzerhaltung und der Volkswirtschaft diene.[1057]

Aus diesen Gründen verbietet es sich, die Geldwäsche isoliert zu betrachten. Ökonomisch steht die Geldwäsche in unmittelbarer Verbindung zu den strafbaren Vortaten. Der/die Täter planen die Wäsche des aus der Tat erlangten Geldes regelmäßig mit ein, und für den Bereich der organisierten Kriminalität ist eine erfolgreiche Geldwäsche zudem ein Mittel, die legale Wirtschaft langfristig zu verändern und den Wettbewerb zu verzerren oder neue Märkte zu erschließen.[1058] Ausgehend von der quantitativ hohen Anzahl der strafbaren Vortaten zur Geldwäsche verursachen diese wiederum sehr hohe volkswirtschaftliche Schäden.[1059] Für den Bereich der organisierten Kriminalität und deren Bestreben nach Wachstum und Einflussnahme ist die Teilnahme am legalen Wirtschafts- und Finanzkreislauf unabdingbar.

1. Ökonomische Schäden

Durch kriminelle Vortaten der Geldwäsche werden dem legalen Wirtschaftskreislauf Ressourcen entzogen. Dies geschieht zum einen durch „kriminelle Einkommensumverteilungen" und zum andern durch den illegalen Absatz von Konsumgütern (beispielsweise illegale Drogen).[1060] Die Finanzierung dieser illegalen Konsumgüter basiert zumeist auf Beschaffungskriminalität, die sich zum größten Teil als kriminelle

1054 Werner, Wachstumsbranche Geldwäsche, S. 94.
1055 Quedenfeld, in: Quedenfeld, Handbuch Geldwäschebekämpfung, S. 24.
1056 Quedenfeld, in: Quedenfeld, Handbuch Geldwäschebekämpfung, S. 24.
1057 Werner, Wachstumsbranche Geldwäsche, S. 95.
1058 Werner, Wachstumsbranche Geldwäsche, S. 95.
1059 Werner, Wachstumsbranche Geldwäsche, S. 95.
1060 Werner, Wachstumsbranche Geldwäsche, S. 96.

Einkommensumverteilung darstellt.[1061] Durch Geldwäsche fließt ein kleinerer Betrag anhand von Steuern oder Gebühren für Bankgeschäfte usw. wieder unmittelbar in den legalen Wirtschaftskreislauf zurück.[1062] In der sich später anschließenden Geldwäschestufe der Integration von inkriminierten Geldern werden dann wieder erhebliche Ressourcen in den legalen Wirtschaftskreislauf zurückgeführt, mit dem Unterschied, dass diese sich diese nun im Machtbereich von Kriminellen befinden.[1063]

Dabei dürfen die Gefahren, die mit einer Untergrundökonomie zusammenhängen, nicht unterschätzt werden.[1064] Das Potenzial eines illegalen Wirtschaftskreislaufes liegt zumeist darin, dass dem legalen Wirtschaftskreislauf Gelder entnommen und anschließend kriminellen Aktivitäten zugeführt werden.[1065] Auf die Wettbewerbsfähigkeit von legalen Unternehmen wird dabei nicht unerheblicher Einfluss ausgeübt, da sich die Finanzmittel im legalen Wirtschaftsbereich verringern, während auf der anderen Seite die Undergrundökonomie stetig weiter wächst.[1066]

Zudem besteht die Gefahr, dass Unternehmen gezielt angeworben werden, um inkriminierte Gegenstände in das Marktgeschehen zu überführen. Durch die Allokation inkriminierter Gegenstände, beispielsweise durch eigens gegründete Unternehmen der organisierten Kriminalität, können wiederum Wettbewerbsverzerrungen auftreten, die legale Unternehmen schädigen oder vom Wettbewerb gar verdrängen.[1067] Feststellbar ist aber auch, dass sich Personen aus der organisierten Kriminalität in legale Unternehmen einbringen und sukzessiv Gesellschafter aus den Unternehmen verdrängen, um sie für Geldwäschezwecke zu missbrauchen.[1068] Die Unterwanderung eines legalen Unternehmens wird regelmäßig geringe Auswirkungen auf den legalen Wirtschaftskreislauf haben. In einer größeren Anzahl werden diese Auswirkungen für andere Wettbewerber und für das Marktgeschehen spürbar sein, beispielsweise auch durch Einflussnahme auf Preisgestaltungen.[1069]

Der Umfang der durch Geldwäsche entstandenen wirtschaftlichen Schäden lässt sich jedoch nur schwer beziffern, auch aufgrund fehlender zuverlässiger Studien in diesem Bereich, dies auch vor dem Hintergrund der schwer einzuschätzenden Dunkelziffer auf diesem Gebiet.

1061 Werner, Wachstumsbranche Geldwäsche, S. 96.

1062 Schneider/Dreer/Riegler, Geldwäsche, S. 137; Werner, Wachstumsbranche Geldwäsche, S. 96.

1063 Werner, Wachstumsbranche Geldwäsche, S. 96.

1064 Schneider/Dreer/Riegler, Geldwäsche, S. 137.

1065 Schneider/Dreer/Riegler, Geldwäsche, S. 137.

1066 Schneider/Dreer/Riegler, Geldwäsche, S. 137.

1067 Schneider/Dreer/Riegler, Geldwäsche, S. 137.

1068 Altenkirch, Techniken der Geldwäsche, S. 10–11; Schneider/Dreer/Riegler, Geldwäsche, S. 138.

1069 Vgl. Werner, Wachstumsbranche Geldwäsche, S. 96.

2. Volkswirtschaftliche und gesellschaftliche Schäden

Geldwäsche ist für Kriminelle und für kriminelle Organisationen zumeist mit geringen Kosten verbunden, dadurch entsteht sehr schnell eine Häufung von inkriminierten Vermögenswerten, die wiederum in Wirtschaftsbereiche investiert werden.[1070] In der Folge beginnt ein Wachstum des vermeintlich legalen Geldes der kriminellen Organisationen innerhalb der legalen Wirtschaft.[1071] Daran anknüpfend kann das scheinlegale Vermögen gezielt eingesetzt werden, um beispielsweise Aktienkurse zur Erringung monopolistischer Marktpositionen oder gar Währungen zu beeinflussen.[1072] In den weiteren Entwicklungsstufen von kriminellen Organisationen wird zumeist eine Einflussnahme auf Politik und Wirtschaft angestrebt, die letztendlich auch eine Unterwanderung der Volkswirtschaft zur Folge hat.[1073]

a) Korruption

Im Rahmen der Vortaten zur Geldwäsche können bereits erwirtschaftete Bargeldbeträge oder Gegenstände für Korruptionsdelikte eingesetzt werden. Bereits gewaschenes Geld setzt darüber weitere finanzielle Ressourcen frei, die ebenfalls, versehen mit einem legalen Anschein, eingesetzt werden können, um beispielsweise behördliche Entscheidungsträger zu beeinflussen. Im Rahmen dieser Einflussnahme können etwa Gesetzentwürfe, die eine Steuerung des Wirtschaftsgeschehens bezwecken (beispielsweise Subventionen für bestimmte Wirtschaftsbereiche), beeinflusst oder sogar gänzlich manipuliert werden.[1074]

Die Intention und Verhaltensstrategie von kriminellen Organisationen bei Korruption ist zweigeteilt. Zum einen wird immer eine Erhöhung des ökonomischen Wachstumspotenziales angestrebt, und zum andern soll die eigene strafrechtliche Verfolgbarkeit erschwert oder gar verhindert werden.[1075] Sollten korrumpierende behördliche Entscheidungsträger durch eine unzureichende Strafverfolgung von kriminellen Organisationen nicht an ihren Vorhaben gehindert werden, werden rechtsstaatliche Prinzipien in einem besonderen Maße als gefährdet angesehen.[1076] Die Gefährdung gilt für junge sozial unstabile Demokratien genauso wie bei Industrieländern.[1077]

1070 Werner, Wachstumsbranche Geldwäsche, S. 132.
1071 Werner, Wachstumsbranche Geldwäsche, S. 132.
1072 Werner, Wachstumsbranche Geldwäsche, S. 132.
1073 Schneider/Dreer/Riegler, Geldwäsche, S. 139.
1074 Schneider/Dreer/Riegler, Geldwäsche, S. 139.
1075 Werner, Wachstumsbranche Geldwäsche, S. 98.
1076 Werner, Wachstumsbranche Geldwäsche, S. 100.
1077 Werner, Wachstumsbranche Geldwäsche, S. 100.

b) Gesellschaftliche Auswirkungen

Eine weitere Annahme geht davon aus, dass durch Geldwäsche die Koordinaten der Zeit einer Gesellschaft verändert werden und diese nicht unerheblich für die gesellschaftliche Kohäsion ist.[1078] Der Geldwäscher wird als Mensch mit ausschließlichem gegenwärtigem Bestreben empfunden. Bei ihm besteht kein Interesse an der Aufdeckung seiner Vergangenheit und der Herkunft seines Geldes oder gar der Vortat zu seiner Erlangung. Es besteht bei ihm regelmäßig auch kein Interesse an einer zukünftigen legalen wirtschaftlichen Erarbeitung von Geldern. Er hat Interesse an hohen kriminellen Einkommen. Je größer hierbei die erwirtschafteten Summen aus den Vortaten sind und je unwirksamer die behördlichen Verfolgungsmethoden, desto eher ist mit einer zunehmenden Einwirkung der Geldwäscheaktivitäten auf die Gesellschaft zu rechnen.[1079]

Eine Gefahr für die ökonomische Entwicklung eines Landes wird auch in der Globalisierung des Geldwäschephänomens gesehen,[1080] da der Ort der illegalen Handlung und Vortat der Geldwäsche mit dem Ort der Geldwäsche selbst nicht identisch ist.[1081] So können durch gewaltige Kapitalflüsse von Geldwäsche ökonomische Größen wie Zinsen, Renditen und Wechselkurse in eine Richtung beeinflusst werden, die für die wirtschaftliche Entwicklung eines Landes und deren Währungspolitik unerwünscht ist.[1082]

c) Marktbeeinträchtigungen und fiskalische Umverteilungen

In Volkswirtschaften mit einem hohen Wohlstandsniveau, dazu zählen auch die Bundesrepublik Deutschland und andere westliche Industrienationen, ist eine erhöhte Aktivität von kriminellen Organisationen und deren Nachfrage nach Gütern zu verzeichnen.[1083] Es ist davon auszugehen, dass für den Kauf und Verkauf von hochwertigen Luxusgütern oder Immobilien etwaige anfallende Steuern und Gebühren beglichen werden. Dies gilt auch für die Zahlung von Steuern für fingierte Gewinne und Einkommen.[1084] Auf der anderen Seite wird aber auch davon ausgegangen, dass im Rahmen einer Profitmaximierung öffentliche Aufträge, Steuerhinterziehungsmethoden und Subventionen jeglicher Art genutzt werden.[1085] Insbesondere kriminelle Organisationen verfügen über ein entsprechendes Know-how von Techniken

---

1078 Altvater, PROKLA 2001, S. 1 (S. 24).
1079 Altvater, PROKLA 2001, S. 1 (S. 24–25).
1080 Schneider/Dreer/Riegler, Geldwäsche, S. 140–141.
1081 Altvater, PROKLA 2001, S. 1 (S. 23–24); Schneider/Dreer/Riegler, Geldwäsche, S. 140–141.
1082 Altvater, PROKLA 2001, S. 1 (S. 23–24); Schneider/Dreer/Riegler, Geldwäsche, S. 140–141.
1083 Bongard, Wirtschaftsfaktor Geldwäsche, S. 172.
1084 Werner, Wachstumsbranche Geldwäsche, S. 99.
1085 Werner, Wachstumsbranche Geldwäsche, S. 99; vgl. Schneider/Dreer/Riegler, Geldwäsche, S. 142.

zur Steuerhinterziehung.[1086] In der gesamtwirtschaftlichen Bilanz wird daher vermutet, dass insgesamt weniger Steuern und Gebühren geleistet werden und dem Staat dadurch erhebliche Kosten bei der Schadensbegrenzung im Gesundheits-, Sozial-, und Strafverfolgungsbereich entstehen.[1087] Die nicht unerheblichen volkswirtschaftlichen Schäden und das Mittragen der illegalen Wirtschaft führen zur Steigerung der relativen Beiträge der legalen Ökonomie.[1088] Der kriminelle Unterwanderungsgrad einer Volkswirtschaft ist letztendlich auch entscheidend für die Effektivität fiskalpolitisch begründeter Staatsausgaben und privatwirtschaftlicher Investitionen.[1089]

d) Wirtschafts- und Geldpolitik

Einen nicht unerheblichen Einfluss können kriminelle Organisationen mit ihrer Geldwäsche auch auf die Wirtschafts- und Währungspolitik ausüben. Geldwäscherelevante erhebliche Finanzströme können zur Verzerrung von Zahlungsbilanzen führen und zu Schwankungen von Geldangebot und Geldnachfrage beitragen.[1090] Folglich wird die sachgerechte Kontrolle und Regulierung der Geldmenge erschwert und Währungs- und Zinsparitäten verzerrt. Die nicht eindeutigen und verwirrenden ökonomischen Signale sind geeignet, wirtschaftsrelevante Entscheidungsträger zu beeinträchtigen. Dies gilt auch vor dem Hintergrund, dass wirtschafts- und geopolitische Maßnahmen nur offizielle Indikatoren und keine Untergrundwirtschaft oder Geldwäsche berücksichtigen. Somit kann es in der Folge zu politischen Fehlentscheidungen und globalen Fehlallokationen kommen.[1091]

3. Bewertung für die weitere Untersuchung

Die vielfältigen Auswirkungen von Geldwäsche werden am deutlichsten beim Ausmaß des ökonomischen und volkswirtschaftlichen Schadenspotenziales. Die Analyse zeigt, dass organisatorisch und personell in der Geldwäsche stark zu differenzieren ist. Es ist zu unterscheiden zwischen der Person, die unabhängig von kriminellen Organisationen ihr Geld wäscht und keine weitere Ziele verfolgt und den kriminellen Organisationen, die die Geldwäsche als langfristiges Ziel für Wachstum mit einer erheblichen Beeinträchtigung der Volkswirtschaft sieht. Beiden gemein ist jedoch das ökonomische Schadenspotenzial, beispielsweise durch Beeinträchtigung des legalen Wettbewerbs.

1086 Schneider/Dreer/Riegler, Geldwäsche, S. 142.
1087 Werner, Wachstumsbranche Geldwäsche, S. 99.
1088 Werner, Wachstumsbranche Geldwäsche, S. 99.
1089 Bongard, Wirtschaftsfaktor Geldwäsche, S. 172.
1090 Bongard, Wirtschaftsfaktor Geldwäsche, S. 204; Schneider/Dreer/Riegler, Geldwäsche, S. 144.
1091 Bongard, Wirtschaftsfaktor Geldwäsche, S. 204.

Die Kombination der ökonomischen und volkswirtschaftlichen Schäden wird am ehesten am Beispiel der sizilianischen Mafia deutlich. Sie erreicht mittlerweile eine Stärke, die eine erhebliche Beeinträchtigung des Staatsapparates und der regionalen Entwicklung zur Folge hat. Ihre direkte Einflussnahme auf Banken und Unternehmen hat zum Abzug von legalem internationalem Kapital geführt und die Gesellschaft in reiche Kriminelle und eine verarmte Bevölkerung geteilt. Durch zunehmende gesellschaftliche und politische Einflussnahme durch Kriminelle mittels Korruption und Erpressung wird neben der Ökonomie auch das demokratische politische System und die Volkswirtschaft gefährdet.[1092]

In der Gesamtschau zeigt sich, dass das Schadenspotenzial von Geldwäsche sehr weitreichend sein kann, was letztendlich auch bei der Bekämpfung dieses Phänomens berücksichtigt werden muss.

III. Ökonomische Implikationen von Unternehmen

Angesichts des ökonomischen und volkswirtschaftlichen Schadenspotenzials von Geldwäsche hat der Gesetzgeber auch eine Beteiligung der Unternehmen des Nichtfinanzbereiches an der Geldwäschebekämpfung gesetzlich vorgeschrieben. Darüber hinaus sind auch Aufsichts- und Sicherheitsbehörden an der Geldwäschebekämpfung beteiligt. Für alle Beteiligten ist die Erfüllung der Aufgaben mit finanziellem Aufwand bzw. Personal- und Materialkosten verbunden. Ohne eine differenzierte Bezifferung vorzunehmen, sieht der Gesetzgeber im Finanz- und Nichtfinanzbereich spürbare Kosten bei der Umsetzung der geldwäscherechtlichen Verpflichtungen, die sich letztendlich in steigenden Einzelpreisen in Verkaufs- und Dienstleistungsgeschäften manifestieren können.[1093]

Im Zusammenhang mit den zu deckenden Kosten der geldwäscherechtlichen Implikationen darf nicht außer Acht gelassen werden, dass auch Geschäftsabbrüche bei ehrlichen Kunden, bei denen sich der Geldwäscheverdacht im Nachhinein als unbegründet herausstellt, mit Verlusten und in der Folge mit Kosten für Unternehmen verbunden sein können.[1094] Dabei kommen auch immaterielle Schäden (beispielsweise eine Rufschädigung) in Betracht, die erhebliche finanzielle Verluste für ein Unternehmen nach sich ziehen können.

1. Erfüllungsvorgaben

Die wesentlichen geldwäscherechtlichen Vorgaben sind für Verpflichtete im Nichtfinanzbereich grundsätzlich identisch. Neben allgemeinen und verstärkten Sorgfalts- und Identifizierungspflichten hinsichtlich ihrer Kunden und Vertragspartner obliegt

1092 Werner, Wachstumsbranche Geldwäsche, S. 133.
1093 RegE GewAufspG, BT-Drucks. 12/2704, S. 22; Bräuning, Geldwäscheökonomie, S. 323.
1094 Vgl. Bräuning, Geldwäscheökonomie, S. 325.

den Verpflichteten auch regelmäßig eine Aufzeichnungs- und Aufbewahrungspflicht (§§ 3–8 GwG). Zudem müssen sie angemessene interne Sicherungsmaßnahmen treffen, damit sie nicht zur Geldwäsche und Terrorismusfinanzierung missbraucht werden (§ 9 Abs.1 GwG). Weiter haben Verpflichtete Verdachtsfälle zuständigen Behörden zu melden und bei kammerangehörigen Berufen die entsprechenden Kammern zu beteiligen (§ 11 Abs. 4 GwG).

Die Implementierung der geldwäscherechtlichen Maßnahmen im Nichtfinanzbereich wird regelmäßig mit einem Aufwand an Personal und Material verbunden sein, der je nach Verkaufsprodukt und Dienstleistung unterschiedlich ausfallen wird. Eine weitere Besonderheit besteht für Glücksspielanbieter im Internet. Der Gesetzgeber hat für diese Gruppe der Verpflichteten weitestgehend eigene Vorschriften (beispielsweise Einrichtung von Spielerkonten) erlassen (§§ 9a–9b GwG).

a) Sorgfaltspflichten, Aufzeichnungs- und Aufbewahrungspflichten

Zur den Sorgfalts- (§§ 3–7 GwG) und Aufzeichnungs- und Aufbewahrungspflichten (§ 8 GwG) zählen insbesondere:

- Pflicht zur Identifizierung des Vertragspartners (§ 3 Abs. 1 Nr. 1 GwG)
- Pflicht zur Prüfung von Art und Zweck der Geschäftsbeziehung (§ 3 Abs. 1 Nr. 2 GwG)
- Pflicht zur Abklärung und Identifizierung des wirtschaftlich Berechtigten (§ 3 Abs. 1 Nr. 3 GwG)
- Pflicht zur Überwachung der Geschäftsbeziehung (§ 3 Abs. 1 Nr. 4 GwG)
- Verstärkte Sorgfaltspflichten bei politisch exponierten Personen (§ 6 Abs. 2 Nr. 1 GwG)
- Verstärkte Sorgfaltspflichten bei nicht anwesenden Vertragspartnern (§ 6 Abs. 2 Nr. 2 GwG)
- Aufzeichnung und Aufbewahrung der festgestellten Dokumente (§ 8 GwG)

b) Verdachtsmeldepflichten

Zu den Pflichten im Rahmen einer Verdachtsmeldung (§§ 10–15 GwG) zählen insbesondere:

- Unverzügliche Meldung eines Verdachtsfalles (§ 11 Abs. 1 GwG)
- Beachtung der Form und des Inhaltes einer Verdachtsmeldung.

c) Organisatorische Vorkehrungspflichten

Im Rahmen der Implementierung von internen Sicherungsmaßnahmen sind nachfolgende Pflichten von Bedeutung (§ 9 GwG):

- Vornahme angemessener interner Sicherungsmaßnahmen (§ 9 Abs. 1 GwG)
- ggf. Benennung eines Geldwäschebeauftragten und dessen Stellvertreters (§ 9 Abs. 2 Nr. 1 GwG)

- Entwicklung angemessener geschäfts- und kundenbezogener Sicherungssysteme und Kontrollen (§ 9 Abs. 2 Nr. 2 GwG)
- Unterrichtung/Sensibilisierung von Mitarbeitern (§ 9 Abs. 2 Nr. 3 GwG)
- Prüfung der Zuverlässigkeit der Mitarbeiter (§ 9 Abs. 2 Nr. 4 GwG).

2. Erforderlichkeit staatlicher Geldwäscheregulierung

Die restriktiven und umfassenden geldwäscherechtlichen Rahmenbedingungen für den Nichtfinanzbereich werfen die Frage auf, inwieweit diese Vorgaben für national und international tätige Unternehmen überhaupt erforderlich sind. Sind Wirtschaftsunternehmen im digitalen Wirtschaftszeitalter nicht selbständig in der Lage, individuelle Vorkehrungen gegen Geldwäschemissbrauch zu treffen, gerade im Rahmen anderer Compliancetätigkeiten, ohne dass ein rechtlicher Rahmen vorgegeben werden müsste?

Die unternehmerische Praxis hat sich in den vergangenen Jahrzehnten derart verändert, dass eine Unternehmenspolitik aus den Gründungsjahren des GwG im Jahr 1993 mit den Geschäftsstrategien in dem heutigen Wirtschaftszeitalter nicht mehr kompatibel ist. Zudem haben sich menschliche Einstellungen zu Wirtschaft und Gesellschaft stark verändert.[1095] So stehen sich eine Vielzahl von moralischen Anliegen der Gesellschaft einerseits und die wirtschaftlichen Interessen von Unternehmen andererseits gegenüber.[1096] Diese Anliegen geraten immer mehr in ein Spannungsverhältnis, je weniger Menschen in der Gesellschaft wahrnehmbare Vorteile gewährt werden.[1097] So haben etwa Unternehmen zwar Rekordergebnisse erwirtschaftet, jedoch nur zu dem Preis umfassender Einsparungen und Rationalisierungen, die auch Entlassungen einschließen.[1098]

Die Durchsetzung eigener starker Wettbewerbsinteressen kann dazu führen, dass eine eigenständige Geldwäschecompliance nicht oder nur zu einem geringen Teil in ein Unternehmen implementiert wird. So ist die beispielsweise die Bereitschaft gering, auf den Abschluss von Geschäftstransaktionen, die mit einem hohen Ertrag verbunden sind, zu verzichten, obwohl sehr konkrete Hinweise auf Geldwäsche seitens des Vertragspartners gegeben sind.

a) Shareholder Value versus Geldwäschecompliance

Die Beantwortung der Frage, ob Wirtschaft und Moral in einem Widerspruch zueinander stehen, ist regelmäßig mit einem Ja zu beantworten. Oft wird in diesem Zusammenhang der „Shareholder Value"-Ansatz herangezogen.[1099] Die Grundlagen des

1095 Weberbauer, Shareholder Value orientierte Unternehmenspolitik, Vorwort.
1096 Weberbauer, Shareholder Value orientierte Unternehmenspolitik, S. 3.
1097 Weberbauer, Shareholder Value orientierte Unternehmenspolitik, S. 3.
1098 Vgl. Weberbauer, Shareholder Value orientierte Unternehmenspolitik, S. 3.
1099 Weberbauer, Shareholder Value orientierte Unternehmenspolitik, S. 2.

Shareholder-Value-Ansatzes stammen von Alfred Rappaport aus dem Jahr 1986.[1100] Nach Rappaport sollten die Führungskräfte eines Unternehmens für die Anteilseigner handeln und durch geeignete produkt- und marktbezogene Strategien eine langfristige Gewinnmaximierung anstreben.[1101]

Der Shareholder-Value-Ansatz lässt sich in einer Vielzahl von Unternehmensbereichen anwenden. Die Unternehmensführung bestimmt die Unternehmensstrategien, die der Steigerung des Shareholder Value dienen.[1102] Auch die Vergütung von Führungskräften wird mit der Steigerung des Shareholder Values verknüpft.[1103] Die Umsetzung der Idee des Shareholder-Value-Ansatzes von Rappaport war von Beginn an umstritten und es wurde auf den Konflikt von „Kapitalinteressen" und „Sozialinteressen" hingewiesen, der durch eine solche Unternehmensausrichtung forciert werde.[1104]

Eine an der Maximierung des Vermögens bzw. Marktwertes ausgerichtete Unternehmenspolitik kann einer geordneten und erforderlichen Geldwäschebekämpfung entgegenstehen. Das Interesse der Gewinnerwirtschaftung kann dazu führen, dass nationale und internationale Transaktionen, die der Geldwäsche dienen, nicht näher untersucht oder unterbunden werden, da das Eigeninteresse des Wachstumsstrebens überwiegt und nur im Fall einer unmittelbaren Entdeckung der Verlust des Gewinnes droht.[1105] Kriminelle Organisationen haben ein starkes Interesse an Unternehmen, bei denen sie gefahrlos Geldwäsche vollziehen können. Nur durch eine erfolgreiche Geldwäsche wird die Gefahr der Entdeckung der Vortat minimiert.[1106]

Insoweit müsste auch ein am Shareholder Value orientiertes Unternehmen eine eigene Geldwäschecompliance aufbauen und in das Unternehmen implementieren, wenn es nicht für Geldwäsche missbraucht werden möchte. Der Begriff „Compliance" zielt hierbei nicht auf das regelgerechte vorschriftsgemäße Verhalten, sondern auf die eingangs erwähnte Freiwilligkeit, das heißt, das ethisch korrekte Verhalten und die Einhaltung von betriebseigenen Kodizes. Regelmäßig stellt dies einen fortlaufenden Prozess im Unternehmen (Implementierung, Ausgestaltung, Verteilung, Überwachung usw.) dar, der auch mit fortlaufenden organisatorischen Kosten verbunden ist. Im Rahmen der Teilnahme an internationalen Märkten oder bei unterschiedlichen Produktstrukturen können die Ausgaben für eine Geldwäschecompliance immer weiter ansteigen. In der betriebswirtschaftlichen Gesamtschau ist dies aber kein Gegensatz, da davon auszugehen ist, dass die organisatorischen Kosten der Implementierung überschaubar sein werden.

1100 Rappaport, Creating Shareholder Value, passim.

1101 Rappaport, Creating Shareholder Value, S. 1–3; Bischoff, Das Shareholder Value Konzept, S. 83; Schröder, in: Siegwart/Mahari, Corporate Governance, S. 207.

1102 Hummel/Schmeisser/Rönsch/Zilch, Shareholder Value Approach, S. 21.

1103 Hummel/Schmeisser/Rönsch/Zilch, Shareholder Value Approach, S. 21.

1104 Schröder, in: Siegwart/Mahari, Corporate Governance, S. 207.

1105 Bongard, Wirtschaftsfaktor Geldwäsche, S. 257; Werner, Wachstumsbranche Geldwäsche, S. 135.

1106 Bongard, Wirtschaftsfaktor Geldwäsche, S. 62.

Schwieriger wird es, wenn eine geordnete Geldwäschebekämpfung im Unternehmen dazu führt, dass eine Vielzahl von Geschäften nicht mehr durchgeführt werden kann und sogar ganze Kundenkreise ausbleiben, während andere Mitbewerber ohne oder mit nur sehr gering ausgeprägter Geldwäschecompliance eine Zunahme von geldwäscheanfälligen Geschäften verzeichnen. Die Folge wäre, dass die compliancetreuen Unternehmen ihre zuvor gute Marktposition einbüßen. In einem stark umkämpften Markt können bereits geringe ausbleibende Erfolgsgrößen dazu führen, dass Kostenpositionen durch Umstrukturierungen im Unternehmen verbessert werden müssen.[1107] In diesem Zusammenhang besteht die Möglichkeit, dass finanzielle Mittel zur Anschaffung von Geldwäschecompliance, im erforderlichen Maß nicht mehr zur Verfügung stehen. Dies könnte wiederum einen Einfluss auf die Belegschaft haben, die ihrerseits den Shareholder Value als reines Gewinnverlustelement ansieht.

Letztendlich bleibt daher fraglich, inwieweit gerade shareholderorientierte Unternehmen aus Eigeninteresse und ohne staatliche Vorgaben tatsächlich umfangreiche Geldwäschecompliance implementieren. Dies gilt umso mehr, wenn Marktpositionen gerade von vielen Unternehmen umworben werden und derartige eigene Geldwäschevorkehrungen nicht oder nur von einem geringen Teil von allen wahrgenommen werden.

b) Betriebswirtschaftliche Implikationen krimineller Organisationen

Um die Frage zu beantworten, ob eine freiwillige selbständige Geldwäscheprävention gegenüber einer staatlichen Geldwäscheregulierung vorzugswürdig ist, bedarf es auch der Einbeziehung einer Analyse, inwieweit die freiwillige Variante bei kriminellen Organisationen und professionenellen Geldwäschern überhaupt erfolgreich sein kann. Bei kriminellen Organisationen besteht die Besonderheit, dass sie nicht nur offen in Märkte eingreifen, sondern auch verdeckt. Zudem kann davon ausgegangen werden, dass sich kriminelle Organisationen der Umgebung anpassen, um nicht aufzufallen. Sie werden daher zeitnah auf veränderte wirtschaftliche Rahmenbedingungen reagieren. Insofern muss die Aufstellung eigener Regularien geeignet sein, u.a. diese Geldwäschegefahren zu erkennen, ohne dass dafür ein staatliches Zutun erforderlich ist.

aa) Marktbeteiligung

Ökonomisch gesehen nehmen kriminelle Organisationen nicht nur aktiv an legalen Märkten teil, sondern stellen eine Art illegaler Marktergänzung dar. Schwerpunkte ihrer Tätigkeit sind zumeist die Geschäftsbereiche des inkriminierten Güter- und Dienstleistungshandels.[1108] Dies kann beispielsweise das Bedienen der Nachfrage nach weichen oder harten Drogen sein. In der Regel werden kriminelle

1107 Schröder, in: Siegwart/Mahari, Corporate Governance, S. 207.
1108 Bongard, Wirtschaftsfaktor Geldwäsche, S. 36.

Organisationen über eine ausgeklügelte logistische Infrastruktur verfügen, die je nach Bedarf für verschiedenste Straftaten benutzt werden kann, beispielsweise zum Schmuggeln von Bargeld oder verbotenen Gegenständen.[1109] Dabei sind die Organisationen sozialen, ökonomischen und ökologischen Umweltbedingungen genau so ausgesetzt wie legale Unternehmen auch.[1110] Sowohl von legalen als auch von illegalen Unternehmen und Organisationen wird bei Änderung der Marktbedingungen eine zeitnahe „unternehmerische" Einschätzung verlangt, um nicht Gewinneinbußen zu generieren. Entsprechend der Einschätzung müssen Anpassungen im legalen und illegalen Beschaffungs- und Absatzmarkt vorgenommen werden.[1111] Ein Beispiel ist etwa ein unvorhersehbarer massiver Anstieg der Nachfrage nach einer bestimmten Modedroge, die jedoch im Angebot der illegalen Organisation bislang nicht vorhanden war. Die Nachfrage nach bisher offerierten Drogen könnte innerhalb kurzer Zeit beachtlich zurückgehen.

Unabhängig von der Frage, ob es sich um legale oder illegale Märkte handelt: Das Angebot und die Nachfrage bestimmen jeweils den Preis. Der illegale Markt unterscheidet wie das legale Marktgeschehen auch unterschiedliche Marktformen wie Polypole, Oligopole und Monopole.[1112] In ganz speziellen Produktbereichen, z.B. bei der Herstellung einer ganz speziellen synthetischen Droge, wird der Produzent auf seiner Ebene eine gewisse Monopolfunktion innehaben und die Verkaufspreise entsprechend hoch ansetzen können. Ein Wechsel zu einem anderen Anbieter ist in diesen Fällen nicht möglich. Aufgrund des pyramidenförmigen Aufbaus von Händlerstrukturen besteht jedoch auf jeder Ebene noch einmal ein gewisser preislicher Spielraum, das heißt, verhandelbar sind niedrigere Preise für mindere Qualität oder größere Abnahmemengen.[1113]

Aus betriebswirtschaftlichen Gesichtspunkten ist zu beachten, dass die Rentabilitätsschwelle, der sogenannte „Break-even-Point", von kriminellen Organisationen im Bereich von Drogenkartellen erheblich niedriger ist als der Durchschnitt bei legalen Unternehmen. Im Bereich eines lediglich 70-prozentigen Drogenabsatzes wird beispielsweise trotzdem noch ein Gewinn erzielt, was bei legalen Unternehmen regelmäßig nicht möglich ist.[1114]

Eine Mischung findet bei den sogenannten „Frontgesellschaften" statt. Durch Gründung oder Kauf von legalen Unternehmen agieren kriminelle Organisationen im legalen Wirtschaftskreislauf mit und nutzen dessen Infrastruktur für inkriminierte Geldwäschezwecke.[1115] Prinzipiell lassen sich Frontbetriebe in die Kategorien „legale Frontbetriebe" und „Scheingesellschaften" einteilen. Erstere sind legale Unternehmen, die eine legale Geschäftstätigkeit aufzeigen. Sie werden zur

---

1109 Werner, Wachstumsbranche Geldwäsche, S. 110.
1110 Müller, Geldwäscherei, S. 43.
1111 Müller, Geldwäscherei, S. 43–44.
1112 Suendorf, Geldwäsche, S. 56.
1113 Suendorf, Geldwäsche, S. 57.
1114 Müller, Geldwäscherei, S. 51; Werner, Wachstumsbranche Geldwäsche, S. 91.
1115 Werner, Wachstumsbranche Geldwäsche, S. 91–92.

Einbringung inkriminierter Bargelder genutzt. Die Scheingesellschaften hingegen täuschen lediglich eine Teilnahme am legalen Marktgeschehen vor, um zumeist internationale Geldtransaktionen zu legitimieren. Es handelt sich häufig um sogenannte Briefkastenfirmen.[1116]

bb) Unternehmensführung

Inwieweit kleine, mittlere und große kriminelle Organisationen über ähnlich strukturierte Unternehmensführungen verfügen, ist schwer nachvollziehbar. Es ist jedoch davon auszugehen, dass in einigen Organisationen ein autoritärer Führungsstil herrscht.[1117] Ob eine kriminelle Gruppe aus vielen kleineren Gruppen besteht oder ob doch eine größere hierarchische Organisationsstruktur dahintersteht, kann nicht an einzelnen deliktischen Bereichen festgemacht werden.[1118] Beim Verkauf von in einem osteuropäischen Land produzierten Drogen konnten beispielsweise auf der ersten Verteilerebene schätzungsweise fünf Tätergruppen festgestellt werden, die sich das Marktgeschehen in Deutschland aufteilten. Weitere Verteilerebenen mit jeweils hierarchisch strukturierten Händlerorganisationen folgten.[1119] Für die Vorbeugung von Verrates sehen kriminelle Organisationen restriktive Sanktionen gegenüber den daran Beteiligten vor.[1120]

cc) Unternehmensziele, Unternehmenskultur und Wettbewerbsstrategien

Kriminellen Organisationen und legalen Unternehmen ist gemein, dass sie das Ziel verfolgen, ihre Produkte wirtschaftlich kosten- und erlösgünstig abzusetzen, um dadurch einen hohen Gewinn zu erzielen.[1121] Die Gewinnorientierung spielt damit bei beiden eine große Rolle. Kriminelle Organisationen unterliegen zudem wie im legalen Wirtschaftshandel auch einer Markt- und Nachfrageorientierung.[1122] Beispielsweise werden gezielte Diebstähle von moderner Kunst oder Kunst aus dem Mittelalter rückläufig sein, wenn für diese die Marktpreise sinken und nur noch wenige Abnehmer vorhanden sind.

Legale Unternehmen und kriminelle Organisationen besitzen die weitere Gemeinsamkeit, dass sie sich regelmäßig auf die Regionen konzentrieren, bei denen die Absatzaussichten am günstigsten sind. Zudem verfolgen beide den Gedanken der Sicherheit und Unabhängigkeit.[1123] Unterschiede bestehen naturgemäß gegenüber dem Umgang mit den jeweiligen Kunden. Kriminelle Organisationen streben

---

1116 Ackermann, Geldwäscherei USA und Schweiz, S. 27–31; Werner, Wachstumsbranche Geldwäsche, S. 92.
1117 Müller, Geldwäscherei, S. 49.
1118 Suendorf, Geldwäsche, S. 60–61.
1119 Suendorf, Geldwäsche, S. 32.
1120 Suendorf, Geldwäsche, S. 33.
1121 Suendorf, Geldwäsche, S. 58.
1122 Bongard, Wirtschaftsfaktor Geldwäsche, S. 38.
1123 Suendorf, Geldwäsche, S. 58.

nicht nach sozialer Verantwortung. Sie üben beim Zwischenhändler für Drogen oder beim Endverbraucher einen gewissen Druck aus und erzeugen Angst, um der Entdeckung zu entgehen.[1124] Die Unternehmenskultur der Angst wird dabei auch nach innen getragen, da Geheimhaltung für die Organisation überlebenswichtig ist.[1125] Naturgemäß ist auch keine Unternehmenstransparenz zu erwarten, ein wesentliches Unternehmensziel ist eine möglichst effektive Tarnung. Bei legalen Unternehmen bestehen hingegen regelmäßig Eintragungspflichten in das Handelsregister.[1126]

dd) Reengineering

Im Bereich der legalen Betriebswirtschaft umfasst Reengineering die Umgestaltung eines Unternehmens, um Effizienz und Flexibilisierung von Geschäftsprozessen zu erhöhen, die wiederum auf die Kundenzufriedenheit abzielen.[1127] In Zeiten der Globalisierung, der Intensivierung des Wettbewerbs und der Marktstagnation in Kerngeschäften wurde zumeist von der Unternehmensführung auf dieses Mittel zurückgegriffen. Zusätzlich fand eine Konzentrierung auf Kerngeschäfte statt.[1128] Reengineering bedeutet damit nicht nur die Neuausrichtung eines Unternehmens und seiner Wertschöpfungsprozesse, es umfasst auch die Steigerung des Shareholder Value.

Eine solche Verbesserung der eigenen Marktposition findet jedoch nicht nur bei legalen shareholder-value-orientierten Unternehmen statt. Auch kriminelle Organisationen gestalten ihren Produktionsablauf ähnlich neu, falls dies für den Shareholder und Stakeholder Value erforderlich ist.[1129] Unter den Reengineeringprozess eines Drogenhandels fallen beispielsweise die Erhöhung der Kundennähe, der Qualität, des Services und der Produktivität oder aber die Verkürzung von Lieferfristen.[1130] Beim Handel mit synthetischen Drogen bedeutet dies etwa, dass versucht wird, die Herstellung unmittelbar in die Länder zu verlagern, wo sich die meisten Konsumenten befinden. Neben der Einsparung von Transportkosten und der Minderung des Entdeckungsrisikos bei Grenzüberschreitung können zudem Qualitätsstandards und die Produktionskette besser überwacht werden als in fernen Ländern mit einem anderen Qualitätsverständnis.[1131]

Denkbar ist auch, dass durch Forschungsoptimierung in professionellen Laborverhältnissen neue, noch nicht verbotene Drogen entdeckt und in großen Mengen auf den Markt gebracht werden.[1132] Reengineeringprozesse sind daher wie bei

---

1124 Suendorf, Geldwäsche, S. 59.
1125 Müller, Geldwäscherei, S. 44, Suendorf, Geldwäsche, S. 60–61.
1126 Suendorf, Geldwäsche, S. 60.
1127 Schröder, in: Siegwart/Mahari, Corporate Governance, S. 207.
1128 Schröder, in: Siegwart/Mahari, Corporate Governance, S. 207.
1129 Bongard, Wirtschaftsfaktor Geldwäsche, S. 48.
1130 Bongard, Wirtschaftsfaktor Geldwäsche, S. 48.
1131 Bongard, Wirtschaftsfaktor Geldwäsche, S. 48.
1132 Bongard, Wirtschaftsfaktor Geldwäsche, S. 48.

legalen Unternehmen geeignet, die Ziele einer Gewinnmaximierung bei kriminellen Organisationen zu unterstützen.

c) *An Corporate Social Responsibility orientierte Geldwäschebekämpfung*

In eine gesamtheitliche Analyse der freiwilligen Geldwäscheregulierung sind nicht nur die am Shareholder Value orientierten Unternehmen, sondern auch solche Unternehmen einzubeziehen, die sich ethisch an Corporate Social Responsibility (CSR) ausrichten.

Die Europäische Kommission sieht in Corporate Social Responsibility ein freiwilliges Konzept für Unternehmen, dem steigenden gesellschaftlichen, wirtschaftlichen und ökologischen Druck der sozialen Verantwortung zu begegnen und in die Wechselbeziehungen mit den Stakeholdern zu integrieren.[1133] Im wirtschaftswissenschaftlichen Bereich wird dabei noch einmal eine Abgrenzung vom Bereich Corporate Citizenship (CC) vorgenommen, der für das Bestreben von Unternehmen steht, sich als ein „guter Bürger" in der Gemeinschaft zu engagieren.[1134]

Der Shareholder-Value-Ansatz mit der Steigerung der Gewinnerzielungsabsicht steht hierbei den sozialen Ansätzen des CSR und CC gegenüber. Es findet eine Aufgabenerweiterung statt, bei der der ausschließlich ökonomische Profitansatz um die freiwilligen sozialen und ökologischen Belange erweitert wird.[1135] Inwieweit sich dies für das Unternehmen tatsächlich langfristig rechnet, kann nicht wirklich festgestellt werden, schon gar nicht an einem zeitlichen Ansatz, ganz im Gegensatz zum Shareholder Value. Jedoch kann darüber ein Imagegewinn erlangt werden, der auch einen langfristigen Anstieg des Markenwertes ermöglicht. Dies wiederum kann einen Wettbewerbsvorteil für das Unternehmen generieren.[1136]

Zum jetzigen Zeitpunkt ist ein generierter Vorteil für die Implementierung der Geldwäscheregulierung in einem CSR-orientierten Unternehmen nur bedingt greifbar. Die Europäische Kommission sieht im CSR jedoch auch eine ausgeprägte Menschenrechtsdimension, die im Besonderen die internationale Wirtschaftstätigkeit und deren Versorgungsketten umfasst.[1137] Dies wird am ehesten bei einem Blick auf den Drogensektor deutlich. Die damit in Verbindung stehenden Personen werden zum Teil massiven Menschenrechtsverletzungen in Form von Drohungen und Misshandlungen ausgesetzt, die für den Einzelnen bei Verrat auch tödlich sein können. Als Beispiele seien der türkische und kolumbianische Heroin- und Kokainhandel

1133 Europäische Kommission, Grünbuch „Rahmenbedingungen für die soziale Verantwortung von Unternehmen", 2001, S. 3, 7–8; vgl. Hummel/Schmeisser/Rönsch/Zilch, Shareholder Value Approach, S. 86.

1134 Hummel/Schmeisser/Rönsch/Zilch, Shareholder Value Approach, S. 87.

1135 Bassen/Jastram/Meyer, ZfWU 2005, S. 231 (232).

1136 Hummel/Schmeisser/Rönsch/Zilch, Shareholder Value Approach, S. 106.

1137 Europäische Kommission, Grünbuch „Rahmenbedingungen für die soziale Verantwortung von Unternehmen", 2001, S. 14–15.

oder der Bereich des Zigarettenschmuggels genannt.[1138] Diese Operations- und Deliktsfelder stehen für eine Vielzahl von kriminellen Vortaten und Menschenrechtsverletzungen in den jeweiligen Ländern. Die sich daraus ergebenden inkriminierten Gewinne können in der Folge zu Geldwäschetransaktionen führen.

Im Rahmen der Bekämpfung von Korruption sind beispielsweise Verhaltenskodizes und Werteschemata von CSR-orientierten Unternehmen eine Möglichkeit, diesen kriminellen Bereich einzudämmen.[1139] Die Umsetzung solcher oder ähnlich gelagerter Ansätze können auch für die Implementierung von Maßnahmen zur Bekämpfung von Geldwäsche angewendet werden. Für engagierte Unternehmen kann die Implementierung eines freiwilligen Geldwäschecompliance mittel- und langfristig sogar von wirtschaftlichem Vorteil sein. Der Verbraucher, aber auch der kooperierende Händler wird diese unternehmenspolitische Maßnahme wahrnehmen. Wie zu Beginn erwähnt, kann dies mittelfristig zu einem erheblichen qualitativen Imagegewinn führen, der langfristig zu einem Wettbewerbsvorteil und einem steigenden Marktwert des Unternehmens führt.[1140] Zudem sinkt bei einer Vielzahl der Teilnahme von Unternehmen an CSR die Gefahr, dass der Markt durch Frontgesellschaften der kriminellen Organisationen infiltriert wird. Ein entsprechender Verdrängungswettbewerb bleibt aus, was wiederum den legalen Unternehmen zugute kommt.

d) Schweizer System der Selbstregulierung

Einen besonderen institutionellen Rahmen zur Geldwäschebekämpfung sieht die Schweiz für Finanzintermediäre (in Deutschland Verpflichtete) vor. Finanzintermediäre umfassen Banken, Versicherungen, Effektenhändler, Börsen, Anlagefonds, den Nicht-Bankensektor und Spielbanken (Art. 2 GwG-Schweiz[1141]). Sie haben eine grundsätzliche Wahlmöglichkeit, sich einer Selbstregulierungsorganisation (SRO) oder unmittelbar der Eidgenössischen Finanzmarktaufsicht (FINMA) zu unterstellen. Die Anknüpfung von Finanzintermediären an eine privatrechtliche SRO könnte zum einen für Unternehmen eine bessere Möglichkeit darstellen, betriebswirtschaftlich effizient gegen die Verhinderung des eigenen Missbrauches zur Geldwäsche im Unternehmen vorzugehen. Dies könnte beispielsweise bedeuten, dass am Shareholder Value orientierte Unternehmen besser in der Lage sind, ihre Stakeholder von der betriebswirtschaftlichen Implementierung einer Geldwäschecompliance zu überzeugen.

1138 Suendorf, Geldwäsche, S. 36

1139 Europäische Kommission, Grünbuch „Rahmenbedingungen für die soziale Verantwortung von Unternehmen", 2001, S. 15.

1140 Hummel/Schmeisser/Rönsch/Zilch, Shareholder Value Approach, S. 106.

1141 Bundesgesetz über die Bekämpfung der Geldwäscherei und der Terrorismusfinanzierung (955.0, Geldwäschereigesetz, GwG) vom 10.10.1997 (Stand: 01.01.2016).

aa) Selbstregulierungsorganisationen (SRO)

Die Idee der Selbstregulierung besteht bereits seit den Anfängen des GwG-Schweiz im Jahr 1997.[1142] Finanzintermediären soll dadurch die Gelegenheit gegeben werden, eigene Organisationen zu bilden, welche die Einhaltung der Sorgfaltspflichten gewährleisten und bei Nichtbefolgung Sanktionen verhängen können.[1143] Die geldwäscherechtlichen Vorgaben stellen einen Rahmen dar, in dem es der SRO erlaubt wird, risikoorientiert vorzugehen.[1144] Beispielhaft ist Art. 3 Abs. 2 GwG-Schweiz zu nennen. Danach wird die Pflicht zur Identifizierung einer Person bei einer oder mehreren zusammenhängenden Transaktionen nicht durch einen konkreten Schwellenbetrag, sondern durch einen „erheblichen Wert" ausgelöst. Den „erheblichen Wert" legen Aufsichtsbehörden und SRO eigenständig für die Finanzintermediäre fest und passen diesen je nach Geldwäscherisiko an.[1145] Sie sollen jedoch die Ziele des GwG verfolgen und sich im internationalen Rahmen, z. B. der europäischen Geldwäscherichtlinie bewegen.[1146] Die FINMA wird nur dann eingreifen, wenn der Rahmen nicht sachgerecht erscheint.[1147]

Die Anerkennung einer SRO obliegt der FINMA. Ihr obliegt auch die Prüfung ihrer Regelwerke, und sie sorgt dafür, dass die SRO ihre Regelwerke bei den Finanzintermediären durchsetzt (Art. 18 Abs. 1 Buchst. a–d GwG-Schweiz). Die Regelwerke umfassen u.a. die Aufnahme und Umsetzung der geldwäscherechtlichen Sorgfaltspflichten sowie die Sanktionsmöglichkeiten bei Nichteinhaltung (Art. 25 Abs. 2 und 3 GwG). Zudem muss eine SRO gewährleisten, dass die mit der Kontrolle betrauten Personen und Organe die notwendige Fachkenntnis besitzen, Gewähr für eine einwandfreie Prüfungstätigkeit bieten und von der Geschäftsleitung der zu überprüfenden Finanzintermediäre unabhängig sind (Art. 24 Abs. 1 Buchst. c, Nr. 1–3 GwG-Schweiz).

Die Überwachung von ca. 6.200 Finanzintermediären erfolgt durch elf SRO, die auch jährlich einen Jahresbericht erstellen.[1148] Die FINMA hingegen überwacht die SRO, stellt ihnen Beurteilungen aus und organisiert mehrmalige jährliche Treffen, um über generelle Herausforderungen bei der Umsetzung der geldwäscherechtlichen Maßnahmen auf operativer Ebene zu diskutieren.[1149]

Die FATF hat im Jahr 2005 einen Bericht über die Evaluierung der geldwäscherechtlichen Vorgaben in der Schweiz veröffentlicht. Hierbei wurde u.a. kritisiert,

1142 Bundesgesetz über die Bekämpfung der Geldwäscherei und der Terrorismusfinanzierung (955.0, Geldwäschereigesetz, GwG) vom 10.10.1997 (Stand: 01.01.2016).

1143 Schweizer Bundesrat, Botschaft zum GwG, S. 1112.

1144 Vgl. Siska, Geldwäschebekämpfung, S. 259.

1145 Siska, Geldwäschebekämpfung, S. 259.

1146 Schweizer Bundesrat, Botschaft zum GwG, S. 1123.

1147 Schweizer Bundesrat, Botschaft zum GwG, S. 1123.

1148 Schweizerische Eidgenossenschaft, Bericht Beurteilung nationaler Geldwäscherisiken, S. 26.

1149 Schweizerische Eidgenossenschaft, Bericht Beurteilung nationaler Geldwäscherisiken, S. 26.

dass die Selbstregulierung in der Schweiz zu wenig bestimmt ist und zu wenige Vorschriften für verschiedene Branchen im Nichtfinanzbereich vorhanden sind. Die Schweiz hingegen stellt das System der Selbstregulierung als effizient an, da SRO und auch die staatliche Aufsicht mit den erforderlichen Aufsichts- und Sanktionsbefugnissen ausgestattet sind.[1150]

Die privatrechtliche Selbstverantwortung in Form von SRO macht deutlich, dass der Staat sich im operativen Bereich weitestgehend heraushalten möchte. Zudem besteht die Möglichkeit, sich dem Verband anzuschließen, der seinem beruflichen Umfeld am nächsten erscheint. Für Spielbankbetreiber besteht beispielweise die Möglichkeit der „Selbstregulierungsorganisation der Schweizer Casinos“ (SRO Casinos) beizutreten. Treuhänder können sich hingegen der SRO Treuhand Suisse anschließen. Die Bündelung einer Branche in einer SRO eröffnet für Unternehmen die Möglichkeit, branchenspezifische Belange zielgerichteter zu berücksichtigen. Bei einem Treuhänder bestehen beispielsweise andere Risikofaktoren, zur Geldwäsche missbraucht zu werden, als bei einem Edelmetallhändler mit einem Verkaufsraum. Hier kann eine branchenspezifische SRO Geldwäschetypologien und Beschulungssoftware zur Geldwäscheerkennung zielgerichteter zur Verfügung stellen, als dies für alle Branchen zusammen der Fall wäre. Dies betrifft auch den Einfluss auf die Politik in Form von Stellungnahmen für geplante gesetzliche geldwäscherechtliche Änderungen.

Zehn SRO haben sich zudem zu einer Interessengemeinschaft „Forum SRO“ zusammengeschlossen, die auch Ansprechpartner für Behörden in gleichgelagerten Fragen aller SRO ist. Das Forum SRO pflegt den Dialog mit Behörden, der Politik, der Öffentlichkeit und nationalen und internationalen Gremien.[1151] Zudem gibt das Forum auch gemeinsame Stellungnahmen ab, beispielsweise die zu einem Rundschreiben der FINMA zur Video- und Online-Identifizierung.[1152]

bb) Register, Verzeichnisse und Entzug der Anerkennung einer SRO

Die SRO führen Listen zu den ihnen angeschlossenen Finanzintermediären und auch zu den Personen, denen sie einen Anschluss verweigern. Zudem teilen sie diese Daten und Änderungen davon der FINMA mit (Art. 26 Abs. 1 und 2 GwG-Schweiz). Gerade bei Kapitalanlegern und anderen Finanzintermediären wie den Banken besteht ein großes Interesse daran, wer an eine SRO angeschlossen ist und die geldwäscherechtlichen Voraussetzungen erfüllt.[1153] Die FINMA wiederum führt ein gesamtes Register der Finanzintermediäre, die einer SRO angeschlossen sind (Art. 18a Abs. 1 Satz 1 GwG-Schweiz). Das Verzeichnis muss öffentlich durch ein

1150 Siska, Geldwäschebekämpfung, S. 277–278.

1151 Forum SRO, abrufbar unter: http://www.forum-sro.ch/d/forum.index.html, abgerufen am 08.05.2016.

1152 Forum SRO, Stellungnahme zum Entwurf des FINMA-Rundschreibens 2016/xx zur Video- und Online-Identifizierung, 18.01.2016.

1153 Thelesklaf, in: Thelesklaf/Wyss/Zollinger, Geldwäschereigesetz, Art. 26 Abs. 2, Rn. 2.

Abrufverfahren zugänglich sein (Art. 18a Abs. 1 Satz 2 und Abs. 3 GwG-Schweiz). Die praktische Umsetzung in Form einer Suchmaschine nahm jedoch zu Beginn einige Zeit in Anspruch.[1154]

Zudem veröffentlicht die FINMA Personen, bei denen die Bewilligung zur Ausübung einer Tätigkeit eines Finanzintermediärs verweigert wurde (Art. 18 Abs. 1 Buchst. f GwG-Schweiz). Die FINMA kann einer SRO mit vorheriger Androhung die behördliche Anerkennung entziehen, wenn Gründe aus Art. 37 des Finanzmarktaufsichtsgesetzes vom 22.06.2007[1155] vorliegen, beispielsweise bei Verletzung aufsichtsrechtlicher Bestimmungen (Art. 28 Abs. 1 GwG-Schweiz). Die Finanzintermediäre werden im Anschluss von der FINMA beaufsichtigt, sofern sie sich nicht innerhalb von zwei Monaten einer anderen SRO anschließen (Art. 28 Abs. 2 und 3 GwG-Schweiz).

Das Erstellen von Registern und Verzeichnissen zu den zugelassenen oder nicht zugelassenen Finanzintermediären macht deutlich, wie wichtig die grundsätzliche Erfassung des Personenkreises ist. Viel bedeutsamer aber ist der Ausdruck des Willens des Gesetzgebers, die notwendige Transparenz in diesem Bereich zu erzeugen. Dadurch kann theoretisch jedermann nachvollziehen, ob ein Unternehmen als Finanzintermediär zugelassen ist oder ob die Zulassung entzogen wurde. Die Veröffentlichung der Daten von Finanzintermediären und die damit verbundene Transparenz können einen hohen Imagegewinn nach sich ziehen, im Fall des Entzuges aber auch einen hohen Imageverlust für ein Unternehmen bedeuten. Es ist daher davon auszugehen, dass die Unternehmensführung darauf bedacht ist, solche Maßnahmen zu vermeiden, die einen Entzug der Zulassung als Finanzintermediär zur Folge haben. Bei am Shareholder Value orientierten Unternehmen kann daher davon ausgegangen werden, dass sie die Stakeholder eher von betriebswirtschaftlichen Investitionen zur Geldwäscheprävention überzeugen können, als eine negative Listung des Unternehmens mit einem Reputationsverlust und wirtschaftlichen Nachteilen zu riskieren.

e) Bewertung für die weitere Untersuchung

Es ist prinzipiell möglich, eine nachhaltige freiwillige Geldwäschecompliance in am Shareholder Value orientierten Unternehmen zu implementieren. Dies steht aber im Spannungsfeld zu den betriebswirtschaftlichen Zielen der Gewinnmaximierung, da eine nachhaltige Geldwäschecompliance letztendlich mit Kosten verbunden ist. Je nach Größe und Art des Unternehmens und erst Recht bei internationalen Verflechtungen ist davon auszugehen, dass eine Geldwäschecompliance einen erheblichen finanziellen Aufwand bedeutet. Weitaus problematischer ist jedoch die Tatsache, dass Geldwäschecompliance in der Folge dazu führen kann, dass bestimmte mit

---

1154 Thelesklaf, in: Thelesklaf/Wyss/Zollinger, Geldwäschereigesetz, Art. 18 Abs. 1, Rn. 4.

1155 Bundesgesetz über die Eidgenössische Finanzmarktaufsicht (956.1, Finanzmarktaufsichtsgesetz, FINMAG) vom vom 22. Juni 2007 (Stand: 01.01.2016).

Geldwäscherisiko verbundene Geschäfte nicht mehr ohne weiteres durchgeführt werden können. Zu denken ist hier etwa an die Vermittlung einer größeren Geschäfts- und Wohnanlage durch ein international tätiges Immobilienmaklergeschäft. Seine Monitoringmaßnahmen stufen den potenziellen Käufer als einen vermutlichen Strohmann ein. Nach Ablehnung des Geschäftes wird bekannt, dass eine andere vergleichbare Geschäftsimmobilie in der Region durch genau diese Person und auf Vermittlung eines anderen großen Immobilienmaklergeschäftes gekauft wurde, das über keine freiwillige Geldwäschecompliance verfügt. Eine durch diesen und weitere Fälle ausbleibende Gewinnmaximierung könnte die Unternehmensleitung eines am Shareholder Value orientieren Unternehmens gegenüber den Stakeholdern in Erklärungsnotstand bringen. Kommt es dadurch zu mehreren Geschäftsabbrüchen, wäre diese freiwillige Geldwäschecompliance auf Dauer in so einem Unternehmen vermutlich nicht mehr lange tragbar.

Die betriebswirtschaftliche Analyse krimineller Organisationen hat gezeigt, dass sie sowohl organisatorisch als auch strukturell mit legalen Unternehmen vergleichbar sind.[1156] Sie verfolgen beide eine Strategie des ökonomischen Wachstums und wählen beide ihre Märkte sorgfältig aus. Zudem wurde deutlich, dass Organisation und Planung, also ein ausgereiftes Management, bei kriminellen Organisationen eben so vorhanden ist wie bei legalen Unternehmen.[1157] Unterschiede bestehen jedoch im Auftreten auf Schattenmärkten und im Verhalten gegenüber Kunden, jeweils in der Motivation, nicht enttarnt zu werden.

Für Unternehmen, die ohne geldwäscherechtliche Vorgaben eine nachhaltige Geldwäscheprävention im Unternehmen implementieren möchten, stellt das unternehmerische Verhalten von kriminellen Organisationen dem ersten Anschein nach kein allzu großes Problem dar, zumal ein legales Unternehmen beispielsweise mit dem Drogenmarkt nichts zu tun hat. Die Untersuchung hat gezeigt, dass jedoch davon auszugehen ist, dass die weitere Verwendung und das Waschen von Drogengeldern auch den normalen Wirtschaftskreislauf und den von legalen Unternehmen betreffen wird. Es ist zudem davon auszugehen, dass immer effektivere Wege von kriminellen Organisationen, beispielsweise über die Gründung von Scheinfirmen, die Schaltung mehrerer Briefkastenfirmen hintereinander oder aber auch der globale Einsatz von Strohmännern benutzt werden, um legale Unternehmen, beispielsweise beim Kauf von Immobilien oder hochwertigen Gegenständen zu täuschen.

Dass ein legales Unternehmen anderen inkriminierten Unternehmensstrukturen entsprechend begegnen und nicht für Geldwäschezwecke missbraucht werden kann, setzt voraus, dass eine freiwillige Geldwäschecompliance so gestaltet ist, dass das Unternehmen und seine Mitarbeiter auch über das notwendige Know-how hierzu verfügen muss. Dieses menschliche und technische Know-how, auch im Rahmen der Erstellung von aktuellen Geldwäschetypologien, hat zur Folge, dass die Kosten für eine nachhaltige Implementierung ansteigen werden. Ein Beispiel

1156 Bongard, Wirtschaftsfaktor Geldwäsche, S. 35.
1157 Suendorf, Geldwäsche, S. 61.

sind etwa die Lizenzkosten für eine Datenbank zur Überprüfung von politisch exponierten Personen.

Die unternehmerische Verantwortung eines an CSR orientierten Unternehmens ist tiefgreifender, als zunächst vermutet. Die Bedeutung der Menschenrechte, die Implementierung von Verhaltenskodizes, aber auch die Einbringung von Werteschemata im Unternehmen können zur Umsatz- und Wettbewerbssteigerung im Marktgeschehen beitragen, da der Kunde in Zeiten des Internets sehr sorgfältig den Markt und firmenpolitische Ausrichtungen beobachten kann. Engagierte Unternehmen können sich durch die Implementierung einer freiwilligen Geldwäscheprävention mittel- und langfristig einen wirtschaftlichen Vorteil erarbeiten, auch wenn dies natürlich nicht mit absoluter Sicherheit garantiert werden kann. Denkbar ist zudem auch, dass das Vertrauen in die Qualität der Dienstleistung oder der von Produkten des Unternehmens ansteigt, wenn unternehmenspolitische Entscheidungen zugunsten einer nachhaltigen Geldwäscheprävention getroffen werden.

Die vielfältigen Möglichkeiten, wie Selbstverantwortung ausgestaltet werden kann, wurden am Schweizer System von SRO deutlich. Zwar gibt der schweizerische Gesetzgeber auch einen rechtlichen Rahmen vor, in dem sich die Finanzintermediäre bewegen müssen, und überlässt die Bekämpfung von Geldwäsche daher nicht vollkommener Selbstverantwortung. Die Zwischenschaltung von SRO hat aber gezeigt, dass dies eine Vielzahl von Möglichkeiten und Chancen eröffnet, um die Bekämpfung aus Sicht von Unternehmern betriebswirtschaftlicher zu gestalten. So können SRO, die zumeist branchenorientiert sind, viel zielgerichteter auf die angeschlossenen Mitglieder zugehen, als dies beispielsweise bei einer einzigen Aufsichtsbehörde der Fall wäre. Dadurch, das veröffentlicht wird, welche Finanzintermediäre an eine SRO angeschlossen sind oder welchen der Anschluss verweigert wurde, ist für jeden Interessenten nachvollziehbar, wer die Anforderungen zur Bekämpfung der Geldwäsche erfüllt und wer nicht.

Denkbar ist hierbei, dass ein schlechtes Image für ein Unternehmen im Extremfall existenzbedrohend sein kann. So ist auch denkbar, dass die Bewertung der Bonität eines Unternehmens am Kapitalmarkt aufgrund einer negativen Listung sinken wird. Dies kann zur Folge haben, dass keine oder nur noch eine geringe Kreditvergabe an ein gelistetes Unternehmen erfolgt. Die Reputation einer Bank oder eines Kreditgebers hängt auch davon ab, nicht in Verbindung zu Unternehmen gebracht zu werden, die keine Geldwäschevorkehrungen im Unternehmen betreiben. Entgegengehalten werden kann, dass die Möglichkeit eines gelisteten Unternehmers besteht, wiederum eine neue Firma zu gründen, was aber auch zur Folge hat, dass sich diese wieder einer SRO anschließen müsste. Lediglich der Zeitraum bis zur Ablehnung des Anschlusses an eine SRO könnte beispielsweise für die frische Kapitalbeschaffung bei einer Bank genutzt werden.

Denkbar sind bei dem System von SRO noch eine Reihe weiterer betriebswirtschaftlicher Synergieeffekte. Diese reichen von der Anschaffung gemeinsamer Beschulungssoftware über eine SRO für angeschlossene Verpflichtete und deren Mitarbeiter bis hin zur zentralen Zurverfügungstellung einer Monitoringsoftware. Die Beschaffung für mehrere hundert oder tausend Mitglieder dürfte kostengünstiger sein, als der einzelne Erwerb für jedes Unternehmen. Für am Shareholder Value oder an CSR orientierte Unternehmen können diese und andere Einsparungen, auch in Verbindung mit dem Effekt einer guten Reputation, einen mittelfristigen wirtschaftlichen Mehrwert für das Unternehmen bedeuten.

Im Ergebnis ist eine freiwillige Geldwäscheselbstkontrolle in der praktischen Umsetzung mit sehr vielen Risiken behaftet. Am Shareholder Value orientierte Unternehmen werden ohne eine staatliche Vorgabe keine Geldwäscheprävention im Unternehmen implementieren. Auch wenn bei an CSR orientierten Unternehmen eine breite Akzeptanz für solche Implikationen vorhanden sein wird, existieren dennoch eine Vielzahl von Unternehmen, die gar keine CSR im Unternehmen verfolgen. Es ist daher schwierig zu definieren, welche Unternehmen tatsächlich eine effiziente Geldwäschebekämpfung implementieren würden. Die gesellschaftliche und politische Bedeutung des Themas Geldwäschebekämpfung ist jedoch sehr hoch. Die Analyse hat deutlich gemacht, dass kriminelle Organisationen größtenteils wie legale Unternehmen agieren und sich Veränderungen in ihrer Umgebung immer wieder anpassen. Ein mittelständisches Unternehmen kann daher ohne die Zurverfügungstellung von staatlicher Unterstützung, beispielsweise von Informationen zu aktuellen Geldwäschetypologien von kriminellen Organisationen, nicht wirklich eine effektive Geldwäscheprävention mit den Mitarbeitern betreiben.

Das Schweizer Modell der Einschaltung einer Zwischenebene in Form von SRO zwischen Verpflichteten und den staatlichen Aufsichtsbehörden und unter einem gesetzlichen Rahmen bietet jedoch eine Möglichkeit, die Verpflichteten bei diesem Thema mitzunehmen und ihnen verschiedene Gestaltungsräume in ihren jeweiligen Tätigkeitsgebieten zur Verhinderung des Geldwäschemissbrauches zu eröffnen. Dies gilt auch im Hinblick darauf, dass eine staatliche Aufsichtsbehörde allein nicht in der Lage ist, den Verpflichteten derart viel Hilfestellung in Fachfragen zu leisten und noch die Belange einzelner Branchen von Verpflichteten zu berücksichtigen. Zudem sind SRO auch ein Sprachrohr gegenüber der staatlichen Aufsicht für die Belange der Unternehmen. Ein angenehmer Nebeneffekt ist, dass der Anschluss an eine SRO auch das Ansehen eines Unternehmens und dessen positive wirtschaftliche Ausrichtung stärken kann.

3. Kosten-Nutzen-Analyse von Erfüllungsaufwand und Erfolg

In die Auswertung des Nutzens und Erfolges werden statistische Daten der FIU zu Verdachtsmeldungen im Nichtfinanzbereich und Daten des statistischen Bundesamtes zu strafrechtlichen Verurteilungen von Personen nach § 261 StGB (Geldwäsche) einbezogen. Zur Gewährleistung einer praxisnahen Einordnung des Erfüllungsaufwandes wurden auch Umfragen[1158] durchgeführt. Die angeschriebenen

1158 S. Anlage 4 Musterschreiben des Verfassers an die zuständigen Berufskammern. Der Fragenkatalog an die Verbände wurde an die unterschiedlichen geldwäscherechtlichen Voraussetzungen angepasst.

Berufskammern und Verbände im Bereich des Immobilien- und Spielbankenverbandes wurden zu Personal- und Sachkosten, Provisionen und Gebühren, Arbeits- und Zeitaufwänden und der persönlichen Einordnung eines Kosten-Nutzen-Verhältnisses befragt. Daran anknüpfend erfolgte ein Interview mit den Geldwäschebeauftragten eines Spielbankbetreibers.

a) Adressaten

Für Rechtsanwälte, Kammerrechtsbeistände, Patentanwälte und Notare (§ 2 Abs. 1 Nr. 7 GwG) und für nicht kammerangehörige Rechtsdienstleister (§ 2 Abs. 1 Nr. 7a GwG) beschränkt sich der Pflichtenkatalog des GwG auf die dort enumerativ aufgeführten ausgeübten Geschäftstätigkeiten. Eine Einschränkung auf bestimmte Geschäftstätigkeiten besteht auch für Dienstleister für Gesellschaften und Treuhandvermögen oder Treuhänder (§ 2 Abs. 1 Nr. 9 GwG). Für Wirtschaftsprüfer, vereidigte Buchprüfer, Steuerberater und Steuerbevollmächtigte (§ 2 Abs. 1 Nr. 8 GwG), Immobilienmakler (§ 2 Abs. 1 Nr. 10 GwG), Spielbanken (§ 2 Abs. 1 Nr. 11 GwG), Online-Glücksspielanbieter (§ 2 Abs. 1 Nr. 12 GwG) und gewerbliche Güterhändler (§ 2 Abs. 1 Nr. 13 GwG) gelten die Pflichten unabhängig von einer bestimmten Geschäftstätigkeit.

b) Geldwäscheregulierungsaufwand

Neben der Erfüllung der unter Ziffer 1 Buchstabe a–c aufgeführten Pflichten können zuständige Aufsichtsbehörden und Berufskammern für Verpflichtete i.S.d. § 2 Abs. 1 Nr. 7–10 und 13 GwG im Rahmen der Implementierung von internen Sicherungsmaßnahmen die Bestellung eines Geldwäschebeauftragten anordnen (§ 9 Abs. 4 GwG). Darüber hinaus besteht die Besonderheit, dass Verdachtsmeldungen von kammerangehörigen Berufsgruppen an die zuständigen Berufskammern weiterzuleiten sind und diese eine Stellungnahme zur Verdachtsmeldung abgeben können (§ 11 Abs. 4 Sätze 1 und 2 GwG), was wiederum mit einem Aufwand für die Berufskammern verbunden ist. Ein gesetzlicher Mehraufwand besteht zudem für Spielbanken, da diese grundsätzlich immer einen Geldwäschebeauftragten bestellen müssen (§ 9 Abs. 2 Nr. 1 Satz 1 GwG).

Im Regelfall werden die Verpflichteten des Nichtfinanzbereiches die Implementierung der internen Sicherungsmaßnahmen (§ 9 GwG) bereits vor Aufnahme der beruflichen Tätigkeit vornehmen müssen.

aa) Finanzielle Aufwendungen

Eine vom Verfasser durchgeführte Umfrage hat ergeben, dass eine Bezifferung des durchschnittlichen finanziellen Aufwandes (Personal-, Software- oder Kopierkosten, Schulungsmaterial usw.) zur Implementierung der geldwäscherechtlichen organisatorischen Maßnahmen im Bereich von Notaren, Wirtschaftsprüfern und

Steuerberatern nicht existiert.[1159] Allerdings ist der Aufwand der zu erfüllenden Verpflichtungen stark risikobasiert und von der Mandats- und Kanzleistruktur und der individuellen Gewichtung weiterer Risikofaktoren abhängig.[1160]

Darüber hinaus besteht beispielsweise zwischen der Erfüllung der geldwäscherechtlichen Anforderungen bei einem Notariat ein sehr enger Zusammenhang mit den allgemeinen Anforderungen des notariellen Berufsrechts. Notare sind bereits im Rahmen der Beurkundungstätigkeit zur Identitätsfeststellung (§ 10 BeurkG) und zur Aufbewahrung von notariellen Urkunden (§ 18 DONot) verpflichtet. Teilweise gehen die berufsrechtlichen Anforderungen sogar über die geldwäscherechtlichen hinaus. So sind auch Nebenakten außerhalb der notariellen Urkunde für sieben Jahr aufzubewahren (§ 5 DONot).[1161] Nach § 8 Abs. 3 GwG wäre die Aufbewahrung lediglich fünf Jahre sicherzustellen.

Im Rahmen der Vermittlung des Abschlusses von Verträgen über Immobilien sind geldwäscherechtliche Sorgfaltspflichten bereits bei Zustandekommen eines Maklervertrages zu erfüllen (s. Kapitel E, IV. 1., a), bb)). Sollte ein Provisionsanspruch sowohl gegenüber dem Verkäufer als auch gegenüber dem Käufer bestehen, hat dies regelmäßig eine Vielzahl von Identifizierungen von Interessenten zur Folge. Den damit verbundenen Zeitaufwand schätzt der Immobilienverband (IVD) bei einer natürlichen Person auf durchschnittlich ca. 15 Minuten, bei einer juristischen Person auf ca. 30 Minuten. Darin erfasst sind der komplette Ablauf von Erfragen, Sicherung und ggf. Kontrolle und Archivierung der Daten bis hin zur Schulung von Mitarbeitern.[1162] Die durchschnittlich verursachten Kosten (Mittelwert) für eine Identifizierung beziffert der Immobilienverband auf 31,17.- Euro.[1163] Bei einer Anzahl von 450.000 vermittelten Notarverträgen von Immobilienmaklern in einem Jahr und durchschnittlich fünf Interessenten an einer Immobilie nebst der Identifizierung des Verkäufers kommt man auf ca. 2.700.000 geldwäscherechtliche Identifizierungen. Nicht eingerechnet sind dabei die Anzahl der Identifizierungen bei den erfolglosen Vermittlungen.

Der Erfüllungsaufwand für Spielbanken unterscheidet sich in zwei wesentlichen Kriterien von anderen Verpflichteten. Zum einen besteht die gesetzliche Verpflichtung zur Bestellung eines Geldwäschebeauftragten (§ 9 Abs. 2 Nr. 1 Satz 1 GwG), und zum anderen besteht die Verpflichtung, dass bereits beim Kauf oder Verkauf von

---

1159 Ergebnis der Umfrage des Verfassers bei der Bundesnotarkammer, Wirtschaftsprüferkammer und Bundessteuerberaterkammer, 2016.

1160 Ergebnis der Umfrage des Verfassers bei der Wirtschaftsprüferkammer und Bundessteuerberaterkammer, 2016.

1161 Ergebnis der Umfrage des Verfassers bei der Bundesnotarkammer, 2016.

1162 Ergebnis der Umfrage des Verfassers beim Immobilienverband Deutschland (IVD), 2016. Anmerkung: Der IVD besitzt nach eigenen Angaben 6.000 Mitglieder von denen ca. 4.500 Mitglieder im Bereich eines Immobilienmaklers tätig sind.

1163 Ergebnis der Umfrage des Verfassers beim Immobilienverband Deutschland (IVD), 2016. Siehe auch Anlage 5 Berechnungsmodell des IVD zu den durchschnittlichen Kosten für eine Identifizierung in Maklerbetrieben.

Spielmarken im Wert von 2.000 Euro oder mehr eine Identifizierung vorgenommen werden muss (§ 3 Abs. 3 Satz 1 GwG). Die Identifizierung kann bereits beim Betreten der Spielbank durchgeführt werden, falls sichergestellt ist, dass jede Transaktion im Wert von 2.000 Euro oder mehr dem Kunden zugeordnet werden kann (§ 3 Abs. 3 Satz 2 GwG). Diese Möglichkeit der unmittelbaren Identifizierung bereits beim Betreten der Spielbank wird aufgrund der Spielsuchtprävention bereits unabhängig von der geldwäscherechtlichen Verpflichtung vorgenommen.

Im Anschluss erfolgt der Abgleich der Personendaten mit einer Datenbank für Spielersperren.[1164] Aufgrund des Umgangs mit hohen Bargeldsummen – es kann beispielsweise auch an jedem Spieltisch Bargeld gegen Spieljetons getauscht werden – unterliegen Mitarbeiter und Kassenleiter ohnehin regelmäßigen Beschulungen zu einer Vielzahl von zu beachtenden Vorschriften. Daran anknüpfend sind auch technische Maßnahmen zur jederzeitigen Nachvollziehbarkeit des Verkaufes oder Kaufes von Spieljetons vorhanden.[1165]

Mit einem erheblichem Kostenaufwand ist jedoch die Beschaffung einer geeigneten Datenbank zum Abgleich mit bekannten politisch exponierten Personen i.S.d. § 6 Abs. 2 Nr. 1 GwG verbunden. Darüber hinaus lässt sich der gesamte geldwäscherelevante Erfüllungsaufwand jedoch nicht unmittelbar in Kosten einordnen, da die meisten geldwäscherechtlichen Verpflichtungen parallel mit anderen Vorgaben erfüllt werden.[1166]

bb) Gebühren und Provisionen

Eine unmittelbare Weitergabe des finanziellen Aufwandes an die Kunden über Provisionen oder Gebühren findet regelmäßig nicht statt oder ist beispielsweise berufsrechtlich untersagt (vgl. § 2 Abs. 3 Nr. 2 Berufsordnung Bundessteuerberaterkammer (BStBK).[1167] Seitens der Wirtschaftsprüferkammer wird jedoch davon ausgegangen, dass beispielsweise obligatorische Maßnahmen zur Qualitätssicherung in die Auftragskalkulation eingehen und damit die Höhe der Stundensätze, zu denen die betreffende Praxis ihre Leistungen im Außenverhältnis anbietet, beeinflussen.[1168] Davon ausgenommen ist jedoch die nicht unmittelbar auftragsbezogene Erfüllung der internen Sicherungsmaßnahmen.[1169]

1164 Ergebnis des Interviews des Verfassers mit den Geldwäschebeauftragten der B.-W. Spielbanken GmbH, 27.01.2016.

1165 Ergebnis des Interviews des Verfassers mit der B.-W. Spielbanken GmbH, 27.01.2016.

1166 Ergebnis des Interviews des Verfassers mit der B.-W. Spielbanken GmbH, 27.01.2016.

1167 Ergebnis der Umfrage des Verfassers bei der Bundessteuerberaterkammer, 2016.

1168 Ergebnis der Umfrage des Verfassers bei der Wirtschaftsprüferkammer, 2016.

1169 Ergebnis der Umfrage des Verfassers bei der Wirtschaftsprüferkammer, 2016.

cc) Stellungnahme zu einer Verdachtsmeldung

Eine detaillierte Erhebung zum personellen und sachlichen Aufwand bei Prüfung einer Verdachtsmeldung und ggf. Abgabe einer Stellungnahme (§ 11 Abs. 4 Satz 2 GwG) von Berufskammern besteht nicht.[1170] Die BNotK hat beispielweise mit der Aufgabe einer solchen Erhebung einen Referenten betraut, der auch andere Aufgaben wahrnimmt.[1171] Die geldwäscherechtliche Verpflichtung nimmt nach Angaben der BStBK bei jeder Verdachtsmeldung einen zeitlichen Bearbeitungsrahmen von zwei Stunden in Anspruch. Dies ist vor dem Hintergrund von durchschnittlich vier Verdachtsmeldungen in einem Jahr und damit einem Aufwand von einem Arbeitstag in einem Kalenderjahr überschaubar.[1172] Allerdings wird der interne Aufwand zur geldwäscherechtlichen Beratung (beispielsweise zur Erfüllung der Sorgfaltspflichten gem. §§ 3 ff GwG) einzelner Kammermitglieder als wesentlich höher angesehen.[1173]

c) Geldwäscheregulierungsertrag

Die Anforderungen an den geldwäscherechtlichen Ertrag und Erfolg hat der Gesetzgeber bereits im Jahr 1992 wie folgt definiert:[1174]

- Strafverfolgungsbehörden müssen Anhaltspunkte für Geldwäschetransaktionen verfügbar gemacht werden.
- Im Rahmen von strafrechtlichen Ermittlungsverfahren müssen sie auf Unterlagen zugreifen können, die Finanztransaktionen und insbesondere die hieran Beteiligten dokumentieren.
- Wirtschaftsunternehmen müssen Vorkehrungen zum Schutz davor ergreifen, dass sie für Geldwäsche missbraucht werden.

Eine genaue Einordnung, inwieweit Strafverfolgungsbehörden die von Verpflichteten erhobenen und gespeicherten Daten tatsächlich nutzen, gestaltet sich als schwierig. Dennoch bestehen verschiedene Ansätze, Indikatoren und Statistiken, die den Versuch einer Einordnung ermöglichen.

aa) Verfahrensintegrierte Ermittlungen

Sicherheitsbehörden können die nach § 8 Abs. 1 GwG angefertigten Aufzeichnungen zur Verfolgung von Geldwäschestraftaten und Bekämpfung von Terrorismus zu eigenen Ermittlungen und Strafverfahren (verfahrensintegrierte Ermittlungen[1175])

1170 Ergebnis der Umfrage des Verfassers bei der Bundessteuerberaterkammer, 2016; Ergebnis der Umfrage des Verfassers bei der Wirtschaftsprüferkammer, 2016; Ergebnis der Umfrage des Verfassers bei der Bundesnotarkammer, 2016.

1171 Ergebnis der Umfrage des Verfassers bei der Bundesnotarkammer, 2016.

1172 Ergebnis der Umfrage des Verfassers bei der Bundessteuerberaterkammer, 2016.

1173 Ergebnis der Umfrage des Verfassers bei der Wirtschaftsprüferkammer, 2016.

1174 RegE GewAufspG, BT-Drucks. 12/2704, S. 1.

1175 Teichmann/Achsnich, in: Herzog/Mülhausen, Geldwäschebekämpfung und Gewinnabschöpfung, § 29 Rn. 38.

heranziehen (vgl. § 15 Abs. 1 GwG). Dies wäre beispielsweise bei einem polizeilich erlangten Hinweis (z. B. im Rahmen einer Telefonüberwachung) zu einem Goldeinkauf eines Drogenhändlers oberhalb der Bargeldgrenze von 15.000 Euro der Fall und der Drogenhändler würde das für das Strafverfahren relevante Kaufgeschäft mit inkriminierten Geldern zu einem späteren Zeitpunkt abstreiten. Auf die personenbezogenen geldwäscherechtlichen Aufzeichnungen des Goldhändlers könnte daraufhin zugegriffen werden. Zahlenmäßige Auflistungen oder brauchbare Statistiken zu diesem Nutzungsbereich durch Sicherheitsbehörden existieren nicht.

bb) Geldwäscheverdachtsmeldungen

Im Rahmen von Verdachtsmeldungen werden auch geldwäscherelevante Hinweise an Landeskriminalämter und die FIU weitergegeben, die diese wiederum in bestehende Strafverfahren aufnehmen oder in Absprache mit der Staatsanwaltschaft zum Anlass nehmen kann, ein komplett neues Strafverfahren wegen Geldwäsche und anderer Vortaten einzuleiten (verfahrensunabhängige Ermittlungen[1176]). In den Jahresberichten der FIU wird eine Vielzahl von Daten zum Meldeverhalten von Verpflichteten aus dem Finanz- und Nichtfinanzbereich oder aber auch von anderen Sicherheitsbehörden veröffentlicht. Auch wenn sich dort nicht alle für eine Bewertung maßgeblichen Indikatoren, wie beispielsweise die des Geldwäschevolumens von Verdachtsmeldungen, befinden, so bieten die Statistiken doch einen Überblick zum Meldeverhalten von Verpflichteten des Nichtfinanzbereiches:

Abbildung 7: Verdachtsmeldungen der FIU von 2009–2014[1177]

Jahr	2009	2010	2011	2012	2013	2014
Anzahl der Verdachtsmeldungen (Finanz-und Nichtfinanzbereich und andere Stellen)	9.046	11.042	12.868	14.361	19.095	24.054
Verpflichtete Nichtfinanzbereich (§ 2 Abs. 1 Nr. 7–13 GwG)	**44** **0,49 %**	**61** **0,55 %**	**115** **0,89 %**	**128** **0,89 %**	**163** **0,85 %**	**245** **1,02 %**
Rechtsanwälte	16	10	11	17	10	23
Rechtsbeistände (Kammer)	0	0	4	0	0	0
Patentanwälte	0	0	0	0	1	0
Notare	5	4	7	3	1	1

1176 Teichmann/Achsnich, in: Herzog/Mülhausen, Geldwäschebekämpfung und Gewinnabschöpfung, § 29 Rn. 38.

1177 BKA, FIU Jahresberichte 2009–2014.

Jahr	2009	2010	2011	2012	2013	2014
Inkassounternehmen, Vermögensverwalter	–	–	0	4	0	1
Wirtschaftsprüfer	1	0	1	3	1	4
vereidigte Buchprüfer	0	0	0	0	0	0
Steuerberater	1	3	2	2	3	7
Steuerbevollmächtigte	0	0	0	0	0	0
Dienstleister für Gesellschaften, Treuhänder	–	–	0	2	1	0
Immobilienmakler	1	0	0	2	14	18
Spielbanken	8	11	4	22	32	42
Veranstalter, Vermittler von Glückspielen im Internet	–	–	–	–	0	0
Personen, die gewerblich mit Gütern handeln	12	33	86	73	100	149

Anhand der Jahresstatistiken wird deutlich, dass eine kontinuierliche Steigerung des Meldeverhaltens von 2009–2014 im Nichtfinanzbereich zu verzeichnen ist. Ernüchternd ist jedoch der prozentuale Vergleich mit den meldenden Stellen des Finanzbereiches und anderen Behörden. Die Gesamtzahlen der Verdachtsmeldungen aus dem Nichtfinanzbereich bewegen sich im Bereich bis zu einem Prozent. Diese Meldequote ist auch angesichts der Vielzahl von Unternehmen, beispielsweise bei den gewerblichen Güterhändlern, als sehr gering anzusehen. Zudem wird deutlich, dass einzelne Berufsfelder vorhanden sind, beispielsweise die des Patentanwaltes oder des vereidigten Buchprüfers, bei denen das Meldeverhalten gegen null tendiert. Auf der anderen Seite haben Spielbankbetreiber in den Jahren 2012–2014 insgesamt 96 Verdachtsmeldungen abgegeben, was einen Durchschnitt von 32 Verdachtsmeldungen pro Jahr ergibt. Die Bedeutung dieser durchschnittlichen Anzahl liegt darin, dass es sich im Gegensatz zu vielen anderen Verpflichteten um die sehr kleine Gruppe von insgesamt 60 Spielbankbetreibern (Stand: 2013) in Deutschland handelt.[1178] In dieser Relation ist das Meldeverhalten bei dieser Gruppe von Verpflichteten als ausgeprägt zu bezeichnen.

1178 Statistisches Bundesamt, Umsatzsteuerstatistik zu steuerpflichtigen Unternehmen und deren Lieferungen und Leistungen 2013, Zeitreihendaten zu den Berichtsjahren 2002–2013, Wiesbaden, März 2015.

cc) Verurteilungen wegen Geldwäsche

Eine weitere Möglichkeit, den Erfolg des Aufwandes von Verpflichteten näher einzuordnen, besteht in einer Analyse der strafrechtlichen Verurteilungen wegen Geldwäsche gemäß § 261 StGB. Eine Auswertung der Jahresberichte des statistischen Bundesamtes für die Berichtsjahre 2004–2013 zu Verurteilungen nach § 261 StGB Geldwäsche ergibt folgende Übersicht:

Abbildung 8: Verurteilungen von Personen nach § 261 StGB[1179]

Jahr	2004	2005	2006	2007	2008	2009	2010	2011	2012	2013
§ 261 Abs. 1 StGB Geldwäsche; Verschleierung unrechtmäßig erlangter Vermögenswerte	116	87	133	336	359	246	308	405	424	349
§ 261 Abs. 2 StGB Geldwäsche; Verschaffen, Verwahren und Verwenden unrechtmäßig erlangter Vermögenswerte	7	7	7	27	21	37	30	60	41	40
§ 261 Abs. 4 StGB Besonders schwerer Fall der Geldwäsche	7	14	19	24	28	21	24	47	38	41
§ 261 Abs. 5 StGB Leichtfertige Geldwäsche	14	21	100	321	358	224	442	558	577	562
Verurteilungen von Personen nach § 261 StGB	144	129	259	708	766	518	804	1070	1080	992

Die Anzahl der Verurteilungen nach § 261 StGB nimmt im Laufe der Zehnjahresübersicht mit wenigen Ausnahmen kontinuierlich zu. In den Jahren 2006 und 2007 gab es zwar eine Verdoppelung von Verurteilungen, die aber nicht auf eine signifikante geldwäscherechtliche Änderung zurückführen ist. Die Umsetzung der 3. GwRL erfolgte erst im Jahr 2008. Seit diesem Zeitraum haben sich die Fallzahlen

1179 Statistisches Bundesamt, Fachserie 10, Rechtspflege 3, Strafverfolgungsstatistik, Berichtsjahrgänge 2004–2013, ZBD-ID 2151689-3, Wiesbaden.

zu Verurteilungen jedoch um ca. ein Drittel gesteigert, wenngleich ein unmittelbarer Bezug angesichts der Zehnjahresübersicht eher verneint als bejaht werden kann. Gänzlich auszuschließen ist er jedoch nicht.

Auffällig ist, dass in nahezu allen Berichtsjahren der Anteil der leichtfertigen Geldwäsche bei ca. 50 Prozent lag. Letztendlich haben aber auch diese Sachverhalte strafrechtliche Verurteilungen zur Folge gehabt, auch wenn sich diese bei einer Strafandrohung mit bis zu zwei Jahren Freiheitsstrafe oder Geldstrafe (§ 261 Abs. 5 StGB) in einem vergleichsweise niedrigen Strafrahmen befinden. Berücksichtigt werden muss bei den statistischen Angaben, dass bei der Aburteilung von Angeklagten, die in Tateinheit (§ 52 StGB) oder Tatmehrheit (§ 53 StGB) mehrere Strafvorschriften verletzt haben, nur der Straftatbestand erfasst wird, der nach dem Gesetz mit der schwersten Strafe bedroht ist.[1180]

Problematisch ist auch, dass viele Strafverfahren im Bereich der organisierten Kriminalität einige Jahre andauern, ein messbarer Erfolg daher erst Jahre später feststellbar ist.[1181] Kritisch zu sehen ist zudem, dass insgesamt keine außerordentliche Steigerung der Verurteilungen wegen Geldwäsche vorhanden ist. Nach einigen Änderungen im GwG müssten aber erhebliche Steigerungen erkennbar sein.[1182]

Letztendlich dürfen zwei Bereiche nicht außer Acht gelassen werden. Zum einen ist trotz allem eine gewisse Anzahl von Verurteilungen vorhanden, und das in einem strafrechtlichen Bereich, bei dem die Strafandrohungen wegen (schwerer) Vortaten zur Geldwäsche regelmäßig die Strafandrohung des Geldwäschestraftatbestandes überschreiten dürften. Zum anderen darf der Erfolg der Maßnahmen zur Geldwäschebekämpfung nicht nur an der Anzahl der Verurteilungen gemessen werden, vielmehr darf der präventive Charakter des GwG nicht außer Acht gelassen werden.[1183] Die geldwäscherechtliche Funktion der Unternehmen liegt nicht nur in einer unmittelbaren oder mittelbaren Mitwirkung an der Strafverfolgung und in einer „Schadensreparatur". Das Ziel des Gesetzgebers ist auch, Unternehmen vor Missbrauch zu schützen und die Verhinderung und Beseitigung volkswirtschaftlicher Schäden zu erreichen. Von einem Erfolg kann aber nur dann ausgegangen werden, wenn der Bereich der Strafverfolgung durch Sicherheitsbehörden (verfahrensintegrierte und verfahrensunabhängige Ermittlungen) und die der Erfüllung präventiven Maßnahmen der Unternehmen vollumfassend und parallel nachgegangen werden. Eine Nichterfüllung des repressiven oder präventiven Bekämpfungsansatzes könnten Geldwäscher für ihre Zwecke vorzugsweise nutzen.

1180 Statistisches Bundesamt, Fachserie 10, Reihe 3, 2013, S. 13.
1181 Fülbier, in: Fülbier/Aepfelbach/Langweg, GwG, Einl., Rn. 58.
1182 Vgl. Fülbier, in: Fülbier/Aepfelbach/Langweg, GwG, Einl., Rn. 58.
1183 Teichmann/Achsnich, in: Herzog/Mülhausen, Geldwäschebekämpfung und Gewinnabschöpfung, § 31 Rn. 46 und § 29 Rn. 39; Bräuning, Geldwäscheökonomie, S. 333.

d) *Bewertung des Kosten-Nutzen-Verhältnisses*

Der exemplarische Vergleich der Berufsgruppe der Immobilienmakler mit dem der Spielbanken macht den Unterschied im Aufwand zur Erfüllung der geldwäscherechtlichen Pflichten deutlich. Spielbanken identifizieren bereits aus suchtpräventiven Gründen ihre Kunden beim Eintritt in die Spielbank. Geldwäscherechtliche Anforderungen können dadurch relativ problemlos und ohne viel Aufwand in die bestehende Struktur eingebunden werden, was auch für einige andere organisatorische geldwäscherechtliche Pflichten gilt.[1184] Der Immobilienmakler hingegen hat bei der Begründung einer Geschäftsbeziehung, die regelmäßig an das Provisionsverlangen des Maklervertrages geknüpft ist, eine Vielzahl von Interessenten zu überprüfen, aufzuzeichnen und zu archivieren, ohne dass er dazu bereits wegen anderer Verpflichtungen dazu angehalten ist. Dies bedeutet für ihn einen erheblicher vor allen Dingen personeller Mehraufwand. Bei einer Berufskammer wurde deutlich, dass regelmäßig die Beratung für Mitglieder mit einem höheren Aufwand verbunden ist, als die Sichtung und ggf. mit einer eigenen Stellungnahme verbundene Weiterleitung der Verdachtsmeldung.[1185]

Alle Verpflichteten geben oder dürfen zum Teil den Aufwand nicht über Gebühren oder Provisionen an ihre Kunden weitergegeben. Eine genaue Bezifferung der organisatorischen, aber auch anderer Kosten, beispielsweise des personellen Aufwandes, gestaltet sich schwierig, und ein wissenschaftlicher Beleg exisitiert nicht. Seitens eines Immobilienverbandes wurden jedoch Beispiele gegeben, die zeigen, dass diese Kosten sich wegen der Anzahl der vermittelten Notarverträge in Millionenbeträge aufsummieren können.[1186]

Die drei zu Beginn genannten Intentionen des Gesetzgebers[1187] besitzen auch heute noch Gültigkeit. Mit den Verdachtsmeldungen werden Strafverfolgungsbehörden verdächtige Anhaltspunkte zur Geldwäsche zugänglich gemacht, auch wenn sich diese zwar zahlenmäßig im Vergleich zum Finanzbereich und anderen meldenden Behörden auf einem geringen Niveau befinden. Hierzu muss aber berücksichtigt werden, dass sich die Anzahl der Verdachtsmeldungen in den Jahren 2012–2014 im Nichtfinanzbereich nahezu verdoppelt hat. Zudem muss die vermeintlich hohe Anzahl der Verdachtsmeldungen von zumeist Kredit- und Finanzdienstleistungsinstituten im Kontext der täglich zu bearbeitenden ca. 65 Millionen Überweisungen und Lastschriften[1188] in Deutschland gesehen werden. Da sich die statistischen Daten der FIU auf einen Jahreszeitraum beziehen, bedeutet das bei durchschnittlich 250 Werktagen ca. 16,25 Milliarden Überweisungen und Lastschriften jährlich für den

1184 Interview des Verfassers mit der B.-W. Spielbanken GmbH, 27.01.2016.

1185 Ergebnis der Umfrage des Verfassers bei der Wirtschaftsprüferkammer, 2016.

1186 Umfrage des Verfassers beim Immobilienverband Deutschland (IVD), 2016.

1187 RegE GewAufspG, BT-Drucks. 12/2704, S. 1.

1188 Deutsche Bundesbank, Geschäftsbericht 2014, S. 55; Deutsche Bundesbank 2014, Zahlungsverkehrs- und Wertpapierabwicklungsstatistiken in Deutschland 2009–2013.

Bankenbereich. Vor diesem Hintergrund sind die Meldezahlen des Finanzbereiches eigentlich eher gering.

Belastbare Statistiken zum Nutzen und Erfolg von verfahrensintegrierten Ermittlungen[1189] und damit zur Erfüllung der zweiten Intention des Gesetzgebers existieren zwar nicht, dennoch darf davon ausgegangen werden, dass die geldwäscherechtlichen Aufzeichnungen zur Verfolgung von Geldwäschestraftaten und der Bekämpfung von Terrorismus herangezogen werden.

Letztendlich ist auch die dritte Intention des Gesetzgebers, Wirtschaftsunternehmen selbst vor Geldwäschemissbrauch zu schützen, in der Beurteilung der Effektivität des GwG nicht außer Acht zu lassen.[1190] Das GwG ist damit nicht nur auf eine effektivere Strafverfolgung gerichtet, sondern hat auch eine wesentliche präventive Funktion, die Unternehmen und die Volkswirtschaft vor Geldwäsche schützen soll.[1191] Erfahrungen bei Finanzinstituten haben gezeigt, dass die Umsetzung der Verpflichtungen Kriminelle dazu gebracht hat, auf andere Formen der Geldwäsche auszuweichen.[1192] In die Bewertung der Abwägung des Erfüllungsaufwandes der Verpflichteten zu den Erträgen für Strafverfolgungsbehörden ist der präventive Aspekt mit zu berücksichtigen, auch wenn er quantitativ nur schwer messbar ist. Die positive Wirkung und das Vertrauen auf den legalen Wirtschaftskreislauf dürfen gegenüber der strafrechtlichen Bekämpfung nicht in den Hintergrund rücken. Nur in der Ausübung eines gesamtheitlichen präventiven und repressiven Bekämpfungsansatzes kann Geldwäschern effektiv begegnet werden.

Die Effektivität und der Gesamtnutzen der geldwäscherechtlichen Implementierungen im Verhältnis zum Erfüllungsaufwand für Verpflichtete sind als angemessen anzusehen. Ökonomische Ressourcen werden nicht verschwendet, sondern schützen die Ökonomie und tragen erheblich zu einer funktionierenden Volkswirtschaft bei. Letztendlich darf bei der Vielzahl zu erfüllender Pflichten aus ökonomischer Sicht die Würdigung dieser aktiven Beteiligung von Unternehmen an der Geldwäschebekämpfung nicht außer Acht gelassen werden.[1193] Positive Anreize, beispielsweise in Form einer Rückmeldung zu Ergebnissen von Ermittlungen zu einer Verdachtsmeldung, können für Verpflichtete im Nichtfinanzbereich motivierend sein, die Sensibilität zur Geldwäschebekämpfung erhöhen und damit einen Beitrag leisten die Volkswirtschaft effektiv zu schützen.[1194]

1189 Teichmann/Achsnich, in: Herzog/Mülhausen, Geldwäschebekämpfung und Gewinnabschöpfung, § 29 Rn. 38.

1190 RegE GewAufspG, BT-Drucks. 12/2704, S. 1.

1191 Vgl. Bräuning, Geldwäscheökonomie, S. 333.

1192 Fülbier, in: Fülbier/Apfelbach/Langweg, GwG, Einl., Rn. 99.

1193 Langweg, in: Fülbier/Apfelbach/Langweg, GwG, § 5 Rn. 8; vgl. Bräuning, Geldwäscheökonomie, S. 338.

1194 Langweg, in: Fülbier/Apfelbach/Langweg, GwG, § 5 Rn. 8; vgl. Bräuning, Geldwäscheökonomie, S. 338.

G. Ergebnis der Untersuchung, Handlungsempfehlungen und Ausblick

I. Ergebnis der Untersuchung

Die Bekämpfung von Geldwäsche oder Terrorismusfinanzierung wird regelmäßig nur dann erfolgreich sein, wenn Verpflichtete im Nichtfinanzbereich zumindest über Grundkenntnisse zu den beiden Phänomenen verfügen. Die Zurverfügungstellung von Informationen über aktuelle sowie klassische Geldwäschetechniken, auch anhand der Darstellung von Geldwäschemodellen, ermöglicht es Verpflichteten, in ihrem Unternehmen entsprechende geldwäschebezogene Sachverhalte frühzeitig zu entdecken. Inwieweit Verpflichtete im Nichtfinanzbereich bereits tatsächlich über entsprechende Kenntnisse zu diesen Grundlagen verfügen, konnte in der Untersuchung nicht festgestellt werden. In den Jahresberichten der FIU wurde aber zumindest regelmäßig über aktuelle Geldwäschetechniken berichtet. Jedoch kamen in diesen Jahresberichten nur wenige Erläuterungen von Geldwäschemodellen oder Informationen zu aktuellen Techniken der Terrorismusfinanzierung vor. Eine ähnliche Feststellung konnte auch bei der Analyse von öffentlich zugänglichen Publikationen der Aufsichtsbehörden im Nichtfinanzbereich festgestellt werden.

Die rechtspolitischen Entscheidungen des Gesetzgebers der vergangenen Jahrzehnte zeigen, dass das Phänomen Geldwäsche auch nach Inkrafttreten des ersten Geldwäschegesetzes im Jahr 1993 nicht mehr aus dem Fokus geriet. Die Gründung der FATF im Jahr 1989 und die Veröffentlichung und Aktualisierung von Empfehlungen zur Geldwäschebekämpfung hat sich als Glücksfall für den europäischen Richtlinien- und für den deutschen Gesetzgeber erwiesen. Auch wenn die Umsetzung der jüngsten 40 Empfehlungen der FATF vom Februar 2012 in eine neue, vierte Geldwäscherichtlinie insgesamt drei Jahre andauerte, so enthalten diese Empfehlungen neben den sonstigen Veröffentlichungen der FATF eine Vielzahl von Erkenntnissen beispielsweise zu aktuellen Geldwäschephänomenen oder zu Dienstleistungen in unterschiedlichen Unternehmensbereichen, die für Geldwäsche missbraucht werden. Die Entscheidung der europäischen Mitgliedstaaten, immer wieder Richtlinien und keine Verordnungen zu erlassen, lässt den notwendigen Raum, entsprechende nationale berufliche oder unternehmerische Besonderheiten bei der Umsetzung in die Gesetzgebung zu berücksichtigen. Der Gesetzgeber hat dies in verschiedenen Bereichen auch getan.

Auffällig war auch, dass die EU dem von der FATF neu in die 40 Empfehlungen vom 15.02.2012 aufgenommenen Bereich dem Bereich der Bekämpfung der Proliferationsfinanzierung in der vierten Geldwäscherichtlinie keine Bedeutung zumaß. Inwieweit dies in anderen Gesetzen, neben dem GwG, erfolgen wird, konnte im Laufe der Untersuchung nicht festgestellt werden. Die Chance, den Verpflichteten im Nichtfinanzbereich beispielsweise Typologien zu Proliferation oder spezielle

Methoden zu Produkten oder dem Erwerb von sogenannten Dual-use-Gütern im Rahmen der erlassenen vierten Geldwäscherichtlinie näher zu bringen, wurde damit nicht genutzt.

Die Untersuchung des Ausmaßes der Geldwäsche zeigt auf, wie schwierig sich eine genaue Einordnung des Geldwäschevolumens ermitteln lässt. Eine exaktere länderübergreifende Bestimmung des Geldwäschevolumens bzw. des Geldwäsche- und Produktflusses hätte den Vorteil, dass eine zielorientierte Bekämpfung der Geldwäsche möglich wäre. Die Entwicklung einer Prognosesoftware, wie diese bereits in einigen Ländern zur Vorhersehbarkeit von Einbruchsdiebstählen genutzt wird, wäre beispielsweise eine solche Möglichkeit. Zudem haben die Auswirkungen von Geldwäsche offenbart, dass dadurch nicht nur die Wirtschaft einen erheblichen Schaden nehmen kann, sondern langfristig auch die Volkswirtschaft erheblich beeinträchtigt wird. Kriminelle Organisationen sind in der Lage, einen nicht unerheblichen Einfluss auf die Wettbewerbsfähigkeit von legalen Unternehmen auszuüben oder sie gar ganz vom Markt zu verdrängen. Die Einflussnahme ist spätestens dann für Unternehmen spürbar, wenn Preisgestaltungen erheblich oder ganz von kriminellen Organisationen gesteuert werden.[1195]

Die Schwierigkeit, eine effektive Geldwäscheprävention in Einklang mit dem Gewinnstreben von Unternehmen zu bringen, wurde an der Analyse der Fragestellung deutlich, inwieweit Unternehmen dies auf freiwilliger Basis und ohne Vorgaben des Gesetzgebers erfüllen können. Dabei hat sich gezeigt, dass die freiwillige Implementierung gerade bei am Shareholder Value orientierten Unternehmen als schwierig anzusehen ist, insbesondere, wenn sie international tätig sind. Die Ablehnung eines größeren Auftrages aufgrund eigener Geldwäschecompliancerichtlinien kann zur Folge haben, dass ein konkurrierendes Unternehmen, das über keine oder nur wenig restriktive Geldwäscherichtlinien verfügt, diesen Auftrag übernehmen wird. Inwieweit dies Stakeholdern durch die Unternehmensleitung bei mehreren abgelehnten Geschäften zu vermitteln ist, bleibt fraglich und kann in der Folge zu erheblichen Verlusten im Unternehmen führen. Auf eine freiwillige Geldwäscheprävention bei am Shareholder Value orientierten Unternehmen ist daher nicht zu setzen.

Problematisch ist auch, ob sich deutsche Unternehmen überhaupt regelmäßig gegenüber professionellen kriminellen Vereinigungen und Geldwäschern durch eigenständige freiwillige und zielgerichtete Maßnahmen gegen den Missbrauch zur Geldwäsche schützen können. Dies gilt auch vor dem Hintergrund, dass kriminelle Organisationen sowohl organisatorisch als auch strukturell mit denen legaler Unternehmen vergleichbar sind.[1196] Kriminelle Vereinigungen sind geprägt durch das Streben nach ökonomischem Wachstum, ein ausgereiftes Management, aber auch durch Prozesse wie das Reengineering.[1197] Unternehmen müssten diesen kriminellen Vereinigungen mit einer Geldwäschecompliance effektiv entgegentreten können.

1195 Vgl. Werner, Wachstumsbranche Geldwäsche, S. 96.
1196 Vgl. Bongard, Wirtschaftsfaktor Geldwäsche, S. 35.
1197 Suendorf, Geldwäsche, S. 61.

Dies wird sich regelmäßig schwierig gestalten, da deren betriebswirtschaftliche „Raffinesse“ beispielsweise bei Gründung von nationalen oder internationalen Scheinfirmen oder aber bei der Einbindung von Strohmännern die Erkennbarkeit von Geldwäschevorgängen erschwert. Es ist daher eher unwahrscheinlich, dass Unternehmen den inkriminierten Unternehmensstrukturen ohne staatliche Hilfe – etwa in Form der Zurverfügungstellung von aktuellen Geldwäschetypologien und Handlungshilfen – und ohne einen rechtlichen Rahmen mit gezielten Verpflichtungen effizient entgegentreten können. Kleinere Unternehmen können auch aufgrund eines geringen Budgets nicht auf Beratungsunternehmen aus der Wirtschaft zurückgreifen.

Es hat sich gezeigt, dass an Corporate Social Responsibility orientierte Unternehmen noch am ehesten in der Lage sind, freiwillige Vorkehrungen gegen Geldwäschemissbrauch im Unternehmen zu implementieren, und dies auch gegenüber den Stakeholdern besser vertreten können. Die Beachtung von Menschenrechten und die Eindämmung von Kriminalität ist für an CSR orientierte Unternehmen zumeist ein bedeutsames Element der Unternehmensführung. Daher ist denkbar, dass auch Kodizes, Leitlinien und Verhaltensschemata, ähnlich wie bei der Korruptionsbekämpfung in Unternehmen, auch in der Bekämpfung von Geldwäschemissbrauch im Unternehmen implementiert werden. Veröffentlichte Maßnahmen gegen Geldwäsche können dem Unternehmen, beispielsweise in deren Internetauftritt, einen erheblichen Imagegewinn und damit wirtschaftliche Vorteile bringen. Langfristig kann dies zu steigenden Wettbewerbsvorteilen, einem steigenden Marktwert und Umsatz im Unternehmen führen.[1198]

Denkbar ist insgesamt eine Entwicklung wie die der Veröffentlichung von bisherigen ISO-Zertifizierungen, die das Vertrauen des Verbrauchers in das Unternehmen und in die Qualität der Dienstleistungen oder Waren bringen kann. Es ist zwar im Ergebnis davon auszugehen, dass an CSR orientierte Unternehmen eher geneigt sind, eine freiwillige Geldwäschecompliance im Unternehmen zu implementieren, als am Shareholder Value orientierte Unternehmen, aber dies grundsätzlich anzunehmen, wäre zu weit gegriffen. Zu groß ist auch hier die Gefahr, dass einzelne lukrative geldwäscheanfällige Geschäfte getätigt werden, da keine Sanktionen durch Aufsichtsbehörden erfolgen würden.

Die privatwirtschaftliche Selbstverantwortung in Form von Selbstregulierungsorganisationen am Beispiel des Schweizer Systems ist zwar eine Variante, die nicht auf vollkommener freiwilliger Selbstverantwortung der Unternehmen basiert, aber trotzdem einige Vorteile gegenüber der unmittelbaren Aufsicht bei einer Behörde mit sich bringt. Die Zwischenschaltung von regelmäßig branchenorientierten SRO kann Synergieeffekte mit anderen betroffenen Unternehmen eröffnen. Durch die Möglichkeit der Abgabe von Stellungnahmen zu Gesetzesvorlagen der branchenorientierten SRO, können die Bedürfnisse der angeschlossenen Unternehmen gezielt berücksichtigt werden. Die Analyse hat zudem gezeigt, dass die Veröffentlichung

---

1198 Hummel/Schmeisser/Rönsch/Zilch, Shareholder Value Approach, S. 106.

der Namen der angeschlossenen Verpflichteten an eine SRO oder die Verweigerung des Anschlusses an diese ein adäquates Mittel sein kann, um Unternehmen dazu zu bewegen nicht negativ gelistet zu werden, da Nachteile wie die eines schlechten Images für Unternehmen unter Umständen existenzbedrohend sein kann.

Das Schweizer Vorbild von privatrechtlichen SRO und die Implementierung einer Zwischenebene zwischen Verpflichteten und Aufsichtsbehörden und unter einem gesetzlichen Rahmen bietet somit eine interessante Möglichkeit, die Verpflichteten bei der Geldwäscheprävention mitzunehmen und den Staat so weit als möglich aus dem operativen Bereich der Bekämpfung des Geldwäschemissbrauchs herauszuhalten.

Inwieweit die Kammern und Verbände diese Aufgabe erfüllen können, wäre zu prüfen. Vorzuziehen sind aber eher branchenspezifische SRO, da beispielsweise eine Industrie- und Handelskammer eine Vielzahl von Branchen abdecken müsste. Dadurch besteht die Gefahr, dass wieder eine zu große Bündelung erfolgt und eine branchengerichtete Geldwäschebekämpfung in den Hintergrund treten würde.

Die Bandbreite der geldwäscherechtlichen Auswirkungen auf den Nichtfinanzbereich mit seinen unterschiedlichsten Branchen, Berufsgruppen, Produkten und Dienstleistungen wurde bei der Untersuchung des Erfüllungsaufwandes für Verpflichtete und beim Ertrag für Strafverfolgungsbehörden in der Kosten-Nutzen-Analyse deutlich. Zum Teil müssen finanzielle Aufwendungen in Millionenhöhe von einer Branche erbracht werden, während andere Verpflichtete viele geldwäscherechtliche Pflichten in bereits bestehende Strukturen implementieren können. Schwierig ist auch die Einordnung, inwieweit Erfolge für Strafverfolgungsbehörden anhand statistischer Fallzahlen zu Verdachtsmeldungen oder Verurteilungen zu § 261 StGB messbar sind. Dies gilt auch mit Blick auf die jährlich milliardenfachen Finanztransaktionen des Finanzbereiches und deren hohe Fallzahlen von Verdachtsmeldungen im Vergleich zum Nichtfinanzbereich.

Im Ergebnis hat sich letztendlich gezeigt, dass der Erfolg nicht an Zahlen zur Strafverfolgung messbar ist. Die Funktion des GwG ist eng mit einer präventiven Aufgabe verknüpft, Unternehmen und die Volkswirtschaft vor Geldwäsche zu schützen.[1199] Die geldwäscherechtlichen Maßnahmen entfalten darüber hinaus eine positive Wirkung auf die Reputation von Unternehmen und die des Wirtschaftsstandortes Deutschlands. Ausländische Investoren können dadurch in eine funktionierende legale Wirtschaft vertrauen. Die Effektivität und der breit gefächerte Gesamtnutzen der geldwäscherechtlichen Implementierungen stehen damit im angemessenen Verhältnis zum unterschiedlichen Erfüllungsaufwand der Verpflichteten im Nichtfinanzbereich.

1199 Vgl. Bräuning, Geldwäscheökonomie, S. 333.

1. Adressaten

Die untersuchten geldwäscherechtlichen Adressatenregelungen für rechtsberatende Berufe, Dienstleister für Gesellschaften und Treuhänder, Spielbanken und Veranstalter und Vermittler von Glücksspielen (§ 2 Abs. 1 Nr.7–9, 11–12 GwG) sind angemessen, um eine effektive Geldwäschebekämpfung zu erreichen. Auch die Aufnahme der Einschränkung auf bestimmte Tätigkeiten (§ 2 Abs. 1 Nr. 7–7a und 9 GwG) oder gar keine Beschränkung auf bestimmte Tätigkeiten beispielsweise bei Wirtschaftsprüfern, Steuerberatern und Steuerbevollmächtigten (§ 2 Abs. 1 Nr. 8 GwG) ist konsequent und nachvollziehbar. Die analysierten Typologien und beispielhaften Sachverhalte zur Geldwäsche korrespondieren mit den explizit genannten rechtlichen Tätigkeiten der Adressatenbereiche (§ 2 Abs. 1 Nr. 7–7a und 9 GwG).

Die eingehende Untersuchung der Adressatenregelung für Immobilienmakler (§ 2 Abs. 1 Nr. 10 GwG) offenbarte, dass Bauträger (§ 34c GewO) und Immobilienversteigerer (§ 34b GewO) nicht darunter zu subsumieren sind. Eine Vielzahl von Typologien und auch der Verlauf der Untersuchung im Zusammenhang der Missbrauchsanfälligkeiten beim Immobilienbereich haben jedoch gezeigt, dass der Geldwäscher keine Unterscheidung vornimmt, von wem er vorzugsweise eine Immobilie erwirbt oder vermittelt bekommt. In Kenntnis der fehlenden beiden Adressaten würde ein Geldwäscher mit an Sicherheit grenzender Wahrscheinlichkeit einen Bauträger oder Immobilienversteigerer bevorzugen. In der Analyse der Adressaten der Immobilienmakler wurde an einem Bundesland deutlich, dass dieses den Bereich der Vermietungsvermittlung geldwäscherechtlich ausgenommen hat, obwohl die Adressatenregelung des Gesetzgebers keine Ausnahme hierzu vorsieht. Diese rechtliche Vorgehensweise erscheint daher fragwürdig und aufgrund bestehender Typologien für den Bereich von Vermietungen auch wenig nachvollziehbar.

Problematisch ist auch die Implementierung des Adressatenkreises „Personen, die gewerblich mit Gütern handeln" (§ 2 Abs. 1 Nr. 13 GwG). Durch die geldwäscherechtliche Aufnahme des Güter- und Handelsbegriffes im Jahr 2008 entstanden nicht unbedeutende Einordnungsprobleme für Verpflichtete und Aufsichtsbehörden. Die Möglichkeit, eine exakte Definition in § 1 GwG in die dortigen Begriffsbestimmungen aufzunehmen, hat der Gesetzgeber leider nicht genutzt. Dadurch konnte es dazu kommen, dass detaillierte Anwendungserlasse von einigen wenigen Bundesländern zum Güter- und Handelsbegriff erlassen wurden. Dies führte in der Folge dazu, dass von diesen Behörden ein weit gefasster Güterbegriff dem Adressatenkreis der Güterhändler i.S.d. § 2 Abs. 1 Nr. 13 GwG zugeordnet wurden.

So sind in einigen Bundesländern nun auch Unternehmen wie Bauträger von Immobilien unter den Güterbegriff zu subsumieren. Schwierig wird diese vorgenommene Zuordnung auch, weil die FIU in einer veröffentlichten Fachstudie zur Missbrauchsanfälligkeit des Immobiliensektors im Jahr 2012 die Berufsbereiche der Bauträger, Bauunternehmer und Projektentwickler als Verpflichtete explizit aus dem GwG ausgenommen hat.[1200] Die vor dem Jahr 2008 bestandene Adressatenregelung mit „sonstigen Gewerbetreibenden" war indes eindeutiger und wies nicht die jetzigen Zuordnungsprobleme auf. Durch die damals bereits vorhandene Anknüpfung an den Schwellenbetrag von 15.000 EUR Bargeld oder mehr war eindeutig, dass auch Dienstleister, Bauträger usw. unter diese Regelung fallen, sobald sie dort diesen Betrag, auch kumuliert, überschreiten.

Durch die von einigen Bundesländern vorgenommene Zuordnung der Bauträger zur Gruppe der Güterhändler entstand noch ein weiteres Problem. Es muss sich letztendlich regelmäßig um ein Bargeschäft von 15.000 EUR oder mehr handeln (§ 3 Abs. 2 Satz 5 GwG). Außerhalb dieses Schwellenbetrages ist der Bauträger auch bei diesen Bundesländern regelmäßig nicht vom GwG erfasst. Allerdings lässt sich eine Kumulation und damit einhergehend die Überschreitung des Schwellenbetrages von 15.000 EUR Euro (§ 3 Abs. 2 Satz 5 GwG) bei einzelnen Güterhändlern nur schwer oder gar nicht erkennen. Es fehlt zudem eine gesetzliche Angabe, welcher Zeitraum konkret von der Kumulation erfasst ist. Theoretisch wäre dies der komplette Zeitraum von der Gründung bis zur Schließung eines Geschäftes, was aber praktisch unrealistisch ist und nur in sehr seltenen Fällen überhaupt erfüllt werden kann.

In der Analyse des Adressatenkreises der Spielbanken (§ 2 Abs. 1 Nr. 11 GwG) konnte festgestellt werden, dass die eigens für diesen Kreis der Verpflichteten geschaffenen Vorgaben einer effektiven Geldwäscheanforderung entsprechen und problemlos in der praktischen Anwendung umgesetzt werden können, beispielsweise bei der Pflicht zur Identifizierung von Personen beim Kauf oder Verkauf von Spielmarken im Wert von 2.000 EUR oder mehr (§ 3 Abs. 3 Satz 1 GwG). Durch die jederzeitige Verpflichtung der Identifizierung bei Erreichen dieses Schwellenbetrages und der damit verbundenen Erfassung und Aufbewahrung der Daten wird der Zielrichtung der effektiven Umsetzung des GwG Genüge getan.

Dies trifft ganz besonders auch für den Adressatenkreis der Veranstalter und Vermittler von Glücksspielen im Internet (§ 2 Abs. 1 Nr. 12 GwG) zu. Die Erfüllung der umfassenden Vorschriften zur Einrichtung von internen Sicherungsmaßnahmen (§ 9a GwG), der Spieleridentifizierung (§ 9b GwG) und zum Einrichten eines Spielerkontos (§ 9c GwG) sind geeignet, der physischen Abwesenheit des Spielers effektiv zu begegnen. Für Unternehmer in diesem Bereich ist die praktische Umsetzung zwar mit einigem logistischen Aufwand verbunden, jedoch bestehen auch in einer klassischen Spielbank vor Ort besondere Herausforderungen, die ebenfalls umgesetzt werden können.

2. Begriff der Begründung einer Geschäftsbeziehung

In der Untersuchung wurde deutlich, dass der Auslösetatbestand zur Anwendung von Sorgfaltspflichten „im Fall der Begründung einer Geschäftsbeziehung" (§ 3 Abs. 2 Nr. 1 GwG) zu Schwierigkeiten in der praktischen Anwendung führt. Die

1200 BKA, FIU Immobilienstudie 2012, S. 6.

Bundessteuerberaterkammer sowie die Wirtschaftsprüferkammer haben als zuständige Aufsichtsbehörden die Begriffsbestimmung einer Geschäftsbeziehung (§ 1 Abs. 3 GwG) und den darin enthaltenen Halbsatz, dass beim Zustandekommen des Kontakts davon ausgegangen wird, dass diese von gewisser Dauer sein wird, in der Form ausgelegt, dass diese bei einem einmaligen und begrenzten Mandat keine Anwendung findet. Erst wenn eine Absichtserklärung zu darauffolgenden Mandaten vorliegt oder ein anschließend neuer Vertrag geschlossen wird, könne von einer gewissen Dauer i.S.d. § 1 Abs. 3 GwG ausgegangen werden. Die Diskrepanz zwischen dem Auslösetatbestand des § 3 Abs. 2 Nr. 1 GwG, der keinen Hinweis auf eine gewisse Dauer der Geschäftsbeziehung enthält, und der Begriffsbestimmung des § 1 Abs. 3 GwG, die gerade diesen Passus enthält, wurde deutlich.

Im Bereich der verkammerten Rechtsbeistände, Notare und anderen Rechtsdienstleistern (§ 2 Abs. 1 Nr. 7–7a GwG) wurde im Zusammenhang mit der Begründung einer Geschäftsbeziehung ein weiterer Problembereich festgestellt. Es besteht prinzipiell eine Rechtsunsicherheit, wann die Begründung einer Geschäftsbeziehung tatsächlich beginnt, und damit unmittelbar verknüpft, wann die geldwäscherechtlichen Sorgfaltspflichten zu erfüllen sind. Lediglich die Bundesnotarkammer hat eine Regelung, dass der Notar bereits bei Entwurfs-, Beratungs- oder Vollzugstätigkeiten, also bei begleitenden Tätigkeiten, von einer auf Dauer angelegten Geschäftsbeziehung i.S.d. Begriffsbestimmung in § 1 Abs. 3 GwG ausgehen muss.[1201] Diese Regelung der Bundesnotarkammer könnten auch die anderen verkammerten Rechtsbeistände des § 2 Abs. 1 Nr. 7 GwG und die der nicht verkammerten Berufe in § 2 Abs. 1 Nr. 7a GwG in der Praxis anwenden. Besser wäre es jedoch, der Gesetzgeber würde auch die Begriffsdefinition des § 1 Abs. 3 GwG detaillierter fassen und eine Klarstellung aufnehmen, dass auch Beratungsgespräche als geschäftliche Beziehung bereits mit umfasst sind.

Letztendlich konnte auch in der Aufarbeitung der Gruppe der Immobilienmakler festgestellt werden, dass die Anknüpfung der Begründung einer Geschäftsbeziehung an das Vorliegen des Maklervertrages keine wirksame Geldwäschebekämpfung entfalten kann. Ein ausschließlicher Maklervertrag zwischen Verkäufer und Makler (Innenprovision), lassen keinen Maklervertrag beim Interessenten oder Käufer (Außenprovision) einer Immobilie und damit keine geldwäscherechtliche Begründung einer Geschäftsbeziehung entstehen. Somit entfallen auch die vorzunehmenden geldwäscherechtlichen Sorgfaltspflichten gegenüber dem Käufer und dem wirtschaftlich Berechtigten. Geldwäscher treten aber regelmäßig als Käufer und nicht als Verkäufer auf. Schwierig sind in diesem Zusammenhang auch die uneinheitlichen Auslegungen der Bundesländer zur Anknüpfung an den Maklervertrag.

1201 Anwendungsempfehlungen der Bundesnotarkammer zum Gesetz über das Aufspüren von Gewinnen aus schweren Straftaten (Geldwäschegesetz – GwG) i. d. F. vom 13. August 2008, Stand Mai 2009, S. 11.

3. Allgemeinverfügung zur Bestellung eines Geldwäschebeauftragten

Durch eine Vielzahl von Einschränkungen in den Allgemeinverfügungen der verschiedenen Landesaufsichtsbehörden werden regelmäßig nur größere Kraftfahrzeugunternehmen von einer Allgemeinverfügung erfasst. Dies entspricht nicht der Vorstellung des Gesetzgebers, der die zuständigen Aufsichtsbehörden mit einer Soll-Vorschrift angehalten hat, beim Kreis der Händler von hochwertigen Gütern (§ 9 Abs. 4 Satz 4 GwG) einen Geldwäschebeauftragten im jeweiligen Zuständigkeitsbereich anzuordnen (§ 9 Abs. 4 Satz 3 GwG). Eine kleinere Anzahl von Aufsichtsbehörden hat darüber hinaus gar keine Allgemeinverfügung zur Bestellung eines Geldwäschebeauftragten erlassen. Auch diese Verfahrensweise erscheint angesichts der rechtlichen Soll-Vorschrift bedenklich und zeigt, dass die Regelung des Gesetzgebers zu offen gehalten wurde.

4. Verdachtsmeldeweg über Berufskammern

Der besondere Meldeweg für Verpflichtete der rechtsberatenden Berufe, die einer Kammer angehören (§ 2 Abs. 1 Nr. 7 GwG), und für Wirtschaftsprüfer, vereidigte Buchprüfer und Steuerberater und Steuerbevollmächtigte (§ 2 Abs. 1 Nr. 8 GwG), wonach eine Verdachtsmeldung zunächst an die zuständigen Berufskammern zur Stellungnahme zu übermitteln ist, hat sich im Rahmen der Untersuchung der praktischen Effektivität gleich mehrfach als wenig sinnvoll erwiesen. Neben der Gefahr der Rufschädigung einer Kanzlei gegenüber der zuständigen Kammer, die dazu führen kann, dass eine Verdachtsmeldung nicht an die Kammer übersandt wird, wurde auch der Zeitverlust durch die prüfende Zwischeninstanz als kritisch gesehen. Dies gilt auch vor dem Hintergrund, dass eine Korrektur oder ein Zurückhalten der Verdachtsanzeige nicht möglich ist, auch wenn sie inhaltlich unrichtig sein sollte.[1202] Zudem verfügt dieser Kreis von Verpflichteten zumeist über ein abgeschlossenes Studium, was eine qualitativ schlechte Verdachtsanzeige als unwahrscheinlich erscheinen lässt.[1203] Die Ausnahmeregelungen des Verdachtsmeldeweges (§ 11 Abs. 4 GwG), mit der Einbeziehung der Berufskammern bedeuten in der Praxis daher keinen sichtbaren Mehrwert, sondern eine Verzögerung des Meldeweges und stellen in der praktischen Verfahrensweise eine Hemm- und Offenbarungsschwelle für diese Berufsgruppen dar.

In diesem Zusammenhang wurde auch deutlich, dass derzeit keine Möglichkeit besteht, eine Verdachtsmeldung und die Stellungnahme der Berufskammern im Rahmen einer elektronisch geschützten Plattform an die FIU und das zuständige LKA zu übermitteln. Diese Vereinfachung könnte jedoch zu einem zusätzlichen Zeitgewinn und vielleicht auch zu einer größeren Akzeptanz bei den Verpflichteten

1202 Diergarten, Geldwäsche, S. 306.

1203 Vgl. Herzog/Achtelik, in: Herzog, GwG, § 11 Rn. 38; Diergarten, Geldwäsche, S. 307.

führen als ein herkömmliches Word-Dokument, das zudem noch über separate Ausfüllanleitungen verfügt. Zudem bedarf es hierzu auch nicht des Vorhandenseins von Softwareprodukten eines bestimmten Unternehmens, was nicht bei allen Verpflichteten der Fall sein wird. Diese müssen beispielsweise das Dokument mit einem sogenannten Reader öffnen und anschließend ausdrucken, um es dann handschriftlich auszufüllen.

5. Sanktionen

Die Untersuchung der Bußgeldvorschriften (§ 17 Abs. 1 GwG) hat gezeigt, dass Unternehmer im Nichtfinanzbereich in vielen Fällen mit Sanktionen belegt werden können, falls sie ihre geldwäscherechtlichen Verpflichtungen nicht einhalten. Dies gilt allerdings nicht für alle geldwäscherechtlichen Pflichten. Bei sehr offen gehaltenen Normen berief er sich zumeist auf die Entscheidungsfreiheit des Verpflichteten und auf dessen eigene Produkt- und Kundenstruktur, aber auch auf verfassungsrechtliche Bedenken beim Bestimmtheitsgebot der Norm, wie dies beispielsweise bei der geldwäscherechtlichen Überwachung einer Geschäftsbeziehung (§ 3 Abs. 1 Nr. 4 GwG) der Fall ist.

Die fehlende Sanktionierung beim Unterlassen der Benennung eines Geldwäschebeauftragten und seines Stellvertreters in § 17 Abs. 1 GwG ist jedoch nicht nachvollziehbar, zumal die Funktion des Geldwäschebeauftragten mit einer Reihe von Pflichten im Unternehmen verbunden ist. Das Fehlen einer Nichtsanktionierung kann beispielsweise dazu führen, dass der Verpflichtete diesen Umstand bewusst ausnützt und keinerlei Maßnahmen zur Bekämpfung von Geldwäsche im Unternehmen implementiert.

6. Aufsichtsbehörden

Die vom Gesetzgeber implementierten Befugnisse für Aufsichtsbehörden sind praxisnah und grundsätzlich geeignet, den Anforderungen einer angemessenen und effizienten Aufsicht gerecht zu werden. Mit Anordnungen und Maßnahmen können sie zeitnah reagieren. Durch vorhandene Auskunfts- und Informationsrechte können alle geldwäscherechtlich relevanten Unterlagen vor Ort verlangt und geprüft werden. Zudem sind wichtige Betretungsrechte für diese Vor-Ort-Kontrollen innerhalb der Betriebs- und Geschäftszeiten im GwG vorhanden.

Als schwierig hat sich jedoch die Vielzahl von Aufsichtsbehörden im Nichtfinanzbereich und deren unterschiedliche Auslegungs- und Anwendungshinweise herausgestellt. Angemessen und vorzugswürdig wäre hier eine einheitliche Vorgehensweise und Zusammenarbeit. Dies wäre zumindest bei den wichtigen größeren geldwäscherechtlichen Einordnungen, beispielsweise bei dem Identifizierungszeitpunkt von Immobilienmaklern oder bei der rechtlichen Einordnung von Bauträgern dringend erforderlich. Deutlich wurde dabei auch, dass herausgegebene Auslegungs- und Anwendungshinweise von Aufsichtsbehörden auch immer aktuell gehalten werden müssen. Auslegungs- und Anwendungshinweise ohne eine Datumsangabe sollten daher die Ausnahme sein.

II. Regelungs- und Optimierungsvorschläge

Auf Grundlage der Untersuchungsergebnisse wurden Regelungsvorschläge erarbeitet, die die Effektivität und Wirkungsweise der gesetzlichen geldwäscherechtlichen Maßnahmen im Nichtfinanzbereich sinnvoll ergänzen und bestehende Regelungen optimieren. Zudem sind diese für Unternehmen im Nichtfinanzbereich umsetz- und tragbar und dienen der Geldwäscheprävention.

1. Gesetzliche Maßnahmen zum Adressatenkreis

Möglich wäre es, den Adressatenkreis der Immobilienmakler (§ 2 Abs. 1 Nr. 10 GwG) zu öffnen. Denkbar ist dabei die konkrete Aufnahme und Benennung von weiteren Berufsträgern, wie der Gruppe der Bauträger (§ 34c GewO) und Immobilienversteigerer (§ 34b GewO).

Für den Adressatenbereich der Personen, die gewerblich mit Gütern handeln (§ 2 Abs. 1 Nr. 13 GwG) wären nachfolgende Optimierungen und Ergänzungen denkbar:

- Genaue Bestimmung des Adressatenkreises durch Aufnahme entsprechender geldwäscherechtlicher Definitionen von „Güter“ und „Handel“ in § 1 GwG und
- einheitliche Verfahrensweise der praktischen Anwendung bei allen Aufsichtsbehörden in den Bundesländern.

Möglich wäre aber auch eine Rückkehr zur vorherigen Adressatenregelung der „sonstigen Gewerbetreibenden“ ohne die konkrete Anbindung an einen Güterhändler i.S.d. § 2 Abs. 1 Nr. 13 GwG und mit dem identischen Schwellenbetrag von 15.000 EUR. Dadurch würden wieder alle Gewerbetreibende erfasst werden, und es käme nicht mehr zu Einordnungsproblemen der Begriffe „Güter“ und „Händler“. Die geldwäscheanfälligen Bereiche der Dienstleister wären bei Erreichen des Schwellenbetrages ebenfalls wieder vom GwG erfasst. Daran anknüpfend sollte vom Gesetzgeber auch eine rechtliche Klarstellung erfolgen, dass Dienstleistungen des Immobilienmaklers vom GwG ebenfalls erfasst werden. Zumindest jedoch sollte der Gesetzgeber den Bereich der risikobehafteten Immobilienverwaltungen, verbunden mit einem Schwellenwert, in das GwG aufnehmen oder aber deutlich erkennbar machen, dass die bestehende Regelung diesen Dienstleistungsbereich bereits eindeutig umfasst und somit nicht ausgeschlossen werden darf.

Weiter bedarf es einer rechtspolitischen Klarstellung, inwieweit die Kumulation zum Erreichen des Schwellenbetrages auf einen Zeitraum begrenzt ist. Denkbar wäre etwa, § 3 Abs. 2 Satz 5 i.V.m. Satz 1 Nr. 2 GwG dahin gehend zu verändern, dass bei der Durchführung von mehreren Transaktionen, die zusammen einen Wert von mehr als 15.000 Euro ausmachen, ein Höchstzeitraum von einem Kalenderjahr anzunehmen ist. Weiter sollte der Zusatz aufgenommen werden, dass Unternehmen interne Vorkehrungen treffen müssen, falls die Geschäftsstruktur auch diesen

Zeitraum als nicht erfüllbar erscheinen lässt. In der Begründung des Gesetzgebers zu einer solchen Neuregelung sollte er auf die Möglichkeit der Einrichtung von Kundendateien und von computergestützten Maßnahmen zum Erkennen von kumulativen Beträgen bei Erreichen eines Schwellenbetrages hinweisen.

2. Gesetzliche Optimierung der Begründung einer Geschäftsbeziehung

Die Begriffsbestimmung der geldwäscherechtlichen Geschäftsbeziehung in § 1 Abs. 3 GwG könnte dahin gehend optimiert werden, dass nach dem letzten Satz („dass sie [die Geschäftsbeziehung] von gewisser Dauer sein wird") noch ein weiterer Satz aufgenommen wird. Dieser könnte lauten: „Dazu zählen auch einmalige Geschäftsbeziehungen". Alternativ bestünde auch die Möglichkeit, dass der bestehende letzte Halbsatz dahin gehend verändert wird, dass die Formulierung von „gewisser Dauer" gänzlich entfernt wird.

Zudem wäre es für sämtliche rechtsberatenden Berufsgruppen und für Immobilienmakler hilfreich, wenn die Begriffsbestimmung des § 1 Abs. 3 GwG auch deutlich machen würde, dass unter geschäftliche Beziehungen i.S.d. ersten Halbsatzes auch Beratungsgespräche zu subsumieren sind. Optimal wäre es zudem, wenn auch Entwurfs- und Vollzugstätigkeiten darunter fielen. Diese Klarstellung könnte durch Aufnahme eines entsprechenden Hinweises in § 1 Abs. 3 GwG vorgenommen werden.

Die bisherige Anknüpfung der Begründung einer Geschäftsbeziehung an einen Maklervertrag sollte beim Immobilienmakler aufgegeben und die konkrete Kontaktaufnahme von Verkäufer/Käufer wieder in den Vordergrund gerückt werden.

3. Erweiterung des Kreises der Geldwäschebeauftragten

Die Soll-Vorschrift des § 9 Abs. 4 Sätze 3–4 GwG, die die Anordnung zur Bestellung eines Geldwäschebeauftragten beim Händlerkreis von hochwertigen Güterhändlern regelt, sollte aufgrund der unzureichenden Umsetzung durch die Aufsichtsbehörden in eine Ist-Vorschrift umgewandelt werden. In diesem Kontext wäre auch denkbar, dass der Gesetzgeber die Regelung auch auf alle Adressaten des Nichtfinanzbereiches ausweitet, die bislang noch keinen Geldwäschebeauftragten bestellen mussten. Zudem sollte die Verpflichtung aufgenommen werden, dass die Benennung der Geldwäschebeauftragten den Aufsichtsbehörden mitzuteilen ist. Ein weiterer positiver Effekt hierbei wäre, dass der schwer zu erfassende Adressatenkreis der sogenannten Unternehmensdienstleister (§ 2 Abs. 1 Nr. 9 GwG) durch die Verpflichtung der Benennung ihres Geldwäschebeauftragten und der Mitteilung an die Aufsichtsbehörden namentlich erfasst werden könnte.

4. Optimierung des gesetzlichen Verdachtsmeldeweges für kammerangehörige Adressaten

Der unmittelbare Meldeweg für Verpflichtete durch die Erstattung und Übersendung der Verdachtsmeldung an das BKA und das örtlich zuständige LKA (§ 11 Abs. 1 GwG) sollte auch für kammerangehörige Adressaten (§ 2 Abs. 1 Nr. 7 und 8 GwG) Anwendung finden. Die Übermittlung an die zuständige Berufskammer (§ 11 Abs. 4 Satz 1 GwG) und die damit verbundene Stellungnahme der Kammer (§ 11 Abs. 4 Satz 2 GwG) wird als entbehrlich angesehen. Dies gilt ebenfalls für Notare, die nicht Mitglied einer Notarkammer sind, die wiederum durch die für die Berufsaufsicht zuständige Landesbehörde ersetzt wird (§ 11 Abs. 4 Satz 3 GwG).

5. Einrichten einer elektronischen Plattform für Verdachtsmeldungen

Die Schaffung einer internetbasierten Plattform für die vollständige Übermittlung von Verdachtsmeldungen würde erhebliche Erleichterungen für den quantitativ großen Adressatenkreis des Nichtfinanzbereiches mit sich bringen. Dieser vorzugsweise passwortgeschützte Bereich sollte mit modernen Drop-Down-Feldern und Ausfüllhinweisen und ansteuerbaren Beispielen gestaltet sein. Mittlerweile verfügt eine Vielzahl von Unternehmen über eigene moderne Internetauftritte, was insgesamt zu einer größeren Akzeptanz und Nutzung dieser einzurichtenden geschützten Plattform im Rahmen der Erstattung einer Verdachtsmeldung führen dürfte.

6. Erweiterung der Bußgeldvorschriften

Im Bereich der Bußgeldvorschriften (§ 17 Abs. 1 GwG) sollte die Sanktionierung bei leichtfertiger oder vorsätzlicher Unterlassung der Nichtbenennung eines Geldwäschebeauftragten sowie eines Stellvertreters bei Spielbanken (§ 9 Abs. 2 Satz 1 GwG) und bei Glücksspielanbietern im Internet (§ 9 Abs. 2 Satz 1 GwG) in § 17 Abs. 1 GwG aufgenommen werden. Bei einer Erweiterung des Kreises zur verpflichtenden Benennung und Mitteilung eines Geldwäschebeauftragten (§ 9 Abs. 2 Satz 1 GwG) sollte auch § 17 Abs. 1 GwG entsprechend erweitert werden.

7. Ökonometrische Untersuchung des globalen Geldwäscheausmaßes

Die Bestimmung des globalen Ausmaßes der Geldwäsche sollte auf Grundlage einer ökonometrischen Untersuchung erfolgen. Das Ziel der Untersuchung ist eine exakte länderübergreifende Bestimmung des Geldwäschevolumens und des Geldwäsche- und Produktflusses, um Geldwäsche zielorientierter bekämpfen zu können. Hierzu sollten die bereits vorhandenen empirischen Geldwäscheerklärungsansätze und die statistischen Daten der im Zusammenhang mit Geldwäsche stehenden Straftaten in die Analysen einbezogen werden. Aufgrund der globalen Vernetzung ist ein weltweiter ökonometrischer Untersuchungsansatz einer nationalen oder europäischen Untersuchung vorzuziehen. Wünschenswert wäre auch, dass eine Untersuchungsmethodik gewählt wird, die auch in den Folgejahren fortgeführt werden kann.

8. Branchenbezogene Selbstregulierungsorganisationen

Der Gesetzgeber sollte prüfen, inwieweit mehr Eigenverantwortung von Unternehmen in Form der Implementierung von branchenbezogenen Selbstregulierungsorganisationen möglich ist. Diese sollten auch als Interessenvertretung und Sprachrohr für Verpflichtete gegenüber staatlichen Behörden und dem Gesetzgeber dienen. Zudem sollten Anreize für Unternehmen geschaffen werden, in der Struktur einer SRO aktiv selbst mitzuwirken, beispielsweise in Form eines Aufsichtsrates oder Beirates, ohne jedoch Einfluss auf die Prüfer und die Prüfung im eigenen Unternehmen vornehmen zu können.

9. Meldepflicht und öffentliches Verzeichnis für Unternehmen

Der Beginn einer zuvor vom Gesetzgeber als geldwäscherechtlich relevant definierten Tätigkeit sollte genehmigungspflichtig werden. In Verbindung mit der Implementierung von SRO besteht die Möglichkeit der Errichtung öffentlicher Verzeichnisse, um zu erfassen, wer beispielsweise überhaupt ein Güterhändler i.S.d. § 2 Abs. 1 Nr. 13 GwG ist und unter die definierten Tätigkeiten fällt. Das öffentliche Verzeichnis ermöglicht es Geschäftsleuten, Interessierten oder Verbrauchern zu überprüfen, ob ein Unternehmen eine förmliche Zulassung zu einer geldwäscherechtlich relevanten Tätigkeit erhalten hat oder ob eine Genehmigung wieder entzogen wurde.

10. Aufklärungsmaßnahmen für am Shareholder Value orientierte Unternehmen

Aufgrund der ökonomischen Ausrichtung von am Shareholder Value orientierten Unternehmen wäre es ratsam, diese jährlich im Hinblick auf geldwäscherechtliche Bestimmungen zu sensibilisieren, da andernfalls die Gefahr besteht, dass sie aus betriebswirtschaftlichen Erwägungen heraus oder bei Maßnahmen im Zuge von Reengineering nicht alle erforderlichen und rechtlich notwendigen Mittel zur Verhinderung des Geldwäschemissbrauches einsetzen. Die Maßnahmen der Sensibilisierung können durch Kammern, aber auch durch Aufsichtsbehörden erfolgen.

11. Positive Anreize setzen

Verpflichtete im Nichtfinanzbereich sollten positive Anreize für ihre Mitwirkung bei der Geldwäschebekämpfung erhalten. Im Rahmen der Erstattung von Verdachtsmeldungen sollten sie eine persönliche Rückmeldung zum Ermittlungsergebnis erhalten. Dies dient der Motivationssteigerung und erhöht die Sensibilität zur Geldwäschebekämpfung.[1204]

12. Zusammenarbeit von Aufsichtsbehörden

Bei der Vielfalt von zuständigen Aufsichtsbehörden und Berufskammern wären einheitliche aktuelle Auslegungs- und Anwendungshinweise (§ 16 Abs. 5 GwG) für alle Adressaten dringend erforderlich. Dies gilt insbesondere für die Berufsgruppen der Immobilienmakler und Güterhändler.

In diesem Zusammenhang sollten auch eine optisch eindeutig gemeinsame Veröffentlichung von Auslegungs- und Anwendungshinweisen, beispielsweise in Form von nummerierten Rundschreiben analog zu denen der BaFin für den Finanzsektor erfolgen. Weiter sollten Internet-Verlinkungen zu allen anderen Aufsichtsbehörden im Nichtfinanzbereich gesetzt werden, die gerade für länder- oder aber auch branchenübergreifend tätige Unternehmen wichtig sind.

Die Veröffentlichung dieser und anderer wichtiger Informationen und Dokumente könnte auch in einer gemeinsamen elektronischen Plattform bzw. einem gemeinsamen Internetauftritt von allen Aufsichtsbehörden im Nichtfinanzbereich erfolgen. Denkbar wäre aber auch, dass die FIU beim Bundeskriminalamt diese zentrale Plattform sowohl für den Finanz- als auch für den Nichtfinanzbereich erstellt und unterhält und auch ihre eigenen Jahresberichte und sonstigen Veröffentlichungen darauf einstellt. Das moderne Medium eines zentralen Internetauftrittes könnte zudem durch eine gemeinsame telefonische Hotline oder durch direkte Chathilfen zu üblichen Geschäftszeiten für Verpflichtete ergänzt werden. Die Kosten dafür könnten unter den beteiligten Behörden aufgeteilt werden. Der Mehrwert einer zentralen Plattform und einer weitestgehend einheitlichen Vorgehensweise der Aufsichtsbehörden wäre für die Vielzahl von Unternehmen im Nichtfinanzbereich von unschätzbarem Nutzen.

III. Ausblick

Die Umsetzung der vierten europäischen Geldwäscherichtlinie[1205] in nationales Recht darf mit Spannung erwartet werden, waren doch bereits die Umsetzungen der zweiten und dritten Geldwäscherichtlinie mit bedeutsamen Änderungen verbunden. Zudem liegt die Umsetzung der dritten Geldwäscherichtlinie durch das

---

1204 Langweg, in: Fülbier/Apfelbach/Langweg, GwG, § 5 Rn. 8; vgl. Bräuning, Geldwäscheökonomie, S. 338.

1205 Richtlinie (EU) 2015/849 des Europäischen Parlaments und des Rates vom 20.05.2015 zur Verhinderung der Nutzung des Finanzsystems zum Zwecke der Geldwäsche und der Terrorismusfinanzierung, zur Änderung der Verordnung (EU) Nr. 648/2012 des Europäischen Parlaments und des Rates und zur Aufhebung der Richtlinie 2005/60/EG des Europäischen Parlaments und des Rates und der Richtlinie 2006/70/EG der Kommission, ABl. EU Nr. L 141, 05.06.2015, S. 73–117.

Geldwäschebekämpfungsergänzungsgesetz vom 13.08.2008[1206] bereits einige Jahre zurück.

Die Beteiligung der Wirtschaft wird bei der Umsetzung der präventiv orientierten Maßnahmen zur Bekämpfung von Geldwäsche und Terrorismusfinanzierung zwingend benötigt; dies ist auch der Hintergrund dafür, dass eine Vielzahl von Unternehmen mit der Absenkung des sogenannten Bargeld-Schwellenbetrages von 15.000 EUR auf 10.000 EUR für Güterhändler (Art. 2 Abs. 1 Buchst. e, Art. 11 Buchst. c 4. GwRL) zukünftig mehr in die Geldwäschebekämpfung eingebunden werden. Zudem ist nicht auszuschließen, dass der Gesetzgeber den Schwellenbetrag aus sicherheitspolitischen Erwägungen heraus sogar noch weiter absenken wird.

Mit Spannung verfolgt werden darf auch, wie zukünftig mit Sanktionen bei Nichterfüllung von geldwäscherechtlichen Pflichten (Art. 59 Abs. 1 4. GwRL) umgegangen wird. So soll zukünftig eine öffentliche Bekanntgabe der natürlichen oder juristischen Person und der Art des Verstoßes erfolgen (Art. 59 Abs. 2 Buchst. a 4. GwRL). Zudem sollen maximale Geldbußen in mindestens zweifacher Höhe der infolge des Verstoßes erzielten Gewinne, soweit sich diese beziffern lassen, oder von mindestens 1 Mio. EUR möglich sein. (Art. 59 Abs. 2 Buchst. e 4. GwRL).

Die Umsetzung der vierten Geldwäscherichtlinie bietet weiterhin die Möglichkeit, unter den Begriff des Immobilienmaklers (als Adressaten) auch den Vermietungsmakler zu subsummieren (Erwägungsgrund 8, 4. GwRL). Zudem soll ein spezielles Augenmerk auf alle Finanztätigkeiten gerichtet werden, die der Gefahr des Missbrauchs zur Geldwäsche oder Terrorismusfinanzierung besonders ausgesetzt sind (vgl. Art. 2 Abs. 7 4. GwRL).

Die Veröffentlichungen über Briefkastenfirmen in Panama und die in diesem Zusammenhang bekanntgewordenen Rechtspraktiken wie Steuerbetrug oder andere unfaire Steuerumgehung veranlasste das BMF am 11.04.2016, darüber hinaus einen zehn Punkte umfassenden Aktionsplan für ein effektiveres Vorgehen gegen Steuerbetrug, trickreiche Steuervermeidung und Geldwäsche zu erstellen.[1207] Für den Bereich der Geldwäschebekämpfung bedeutsam ist der Vorschlag, ein weltweites Register zu wirtschaftlich Berechtigten von Firmen mit einheitlichen Standards und Zugriffsmöglichkeiten für Behörden und bestimmte Nichtregierungsorganisationen und Fachjournalisten (Vorschläge Nr. 5 und 6 des Aktionsplanes) einzurichten. Das BMF verweist hierbei aber auch auf das bereits geplante nationale Register, womit die Umsetzung der vierten Geldwäscherichtlinie gemeint sein dürfte. In der vierten Geldwäscherichtlinie ist die verpflichtende Einrichtung von zentralen Registern zur Feststellung des wirtschaftlichen Interesses des Unternehmens und des Eigentümers

1206 BGBl. I, S. 1690 ff.

1207 BMF, Aktionsplan gegen Steuerbetrug, trickreiche Steuervermeidung und Geldwäsche, 11.04.2016, abrufbar unter: http://www.bundesfinanzministerium.de/Content/DE/Standardartikel/Themen/Steuern/Weitere_Steuerthemen/Informationsaustausch/2016-04-11-Aktionsplan.html (zuletzt abgerufen am: 14.05.2016).

von eingetragenen Gesellschaften oder sonstigen juristischen Personen bereits festgelegt (Art. 30 Abs. 1–10, Art. 34 Abs. 4).

Unabhängig vom Erfolg und Nutzen eines nationalen Registers ist davon auszugehen, dass die Erstellung einer effektiven Struktur und die Eingabe und fortlaufende Aktualisierung der Daten einen erheblichen Zeitraum in Anspruch nehmen werden. Ein zeitnaher Beginn der Umsetzung ist daher wünschenswert. Keinesfalls darf es hierbei zu solchen Verzögerungen kommen wie bei dem im Jahr 2007 angekündigten Projekt der „elektronischen Verdachtsanzeige (eVA)“, dessen Inbetriebnahme damals noch für das Jahr 2008 angestrebt wurde und das nach mehr als acht Jahren immer noch nicht für den Nichtfinanzbereich realisiert ist.[1208]

Weiter plant das BMF striktere Vorgaben und Kontrollen für den gewerblichen Sektor im nationalen Nichtfinanzbereich sowie eine Verlagerung der Zentralstelle für Geldwäsche-Verdachtsmeldungen (FIU) vom BKA zum Zoll, die mit deutlich mehr Kompetenzen und einer höheren Personalausstattung verbunden sein soll. Zudem wird eine bessere Effizienz bei der Bekämpfung von Geldwäsche im gewerblichen Bereich im Einvernehmen mit den zuständigen Bundesländern angestrebt (Vorschlag Nr. 10 des Aktionsplanes).

In welcher Form der Gesetzgeber die Vorgaben der vierten Geldwäscherichtlinie, das Aktionspaket des BMF und andere dringend notwendige geldwäscherechtliche Änderungen in die nationale Gesetzgebung umsetzen wird, bleibt abzuwarten. Wünschenswert wäre, dass sich die Veränderungen im Einklang mit ökonomischen Prozessen befinden und das Bedürfnis der Unternehmen nach einer einfachen und effektiven geldwäscherechtlichen Anwendbarkeit berücksichtigen. Vorzugsweise sollte die Wirtschaft im Rahmen eines gesamtheitlichen Geldwäschebekämpfungsansatzes frühestmöglich in die nationale Umsetzung eingebunden werden, auch im Hinblick auf die Umsetzungsfrist der vierten Geldwäscherichtlinie, die am 26.06.2017 (Art. 67 Abs. 1 4. GwRL)[1209] enden wird.

1208 BKA, FIU Jahresbericht 2007, S. 40.
1209 Siehe Kapitel D, I, 14, a-i.

Anhang

Anlagenverzeichnis

Übersicht 1:
Elemente zur Bestimmung und Definition des Terrorismusbegriffes

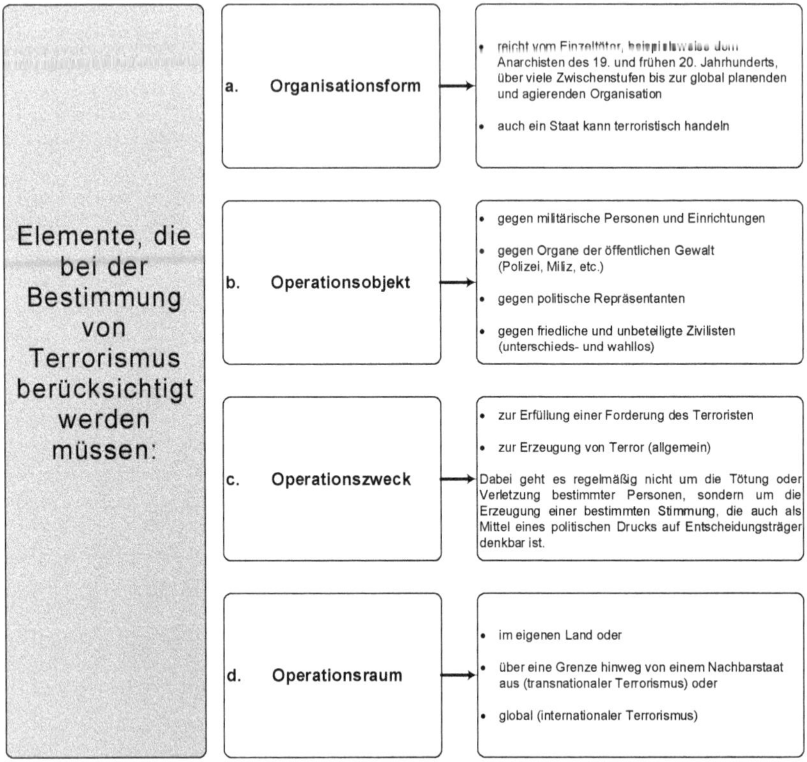

Quelle:
Grafik vom Autor, in Anlehnung an Zemanek, in: Hummer, Sicherheit und Terrorismus, S. 112–113; Pehlivan, Zusammenarbeit zwischen der EU und Türkei, S. 29–33.

Übersicht 2:
Bedeutsame Entwicklungen durch die ersten drei europäischen Geldwäscherichtlinien

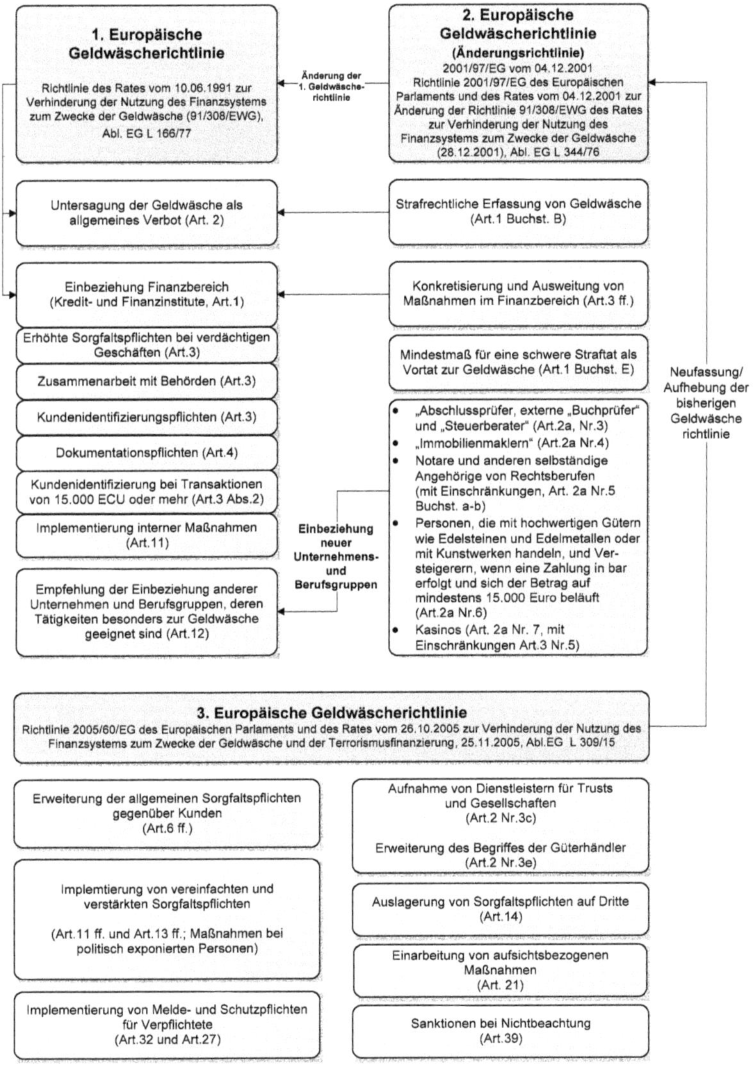

Quelle:
Grafik vom Autor, in Anlehnung an die drei europäischen Geldwäscherichtlinien von 1991 bis 2005.

Übersicht 3:
Aufsichtsbehörden im Nichtfinanzbereich nach § 16 Abs. 2 Nr. 9 GwG

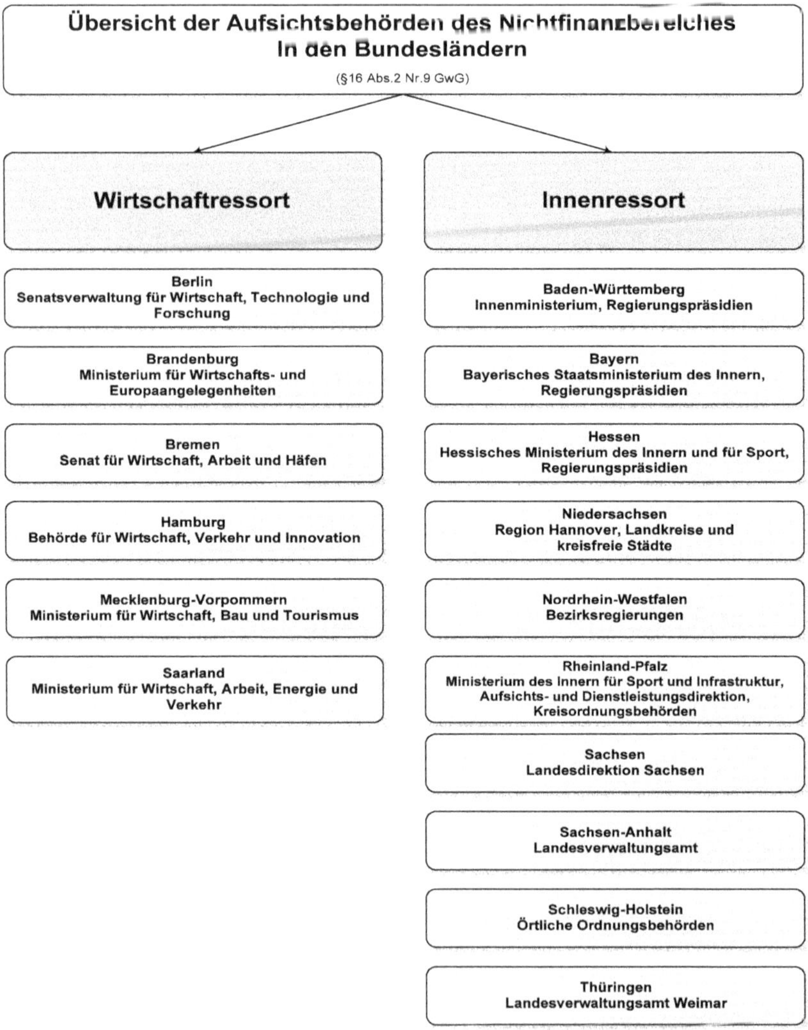

Quelle:
Grafik des Autors, in Anlehnung an Herzog/Achtelik, in: Herzog, GwG, § 16 Rn. 18.

Übersicht 4:
Schreiben an die zuständigen Berufskammern des Nichtfinanzbereiches

Bundesnotarkammer
Körperschaft des öffentlichen Rechts
Mohrenstraße 34
10117 Berlin

Bundesrechtsanwaltskammer
Körperschaft des öffentlichen Rechts
Littenstraße 9
10179 Berlin

Bundessteuerberaterkammer
Körperschaft des öffentlichen Rechts
Behrenstr. 42
10117 Berlin-Mitte

Wirtschaftsprüferkammer
Körperschaft des öffentlichen Rechts
Rauchstraße 26
10787 Berlin

Umsetzung der nationalen Regelungen zur Bekämpfung von Geldwäsche und Terrorismusfinanzierung: Anfrage zur Kostentragung durch Steuerberater, Wirtschaftsprüfer, Rechtsanwälte und Notare

Sehr geehrte Damen und Herren,

im Rahmen meiner Dissertation an der Universität Hohenheim, Fachbereich Wirtschafts- und Sozialwissenschaften, zur Effektivität und Wirkungsweise des geldwäscherechtlichen Bekämpfungsansatzes im Nichtfinanzbereich habe ich ein paar Fragen, für deren Beantwortung ich sehr dankbar wäre.

Im Rahmen der Umsetzung des präventiv ausgestalteten Geldwäschegesetzes (GwG) im Nichtfinanzbereich haben Steuerberater, Wirtschaftsprüfer, Rechtsanwälte und Notare eine Vielzahl von rechtlichen Vorgaben zu erfüllen (§ 2 Abs. 1 Nr.8 GwG). Diese umfassen die Erfüllung von allgemeinen und besonderen Sorgfalts- und Identifizierungspflichten gegenüber Kunden und Vertragspartnern und Aufzeichnungs- und Aufbewahrungspflichten (§§ 3-8 GwG).

Zudem müssen angemessene interne Sicherungsmaßnahmen getroffen werden, dass sie nicht zur Geldwäsche und Terrorismusfinanzierung missbraucht werden (§ 9 Abs.1 GwG). Zu den internen Sicherungsmaßnahmen zählen ggf. die Bestellung eines Geldwäschebeauftragten und Stellvertreters, die Entwicklung angemessener geschäfts- und kundenbezogener Sicherungssysteme, Kontrollen, Informationen und Beschulungen für Mitarbeiter zu Typologien und aktuellen Methoden der Geldwäsche oder aber auch die Zuverlässigkeitsprüfung der Mitarbeiter (§ 9 Abs. 2 GwG).

In meiner Untersuchung stellt sich u.a. die Frage inwieweit der Aufwand von Steuerberatern, Wirtschaftsprüfern, Rechtsanwälten und Notaren zum tatsächlichen Nutzen für Strafverfolgungsbehörden stehen (Kosten-Nutzenverhältnis). Daher wäre Ihnen sehr dankbar, wenn Sie mir nachfolgende Fragen, gerne auch per E-Mail, bis zum 02.02.2016 beantworten können:

1. Wie hoch beziffern Sie als zuständige Berufskammer die durchschnittlichen technischen Kosten für einzelne Mitglieder (Personal-, Software- oder Kopierkosten, Beschulungsmaterial usw.) zur Umsetzung der o.g. geldwäscherechtlichen Anforderungen?
2. Werden diese Kosten über Provisionen oder Gebühren an die Kunden weitergeleitet?
3. Können indirekte Kosten, das heißt Arbeits- und Zeitaufwand im Rahmen der Erfüllung von Sorgfalts- und Identifizierungspflichten oder der Bearbeitung und Abgabe einer Verdachtsmeldung beziffert werden?
4. Wird aus Ihrer Sicht das Kosten-Nutzenverhältnis gewahrt? Beispielsweise auf Grundlage der Anzahl von abgegebenen Verdachtsmeldungen, mit den zuvor getroffenen Maßnahmen?
5. Als zuständige Berufskammer müssen Sie bei Abgabe der Verdachtsmeldung eines Ihrer Mitglieder auch eine Stellungnahme dazu anfertigen und die Verdachtsmeldung weiterleiten (§11 Abs. 4 GwG). Können Sie diese Kosten (Personal-, Sach- und Zeitkosten) in ihrer Höhe beziffern?

Mit freundlichen Grüßen

Markus Stief

Quelle:
Fragen des Autors an die Berufskammern des Nichtfinanzbereiches. Die Fragen an die Verbände wurden an die geldwäscherechtlichen Voraussetzungen angepasst.

Übersicht 5:
Berechnungsmodell des IVD zu den durchschnittlichen Kosten für eine Identifizierung in Maklerbetrieben

Dunkelgrau unterlegte Felder werden automatisch berechnet, alle anderen variable Eingabe möglich

Anzahl der Notarvertrage von Maklern vermittelt	dafür erforderliche Aufträge	Interessenten I je Auftrag	Verkäufer V je Auftrag	Summe I + V	Anzahl der Identifizierungen	Ø Kosten Identifi.	**Kosten bei 100 % Erfüllung**	**Kosten bei 10 % Erfüllung**
450.000	3	5	1	6	8.100.000	31,17 €	**252.450.000,00 €**	**25.245.000,00 €**
450.000	3	10	1	11	14.850.000	15,50 €	**230.175.000,00 €**	**23.017.500,00 €**
450.000	3	20	1	21	28.350.000	23,00 €	**652.050.000,00 €**	**65.205.000,00 €**
450.000	3	40	1	41	55.350.000	15,50 €	**857.925.000,00 €**	**85.792.500,00 €**
				0	0		**0,00 €**	**0,00 €**
				0	0		**0,00 €**	**0,00 €**

Anzahl Notarverträge: Gesamtzahl aus Geschäftsbericht Bundesnotarkammer 2014, davon 50 % durch Immobilienmakler (Erhebungen)
Erforderliche Aufträge: Makler haben nur in ca. jedem dritten Auftrag Erfolg
Interessenten I je Auftrag: zwischen 5 und bis über 100 Interessenten je nach Objektart und Markt, bei Ehepaaren wäre es die doppelte Anzahl
Verkäufer V je Auftrag: Bei Ehepaar wäre es die doppelte Anzahl

Berechnung der Ø-Kosten für eine Identifizierung in Maklerbetrieben, Beispiele

Zeitaufwand natürl. Person in Minuten	Zeitaufwand jurist. Person	Zeitaufwand PEP	Ø Kosten je Minute		Summe Arbeitsaufwand	Sach-kosten	**Ø Kosten Je Identifizierung**
15			1,00 €		15,00 €	0,50 €	**15,50 €**
	30		1,00 €		30,00 €	5,00 €	**35,00 €**
15			1,50 €		22,50 €	0,50 €	**23,00 €**
	30		1,50 €		45,00 €	5,00 €	**50,00 €**
		25	1,00 €		25,00 €	0,50 €	**25,50 €**
		25	1,50 €		37,50 €	0,50 €	**38,00 €**
						Mittelwert:	**31,17 €**

Zeitaufwand in Minuten: Erfragen/notieren/Kopieren der Daten, Kontrolle der erhobenen Daten, Risikoananlyse Kunde, Archivierung, Kontrolle und Überprüfung und Schulung von Mitarbeitern,
Kosten je Minute: Bruttokosten 60,- € bzw. 90,- € je Arbeitsstunde
Sachkosten: Auskünfte aus Handelsregistern, Literatur, Schulungsmaterial, Arbeitsmaterial, Druck- und Kopierkosten,

Quelle: IVD

Literatur- und Materialienverzeichnis

Achtelik, Olaf, Politisch exponierte Personen in der Geldwäschebekämpfung, Diss. Bremen 2009, zitiert: Achtelik, PeP.

Ackermann, Jürg-Beat, Geldwäscherei – Money Laundering, Eine vergleichende Darstellung des Rechts und der Erscheinungsformen in den USA und der Schweiz, Zürich1992, zitiert: Ackermann, Geldwäscherei USA und Schweiz.

Altenkirch, Lars, Techniken der Geldwäsche und Ihre Bekämpfung, 2. Auflage, Frankfurt 2006, zitiert: Altenkirch, Techniken der Geldwäsche.

Altvater, Elmar, Geld stinkt doch! Oder: Wie schmutziges Geld durch Geldwäsche auf saubere Konten gelangt, Zeitschrift für kritische Sozialwissenschaft (PROKLA), Heft 124, Jahrgang 31, Nr. 3, September 2001, S. 1–28, zitiert: Altvater, PROKLA 2001.

Arzt, Gunther, Geldwäsche und rechtsstaatlicher Verfall, Juristenzeitung (JZ), 1993 S. 913–917, zitiert: Arzt, JZ 1993.

Aufsichts- und Dienstleistungsdirektion Rheinland-Pfalz, Auslegungs- und Anwendungshinweise zu § 4 Geldwäschegesetz für Immobilienmakler, Trier, September 2013, zitiert: ADD Trier Rheinland-Pfalz, Auslegungs- und Anwendungshinweise für Immobilienmakler, September 2013.

Aufsichts- und Dienstleistungsdirektion Rheinland-Pfalz, Regelbeispiele für die Praxis der Immobilienmakler, Trier, 20.08.2013, zitiert: ADD Trier Rheinland-Pfalz, Regelbeispiele für Immobilienmakler, 20.08.2013.

Baden-Württemberg, die Regierungspräsidien, Geldwäscherechtliche Sorgfalts- und Organisationspflichten bei Immobilienmaklern, Auslegungs- und Anwendungshinweis, 20.08.2013, zitiert: Regierungspräsidien Baden-Württemberg, Auslegungs- und Anwendungshinweis, 20.08.2013.

Baden-Württemberg, Regierungspräsidien Stuttgart, Karlsruhe, Freiburg, Tübingen, Allgemeinverfügung zur Bestellung eines Geldwäschebeauftragten nach § 9 Absatz 4 Satz 3 des Gesetzes über das Aufspüren von Gewinnen aus schweren Straftaten (Geldwäschegesetz – GwG), 23.01.2013, zitiert: Regierungspräsidien Baden-Württemberg, Allgemeinverfügung zur Bestellung eines Geldwäschebeauftragten, 23.01.2013.

Barton, Stephan, Sozial übliche Geschäftstätigkeit und Geldwäsche, Strafverteidiger (StV), S. 156–163, 1993, zitiert: Barton, StV 1993.

Baseler Ausschuss für Bankenbestimmungen und -überwachung Verhütung des Missbrauchs des Bankensystems für die Geldwäsche, Bank für internationalen Zahlungsausgleich, Dezember 1988, zitiert: Basler Ausschuss für Bankenbestimmungen und -überwachung, Verhütung des Missbrauchs des Bankensystems für die Geldwäsche.

Basler Ausschuss für Bankenaufsicht, Solides Management der Risiken in Zusammenhang mit Geldwäsche und Terrorismusfinanzierung, Bank für internationalen Zahlungsausgleich, Januar 2014, zitiert: Basler Ausschuss für Bankenaufsicht, Solides Management der Risiken mit Geldwäsche und Terrorismusfinanzierung.

Bassen, Alexander/Jastram, Sarah/Meyer, Katrin, Corporate Social Responsibility, Eine Begriffserläuterung, Zeitschrift für Wirtschafts- und Unternehmensethik (ZfWU), 2005, S. 231–236, zitiert: Bassen/Jastram/Meyer, ZfWU 2005.

Bausch, Volker/ Voller, Thomas, Geldwäsche-Compliance für Güterhändler, Frankfurt 2014, zitiert: Bausch/Voller, Geldwäsche-Compliance.

Bayerisches Staatsministerium des Innern, für Bau und Verkehr, Auslegungshinweis zur Identifizierungspflicht für Immobilienmakler im Zuständigkeitsbereich der bayerischen Aufsichtsbehörden, München Februar 2014, zitiert: StMI Bayern, Auslegungshinweis zur Identifizierungspflicht für Immobilienmakler, Februar 2014.

Behörde für Wirtschaft, Verkehr und Innovation, Geldwäscheprävention, Hinweise für Immobilienmakler, Hamburg, 03.02.2014, zitiert: Behörde für Wirtschaft, Verkehr und Innovation, Hinweise für Immobilienmakler, 03.02.2014.

Berlin, Senatsverwaltung für Wirtschaft, Technologie und Forschung, Auslegungshinweise zum Geldwäschegesetz, Strom- oder Wasserversorger als „Güterhändler" gemäß § 2 Absatz 1 Nr. 13 GwG, zitiert: SenWTF Berlin, Auslegungshinweise Strom- oder Wasserversorger.

Bernasconi, Paolo, Finanzunterwelt – Gegen Wirtschaftskriminalität und organisiertes Verbrechen, 3. Auflage, Zürich/Wiesbaden 1989, zitiert: Bernasconi, Finanzunterwelt.

Bernasconi, Paolo, Schweizerische Erfahrungen bei der Untersuchung und strafrechtlichen Erfassung der Geldwäscherei, in: Bundeskriminalamt-Vortragsreihe, Band 32, Bundeskriminalamt (Hrsg.), S. 165–214, Wiesbaden 1987 zitiert: Bernasconi, Schweizerische Erfahrungen.

Bischoff, Jörg, Das Shareholder Value-Konzept, Wiesbaden, 1994, zitiert: Bischoff, Das Shareholder Value-Konzept.

Bongard, Kai, Wirtschaftsfaktor Geldwäsche, Analyse und Bekämpfung, Wiesbaden 2001, zitiert: Bongard, Wirtschaftsfaktor Geldwäsche.

Bremen, Senat für Wirtschaft, Arbeit und Häfen, Auslegungshinweise zum Geldwäschegesetz, Strom- oder Wasserversorger als „Güterhändler" gemäß § 2 Absatz 1 Nr. 13 GwG, zitiert: SenWuH Bremen, Auslegungshinweise Strom- oder Wasserversorger.

Broome, John, Anti-Money Laundering, International Practice and Policies, Hong-Kong 2005, zitiert: Broome, Anti-Money-Laundering.

Bräuning, Bettina, Ökonomie der Geldwäsche, Diss. Hamburg, 2009, zitiert: Bräuning, Geldwäscheökonomie.

Brück, Tilman/ Schumacher, Dieter, Aus Politik und Zeitgeschichte/Die wirtschaftlichen Folgen des internationalen Terrorismus, Bundeszentrale für politische Bildung, B 3–4/2004, Bonn, 2004, zitiert: Brück/Schumacher, Wirtschaftliche Folgen des internationalen Terrorismus.

Bundeskriminalamt, Financial Intelligence Unit (FIU) Jahresbericht 2002, 2002, zitiert: BKA, FIU Jahresbericht 2002.

Bundeskriminalamt, Financial Intelligence Unit (FIU) Jahresbericht 2003, 2003, zitiert: BKA, FIU Jahresbericht 2003.

Bundeskriminalamt, Financial Intelligence Unit (FIU) Jahresbericht 2004, 2004, zitiert: BKA, FIU Jahresbericht 2004.

Bundeskriminalamt, Financial Intelligence Unit (FIU) Jahresbericht 2005, 2005, zitiert: BKA, FIU Jahresbericht 2005.

Bundeskriminalamt, Financial Intelligence Unit (FIU) Jahresbericht 2006, 2006, zitiert: BKA, FIU Jahresbericht 2006.

Bundeskriminalamt, Financial Intelligence Unit (FIU) Jahresbericht 2007, 2007, zitiert: BKA, FIU Jahresbericht 2007.

Bundeskriminalamt, Financial Intelligence Unit (FIU) Jahresbericht 2008, 2008, zitiert: BKA, FIU Jahresbericht 2008.

Bundeskriminalamt, Financial Intelligence Unit (FIU) Jahresbericht 2009, 2009, zitiert: BKA, FIU Jahresbericht 2009.

Bundeskriminalamt, Financial Intelligence Unit (FIU) Jahresbericht 2010, 2010, zitiert: BKA, FIU Jahresbericht 2010.

Bundeskriminalamt, Financial Intelligence Unit (FIU) Jahresbericht 2011, 2011, zitiert: BKA, FIU Jahresbericht 2011.

Bundeskriminalamt, Financial Intelligence Unit (FIU) Jahresbericht 2012, 2012, zitiert: BKA, FIU Jahresbericht 2012.

Bundeskriminalamt, Financial Intelligence Unit (FIU) Jahresbericht 2013, 2013, zitiert: BKA, FIU Jahresbericht 2013.

Bundeskriminalamt, Managementfassung zur Fachstudie „Geldwäsche im Immobiliensektor in Deutschland", FIU 2012, zitiert: BKA, FIU Immobilienstudie 2012.

Bundesrechtsanwaltskammer, Anordnung der Bundesrechtsanwaltskammer vom 12.01.2009, BRAK-Mitteilungen 2009, 21–22.

Bundesrechtsanwaltskammer, Amtliche Bekanntmachung zur Bestellung eines Geldwäschebeauftragten nach dem GwG, BRAK-Mitteilungen 2012, 170–171.

Bundesministerium der Finanzen, Auslegung des Geldwäschegesetzes, hier: Zeitpunkt der Identifizierungspflicht bei Immobilienmaklern, Az. VII A 3 – WK 5023/11/10007, 27.12.2011, abrufbar unter: http://www.schleswig-holstein.de/DE/Fachinhalte/M/marktkontrolleWettbewerb/Downloads/Geldwaesche/Zeitpunkt.pdf?__blob=publicationFile&v=3, zuletzt abgerufen am 16.05.2015, zitiert: BMF-Schreiben vom 27.12.2011 – VII A 3 – WK 5023/11/10007.

Bundesnotarkammer, Anwendungsempfehlungen der Bundesnotarkammer zum Gesetz über das Aufspüren von Gewinnen aus schweren Straftaten (Geldwäschegesetz – GwG) i. d. F. vom 13. August 2008, Stand Juli 2013, S. 1–37.

Bundessteuerberaterkammer, Anordnung der Bundessteuerberaterkammer zu internen Sicherungsmaßnahmen des GwG vom 11.02.2009, veröffentlicht in DStR 2009, 393 ff.

Deutscher Bundestag, Gesetzentwurf des Bundesrates zum Gesetz zur Bekämpfung des illegalen Rauschgifthandels und anderer Erscheinungsformen der Organisierten Kriminalität (OrgKG), Drucksache 12/989, 25.07.1991, zitiert: BundesratsE OrgKG, BT-Drucks. 12/989.

Deutscher Bundestag, Regierungsentwurf eines Gesetzes zum Aufspüren von Gewinnen aus schweren Straftaten (Gewinnaufspürungsgesetz – GewAufspG, Drucksache 12/2704, 29.05.1992), zitiert: RegE GewAufspG, BT-Drucks. 12/2704.

Deutscher Bundestag, Gegenäußerung der Bundesregierung zur Stellungnahme des Bundesrates zum Regierungsentwurf eines Gesetzes über das Aufspüren von Gewinnen aus schweren Straftaten (Gewinnaufspürungsgesetz), Drucksache 12/2747, 04.06.1992, zitiert: Gegenäußerung RegE GewAufspG, BT-Drucks. 12/2747.

Deutscher Bundestag, Fraktionsentwurf eines Gesetzes zur Änderung des Strafgesetzbuches, der Strafprozessordnung und anderer Gesetze (Verbrechensbekämpfungsgesetz), Drucksache 12/6853, 18.02.1994, zitiert: FraktionsE Verbrechensbekämpfungsgesetz, BT-Drucks. 12/6853.

Deutscher Bundestag, Regierungsentwurf eines dritten Gesetzes zur Änderung der Bundesnotarordnung und anderer Gesetze, Drucksache 13/4184, 21.03.1996, zitiert: RegE Gesetz zur Änderung der Bundesnotarordnung, BT-Drucks. 13/4184.

Deutscher Bundestag, Regierungsentwurf eines Gesetzes zur Verbesserung der Geldwäschebekämpfung, Drucksache: 13/6620, 19.12.1996, zitiert: RegE Verbesserung Geldwäschebekämpfung, BT-Drucks. 13/6620.

Deutscher Bundestag, Gesetzentwurf der Fraktionen der CDU/CSU, SPD und F.D.P., Entwurf eines Gesetzes zur Verbesserung der Bekämpfung der organisierten Kriminalität, Drucksache: 13/8651, 01.10.1997, zitiert: FraktionsE OrgKVerbG, BT-Drucks. 13/8651.

Deutscher Bundestag, Beschlussempfehlung des Rechtsausschusses (6. Ausschuss) zum Entwurf eines Gesetzes zur Verbesserung der Geldwäschebekämpfung, Drucksache 13/9644, 14.01.1998, zitiert: Beschlussempfehlung Rechtsausschuss zum Gesetz zur Verbesserung der Geldwäschebekämpfung, BT-Drucks. 13/9644.

Deutscher Bundestag, Rechtsausschuss (6. Ausschuss): Bericht des Rechtsauschusses zum Entwurf eines Gesetzes zur Verbesserung der Bekämpfung der organisierten Kriminalität, Drucksache 13/9661, 15.01.1998, zitiert: Beschlussempfehlung Rechtsausschuss zum RegEOrgKVerbG, BT-Drucks. 13/9661.

Deutscher Bundestag, Anrufung des Vermittlungsausschusses durch den Bundesrat, Gesetz zur Verbesserung der Bekämpfung der Organisierten Kriminalität – Drucksachen 13/8651,13/9644-, Drucksache 13/9841, 10.02.1998, zitiert: Bundesrat, Anrufung des Vermittlungsausschusses zum Gesetz zur Verbesserung der Bekämpfung der Organisierten Kriminalität, BT-Drucks. 13/9841.

Deutscher Bundestag, Regierungsentwurf eines Gesetzes zur Verbesserung der Bekämpfung der Geldwäsche und der Bekämpfung der Finanzierung des Terrorismus (Geldwäschebekämpfungsgesetz), Drucksache 14/8739, 08.04.2002, zitiert: RegE GwBekG, BT-Drucks. 14/8739.

Deutscher Bundestag, Regierungsentwurf eines Gesetzes zur Verbesserung der Bekämpfung der Geldwäsche und der Bekämpfung der Finanzierung des Terrorismus (Geldwäschebekämpfungsgesetz) mit Stellungnahme des Bundesrates und Gegenäußerung der Bundesregierung, Drucksache 14/9043 (zu Drucksache 14/8739), 15.05.2002, zitiert: RegE, Stellungnahme Geldwäschebekämpfungsgesetz, BT-Drucks. 14/9043.

Deutscher Bundestag, Unterrichtung des Bundesrates zum Regierungsentwurf eines Gesetzes zur Ergänzung der Bekämpfung der Geldwäsche und Terrorismusfinanzierung (Geldwäschebekämpfungsergänzungsgesetz – GwBekErgG), Drucksache 168/08, 14.03.2008, zitiert: RegE GwBekErgG, BT-Drucks. 168/08.

Deutscher Bundestag, Regierungsentwurf eines Gesetzes zur Ergänzung der Bekämpfung der Geldwäsche und Terrorismusfinanzierung (Geldwäschebekämpfungsergänzungsgesetz – GwBekErgG), Drucksache 16/9038, 05.05.2008, zitiert: RegE GwBekErgG, BT-Drucks. 16/9038.

Deutscher Bundestag, Gegenäußerung der Bundesregierung zur Stellungnahme des Bundesrates zum Entwurf eines Gesetzes zur Ergänzung der Bekämpfung der Geldwäsche und Terrorismusfinanzierung (Geldwäschebekämpfungsergänzungsgesetz- GwBekErgG), Drucksache 16/9080, 07.05.2008, zitiert: Gegenäußerung RegE GwBekErgG, BT-Drucks. 16/9080.

Deutscher Bundestag, Entwurf der Fraktionen der CDU/CSU und FDP eines Gesetzes zur Verbesserung der Bekämpfung von Geldwäsche und Steuerhinterziehung (Schwarzgeldbekämpfungsgesetz), Drucksache 17/4182, 17.12.2010, zitiert: FraktionsE Schwarzgeldbekämpfungsgesetz, BT-Drucks. 17/4182.

Deutscher Bundestag, Regierungsentwurf eines Gesetzes zur Umsetzung der Richtlinie 2009/65/EG zur Koordinierung der Rechts- und Verwaltungsvorschriften betreffend bestimmte Organismen für gemeinsame Anlagen in Wertpapieren (OGAW-IV-Umsetzungsgesetz – OGAW-IV-UmsG), 24.01.2011, Drucksache 17/4510, zitiert: RegE OGAW-IV-UmsG, BT-Drucks. 17/4510.

Deutscher Bundestag, Beschlussempfehlung und Bericht des Finanzausschusses zum Fraktionsentwurf eines Gesetzes zur Verbesserung der Bekämpfung von Geldwäsche und Steuerhinterziehung (Schwarzgeldbekämpfungsgesetz), Drucksache

17/5067, 16.03.2011, zitiert: Beschlussempfehlung Finanzausschuss zum FraktionsE Schwarzgeldbekämpfungsgesetz, BT-Drucks. 17/5067.

Deutscher Bundestag, Beschlussempfehlung des Finanzauschusses (7. Auschuss) zum Regierungsentwurf eines Gesetzes zur Umsetzung der Richtlinie 2009/65/EG zur Koordinierung der Rechts- und Verwaltungsvorschriften betreffend bestimmte Organismen für gemeinsame Anlagen in Wertpapieren (OGAW-IV-Umsetzungsgesetz – OGAW-IV-UmsG), 06.04.2011, Drucksache 17/5403, zitiert: Beschlussempfehlung Finanzausschuss zum RegE OGAW-IV-UmsG, BT-Drucks. 17/5403.

Deutscher Bundestag, Regierungsentwurf eines Gesetzes zur Optimierung der Geldwäscheprävention, 17.08.2011, Drucksache 17/6804, zitiert: RegE GwPrävOptG, BT-Drucks. 17/6804.

Deutscher Bundestag, Finanzausschuss, Wortprotokoll, 65. Sitzung, 19.10.2011, Protokoll Nr. 17/65, Gesetzentwurf der Bundesregierung: Entwurf eines Gesetzes zur Optimierung der Geldwäscheprävention, Drucksache 17/6804, zitiert: Finanzausschuss zum Gesetz zur Optimierung der Geldwäscheprävention, Protokoll Nr. 17/65.

Deutscher Bundestag, Bericht des Finanzausschusses (7. Ausschuss) zum Regierungsentwurf eines Gesetzes zur Optimierung der Geldwäscheprävention, 01.12.2011, Drucksache 17/8043, zitiert: RegE Bericht Finanzausschuss, BT-Drucks.17/8043.

Deutscher Bundestag, Regierungsentwurf eines Gesetzes zur Ergänzung des Geldwäschegesetzes (GwGErgG), 24.09.2012, Drucksache 17/10745, zitiert: RegE GwGErgG, BT-Drucks.17/10745.

Diergarten, Achim, Geldwäsche, Kommentar, 3. Auflage, Stuttgart 2013, zitiert: Diergarten, Geldwäsche.

Dittrich, Kurt/Trinkaus, Marc, Die gesetzlichen Regelungen der Geldwäsche und ihre Reform – eine Praxisanalyse, Deutsches Steuerrecht (DStR), Frankfurt am Main 1998, S. 342–347, zitiert: Dittrich/Trinkaus, DStR 1998.

Egmont Group of Financial Intelligence Units, Principles for Information Exchange and Operational Guidance for FIUs, 28.10.2013, zitiert: Egmont Group, Principles for Information Exchange and Operational Guidance 2013.

Egmont Group of Financial Intelligence Units, Annual Report 2012–2013, zitiert: Egmont Group, Annual Report 2012–2013.

Egmont Group of Financial Intelligence Units, Charter 2013, 30.10.2013, zitiert: Egmont Group, Charter 2013.

Egmont Group of Financial Intelligence Unit: Operational Guidance for FIU Activities and the Exchange of Information, 28.10.2013, zitiert: Egmont Group, Operational Guidance for FIU Activities and the Exchange of Information, 2013.

Erbs, Georg/Kohlhaas, Max/Ambs, Friedrich (Hrsg.), Strafrechtliche Nebengesetze, Band 1, GwG, München 2015, zitiert: Bearbeiter, in: Erbs/Kohlhaas/Ambs, GwG.

Ertl, Birgit, Der Kampf gegen Geldwäscherei und Terrorismusfinanzierung, Neueste Trends und Entwicklungen, Institut für Finanzwissenschaft und Steuerrecht, Wien, Mai 2004, zitiert: Ertl, Kampf gegen Geldwäscherei.

Europäische Gemeinschaft, Richtlinie des Rates vom 10.06.1991 zur Verhinderung der Nutzung des Finanzsystems zum Zwecke der Geldwäsche (91/308/EWG), ABl. Nr. L 166/77, 28.06.1991, S. 1–6, 1991, zitiert: EG, 1. Geldwäscherichtlinie 1991.

Europäische Gemeinschaft, Rechtsakt des Rates vom 27. September 1996 über die Ausarbeitung eines Protokolls zum Übereinkommen über den Schutz der finanziellen Interessen der Europäischen Gemeinschaften (96/C 313/01), ABl. EG Nr. C 313/I, 23.10.1996, zitiert: EG, Protokoll zum Übereinkommen über Schutz finanzieller Interessen, 27.09.1996.

Europäische Gemeinschaft, Prävention und Bekämpfung der Organisierten Kriminalität, Eine Strategie der europäischen Union für den Beginn des neuen Jahrtausends (03.05.2000), ABl. EG, Nr. C 124/1, zitiert: EG, Prävention und Bekämpfung der Organisierten Kriminalität 2000.

Europäische Kommission, Grünbuch, Europäische Rahmenbedingungen für die soziale Verantwortung von Unternehmen, KOM (2001) 366, 18.07.2001, zitiert: Europäische Kommission, Grünbuch „Rahmenbedingungen für die soziale Verantwortung von Unternehmen", 2001.

Europäische Kommission, Geldwäsche: Kommission begrüßt Annahme einer neuen Richtlinie durch den Rat, Pressemitteilung (19.11.2001), IP/01/1608, Brüssel, 2001, zitiert: Europäische Kommission, Pressemitteilung zur Geldwäscherichtlinie 2001.

Europäische Gemeinschaft, Richtlinie 2001/97/EG des Europäischen Parlaments und des Rates vom 04.12.2001 zur Änderung der Richtlinie 91/308/EWG des Rates zur Verhinderung der Nutzung des Finanzsystems zum Zwecke der Geldwäsche (28.12.2001), ABl. EG, Nr. L 344/76, 2001, zitiert: EG, 2. Geldwäscherichtlinie, 2001.

Europäische Kommission, Vorschlag für eine Richtlinie des Europäischen Parlaments und des Rates zur Verhinderung der Nutzung des Finanzsystems zum Zwecke der Geldwäsche einschließlich der Finanzierung des Terrorismus, Arbeitsdokument, KOM (2004) 448, 2004/0137 (COD), 30.06.2004, S. 2–3, 2004, zitiert: Europäische Kommission, Vorschlag für eine Richtlinie zur Verhinderung von Geldwäsche und Terrorismusfinanzierung 2004.

Europäische Kommission, Richtlinie 2006/70/EG der Kommission vom 1. August 2006 mit Durchführungsbestimmungen für die Richtlinie 2005/60/EG des Europäischen Parlaments und des Rates hinsichtlich der Begriffsbestimmung von „politisch exponierte Personen" und der Festlegung der technischen Kriterien für vereinfachte Sorgfaltspflichten sowie für die Befreiung in Fällen, in denen nur gelegentlich oder in sehr eingeschränktem Umfang Finanzgeschäfte getätigt werden, 01.08.2006, ABl. Nr. L 214, 04.08.2006, S. 29–34, 2006, zitiert: Europäische Kommission, Richtlinie, Durchführungsbestimmungen zur 3. Geldwäscherichtlinie, 2006.

Europäische Kommission, Grünbuch „Online Gewinnspiele im Internet", KOM (2011) 128, 24.03.2011, zitiert: Europäische Kommission, Grünbuch „Online Gewinnspiele im Internet", 2011.

Europäische Kommission, Vorschlag für eine Richtlinie des Europäischen Parlaments und des Rates zur Verhinderung der Nutzung des Finanzsystems zum Zwecke der Geldwäsche und der Terrorismusfinanzierung, COM(2013) 45, 05.02.2013, S. 1–67, 2013, zitiert: Europäische Kommission, Vorschlag für eine 4. Geldwäscherichtlinie, 05.02.2013.

Europäische Kommission, Vorschlag für eine Verordnung des Europäischen Parlaments und des Rates über die Übermittlung von Angaben bei Geldtransfers, COM(2013) 44, 2013/0024 (COD), 05.02.2013, S. 1–27, 2013, zitiert: Europäische Kommission, Vorschlag für Verordnung zur Übermittlung von Angaben bei Geldtransfers, 2013.

Europäische Kommission, Pressemitteilung, Bekämpfung von Geldwäsche: Strengere Regeln angesichts neuer Bedrohungen, IP/13/87, 05.02.2013, zitiert: Europäische Kommission, Pressemitteilung, Strengere Regeln gegen Geldwäsche, 05.02.2013.

Europäisches Parlament/Rat der Europäischen Union, Richtlinie 2005/60/EG des Europäischen Parlaments und des Rates vom 26.10.2005 zur Verhinderung der Nutzung des Finanzsystems zum Zwecke der Geldwäsche und der Terrorismusfinanzierung (25.11.2005), ABl. Nr. L 309/15, 2005, zitiert: EU, 3. Geldwäscherichtlinie 2005.

Europäisches Parlament/Rat der europäischen Union, Übermittlung von Angaben zum Auftraggeber bei Geldtransfers, Verordnung (EG), Nr. 1781/2006, 15.11.2006, S. 1–9, ABl. Nr. L 345, 08.12.2006, 2006, zitiert: Europäisches Parlament/Rat der Europäischen Union, Übermittlung von Angaben zum Auftraggeber bei Geldtransfers, 2006.

Europäisches Parlament, Sonderausschuss gegen organisiertes Verbrechen, Korruption und Geldwäsche, Arbeitsdokument über Geldwäsche, Salvotore Lacolino, PE504.311v01-00, 01.02.2013, zitiert: Europäisches Parlament, Sonderausschuss gegen Geldwäsche 2013.

Europäisches Parlament/Rat der europäischen Union, Richtlinie (EU) 2015/849 des Europäischen Parlaments und des Rates vom 20.05.2015 zur Verhinderung der Nutzung des Finanzsystems zum Zwecke der Geldwäsche und der Terrorismusfinanzierung, zur Änderung der Verordnung (EU) Nr. 648/2012 des Europäischen Parlaments und des Rates und zur Aufhebung der Richtlinie 2005/60/EG des Europäischen Parlaments und des Rates und der Richtlinie 2006/70/EG der Kommission, ABl. EU Nr. L 141, 05.06.2015, S. 73–117.

Europäischer Rat, Nachtrag zur Richtlinie des Europäischen Parlaments und des Rates zur Änderung der Richtlinie 91/308/EWG zur Verhinderung der Nutzung des Finanzsystems zum der Zweck der Geldwäsche, 14237/01, ADD 1, 13.12.2001, zitiert: Europäischer Rat, 14237/01, ADD 1, 13.12.2001.

Europäischer Rat, Beschluss des Rates vom 06.04.2009 zur Errichtung des Europäischen Polizeiamts (Europol), ABl. Nr. L 121, S. 37–66, 15.05.2009, zitiert: Europäischer Rat, Europol-Beschluss 2009.

Europäische Union, Vertrag über die Europäische Union, ABl. Nr. C 191, 29.07.1992, zitiert: EU, Maastrichter Vertrag 1992.

Europäische Union, Übereinkommen aufgrund von Artikel K.3 des Vertrags über die Europäische Union über den Schutz der finanziellen Interessen der Europäischen Gemeinschaften, ABl. Nr. C 316 vom 27.11.1995, S. 49–57.

Europäische Union, Beschluss des Rates vom 06.04.2009 zur Errichtung des Europäischen Polizeiamts (Europol), (2009/371/JI), ABl. Nr. L 121, 15.05.2009, S. 37–66.

Europäische Zentralbank, Pressemitteilung Zahlungsverkehrsstatistik 2012, Frankfurt am Main, 10.12.2013, zitiert: Europäische Zentralbank, Pressemitteilung Zahlungsverkehrsstatistik 2012, 10.12.2013.

Europol, Jahresbericht – Allgemeiner Bericht über die Tätigkeiten von Europol 2010, Europäisches Polizeiamt 2011, zitiert: Europol, Jahresbericht 2010.

Europol, Jahresbericht – Allgemeiner Bericht über die Tätigkeiten von Europol, Den Haag 07.05.2012, zitiert: Europol, Jahresbericht 2011.

Europol, Eurpol Review 2012, General Report on Europol Activities, European Police Office 2013, zitiert: Europol, Review 2012.

Financial Action Task Force, Report 1990, zitiert: FATF, Report 1990.

Financial Action Task Force, The fourty Recommendations of the Financial Action Task Force on Money Laundering1990, zitiert: FATF, 40 Empfehlungen, 1990.

Financial Action Task Force, Report 1990–1991, Paris, 13.05.1991, zitiert: FATF, Report 1990–1991.

Financial Action Task Force, The fourty Recommendations1996, zitiert: FATF, 40 Empfehlungen, 1996.

Financial Action Task Force, IX Special Recommendations, Oktober 2001, zitiert: FATF, Spezialempfehlungen, 2001.

Financial Action Task Force, Annual Report 2001–2002, 21.06.2002, zitiert: FATF, Annual Report 2001–2002.

Financial Action Task Force, The fourty Recommendations, 20.06.2003, 2003, zitiert: FATF, 40 Empfehlungen, 2003.

Financial Action Task Force, Bericht über Geldwäschetypologien 2002–2003 (14.02.2003), Paris 2003, zitiert: FATF, Bericht über Geldwäsche-Typologien 2002–2003.

Financial Action Task Force, Bericht über Geldwäsche-Typologien und Typologien der Finanzierung des Terrorismus 2003–2004 (10.06.2005), 2005, zitiert: FATF, Bericht über Geldwäsche-Typologien 2003–2004.

Financial Action Task Force, Annual Report 2004–2005, 19.06.2005, zitiert: FATF, Annual Report 2004–2005.

Financial Action Task Force, Money Laundering and Terrorist Financing through the Real Estate Sector, 29.06.2007, zitiert: FATF, Typologien Immobilienbranche 2007.

Financial Action Task Force, Annual Report 2007–2008, 30.06.2008, zitiert: FATF, Annual Report 2007–2008.

Financial Action Task Force, Terrorist Financing, Paris 29.02.2008, zitiert: FATF, Terrorist Financing 2008.

Financial Action Task Force, Money Laundering & Terrorist Financing Vulnerabilities of Commercial Websites and Internet Payment Systems, 18.06.2008, zitiert: FATF, Money Laundering & Terrorist Financing Vulnerabilities.

Financial Action Task Force, Mutual Evaluation Report, Anti-Money Laundering and Combating the Financing of Terrorism Germany, 2010, 19.02.2010, S. 1–386, zitiert: FATF, Deutschlandbericht 2010.

Financial Action Task Force, Money Laundering Using New Payment Methods, Paris, Oktober 2010, zitiert: FATF, Money Laundering Using New Payment Methods.

Financial Action Task Force, Money Laundering Using Trust and Company Service Providers, Oktober 2010, zitiert: FATF, Dienstleister und Treuhänder 2010.

Financial Action Task Force, International Standards on combating Money Laundering and the financing of terrorism & Proliferation-The FATF Recommondations, Februar 2012, zitiert: FATF, 40 Empfehlungen 2012.

Financial Action Task Force, FATF Mandate (2012–2020), Washington DC, 20.04.2012, zitiert: FATF, Mandate 2012–2020.

Financial Action Task Force, Annual Report 2012–2013, 2013, zitiert: FATF, Annual Report 2012–2013.

Financial Action Task Force, FATF Report, Terrorist Financing Vulnerabilities of Legal Professionals, Juni 2013, zitiert: FATF, Geldwäschemissbrauch von Juristen, 2013.

Financial Action Task Force, Annual Report 2013–2014, 2014, zitiert: FATF, Annual Report 2013–2014.

Financial Action Task Force, Guidance for a Risk-based Approach: Prepaid Cards, Mobile Payments, Internet-Based Services, Juni 2013, zitiert: FATF, Prepaid Cards, Mobile Payments, Internet-Based Services.

Fülbier/Aepfelbach/Langweg (Hrsg.), GwG, Kommentar zum Geldwäschegesetz, 5. Auflage, Köln 2006, zitiert: Bearbeiter, in: Fülbier/Aepfelbach/Langweg, GwG.

Gehl, Günter (Hrsg.), Terrorismus – Krieg des 21. Jahrhunderts, Weimar 2006, zitiert: Bearbeiter in: Gehl, Terrorismus.

Görg, Sabine Geldwäschebezogene Terrorismusbekämpfung, Frankfurt a.M., 2010; zitiert: Görg, Geldwäschebezogene Terrorismusbekämpfung.

Harnischmacher, Robert F.J., Internationale Geldwäsche, in: Kriminalistik (Krim), Heft 11/2002, 2002, S. 655–660, zitiert: Harnischmacher, Krim 2002.

Haug, Patrick, FATF-Länderprüfung Deutschland 2009, Hamburg 2014, zitiert: FATF Länderprüfung.

Helmrich, Jan, Handelsunternehmen und Geldwäsche, NJW 2009, 3686–3689, zitiert: Helmrich, NJW 2009.

Herzog, Felix (Hrsg.), GwG Geldwäschegesetz Kommentar, 2. Auflage, München, 2014, zitiert: Bearbeiter in Herzog, GwG.

Herzog, Felix/Mülhausen, Dieter (Hrsg.), Geldwäschebekämpfung und Gewinnabschöpfung, München, 2006, zitiert: Bearbeiter, in: Herzog/Mülhausen, Geldwäschebekämpfung und Gewinnabschöpfung.

Hessische Regierungspräsidien, Auslegungs- und Anwendungshinweise im Sinne des § 16 Abs. 5 GwG unter Einbeziehung der Mitteilungen des Bundesministeriums der Finanzen und der Auslegungs- und Anwendungshinweise der Deutschen Kreditwirtschaft, Regierungspräsidien in Darmstadt, Gießen, Kassel, 17.02.2014, zitiert: Hessische Regierungspräsidien, Auslegungs- und Anwendungshinweise, 17.02.2014.

Hetzer, Wolfgang, Der Geruch des Geldes – Ziel, Inhalt und Wirkung der Gesetze gegen Geldwäsche, Neue Juristische Wochenzeitschrift (NJW), 1993, S. 3298–3301, zitiert: Hetzer, NJW 1993.

Hetzer, Wolfgang, Europäische Impulse zur Geldwäsche/Eine Kampfansage an Steuerhinterzieher und Geldwäscher, Kriminalistik (Krim), 1999, S. 788–793, zitiert: Hetzer, Krim 1999.

Hetzer, Wolfgang, Geldwäschebekämpfung oder Staatsbankrott? Kriminalistik (Krim), 1999, S. 218–224, zitiert: Hetzer, Krim 1999.

Hetzer, Wolfgang, Geldwäsche und Terrorismusfinanzierung, Kriminalistik (Krim), 2008, S. 468–474, zitiert: Hetzer, Krim 2008.

Hoyer, Petra/Klos, Joachim, Regelungen zur Bekämpfung der Geldwäsche und ihre Anwendung in der Praxis, 2. Auflage, Bielefeld 1998, zitiert: Hoyer/Klos, Geldwäscheregelungen.

Hirschmann, Kai, Terrorismus, Hamburg, 2003, zitiert: Hirschmann, Terrorismus.

Hummel, R. Thomas (Hrsg)/Schmeisser, Wilhelm/ Rönsch, Maria/ Zilch, Isabel, Shareholder Value Approach versus Corporate Social Responsibility, München und Mering, 2009, zitiert: Hummel/Schmeisser/Rönsch/Zilch, Shareholder Value Approach.

Hummer, Waldemar (Hrsg.), Sicherheit und Terrorismus; Frankfurt am Main, 2005, zitiert: Bearbeiter in Hummer, Sicherheit und Terrorismus.

Hölscher, Reinhold/Gesmann-Nuissl, Dagmar/Hornbach, Christian (Hrsg.) Systeme zur Geldwäschebekämpfung in der EU, Berlin, 2011, zitiert: Hölscher/Gesmann-Nuissl/Hornbach, Systeme zur Geldwäschebekämpfung.

Jascó-Potyka, Judit, Bekämpfung der Geldwäscherei in Europa unter besonderer Berücksichtigung des Geldwäschestrafrechts von Österreich, der Schweiz und Ungarn, Berlin, Wien, Zürich, Diss. Miskolc/Ungarn, 2007, zitiert: Jascó-Potyka, Bekämpfung Geldwäscherei in Europa.

Joecks, Wolfgang (Hrsg.)/ Miebach, Klaus (Hrsg.), Münchener Kommentar zum Strafgesetzbuch, Band 4, 2. Auflage, München 2012, zitiert: Bearbeiter, in: Joecks/Miebach, Münchener Kommentar zum StGB.

Keber, Tobias, Der Begriff des Terrorismus im Völkerrecht, Frankfurt am Main 2008, zitiert: Keber, Terrorismus im Völkerrecht.

Kindhäuser, Urs (Hrsg.)/Neumann, Ulfrid (Hrsg.)/ Paeffgen, Ullrich (Hrsg.), Strafgesetzbuch Kommentar, 4. Auflage, 2013, zitiert: Bearbeiter in Kindhäuser/Neumann/Paeffgen, StGB.

Krech, Joachim, Geldwäsche und Spielbanken, Missbrauchsmöglichkeiten und Präventionsmaßnahmen, Kriminalistik (Krim), 2005, S. 92–95, zitiert: Krech, Krim 2005.

Körner, Harald Hans/Dach Eberhard, Geldwäsche, Ein Leitfaden zum geltenden Recht, München 1994, zitiert: Körner/Dach, Geldwäsche.

Lampe, Ernst Joachim, Der neue Tatbestand der Geldwäsche (§ 261 StGB), Juristenzeitung (JZ), 1994, S. 123–132, zitiert: Lampe, JZ 1994.

Landesdirektion Sachsen, Auslegungs- und Anwendungshinweise zum Geldwäschegesetz, 01.06.2014, zitiert: Landesdirektion Sachsen, Auslegungs- und Anwendungshinweise, 01.06.2014.

Landeskriminalamt Baden-Württemberg, Finanzermittlungen, Jahresbericht 2010, Stuttgart 2011, zitiert: LKA BW, Jahresbericht Finanzermittlungen 2019.

Landeskriminalamt Baden-Württemberg, Finanzermittlungen, Jahresbericht 2012, Stuttgart 2013, zitiert: LKA BW, Jahresbericht Finanzermittlungen 2012.

Landeskriminalamt Nordrhein-Westfalen, Finanzermittlungen, Lagebild 2012, Düsseldorf 2012, zitiert: LKA NRW, Finanzermittlungen Lagebild 2012.

Levi, Michael, Money Laundering Risks and E-Gaming: A European Overview and Assessment Final Report, Cardiff 2009, zitiert: Levi, Money Laundering Risks and E-Gaming 2009.

Max-Planck-Institut für ausländisches und internationales Strafrecht, Gefährdung von Rechtsanwälten, Steuerberatern, Notaren und Wirtschaftsprüfern durch Geldwäsche, Forschungsprojekt, Freiburg i.Br. Oktober 2004, S. 1–197.

Mertes, Joachim/Robbers, Gerhard (Hrsg.), Antworten auf den internationalen Terrorismus, Frankfurt am Main, 2007, zitiert: Bearbeiter, in: Mertes/Robbers, Internationaler Terrorismus.

Meyer, Jürgen/Hetzer, Wolfgang, Neue Gesetze gegen die Organisierte Kriminalität, Geldwäschebekämpfung, Gewinnabschöpfung und Einsatz technischer Mittel zur akustischen Überwachung von Wohnräumen für Beweiszwecke im Bereich der Strafverfolgung, Neue Juristische Wochenschrift (NJW), 1998, S. 1017–1028, zitiert: Meyer/Hetzer, NJW 1998.

Ministerium für Wirtschaft und Energie des Landes Brandenburg, Zeitpunkt der Identifizierung von Immobilienmaklern, Auslegungs- und Anwendungshinweise, zitiert: MWE-Brandenburg, Auslegungs- und Anwendungshinweise für Immobilienmakler.

Müller, Christof, Geldwäscherei: Motive-Formen-Abwehr, Eine betriebswirtschaftliche Analyse, Diss. Zürich, 1992, zitiert: Müller, Geldwäscherei.

Oswald, Katharina, Die Implementation gesetzlicher Maßnahmen zur Bekämpfung der Geldwäsche in der Bundesrepublik Deutschland, Freiburg 1997, zitiert: Oswald, Bekämpfung Geldwäsche.

Pehlivan, Emrah, Verbesserung der polizeilichen Zusammenarbeit zwischen EU und Türkei durch Europäisierung der inneren Sicherheit, Duisburg-Essen, Diss., 2009, zitiert: Pehlivan, Zusammenarbeit zwischen der EU und Türkei.

Peilert, Andreas, Kriminalitätsbekämpfung durch die Vereinten Nationen, Brühl 2010, zitiert: Peilert, Kriminalitätsbekämpfung Vereinte Nationen.

Polinsky, A. Mitchell, An Introduction to Law and Economics, 4rd ed., New York 2011, zitiert: Polinsky, An Introduction to Law and Economics.

Peters, Butz, Die Absahner – Organisierte Kriminalität in der Bundesrepublik, Reinbeck bei Hamburg, 1990, zitiert: Peters, Die Absahner.

Quedenfeld, Rüdiger (Hrsg.), Handbuch Bekämpfung der Geldwäsche und Wirtschaftskriminalität, 3. Auflage, Berlin, 2013, zitiert: Bearbeiter, in: Quedenfeld, Handbuch Geldwäschebekämpfung.

Rappaport, Alfred, Creating Shareholder Value, The New Standard for Business Performance, New York, London, 1986, zitiert: Rappaport, Creating Shareholder Value.

Rat des Europaausschusses der Minister, Maßnahmen gegen die Überweisung und Verwahrung von Geldern krimineller Herkunft, Empfehlung R (80) 10, 27.06.1980, zitiert: Rat des Europaausschusses der Minister, Maßnahmen gegen inkriminierte Gelder.

Rat der Europäischen Union, Rahmenbeschluss des Rates vom 26. Juni 2001 über Geldwäsche sowie Ermittlung, Einfrieren, Beschlagnahme und Einziehung von Tatwerkzeugen und Erträgen aus Straftaten, 2001/500/JI, ABl. 182/1, 05.07.2001, S. 1–2, 2001, zitiert: Rat der Europäischen Union, Rahmenbeschluss über Geldwäsche sowie Ermittlung, Einfrieren, Beschlagnahme und Einziehung von Tatwerkzeugen und Erträgen aus Straftaten, 2001.

Ratzel, Max-Peter, Europol- Das Europäische Polizeiamt, Teil 1, Kriminalistik (Krim), 2007, S. 284–291, zitiert: Ratzel, Krim 2007.

Ratzel, Max-Peter, Europol- Die Abteilung Schwerkriminalität, Teil 3: Produkte und Dienstleistungen, Kriminalistik (Krim), 2007, S. 489–494, zitiert: Ratzel, Krim 2007.

Rederer, Erik, Geldwäsche mit Cybermoney, Kriminalistik (Krim), 2010, Heft 4/00, S. 261–269, zitiert: Rederer, Krim 2010.

Regierungspräsidium Darmstadt, Pflichten nach dem Geldwäschegesetz (GwG) für Immobilienmakler, Regierungspräsidium Darmstadt, Dezember 2014, zitiert: Regierungspräsidium Darmstadt, Pflichten für Immobilienmakler 2014.

Rodi, Michael, Ökonomische Analyse des öffentlichen Rechts, Berlin Heidelberg 2014, zitiert: Rodi, Ökonomische Analyse.

Roth, Jürgen, Gangsterwirtschaft, Frankfurt am Main, 2010, zitiert: Roth, Gangsterwirtschaft.

Scherb, Dirk, Geldwäschebekämpfung außerhalb des Finanzsektors, Der „risikobasierte Ansatz“ und seine Auswirkungen, Kriminalistik (Krim), 2010, S. 282–287, zitiert: Scherb, Krim 2008.

Schimansky, Herbert/Bunte, Hermann-Josef/Lwowski, Hans-Jürgen (Hrsg.), Bankrechts-Handbuch, 4. Aufl., München 2011, zitiert: Bearbeiter in Schimansky/ Bunte/Lwowski, Bankrechts-Handbuch.

Schneider, Friedrich/Dreer, Elisabeth/Riegler, Wolfgang, Geldwäsche, Formen, Akteure-Größenordnung und warum die Politik machtlos ist, Wiesbaden 2006, zitiert: Schneider/ Dreer/ Riegler, Geldwäsche.

Schweizerische Eidgenossenschaft, Bericht über die nationale Beurteilung der Geldwäscherei- und Terrorismusfinanzierungsrisiken in der Schweiz, Juni 2015, S. 1–135.

Schäfer/Ott, Lehrbuch der ökonomischen Analyse des Zivilrechts, 4. Auflage, Berlin Heidelberg New York 2005, zitiert: Schäfer/Ott, Ökonomische Analyse des Zivilrechts.

Senatsverwaltung für Technologie und Forschung des Landes Berlin, Geldwäscherechtliche Sorgfalts- und Organisationspflichten bei Immobilienmaklern, Auslegungs- und Anwendungshinweise, 12.11.2013, zitiert: Land Berlin, Auslegungs- und Anwendungshinweise für Immobilienmakler, 12.11.2013.

Siegwart, Hans/Mahari, Julian (Hrsg.), Corporate Governance, Shareholder Value & Finance, Basel, 2002, zitiert: Bearbeiter, in: Siegwart/Mahari, Corporate Governance.

Siller, Helmut, Geldwäsche und Maßnahmen zu ihrer Bekämpfung, Kriminalistik (Krim), 2010, S. 526, zitiert: Siller, Krim 2010.

Siska, Josef, Die Geldwäsche und Ihre Bekämpfung in Österreich, Deutschland, der Schweiz und Liechtenstein, 2. Auflage, Wien, 2007, zitiert: Siska, Geldwäschebekämpfung.

Spatscheck, Rainer/ Wulf, Martin, „Gewerbsmäßige Steuerhinterziehung“ als Vortat zur Geldwäsche, Der Betrieb (DB), Heft 49, S. 2572–2575, 07.12.2001, zitiert: Spatscheck/Wulf, DB 2001.

Stolpe, Oliver, Geldwäsche und die Mafia, Kriminalistik (Krim), 2000, S. 99–107, zitiert: Stolpe, Krim 2000.

Suendorf, Ulrike, Geldwäsche – Eine kriminologische Untersuchung, Neuwied 2001, zitiert: Suendorf, Geldwäsche.

Thelesklaf, Daniel/Wyss, Ralph/Zollinger, Dave, GwG Kommentar, Geldwäschereigesetz, Zürich, 2003, zitiert: Thelesklaf/Wyss/Zollinger, Geldwäschereigesetz.

Wabnitz, Heinz-Bernd/ Janovsky, Thomas, Handbuch des Wirtschafts- und Steuerstrafrechts, 4. Aufl., München 2014, zitiert: Wabnitz/Janovsky, Handbuch Wirtschaftsrecht.

Weberbauer, Sven, Shareholder Value orientierte Unternehmenspolitik, Berlin 2014, zitiert: Weberbauer, Shareholder Value orientierte Unternehmenspolitik.

Wegner, Carsten, Die Reform der Geldwäsche-Richtlinie und die Auswirkungen auf rechtsberatenden Berufe, Neue Juristische Wochenzeitschrift (NJW), 2002, S. 794–796, zitiert: Wegner, NJW 2002.

Werner, Thomas Achim, Wachstumsbranche Geldwäsche, Berlin 1996, zitiert: Werner, Wachstumsbranche Geldwäsche.

Wildfang, Anne, Terrorismus, Berlin, 2010, zitiert: Wildfang, Terrorismus.

Wirtschaftsprüferkammer, Anordnung der Wirtschaftsprüferkammer nach § 9 Abs. 5 Satz 2 GwG vom 01.03.2012, veröffentlicht in WPK Magazin 02/2012, S. 30–32.

Wirtschaftsprüferkammer, Anordnung zur Bestellung eines Geldwäschebeauftragten gemäß § 9 Abs. 4 Satz 1 GwG vom 01.03.2012, WPK Magazin 02/2012, S. 32–33.

Wirtschaftsprüferkammer, Auslegungs- und Anwendungshinweise der Wirtschaftsprüferkammer zum Gesetz über das Aufspüren von Gewinnen aus schweren Straftaten (Geldwäschegesetz – GwG) vom 13. August 2008 (BGBl. I S. 1690) zuletzt geändert durch Gesetz vom 22. Dezember 2011 (BGBl. I S. 2959), April 2012, S. 1–35.

Wolfsberg Group, Wolfsberg Statement on the Suppression of the Financing of Terrorism, 2002, zitiert: Wolfsberg, Statement on the Suppression of the Financing of Terrorism 2002.

Wolfsberg Group, Wolfsberg Anti-Corruption Guidance, August 2011, zitiert: Wolfsberg, Anti-Corruption Guidance 2011.

Wolfsberg Group, The Wolfsberg Trade Finance Principles (2011), zitiert: Wolfsberg, Trade Finance Principles 2011.

Wolfsberg Group, Wolfsberg Anti-Money Laundering Principles for Correspondent Banking, 2014, zitiert: Wolfsberg, Anti-Money-Laundering Principles for Correspondent Banking 2014.

Yuch-Chung, Ma, Die Bekämpfung der Geldwäsche als tatsächliches und rechtliches Problem – Internationale Instrumente sowie die Entwicklung der Gesetzgebung in Taiwan und Deutschland, Diss. Tübingen, 2008, zitiert: Yuch-Chung, Bekämpfung Geldwäsche.

Österreichisches Bundesministerium für Inneres/Bundesamt für Verfassungsschutz und Terrorismusbekämpfung, Verfassungsschutzbericht 2013, Wien, 2013, zitiert: Österreichischer Verfassungsschutzbericht, 2013.

www.ingramcontent.com/pod-product-compliance
Ingram Content Group UK Ltd.
Pitfield, Milton Keynes, MK11 3LW, UK
UKHW021914290926
8980IPUK00015B/1245

9 783631 726761